江永年鉴

（2017）

中共江永县委　　江永县人民政府　主办

江永县党史与地方志征集编纂办公室　　编

方志出版社
Publishing House of Local Records

图书在版编目（CIP）数据

江永年鉴．2017/江永县党史与地方志征集编纂办公室编．—北京：方志出版社，2018.3
ISBN 978-7-5144-3028-8

Ⅰ．①江…　Ⅱ．①江…　Ⅲ．①江永县—2017—年鉴
Ⅳ．①Z526.44

中国版本图书馆 CIP 数据核字（2018）第 051942 号

江永年鉴（2017）

编　　者：江永县党史与地方志征集编纂办公室
责任编辑：刘　珊

出 版 人：冀祥德
出 版 者：方志出版社
地址　北京市朝阳区潘家园东里 9 号（国家方志馆 4 层）
邮编　100021
网址　http：//www.fzph.org
发　　行：方志出版社图书经销中心
电话（010）67110500
经　　销：各地新华书店
印　　刷：衡阳顺地印务有限公司

开　　本：889×1194　1/16
印　　张：19.25
字　　数：486 千
版　　次：2018 年 3 月第 1 版　2018 年 3 月第 1 次印刷
印　　数：001～400 册

ISBN 978-7-5144-3028-8　**定价**：280.00 元

《江永年鉴》编纂委员会

《江永年鉴》编辑部

编辑说明

一、《江永年鉴（2017）》的编纂，以马克思列宁主义、毛泽东思想、邓小平理论、“三个代表”重要思想、科学发展观、习近平新时代中国特色社会主义思想为指导，坚持辩证唯物主义和历史唯物主义的立场、观点和方法，客观翔实地记述2016年全县经济和社会发展的基本情况，旨在为各级领导决策提供参考依据，为各行各业的工作提供咨询信息，为社会各界人士了解和研究江永提供基本情况，为编纂与续修地方志积累资料。

二、本年鉴分设特载、大事记、概况、中共江永县委、江永县人民代表大会及其常务委员会、江永县人民政府、政协江永县委员会、中共江永县纪律检查委员会、社会团体、军事、法治、经济管理、农业与农村工作、工业、商业·贸易、国土·环保·城建城管、交通·通信、财税·金融、科技·教育、文化·卫生·体育、社会管理与服务、乡镇（场、区）22个栏目。记述范围为县直各部、委、办、局及企事业单位；各乡镇，驻江永部队，人民团体，县境内的省、市直单位。

三、本年鉴采用分类编辑法，以类目、分目、条目组成框架结构，部分分目设有次分目层次。内容层次的设置，大体上按科学分类和社会分工相结合的原则归类和排列，并表示部类与条目之间的层次关系，机构企事业单位等排序和层次一般不表示其地位和规模。全书条目统一用黑体字加【】表示。

四、本年鉴记述的文字内容和数据均由县直各部门、各乡镇、各有关单位提供，并经单位领导审核。所引用的综合数据由县统计局提供，各条目的数据为撰稿部门提供。采用数据中，地区生产总值、各产业增加值、总产值绝对值未加注明的，均为当年价。

目　录

江永县人民代表大会及其常务委员会

江永县人民政府

政协江永县委员会

中共江永县纪律检查委员会

社 会 团 体

军　　事

法　　治

经济管理

农业与农村工作

工　业

商业·贸易

国土·环保·城建城管

交通·通信

财税·金融

科技·教育

文化·卫生·体育

社会管理与服务

乡镇（场）

特　　载

坚持精准发力　实现跨越发展 为加快建设生态魅力、幸福文明的新江永而努力奋斗

——中国共产党江永县第十二次代表大会工作报告

中共江永县县委书记　周立夫

（2016年8月28日）

这次大会的主要任务是：全面贯彻党的十八大和十八届三中、四中、五中全会精神，按照省委、市委新要求，全面回顾总结县第十一次党代会以来的各项工作，研究部署今后五年江永发展的目标和任务，选举产生中共江永县第十二届委员会和纪律检查委员会，团结带领全县广大干部群众，坚持精准发力，实现跨越发展，为加快建设生态魅力、幸福文明的新江永而努力奋斗！

五年拼搏奋进　成就鼓舞人心

过去的五年，在省委、市委的正确领导下，第十一届县委主动适应从严治党新要求、经济发展新常态，团结带领全县党员和干部群众，解放思想、真抓实干、锐意进取、改革创新，圆满完成了县第十一次党代会确立的各项任务。

这五年，是产业结构逐步优化、经济实力大幅提升的五年。从2011年至2015年的五年间，全县地区生产总值由29亿元增加到52.3亿元，年均增速9.8%（可比价）；规模工业增加值由4.1亿元增加到9.1亿元，年均增速14.7%（可比价）；固定资产投资由22亿元增加到63.6亿元，年均增速23.7%；社会消费品零售总额由9.2亿元增加到19.6亿元，年均增速16.3%；财政收入由1.7亿元增加到3.9亿元，年均增速18.1%；城镇居民人均收入、农村居民人均收入分别由12835元、2734元增加到18740元、7654元，年均增速分别为7.9%、22.9%。三次产业结构由43.6∶26.1∶30.3调整为35.6∶28.4∶36.0，二、三产业占比提高8个百分点。工业提档升级，县工业集中区纳入省级以上产业园区名录，全县规模工业企业已达33家。农业提质增效，香柚、香芋、香姜录入国家“名特优新农产品目录”，成功创建“国家级出口食品农产品质量安全示范区”。旅游提速升温，成功创建国家AAA级旅游景区4个、国家级水利风景区1个、省级生态旅游示范区1个，中国历史文化名村和中国传统村落1个，成功纳入大湘西生态

文化旅游开发圈，被省政府认定为革命老区县。

这五年，是基础设施极大改善、城乡面貌日新月异的五年。五年来，共实施重点基础设施项目 239 个。实施交通项目 153 个，改造了 S325 线二级公路，改建了 X080 茅石线公路，环城南路、幸福路北段顺利通车；完成 56 座病险水库除险加固和 35.56 千米中小河流治理，解决了农村 8.9 万人饮水安全问题；新开工和并网的风力发电总容量达 26.3 万千瓦，所有行政村均实现通电、通讯、通有线电视，被列为“全省宽带乡村示范县”。城市功能更为完善，永明路立面风貌改造基本完工，永明河沿江风光带项目提速推进，市民广场、凤凰公园建成投入使用。城市管理更为有序，实施了殡葬制度改革、控违拆违，成功创建为“省级卫生县城”。大力推进通道沿线乡镇环境整治，集镇面貌大为改观，粗石江镇被纳入省际边界口子镇，上江圩镇列为全省 12 个文化旅游风情小镇创建试点镇。美丽乡村创建有力，刘家庄村入选国家首批少数民族特色村寨名录，黄家村被评为湖南省最美少数民族特色村寨，上甘棠村被评为“湖南省美丽乡村”。

这五年，是民生保障持续加强、人民生活明显提高的五年。全县民生支出增幅连续五年高于财政支出增幅，群众就学、就医、住房、社保、就业等方面条件得到有效改善。精准扶贫快速推进，贫困发生率从 36.94% 下降到 13.9%，兰溪勾蓝瑶寨旅游开发有限公司入选全国“公司+农户”旅游扶贫示范项目，2015 年扶贫实绩名列全省第 1 位。教育优先深入落实，实施了安心、温暖、扩容等系列工程，建成 29 所合格学校，新建 7 所农村公办中心幼儿园；高考成绩逐年提高，实现了清华大学在我县招生“零”的突破。计生工作成效显著，先后获评“国家计划生育优质服务县”“国家计划生育协会先进县”、首批“全省村民自治拓展县”，连续五年获评“省计生工作先进县”。文体事业不断繁荣，江永籍举重运动员王明娟获得江永历史上第一枚奥运金牌；瑶族舞蹈《敲梆》获第十届全国民运会银奖和全省少数民族表演赛金奖；允山玉井古窑、潇贺古道（江永段）被列为全国重点文物保护单位。文明创建成果丰硕，全县共创建国家级文明乡镇 1 个，省级文明乡镇 1 个、文明单位 8 个，市级文明乡镇 2 个、文明单位 14 个、文明村 3 个。

这五年，是深化改革蹄疾步稳、发展活力日益迸发的五年。行政体制改革进展顺利，行政审批事项全面精简，“先照后证”“三证合一”工商登记制度改革有序实施，圆满完成了政府机构改革、乡镇区划调整。农村土地确权成效明显，已建成县、乡两级土地流转服务平台，经营权抵押贷款工作正在试点。金融改革逐步深化，农村信用社成功改制为农村商业银行。国有林场改革全面完成。社会治理机制不断完善，城区网格化工作步入正轨，农村网格化建设逐步推进。公立医院改革进展较快，组建了县医疗联合体。创新创业特色鲜明，成功入列“国家级电子商务进农村综合示范县”，全县已发展电商企业 80 家，开办网店 1500 多个，建设农村电商网点 100 个。

这五年，是民主法治不断进步、社会管理和谐有序的五年。县委按照总揽全局、协调各方要求，充分发挥县人大、县政府、县政协职能作用，形成了四大家班子同台共演“大合唱”的工作格局。深入贯彻依法治国基本方略，持续开展“六五”普法教育；基层自治体系日益成熟，人民群众参与基层自治的民主权利得到保障；积极推行绩效评估，行政效能不断提高；党管武装得到强化，统战工作不断加强，工、青、妇和侨联、残联、工商联等群团组织的桥梁作用充分发挥，社会各界支持发展力度加大。信访综治维稳和安全生产工作形成长效机制，进京上访批次、人数逐年下降，刑事发案总数连续负增长，连续五年未出现重大群体性事件和重大安全生产事故，3 次获评“全省社会管理综合治理先进县”，2015 年综治民调成绩升至全省第4位、全市第1位。

这五年，是管党治党深入推进、党的建设富有成效的五年。县委先后组织开展了创先争优、“四深入两结对一测评”、党的群众路线教育实践活动等主题活动和“三严三实”专题教育，干部作风进一步好转。深入开展基层党建工作“问题大攻坚，基础大夯实，水平大提升”“一村一警，三员联村”“一进二访”等活动，整顿软弱涣散基层党组织，提升了党建工作水平。坚持正确的用人导向，选拔重用了一批好干部，干部队伍焕发活力。严格落实“两个责任”，加强党风廉政建设，2011年至2015年，五年共查办影响经济发展环境和机关效能建设案件77件，查处“四风”和腐败问题517起，给予纪律处分和作风问责526人次，形成了严抓重管的党风廉政建设新常态。

这五年，是发展思路与时俱进、各项工作创先争优的五年。五年来，县委积极适应经济发展新常态，提出了一系列创先争优目标。经过全县上下的共同努力，近3年，我县获得国家、省、市各类荣誉150余项，先后获评“全国结合新型城镇化开展支持农民工等人员返乡创业试点县”“国家保护发展森林资源目标责任制考核优秀县”等国家级荣誉；2015年全面小康提升幅度和经济快进县均列全省三类县第1位，获评全省“全面小康推进工作十快县”和全市“全面小康工作先进县”“绩效考核先进县”。

五年的实践极为丰富，取得的成绩值得骄傲，积累的经验弥足珍贵。回顾五年来的历程，我们深深地体会到：一是必须始终坚持树立信心、满怀激情；二是必须始终坚持解放思想、科学谋划；三是必须始终坚持创先争优、敢为人先；四是必须始终坚持团结干事、群策群力；五是必须始终坚持党要管党、从严治党。总之，过去的五年，是我县历史上经济发展速度最快、城乡面貌变化最大、人民群众得到实惠最多、社会事业进步最显著的五年。过去五年取得的成绩来之不易。这是在市委的坚强领导下，全县上下团结奋斗、克难攻坚、锐意进取的结果，凝聚了广大党员和干部群众的智慧和力量，承接了历届县领导班子的努力和基础，汇集了各民主党派、各人民团体、各界人士的信任和支持。在此，我代表第十一届县委，向所有关心、支持、参与江永建设发展的同志们和朋友们，表示衷心的感谢和崇高的敬意！

在充分肯定成绩的同时，我们也要清醒地看到，前进道路上仍然面临很多问题和挑战，主要表现在：经济总量小，产业结构不合理；工业经济依然薄弱，传统产业占比较大；农业现代化水平不高，农民增收渠道单一；服务业发展质量不高，扩大内需动力不足；基础设施落后，开放承接和产业承载能力有限；城市建成区面积小，吸纳辐射能力弱；干部思想不够解放，改革创新意识不够强等等。对此，我们必须高度重视，采取有力措施，认真加以解决。

展望美好未来　科学规划蓝图

未来五年，是江永加快发展、跨越腾飞的关键时期，也是机遇和挑战并存、希望和压力同在的五年。国家大力实施“一带一路”战略，实行稳健的货币政策和积极的财政政策，稳步推进供给侧改革，积极鼓励“大众创业、万众创新”，要求2020年建成全面小康社会，实现第一个“一百年”目标，将在基础设施建设、产业培育、社会事业发展等方面加大投入。省委、省政府出台利好政策，鼓励永州在对外开放和产业承接上先行先试；市委、市政府进一步深化与东盟地区的经贸合作，这给江永带来了新的发展机遇；江永三千文化旅游资源丰富、五香特产闻名遐迩，近年基础设施条件大为改观，产业发展势头强劲，内生动力日益增强；特别是国家小农水重点县、省级贫困县、革命老区县等政策为县域经济发展积蓄了强大的动能。在多年的发展实践中，我们的发展思路逐步清晰、完善，也培养了一支敢闯敢干、敢于担当的干部队伍。更为重要的是，全县人民求发展、盼崛起的热情更加高涨。因此，只要我们满怀信心、凝聚力量、大干快上，就必定会把潜在的资源优势转化为现实的经济优势，把竞争压力转化为发展动力，实现我县经济社会跨越发展。

面对新形势新使命，未来五年江永工作的总体思路是：高举中国特色社会主义伟大旗帜，以邓小平理论、“三个代表”重要思想、科学发展观为指导，深入贯彻党的十八大以来中央各项决策部署以及习近平总书记系列重要讲话精神，以“四个全面”统领各项工作，坚持发展第一要务，强化党建第一责任，深入实施“项目兴县、工业强县、城镇立县、农业稳县、旅游活县”五大战略，重点突出“强基础、兴产业、提品质、优环境、促改革”五大举措，全力打造“绿色工业、香型农业、精品旅游、魅力小城、优美环境”五大特色，大力开展“省级文明县城、省级生态文明示范县、省级园林县城、国家卫生县城、国家全域旅游示范县”五城联创，致力推进“城区、厂区、景区”三区融合，确保如期完成贫困县脱贫摘帽、贫困人口全面脱贫两大历史性任务，加快实现生态魅力、幸福文明的小康江永建设目标。

经济社会主要预期目标是：生态更加优良、产业更加发达、环境更加宜居、生活更加幸福、社会更加和谐，努力实现经济社会跨越式发展。到2017年底，贫困人口实现全面脱贫；到2018年底，实现全面小康目标。到2020年，GDP达到83亿元，GDP年均增长9.0%，人均GDP达到29900元（可比价）；规模工业增加值达到21亿元，年均增长11.5%；三次产业结构进一步优化，调整为20.3∶38.9∶40.8；财政总收入达到8.4亿元，年均增长16%；固定资产投资年均增长16.6%；城镇化率达到45%，年均增长3个百分点以上；城镇居民人均可支配收入达到2.8万元/年，农村人口人均纯收入达到1万元/年。

要完成既定目标，必须做到三个基本遵循：一是必须注重打基础谋长远。要牢固树立谋大局、思长远的理念，更加注重提高经济增长的质量和效益，切实把心思和精力用到夯实基础、增强后劲、造福百姓上来。二是必须坚持补短板破难题。要坚持问题导向，全力以赴求突破，特别是要切实解决我县城镇化率不高、产业不强、基础设施薄弱等突出问题。三是必须坚决守底线增定力。要坚持一张蓝图绘到底，保持发展的连续性和稳定性，不折腾、不忽悠、不好大喜功。既要守住稳增长的底线，又要守住控风险的红线，决不能发生系统性风险和重大群体性事件。

实现未来五年的战略目标，必须把握全局、统筹兼顾，抓住关键、重点突破。

（一）转型升级兴产业，打造核心经济增长极

经济发展的核心在产业，必须把发展产业放在全县经济工作的首要位置，花大力气、下苦功夫来扶持发展、培育壮大。

1. 突出扩区兴工，做强绿色工业。牢固树立“经济核心在产业，产业核心在工业，工业核心在园区”的思想意识，突出产城融合，着力壮大园区，不断扩大工业经济总量，推动工业经济转型，提升工业经济效益。科学规划建园区。按照利田工业园以绿色食品加工和五金电子为主，麒麟工业园以高新技术产业为主，龙洋工业园以矿产品加工为主的“一区三园”总体布局，统筹规划建设。坚持工业发展到哪里，城市就拓展到哪里，把园区当城区来建，高标准健全完善好水、电、路、讯、给排水、标准厂房等基础设施，抓好园区公共交通、教育卫生、商务金融、文化体育等公共服务设施建设；把园区当景区来建，做“特”、做“优”、做“亮”园区标志性楼宇、厂房和特色生态园林景观；把园区当社区来建，理顺体制，简政放权，增强社会管理职能，全力构建环境优美、功能完备、服务便捷、宜居宜业的新型产城融合区。力争到2020年，3个园区就业和常住人口突破3万人，周边有意愿就业的适龄村民就业率达到

90%以上。壮大企业强园区。围绕“农产品加工、矿产品加工、生态能源和五金电子”四大支柱产业，对骨干企业、重点企业实行服务聚焦，政策上给予倾斜，资金上重点扶持，技术上组织攻关，促进企业上规模、上水平、增效益。抓好数字企业创建，利用互联网、大数据、云计算等新一代信息技术改造提升产品、装备、流程、管理、服务等关键环节。力争到2020年，企业信息技术利用率达90%以上，信息产业实现增加值1亿元。聚集产业兴园区。立足资源优势，紧盯市场缺口，大力发展香芋加工业，全力把江永打造成为全国乃至全球最大的香芋加工基地。立足产业基础，大力承接引进农产品加工剩余物利用、农产品包装、矿品废渣废物综合利用等项目，延伸传统产业链条。强力推进湖湘商贸、电商产业园、健发产业园等“园中园”建设，积极培育电商、冷链物流、新材料、生物医药、节能环保等新兴产业，大力发展中小微企业，助推产业高端化、多样化发展。到2020年，力争全县工业企业达到400家，其中规模以上工业企业50家，过亿元企业10家以上，争取每个专业园区均有省级名牌产品。

2. 突出电商引领，提质香型农业。以电子商务进农村为引爆点，带动香柚、香芋、香姜等“香型”农产品提升品质、品牌和效益，加快农业现代化进程。提升电商营销能力。加快“农村淘宝”“湘村驿站”“邮乐购”进村步伐，建立覆盖全县所有农村的电商服务网络。强化与京东、天猫、智慧农村、易田电子、容易购等大型平台合作，加强“五香网”建设，打造强有力的电商营销平台。完善商品化处理、冷链储藏、科技推广等配套服务，构建好县、乡、村三级现代物流体系。加大政策扶持，鼓励开办网店，培植一批有较强竞争力的本土农产品电商大企业，力争到2020年，发展规模以上电商企业200家，电商农产品销售总额超过40亿。提升香型产品品质。主动参与湖南省全民补硒工程项目、全国硒资源开发利用协作组织、国际人与动物微量元素大会（简称TEMA），提升江永生态富硒特产知名度。加强柑橘黄龙病防控，推广使用无病毒种苗，培育自有知识产权的特色品种，调优农业产业结构。巩固提升“国家级出口食品农产品质量安全示范区”创建成果，全面推进标准化生产、溯源化管理、生态化产业，健全完善农产品质量安全体系，力争到2020年，全县农产品监测合格率稳定在98%以上。提升香型产业层次。大力扶持专业合作社、家庭农场等新型经营主体，推动农业规模化、集约化发展。结合创建“国家全域旅游示范县”，因地制宜发展休闲观光、都市农业、创意农业、体验式农业。对接市场，强化标准，推进香型农产品分级和品牌化建设，建立有效的市场发布和价格引导机制，构建“上连电商平台、下连生产基地”的信息网络，提升江永香型农产品价值和影响力。到2020年，力争“五香”产品电商市场份额达到50%以上，出口创汇产品率达到30%以上。

3. 突出全域旅游，繁荣第三产业。以创建“国家全域旅游示范县”为契机，大力推动景点旅游向全域旅游转变，真正实现以旅游“促三产、聚人气、扬名气、旺财气”。高起点做好旅游规划。充分发挥女书文化的“世界唯一”作用，放眼全球、立足湘桂，围绕打造“中国的江永、世界的女书”品牌和融入大桂林旅游圈、长沙旅游文化圈目标，精心编制旅游发展总体规划和景区景点规划，促进文化旅游业全区域、全要素、全产业链发展。到2020年，力争“国家全域旅游示范县”创建成功，把江永打造成为湘桂边文化旅游名城。高品质打造旅游产品。按照“一城一核三组团”（一城即县城，一核即以女书文化为核心，三组团即文化旅游、农业旅游、生态旅游）的总体架构，着力把县城打造成全县旅游资源要素的集成区、功能完善的休闲区、环境优美的观光区；深入推进女书文化“八个一”工程（一本书，一部实景剧、电影、电视剧、动漫片、宣传片，一批文化传承人，一个文化旅游产业链）；全面抓好“三个五”旅游工程（五大重点景区、五香产业园、五香村）。力争到2020年，“中国女书岛”创建成5A级景区；“上甘棠古村”“千家峒风景名胜区”、勾蓝瑶寨及燕子山和源口水库生态旅游区创建为AAAA级旅游景区。高质量夯实旅游配套。积极向国家、省、市争取开设江永旅游专列，加快建设景区“美丽通道”，打造便捷高效的旅游交通网。高标准建好“智慧旅游”云平台、旅游接待服务中心、大型停车场、高端宾馆酒店，全面发展商贸物流、休闲娱乐等服务产业，完善“吃住行、游购娱”配套要素，提升旅游综合效益。高水平强化旅游营销。打响江永特色旅游品牌，举办好女书文化节、香柚节、盘王节、“五香特色美食节”等节会活动，力争全球瑶胞大会、联合国妇女大会在我县召开。瞄准周边省区省会城市及地级市客源，积极对接国家、省、市知名旅行社，合作开设江永旅游专线，出台鼓励自驾游政策措施，持续加大品牌营销，力争到2020年，年接待游客量达300万人次以上。

（二）靓化城乡强基础，构筑开放开发新平台

着眼完善城乡基础设施、优化城乡服务管理、提升城乡承载能力、促进城乡一体发展，打造充满活力、展现魅力的开放开发新平台。

1. 建设美丽城镇。按照“生态、文化、园林、休闲”的要求，打造人与自然和谐相处的美丽城镇。推进县城扩容提质。实施好过境线提质改造、环城大道、女书大道、环城西路主干道项目，拉通新干线。大力引进大型商业综合体和商贸市场，推进环城南路、牛角广场、汽车东站等新区建设，努力打造产业拓城、商贸旺城、科技兴城的新城区。加快次街道提质和城中村搬迁步伐，抓紧实施县城排洪排涝、雨污分离、停车场等配套设施，改造好旧城区。融入女书元素、瑶族习俗，继续实施好永明河风光带、永明路风貌改造等项目，推进永明河核心区二期项目，建好特色水果一条街、特色饮食一条街，加速千源．江永大酒店、永华壹号、世纪新城、永明外滩等高品质商居小区建设，精心构建设施完善、要素完备、产业发达、人文融合的瑶族风情小城。力争2020年县城建成区面积达12平方千米，城镇化率达到45%，城镇人口达13万人以上。加快建设品味乡镇。加大中心镇扩权强镇改革力度，统筹推进小城镇、新型社区建设，分步实施通道沿线乡镇综合整治、立面改造，因地制宜打造好各具特色的品味乡镇。用好户口新政，引导农民进城务工、就业创业。强化城镇综合管理。深化城镇管理综合执法体制改革，加大城镇秩序和市容市貌管理力度；完善环卫保洁市场化，建立生活垃圾收集、转运和分类处理体系。深入开展文明创建，加强教育引导，提升市民素质，营造整洁、文明、有序的城镇环境。

2. 建设美丽乡村。按照“村容整洁环境美、业兴民富生活美、乡风文明身心美、村稳民安和谐美”的总体要求，坚持规划引领，突出点面结合，大力推进美丽乡村建设。夯实基础设施。大力完善农村基础设施配套，推进“空心村”和危房改造。大力推进农村环境综合治理，实施农村“三清四改”“穿衣戴帽”、村内道路硬化工程，全面推行“户集、村收、镇运、县处理”的垃圾处理模式。加快新一轮农网改造，推进“点亮行动”，力争到2020年，全县所有行政村实现路灯全覆盖。彰显地域特色。结合各乡村实际，积极打造一村、一景、一韵。重点以古村落、古民居、旧遗址保护和人文景观的挖掘传承为载体，以精品农业、特色经济等产业为基础，以自然风光、山水资源、地理环境为依托，打造一批“乡村旅游型、五香产业型、三千文化型、休闲度假型”美丽乡村，力争到2020年，建成50个以上的美丽乡村。厚植精神文明。以创建省级文明县城为契机，深入开展和美家庭、和睦邻里、和谐村组“三和”文明创建，“十佳文明村民”“五好家庭”等评选活

动，引导村民移风易俗。

3. 建设美丽生态。坚持生态优先，突出城乡共治，抓好生态建设。大力实施绿色工程。以创建省级园林县城为抓手，加快绿化造林，实施封山育林，重点抓好千家峒国家级水利风景区和都庞岭国家级自然保护区的生态建设；抓好S325线、黄甲岭道贺高速连接线、千灌公路通道两旁绿化，确保主要干道绿化率达到100%。大力开展绿色城镇、绿色社区、绿色单位、绿色村庄创建行动，力争5年内打造一批国家、省市级生态乡镇、生态示范村，到2020年，成功创建省级园林县城。大力发展绿色经济。积极开展节能减排，坚决执行环保“三同时”制度，坚决淘汰落后产能，加快发展绿色农业、低碳工业、资源再生产业和循环产业。大力推广使用沼气、太阳能、风能等可再生能源，实现生产生活从“高碳”向“低碳”转型。大力开展环境治理。狠抓环境污染隐患排查、水库水质保护与治理、永明河流域污染防治、城市大气污染防治，大力推进荒漠化、石漠化治理，强化对永明河、桃源河等县内重点流域、大小河流、水源保护区两岸和生态脆弱地区的管护，全面提升空气质量、地表水质，改善生态环境。综合整治古宅大坪坳饮用水源区的环境，确保县城供水安全。

（三）加大力度建项目，增强加快发展推动力

坚持把项目建设作为推动发展的第一引擎，全力包装项目、引进项目、争取项目、建设项目，以项目大建设推动经济大发展。

1. 千方百计引项目。紧扣国家产业政策和市场走势，立足江永实际，在项目的筛选、包装、推介上狠下功夫，想方设法提高项目引进的成功率。一方面，要大力向上争取项目。要突破交通落后这个最大的瓶颈，争取洛湛铁路电气化改造项目尽快落实，争取湘桂大运河、江永至恭城高速公路、千灌公路等项目列入国家、省计划；针对农田水利设施薄弱和农业产业脆弱的现状，大力争取实施大古源水源性工程、烟水配套工程、中小河流治理、水资源保护、水果改制改种等政策性投入大、关系长远发展的关键项目；用好民生政策，建好江永县中心福利院，争取更多与医疗、养老、住房等有关的民生项目；立足产业发展，大力争取风能发电、农产品加工、工业技改、环保生态、信息化等项目，不断扩大有效投资，增强发展后劲。另一方面，要全民参与招商引资。以招商引资作为江永发展的突破口，大力解放思想，营造“人人都是招商专员，个个都是投资环境，处处都是招商形象”的良好氛围。要实行专业招商、组团招商、以商招商等多种招商模式，进一步完善招商引资优惠政策和激励政策，打造政策洼地，重奖有功之臣，切实提高招商实效。要发挥江永在外成功人士和商会等社会组织作用，开展“引老乡、回故乡、建家乡”等系列活动，充分利用各方面资源，承接引进一批投资规模大、科技含量高、带动能力强、财税贡献大的项目。

2. 紧盯落地建项目。按照“前期项目抓落地、落地项目抓开工、开工项目抓投产”的要求，切实加快项目建设。加快交通路网建设。实施好G538神湾至回龙圩一级公路改建、桃川至广西富川小水二级公路改造、S356县城至道贺高速连接线等跨境通道工程，落实好盐下井至大漠头二级公路改造、井边村—千家峒、石枧村—龙虎关、源口乡—古调村、S325至重点景区等境内公路建设。加快产业项目建设。抓好燕子山、上江圩、铜山岭风电场项目建设，启动江永光伏发电建设项目，实施磁悬浮微风发电项目和天然气利用工程，建成江永县高科技孵化园。加快推进健发产业园、绿色产业孵化园、千源·江永大酒店等项目建设。加快县工业集中区和火车站基础设施建设，全力推进奔腾特香农科园、季丰农业优质杂柑种植及无病毒育苗基地等项目建设。加快城乡基础建设。加快推进永明河综合治理，全面推进旧城改造，实

施县城地下综合管廊建设，完成大坪坳水库取水、县城供水管网改造排水排污、信息化服务平台建设等工程。突出抓好棚户区改造、生态环保和教育、医疗卫生等领域的重点项目建设，全面落实省、市下达的重点工程建设。

3. 保障要素促项目。强化资金保障。积极包装融资项目，加强与金融机构、政府和社会融资平台的对接，开发多种金融产品。重点建好永明投资集团融资平台，做大资本，做优业绩，争取两年内晋升为2A等级。建立健全政府和社会资本合作机制，灵活采取BT、BOT、TOT、PPP等模式，吸引社会资本参与项目建设。力争到2020年融资规模达到50亿元。强化土地保障。坚持“盘活存量、做大增量、有保有压、科学供给”的原则，加大闲置土地清理、农村土地综合治理；合理调配土地资源，实行重大项目用地重点保障、优势项目优先保障；积极主动向省市汇报对接，争取重点项目“戴帽”用地指标。力争到2020年实现征地6000亩，储备城建、工业用地3000亩。强化用工保障。建立健全骨干企业劳动者培养机制，实现企业用工与就业服务的有效对接，保障企业用工需求。每年完成在职员工和新上岗劳动力培训2000人以上。

（四）深化改革破难题，激发创新创业新动能

认真贯彻落实中央、省、市全面深化改革的系列决策部署，全力以改革破解难题、激发活力，释放发展潜能，促进创新创业。

1. 深化行政领域改革。坚持简政放权、放管结合、优化服务三管齐下。深入推进简政放权，继续削减清理行政审批事项，压缩审批流程，推进商事制度改革，力争到2020年“三证合一、一照一码”登记普及率达到100%，信息公示对象的监管抽查比例达到50%以上。加速提升行政效能，全面规范和推行权力清单、负面清单、监管清单、责任清单“四单”管理。创新权力运行监管体系，健全完善事中事后监管机制，完善行政问责和绩效管理制度，确保行政权力阳光、公开、透明运行。优化党务政务服务，完善县乡村三级党务政务公开体系，打造党务政务服务电子平台，实现信息公开、网上审批事项的云服务，到2020年，党务政务公开服务完成线上线下全覆盖，网上受理办结率99%以上。

2. 深化经济领域改革。加速供给侧改革。坚持问题导向，淘汰落后产能，消除房地产库存，加强民间金融风险防控，推动企业降本增效，补齐现代农业、城乡建设、基础设施、民生保障等领域短板，打好“三去一降一补”攻坚战。大力实施“创新创业行动计划”，完善创业担保贷款、小额企业税费减免、创业培训补贴等各项扶持政策，支持大学生到新兴产业领域创业，制定支持互联网领域创业的扶持政策。加快财税金融改革。构建涵盖一般公共预算、政府性基金预算和社会保险基金预算的县本级全口径预算体系，全面推进公车改革、切实降低“三公”支出。深化国库集中支付改革，逐步建立一级乡镇、一级国库制度，缩小乡镇之间的财力差异。全面推进信用体系构建，力争2020年全县信用档案普及率达到100%。

3. 深化农村领域改革。稳定农户承包权，放活土地经营权。加快推进农民土地承包经营权确权、登记和颁证，加快推进农村交易平台建设，加速农村集体产权股份制改革，盘活农村集体资产，促进规模经营。力争到2020年，建立2~3个农村集体产权股份制示范点。创新推动集体林权制度改革，全面完成全县125.8万亩集体林权改革任务。推进涉农资金整合，清理归并农业、林业、水利、畜牧、扶贫开发等项目资金，提高支农资金使用效益和涉农项目建设质量。积极稳妥推进农业支持保护制度、农村社会治理等领域改革，使农村发展更具活力。

（五）改善民生促和谐，提升人民群众幸福感

坚持“民生至上”，推进精准扶贫、打造满

意民生、加强社会治理，使全县人民共享发展成果，全面提升幸福指数。

1. 加快推进精准扶贫。坚持把扶贫作为“第一民生工程”，精准规划、精准施策，确保2017年底实现脱贫摘帽，贫困发生率降至2%以下。精准到户抓扶贫。制定更加精准的脱贫措施，落实更加精准的脱贫责任，明确更加精准的脱贫目标，全力确保贫困群众按时脱贫不返贫。强化技能培训、金融扶持、基础设施和制度保障帮扶，不断提升群众自我脱贫、自我发展能力。两年内，全面完成2575户、8882个贫困人口的易地扶贫搬迁任务，对3308户贫困户进行危房改造，发放贫困户小额信贷3.7亿元以上。通过多轮驱动、对症下药、精准滴灌，稳步提高扶贫脱贫成效。主攻产业抓扶贫。注重立足贫困村资源优势，因地制宜搞好产业开发，做到宜农则农、宜旅则旅、宜林则林、宜牧则牧，确保84个贫困村每个村有1个主导产业和扶贫产业示范园，每户贫困家庭有1~2个增收项目，每年人均增收1000元以上，实现“村村有主导产业，户户有增收项目”。巩固放大电商扶贫、旅游扶贫成果，加快夏橙资产收益扶贫项目建设，树好示范样板，带动更多的社会资金投入扶贫产业。合力推进抓扶贫。统筹省、市、县扶贫攻坚力量，建立全覆盖结对帮扶。广泛动员社会力量参与扶贫开发，聚集各方资源，啃下脱贫“硬骨头”、打赢脱贫“攻坚战”。

2. 全力打造满意民生。大力实施为民办实事工程，确保人民群众学有所教、病有所医、民有所业、劳有所得、住有所居、老有所养。优先发展社会事业。坚持教育优先，加大教育投入，深入推进学位建设工程、“三名”工程和农村薄弱学校改造工程，全面改善办学条件。深化医疗卫生体制改革，优化卫生资源配置，提升基层医疗服务水平，实现基本公共卫生服务均等化。坚持计划生育基本国策，落实全面放开二孩政策，促进家庭幸福与社会和谐。大力实施文化惠民工程，加快发展文化、体育、广电、科技等各项社会事业。健全社会保障体系。稳步提高城乡养老、医疗、失业、工伤、生育“五大保险”和城乡低保、五保供养、孤儿救助保障水平。加快推进以养老保险、医疗保险为核心的城乡社会保障体系建设，构建覆盖范围更广、标准更高的新型社会救助体系，促进城乡低保深度融合。加强保障性住房和农村危房改造建设，逐步解决农村特困家庭、城镇低收入家庭住房困难。

3. 深入推进社会治理。积极推进“互联网+社会治理”，健全社会治理体系，提升社会治理现代化水平。大力推进网格化建设。科学规划网格化设置，推行公共服务事项下放村、社区，确保网格化服务管理全覆盖，实现“人在格中走，事在网上办”。创新抓好信访维稳。建好县级“互联网+信访”云平台，大力推行“网上受理，网下办理”，提升信访信息化水平。完善接访和下访制度，深入开展干部大接访、矛盾大排查、案件大调处、积案大化解等活动，依法依规解决信访难题。持续开展平安建设。完善“一村一警”“4+X”社区警务模式和城乡干部巡查联防机制，基本形成“信息资源一体化共享应用、打防管控一体化联动推进、网上网下一体化合成作战”的立体化防控新格局。不断加强安全生产和食品药品质量等领域的安全监管，严防各类安全事故发生；完善突发公共事件应急体系，有效应对自然灾害，不断提高政府和社会组织的应对处置能力。加强法治建设。全面实施“七五”普法，深入开展“法律六进”活动，提升全民法治观念和素养。完善“三调联动”和法律援助工作，及时妥善协调各方面利益关系，确保社会和谐、长治久安。

加强党的建设　引领科学发展

事业成败，核心在党，关键在干部。要坚持党要管党、从严治党的方针，切实加强和改进新时期党的建设，不断提高党建科学化水平，为江永发展提供坚强的组织保障。

1. 突出思想政治建设，凝聚干事创业的强大合力。强化理论教育。坚持用中国特色社会主义理论体系武装党员干部，常态化开展“三严三实”专题教育，扎实推进“两学一做”学习教育，把党的思想政治建设抓在日常、严在经常。通过“固定课堂”集中培训、“周末讲堂”定期培训、“流动课堂”上门培训、“网络课堂”远程培训等方式，深入组织学习党的十八大以来党中央治国理政新理念新思想新战略，增强广大党员的政治意识、大局意识、核心意识和看齐意识，确保在思想上、政治上、行动上始终与党中央保持高度一致。强化舆论引导。以扎实推进意识形态工作为抓手，使广大党员干部打牢思想基础、筑牢思想防线、坚定理想信念。充分利用江永电视台、江永新闻网、政府网站、手机报等舆论宣传的主阵地，用好用活江永发布微信号、红网论坛、政务微博等新媒体平台，定期分析研判意识形态领域情况，辨析思想文化领域的突出问题，对重大事件、重要情况、重要社情民意中的苗头性倾向性问题，要主动发声，有针对性地进行教育引导，做到在重大问题上不缺位、在关键时刻不失语。充分发挥主流媒体作用，唱响主旋律，提振精气神，把江永发展的声音喊响、发展的劲头鼓足、发展的氛围造浓，引导广大干部群众与县委、政府合心、合拍、合力。强化民主建设。严格贯彻执行民主集中制，努力扩大党内民主。切实为人大和政协行使职权、履行职能提供保障，创造良好的环境。支持县人大及其常委会依法围绕全县中心工作、重点任务开展监督，支持县政协围绕团结和民主两大主题，畅通意见建议反映渠道，完善提案办理协商机制。做好民族、宗教、对台、侨务等工作，充分发挥民主党派、工商联和无党派人士参政议政、民主监督作用。充分调动工青妇等群团组织的积极性、主动性和创造性，凝聚起万众一心、干事创业的强大正能量。

2. 突出干部队伍建设，锻造跨越发展的中坚力量。以更加坚决的态度、更加有效的举措，加强干部队伍建设，不断提高各级党员干部的干事创业能力和执行力。加强县委班子建设。认真学习贯彻《中国共产党地方委员会工作条例》，完善县委各项议事规则和工作制度，坚持以科学的工作方法指导推动全局工作，切实做到讲政治把方向、善谋划重统筹、转作风抓落实，为广大党员干部作出表率、树好榜样。加强各级班子建设。树立“重德才、重实干、重公认、重基层”的用人导向，选优配强各级领导班子。特别注重选拔任用政治坚定、品德高尚、思想解放、清正廉洁、真抓实干的干部；注重选拔任用敢于担当、勇于创新、善于攻坚克难的干部；注重选拔任用在谋长远、打基础上有新思路，在抓改革、促发展上有大突破，在惠民生、保稳定上有好办法的干部；注重选拔任用在边远、艰苦地区实绩突出、能力出众、表现优秀的干部，让干部在发展、民生、稳定、党建“四个一线”锻炼成长。建立健全容错纠错机制，全面提振党员干部干事创业的热情，切实打造一支“真心实意想干事、勤奋学习会干事、务求实效干成事、严于律己不出事”的党员干部队伍。加强干部监督管理。贯彻落实从严管理干部的各项要求，把党章党规、党的好干部标准作为严管的标尺，把选拔任用、思想作风建设作为严管的内容，将“一把手”和重要岗位干部作为严管的重点，打造一支具有铁一般信仰、铁一般信念、铁一般纪律、铁一般担当的干部队伍。

3. 突出基层组织建设，构筑坚强有力的战斗堡垒。牢固树立抓基层、打基础的鲜明导向，突出政治属性，采取有力措施，打造一支有激情、有能力、有作为的基层干部队伍，不断提升基层组织的凝聚力、战斗力、执行力。突出抓班子，筑牢党在农村的领导基础。坚持基层党建创新和基层治理创新相结合，坚持和完善县乡下派、社会选拔、外村交流村（社区）支部书记制度及对四类重点村支书绩效考核制度，选好管好用好基层党组织书记，在推动村（社区）党组织强化政治引领功能、提升服务功能、教育引导群众上持续发力。建立软弱涣散基层党组织常态化整顿机制，选优配强村支两委班子，筑牢党在农村的领导基础。突出强队伍，筑牢党的事业的人才基础。建立后备人才库，加大对后备人才的跟踪培养力度。严守党员入口关、出口关，建立健全教育、管理、服务党员的长效机制。打造“互联网+党建”线上线下互动平台，把党员教育管理延伸到每一个支部、每一名党员，充分发挥全县560多个基层党组织的政治核心和战斗堡垒作用，不断提升党建科学化水平。支持基层党组织活动场所、服务设施建设，逐步加大对非公企业和社会组织党建的投入。突出正作风，筑牢长期执政的群众基础。积极探索从严治党新形势下基层党建工作新模式，继续深入推进“一进二访”“一村一警，三员联村”等活动，广泛动员机关党员干部深入基层、深入群众，帮助基层解决实际问题，在群众“最怨”上改作风，在群众“最急”上见真情，在群众“最盼”上赢民心，进一步密切党群干群关系，夯实基层党组织。

4. 突出党风廉政建设，营造风清气正的政治生态。严格落实管党治党“两个责任”，始终把正风肃纪作为重要着力点，以严明纪律和优良作风营造风清气正的政治生态。严格落实“两个责任”。将主体责任牢牢扛在肩上，强化责任分工、完善制度建设，建立健全横向到边、纵向到底的党风廉政建设责任体系；积极支持纪委履行监督责任，把纪律和规矩挺在前面，抓好廉洁自律准则、纪律处分条例和问责条例的执行落实，构建更加完善的执纪监督体系。加强党风廉政教育。深入开展“两学一做”专题教育，唤醒党章意识，维护党纪权威，把党风廉政教育融入思想理论武装、能力素质培训、履行岗位职责的各方面。在建好用好上甘棠廉政文化教育基地的基础上，进一步加强廉政文化建设，通过经常性的理论灌输、潜移默化、细雨润物，教育引导党员干部进一步系紧自我约束的“风纪扣”。加大反贪治腐力度。按照中央“老虎、苍蝇一起打”的要求，始终坚持反腐力度不减、节奏不变、尺度不松，每年有计划地针对重点领域、重点部门、重点对象开展一批专项整治，严肃查处各类违纪违法案件，坚决打击贪污腐败行为，严厉惩处腐化堕落干部，以猛药去疴的决心，以刮骨疗毒的勇气，以零容忍的态度，无禁区、全覆盖惩治腐败，形成不敢腐、不能腐、不想腐的强大震慑力，进一步增强管党治党和拒腐防变能力。持续改进干部作风。牢记“作风建设永远在路上”，持之以恒落实中央八项规定和省委、市委作风建设相关规定，严格抓好县纪委有关问责规定的落实，持续开展正风肃纪，激励干部担当作为，始终保持反“四风”、正党风、倡清廉的战略定力，促进干部作风进一步转变，以优良党风凝聚党心民心、带动形成良好的政风民风。

强化措施落实　加快赶超跨越

加快发展，贵在坚持，重在落实。全县上下要切实转变作风，集中全部精力，抢抓机遇、攻坚克难、狠抓落实。

1. 解放思想，提升创新力。解放思想是推动发展的第一动力，思想解放的程度决定着经济发展的速度。“十三五”期间，我们肩负着更为繁重、更为艰巨的发展任务，要在发展的浪潮中争先进位、跨越发展，就必须坚持不懈地解放思想。全县广大党员干部要拿出自我革新的勇气和胸怀，跳出条条框框限制，克服部门利益掣肘，彻底突破墨守成规、按部就班的保守思想，彻底破除小进则满、小富即安的狭隘思想，坚决摒弃一切不适应新常态的惯性思维，大胆创新发展思路，始终用创新的思维武装头脑、指导实践、推动工作。要秉持“风物长宜放眼量”的远见，跳出江永看江永，主动把全县的发展放在全市、全省、乃至全国的大背景下、大格局中去思考和谋划，敢于同先进地区、发达县区比高低，与发展快、实力强的县区论雌雄，以新一轮思想大解放推动新一轮经济大发展。

2. 狠抓落实，提升执行力。“三分战略，七分执行”，“一分部署，九分落实”。习近平总书记强调“不务实、不落实，再好的蓝图也是镜中花、水中月”。未来五年，我们要把蓝图化为现实、把事业推向前进，就必须真抓实干、强化执行。真抓实干，不仅要靠道德和人格的力量来规范，靠党性觉悟来约束，更要靠制度、机制来保障。要致力于建立决策目标、执行责任、考核监督“三个体系”，从制度和机制上激发和保障各级各部门领导班子和领导干部干事创业的积极性，使各项工作忙而不乱、规范有序。要全面推行精细化管理，各级各部门要围绕提升效能、落实工作的目标，按照“精、准、细、严”的要求，进一步明晰权责、规范程序、完善监管、强化考核，将各项工作进行细化量化，任务到人、责任到岗，“盯住不落实的事，追究不落实的人”，力求工作实效。

3. 优化环境，提升软实力。环境是生产力、竞争力，是发展的“生命线”。当前的经济发展可以说是“环境经济”，哪里的经济环境好、环境优，哪里的经济就会充满活力。全县各级各部门必须把优化环境作为义不容辞的责任，全力以环境促开放、促发展。要严格落实首问责任制、服务承诺制、限时办结制、项目代办制和责任追究制，规范行政行为、提高行政效能。要加强县政务中心建设，规范行政审批、优化办事流程、简化审批程序，真正做到“一站式办公，一条龙服务”。要深入开展“项目企业服务年”“环境整治年”活动，大力整顿和规范市场经济秩序，认真落实各项优惠政策，严厉打击“三强”“四乱”等破坏企业正常生产经营秩序的人员与行为，着力营造公正透明的法制环境、成本低廉的政策环境、高效规范的服务环境、公平有序的市场环境、文明礼貌的人文环境、和谐稳定的社会环境。通过优质服务、良好环境来吸引客商、服务企业，助推经济发展。

4. 改进作风，提升凝聚力。“作风正则人心齐、人心齐则事业兴”。要坚持把加强干部作风建设作为管总的措施来抓，突出抓政令治松、抓效能治懒、抓风气治乱、抓廉洁治贪、抓会议治散“五抓五治”，确保县委的各项决策、各项任务、各项目标落实到位，通过作风的改进激发力量、凝聚民心、攻坚克难、推动发展。各级领导干部要坚持带头转作风，在经济主战场上要身先士卒、率先垂范，既当指挥员、又当战斗员，构建“一级做给一级看、一级带着一级干”的生动局面。各级各部门要坚持把群众呼声作为第一信号，把群众需要作为第一选择，把群众满意作为第一标准，切实做到权为民所用、情为民所系、利为民所谋。广大党员干部要深入基层、深入群众，沉下心思、扑下身子，真心实意为群众解难事、做好事，努力做好一批老百姓看得见、摸得着的实事，用实际行动来赢得群众的认可和信任、拥护和支持。

各位代表、同志们，蓝图已经绘就、前景无限光明，目标催人奋进、使命亟需担当。再过五年，我们将迎来建党100周年，谱写中国梦江永篇章的航程已经开启，决胜全面小康的号角已经吹响。让我们高举中国特色社会主义伟大旗帜，更加紧密地团结在以习近平同志为总书记的党中央周围，在省委、市委和新一届县委的坚强领导下，团结带领广大党员和干部群众，勠力同心、真抓实干，携手并肩、拼搏进取，为加快建设生态魅力、幸福文明的新江永而努力奋斗！

江永县人大常委会工作报告

——2016年11月29日在江永县第十七届人民代表大会第一次会议上

江永县人大常委会主任　黄智亮

四年来工作回顾

过去的四年，是我县经济快速发展、社会事业进步显著的四年，也是县人大常委会依法履职，开创人大工作新局面的四年。四年来，在上级人大常委会的精心指导和县委的坚强领导下，县人大常委会紧紧围绕全县中心工作，充分发挥职能作用，认真履行职责，为推动江永经济社会发展和民主法治建设作出了积极贡献。

一、依法行使职权，全力促进小康江永建设

四年来，常委会始终紧扣加快全县经济社会发展这一主题，围绕建设小康江永这条主线，从人大的法定职责和工作特点出发，认真履行职责，增强了工作实效。

一是聚焦转型升级，助推经济发展。面对经济发展新常态，常委会坚持对经济运行情况问诊把脉，适时听取和审议县政府关于年度国民经济和社会发展计划执行情况的报告，认真分析经济运行中出现的新情况、新问题，支持政府积极应对复杂的内外经济环境，全面落实各项政策措施，不断增强内生动力和发展后劲，切实提高经济运行的质量和效益。全程关注“十三五”规划编制情况，在广泛听取民意的基础上，集思广益，凝聚共识，力求规划纲要顺应时代要求、符合江永实际、贴近社情民意。抓住预算编制、执行和决算环节，定期听取和审议县政府关于预算执行、财政决算和预算调整方案的报告，及时审查批准县级财政决算和预算调整方案，着力规范政府财政预算管理行为，积极推动依法理财、科学理财，为稳增长、调结构、促改革、惠民生提供了有力支撑。重视支持审计监督，跟踪督促审出问题的整改落实，进一步促进了全县财政资金的高效、规范、安全运行。围绕农业提质增效，专题视察、调研了全县柑橘黄龙病防控、现代家庭农场建设、农田水利建设等工作，督促县政府及相关部门采取措施减缓了黄龙病的蔓延趋势，推动了家庭农场、水利设施建设，提升了农业现代化水平。

二是聚焦中心工作，推动项目建设。常委会牢固树立全局观念和大局意识，正确处理人大本职工作与全县中心工作的关系，主动服从和服务于全县工作大局。按照县委的部署和要求，班子成员主动担当，融入精准扶贫、城镇建设、旅游开发、道路交通、农田水利、信访维稳等中心工作，积极参与重大项目建设，形成了在参与中监督、在监督中支持的格局。四年来先后对市民广场、人民医院新址建设、千灌公路、工业园区、燕子山风力发电等23个重点项目进行集中视察、专题调研，深入分析影响和制约项目进展的因素，提出有针对性的意见和建议，推动了项目的实施。常委会组成人员参与主抓的S325线扩改、幸福北路和环城南路建设、永明路立面改造、永明河综合治理、千灌公路等重大项目，破除重重障碍，攻克道道难关，圆满完成了县委提出的目标任务，为打造品质活力江永、提升精美小城形象增了光添了彩。

三是聚焦协调发展，增进民生福祉。常委会把增进民生福祉作为人大重中之重的工作，

谋民生之利，解民生之忧，力促各项民生问题得到圆满解决，使改革发展成果惠及人民群众。四年来，通过实地视察、开展座谈、听取汇报、发放调查问卷等形式，重点对公共卫生服务、县城学校扩容、县城供水工程、乡村公路建设、机关事业单位人员养老保险、民族政策落实、食品药品安全、生猪养殖污染等广大群众普遍关注、反映强烈的民生问题进行了监督，推动了相关问题的解决。特别是对群众极为关注的全县各族考生高考加分问题，连续三年通过多种形式向上级反映，争取到了省人大、省政府分管领导及省教育厅、省民委的高度重视，省里在2015年出台了对包括我县在内的少数民族人口过半县考生给予倾斜的加分政策，使这一问题得到了较好的解决。高度重视群众来信来访工作，四年共接待群众来访671批次1613人，解决了一批疑难信访案，有效化解了社会矛盾，维护了群众合法权益。

二、突出依法治县，全力推动民主法治建设

四年来，常委会始终把全面推进依法治县作为应尽之责，认真履行法律监督职能，全力推动“一府两院”依法行政、公正司法。

一是深入推进严格执法。采取实地检查、问卷调查、现场观摩评查等形式，对《中华人民共和国城乡规划法》《中华人民共和国大气污染防治法》《中华人民共和国旅游法》《中华人民共和国湖南省散居少数民族工作条例》《中华人民共和国预算法》《中华人民共和国水污染防治法》《中华人民共和国动物防疫法》等13部法律法规的实施情况开展了执法检查，保障了这些法律法规在我县的贯彻实施。深入公检法司各单位开展了法院执行、人民陪审、法律监督、全民禁毒、社区矫正等工作的执法调研与检查，对县法院、县公安局、县林业局、县人社局等8个单位开展了“案卷评查”活动，督促“两院”和政府相关部门加强司法能力建设，规范司法行为，维护公平正义。精心组织开展了对县经信委、县民政局等16个政府工作部门的工作审议，通过实地调研、召开座谈会等方式，详细了解上述部门履职情况和工作开展情况，督促被审议单位以审促改、主动查纠、务实整改，政府部门服务大局、依法行政的能力得到提升。扎实开展“环保世纪行”“农产品质量安全行”“农民健康行”和“民族团结进步行”等专项活动，有效促进了环保、农业、食品安全、民族等相关法律法规的贯彻落实。根据《江永县规范性文件备案审查办法》的规定，依法对县政府及其办公室报送备案的132件规范性文件进行备案审查，确保了规范性文件的合法性和权威性。

二是审议决定重大事项。紧紧抓住事关江永经济社会发展全局性、根本性、长远性的重大事项，适时进行审议，依法作出《关于〈江永县县城管理办法〉的决议》《关于同意〈江永县合并乡镇实施方案〉的决定》等决议决定32项，将县委决策转变为全县人民的自觉行动。大力支持政府融资工作，依法作出了相关决议和批复，有效推动了全县重大项目的实施，为全县经济社会发展提供了有力保障。

三是认真做好任免工作。始终坚持党管干部和人大依法任免干部相统一的原则，严格遵循任免程序，认真落实干部任前调查、法律知识考试、任前审计、任前公示、任前发言、任后监督等制度。四年来任免地方国家机关工作人员105人次，终止县十六届人大代表资格8人，补选、增选县十六届人大代表8人，接受市四届人大代表辞职2人，补选、另选市四届人大代表8人，许可司法机关对县十六届人大代表采取法律强制措施2人次，新增任命人民陪审员名额22名。落实宪法宣誓制度，组织新任职的国家机关工作人员34人次向宪法宣誓，彰显宪法精神，增强了被任命人员的法律意识、责任意识、公仆意识。

三、强化服务保障，着力发挥代表主体作用

四年来，常委会始终坚持突出代表主体地位，改进工作方式，完善服务机制，搭建代表履职平台，有效发挥了人大代表的职能作用。

一是抓培训，提高代表履职能力。通过初任培训、集中培训、专题培训、以会代训、代表小组专题学习等多种形式，组织县人大代表学习了《中华人民共和国全国人民代表大会和地方各级人民代表大会选举法》《中华人民共和国全国人民代表大会和地方各级人民代表大会代表法》《中华人民共和国地方各级人民代表大会和地方各级人民政府组织法》等相关法律，组织乡镇人大主席、副主席、代表小组组长重点学习了议案撰写、组织代表小组活动、乡镇人大工作等方面的知识，选派市、县人大代表4批23人到全国人大培训中心和浙江大学培训学习，有效提高了代表的政治业务素养和依法履职能力。

二是抓保障，增强代表履职实效。按照有阵地、有制度、有计划、有记录、有资料的“五有”要求，在全县乡镇建立代表工作室11个并落实了工作经费。坚持实行常委会组成人员联系代表制度、代表列席常委会会议制度、定期走访代表制度，组织代表开展视察、执法检查、专题调研、评议、测评、观摩、旁听案件审理等各类闭会期间活动105次，向“一府两院”转交代表在各类活动中提出的建议378条；出台《江永县人大代表在代表大会期间履职评价暂行办法》，将代表履职情况作为评选优秀代表、推荐代表连任的主要依据。主动为省、市人大代表履职提供平台，当好参谋，搞好服务，四年来通过省、市人大代表向省、市提出了《关于修订〈湖南省散居少数民族工作条例〉并明确江永等六个少数民族人口过半县享受自治县同等待遇的议案》《关于将江永县增补列入南岭山地森林及生物多样性生态功能区的建议》等78件有份量、针对性强的议案和建议，为我县争取优惠政策和资金支持发挥了重要作用。

三是抓督办，激发代表履职活力。坚持以推动问题解决为重点、以提高代表满意率为目标，采取年初及时交办、主任挂帅督办、全程跟踪督办、对办理情况进行满意度测评、办后走访调查等措施，促使政府及其工作部门加大代表建议和意见办理工作力度，提升了办理时效和质量。本届常委会四年来共收到代表建议、批评和意见349件，全部在规定时限内办结，办理率、答复率均达到100%，满意率达到98%，代表所提问题已经解决、正在解决或列入规划逐步解决的达92%，办理工作实现了速度、质量双提升。如代表们提出的关于移风易俗禁放烟花鞭炮减少环境污染的建议、关于搬迁江永新车站夜市改为居民休闲场所的建议、关于改善县城生活饮用水水质的建议等，得到了县政府及有关部门的高度重视和认真办理，取得了显著成效。

四是抓指导，改进乡镇人大工作。常委会制定落实了主任和委室联系乡镇人大工作制度，常委会组成人员经常深入乡镇，从工作程序、制度建设、职责履行等方面进行指导。重视乡镇人大主席业务知识培训，邀请乡镇人大主席列席常委会会议、参加视察评议工作等活动，注重总结推广乡镇人大工作新举措、新经验，通过这些“传、帮、带”措施，有效促进了县乡人大工作联动和工作水平的共同提高。尤其是在今年县乡人大换届选举中，常委会按照省委、市委、县委的部署要求，精心组织开展县乡人大换届选举工作，坚持党的领导、充分发扬民主、严格依法办事、强化检查指导，按照法律规定选举产生了新一届县人大代表187名、乡镇人大代表584名，代表的年龄、结构进一步优化，整体素质明显提高。在此基础上，指导各乡镇依法召开新一届人民代表大会第一次会议，选举产生了新一届乡镇人大、政府领导班子，按期完成了乡镇人大换届选举工作任务。

四、注重自身建设，全力提升履职能力

四年来，常委会始终坚持与时俱进，注重适应新形势、新任务要求，着力加强常委会班子及机关的思想建设、作风建设、制度建设，有效提高了履职水平和服务保障能力。

一是加强思想建设，强化理论武装。把思想政治建设摆在首要位置，精心组织，深入学习《中国共产党章程》《中国共产党纪律处分条例》，学习习近平总书记系列重要讲话精神及党和国家的方针政策，坚持学以致用，理论联系实际，着力在真学、真懂、真信、真用上下功夫，进一步深化了人大干部对党的领导、人民当家作主、依法治国有机统一的认识，增强了常委会班子及机关干部的责任感和使命感，提高了人大机关依法履行职责的能力和水平。

二是加强制度建设，提升工作效能。注重加强各方面的规范管理，按照少而精、务实管用的原则，对常委会及机关原有的各项议事规则、规章制度和工作人员岗位职责进行了修改完善，制定了《常委会组成人员守则》《关于对财政预决算审查监督的操作规程》等八项新的制度。并将所有制度编印成册，分发常委会组成人员、人大机关干部、政府相关部门和“两院”，形成了用制度管人、管事、管权的运行机制。坚持民主集中制原则，重大事项集体研究、集体决定，提高了决策的科学性。

三是加强作风建设，正风肃纪树形象。坚持聚焦教育主题、突出问题导向、体现从严要求、务求取得实效的基本原则，扎实开展了党的群众路线教育、“三严三实”和“两学一做”学习教育活动，突出人大工作特点，广泛听取意见，认真对照检查，专题召开研讨交流会和专题民主生活会，剖析原因，明确方向，整改落实，树立了忠诚为民、务实担当的良好形象。认真落实党组主体责任，坚决贯彻中央“八项规定”和省委、市委、县委关于党风廉政建设的各项规定，切实转变作风，坚持廉洁从政，从严控制“三公”支出。出台《江永县人大常委会机关绩效考核办法》，邀请乡镇人大主席、部分人大代表对常委会各委室工作进行评议，并将各委室的年终考核结果和全县统一发放的绩效奖挂钩，促进了机关作风的转变和工作效率的提高。

四是加强对外宣传，提升江永知名度。围绕坚持和完善人民代表大会制度，不断改进方式，加强人大及其常委会重要会议、重大活动的宣传策划。通过报刊、电视、网络等新闻媒体，广泛宣传推介我县人大工作的新举措、新经验。先后在《中国人大》、《人民之友》、《永州日报》、湖南人大网等媒体发表新闻稿件150多篇。成功承办了全国瑶族自治县人大常委会第十四次联系会议、“湖南省民族团结一家亲（在江永）”大型演出等活动，宣传推介江永，提高了江永的知名度和美誉度。

各位代表，四年来常委会所取得的成绩和进步，是上级人大常委会精心指导和县委坚强领导的结果，是全体县人大代表和常委会组成人员及常委会机关工作人员共同努力的结果，是“一府两院”及各级各部门密切配合、广大人民群众大力支持的结果。在此，我谨代表县十六届人大常委会，向各位代表和所有关心、支持人大工作的同志表示衷心的感谢！

在总结成绩的同时，我们也清醒地认识到存在的问题和不足，如监督工作力度和实效与人民群众的期盼还有差距，联系代表、服务代表、发挥代表作用还不够，人大机关的自身建设有待进一步提高等等。这些都需要我们在今后的实践中，认真加以改进。

四年的工作实践，使我们对做好新时期人大工作有了更加深刻的认识和体会。第一，必须坚持党的领导，始终坚定不移地坚持和完善人民代表大会制度，切实把党的路线方针政策贯穿于依法履职全过程，把党委的决策部署落实到人大工作的各个方面。第二，必须坚持服

务大局，始终围绕实现全县经济社会发展目标和县委的中心任务开展人大工作，积极推动人大工作科学发展。第三，必须始终保持与人民群众的密切联系，发挥人大代表的主体作用，坚持民生为重，切实解决群众最关心的现实问题。第四，必须坚持开拓创新，始终立足江永实际，积极探索有利于提高人大工作质量、增强人大工作实效的新措施、新方法。这些经验和体会，是多年来的工作实践中总结出来的，在今后的工作中要继续坚持，并进一步丰富和发展。

对新一届人大常委会工作的建议

各位代表，县十六届人大常委会任期已满，本次大会将选举产生县十七届人大常委会。今后的五年，是我县全面实施"十三五"规划的关键时期，是全面脱贫致富奔小康的决胜阶段。县第十二次党代会，对我县今后五年的经济社会发展提出了宏伟的奋斗目标，这对做好人大工作提出了新的更高的要求。我们建议，新一届人大常委会要在县委的坚强领导下，以"四个全面"战略布局和"五大发展理念"为统揽，紧跟县委总体发展定位，聚焦全县人民的诉求关切，认真履行宪法和法律赋予的职责，充分发挥地方国家权力机关的作用。

一、围绕新布局，努力在增强监督实效上实现新突破。今后五年，要围绕县委提出的实施五大战略、突出五大举措、打造五大特色、开展五城联创、推进三区融合，确保如期完成贫困县脱贫摘帽和贫困人口全面脱贫两大任务，加快实现生态魅力、幸福文明小康江永的新布局、新定位，坚持把监督工作摆在更加突出的位置，进一步加大监督力度、创新监督方式、强化跟踪监督、完善监督反馈机制，综合运用多种监督方法和手段，使监督工作着力点放在推进发展、促进民生和实现跨越上，推动我县如期全面建成小康社会，推动解决人民群众最关心、最关切、最现实的利益问题。围绕县委决策部署和全县经济社会发展大局，依法行使重大事项决定权，并通过督促检查和跟踪问效保障决议决定的贯彻落实。坚持党管干部和人大依法任免的有机统一，充分发扬民主，使县委推荐的优秀人选通过法定程序成为地方国家机关工作人员。采取履职考核、听取报告、定期述职、开展评议等措施，加大任后监督力度，促使被任命人员勤政廉政、依法行政、公正司法。

二、借鉴新经验，努力在发挥代表作用上取得新进展。要采取走出去、请进来的方式，虚心学习，大胆实践，不断丰富代表履职的形式和内容，充分发挥代表在人大工作中的主体作用。坚持把支持和保障代表依法履职作为工作重点，完善工作机制，提高服务质量，努力为代表依法履职创造条件。围绕提高代表综合素质，加强代表学习培训，切实提高代表参政议政能力。着力探索加强人大代表与人民群众联系的方式方法，建立健全代表联系人民群众的工作平台，更好地发挥人大代表了解民情、反映民意、汇集民智的桥梁纽带作用。推动"一府两院"邀请代表列席政府常务会议、法院审判委员会会议、检察院检察委员会会议的工作走向常态化，有计划地组织和引导代表开展视察、调查、执法检查，拓宽代表知情知政渠道。继续完善代表建议督办机制和问责制度，继续开展重点建议满意度测评，促进代表建议办理质量不断提高。

三、适应新形势，努力在加强自身建设上取得新成就。要认真学习党的十八届六中全会精神，认真贯彻落实《中国共产党党内监督条例》和《关于新形势下党内政治生活的若干准则》，始终把思想政治建设摆到加强自身建设的首位，确保党的路线方针政策和上级党委重大决策部署在人大工作中得到全面落实。加强法律法规、人大业务知识的学习培训，不断提高常委会组成人员的综合业务素质和履职能力。要巩固"两学一做"教育成果，以真抓实干的优良作风，造就一支忠诚务实、勇于担当的人大干部队伍。要按照全面从严治党的要求，严格落实“两个责任”，进一步规范常委会党组、机关党支部工作，持之以恒推进作风建设。要认真执行常委会各项工作制度，完善常委会议事程序，提高议事决策水平，推动常委会整体工作再上新台阶。

各位代表，县十六届人大常委会已完成了历史使命，新一届人大常委会即将依法产生，未来五年任务艰巨、责任重大、使命光荣，让我们团结在以习近平同志为核心的党中央周围，在县委的正确领导下，凝聚发展之力，履行为民之责，不断开创人大工作的新局面，为加快建设生态魅力、幸福文明的小康江永作出新的更大的贡献！

政府工作报告

——2016年11月28日在江永县第十七届人民代表大会第一次会议上

江永县人民政府县长　唐德荣

一、过去四年工作回顾

2012年9月政府换届以来，县政府面对复杂多变的经济环境和各种风险挑战，在县委的坚强领导下，在县人大、县政协的监督支持下，团结带领全县人民，扎实苦干、奋力拼搏，经济发展和社会建设取得显著成就，圆满完成了本届政府的各项目标任务，为全面建成小康江永奠定了坚实基础。

这四年，我们坚持特色发展不动摇，着力优化产业结构，综合实力显著提升。经济总量得到提升。2016年全县完成地区生产总值57.5亿元（预计数，下同）、固定资产投资74.1亿元、社会消费品零售总额21.9亿元，分别是2012年的1.4倍、1.9倍、1.8倍。完成财政总收入4.4亿元，是2012年的1.7倍。城镇居民人均可支配收入、农村居民人均可支配收入分别达20558元、8419元，按城乡住户一体化改革后调查口径，分别是2012年的1.4倍、1.5倍。2015年全面小康提升幅度位列全省三类县第1位，获评全省“全面小康推进工作十快县”。新型工业取得成效。2016年实现规模工业增加值10.8亿元，是2012年的1.9倍。规模工业企业发展到34家，新能源产业实现重大突破，黄甲岭风电并网发电，燕子山、上江圩、龙田、铜山岭风电进展顺利，总装机容量达26.3万千瓦。县工业集中区纳入省级以上产业园区名录，建成面积1.4平方千米。特色农业取得新进展。农民专业合作社达239家，工商注册现代家庭农场236家，“三品一标”创建23个，“江永香柚”“江永香芋”“江永香姜”注册为国家地理标志证明商标，并录入“国家名特优新农产品目录”，香柚、夏橙、香芋、香姜获中国中部（湖南）农博会金奖。先后被列为全国电子商务进农村综合示范县、全国家庭农场监测县、国家级出口食品农产品质量安全示范县和省级绿色食品示范基地县。品牌旅游取得突破。创建女书生态博物馆、上甘棠、千家峒、勾蓝瑶寨等国家AAA级旅游景区4个，千家峒国家级水利风景区1个，勾蓝瑶寨中国历史文化名村1个，上甘棠、勾蓝瑶寨中国传统村落2个，千家峒省级生态旅游示范区1个，千家峒瑶族乡、兰溪瑶族乡黄家村、源口瑶族乡黄土坳村等湖南省最美少数民族特色村寨3个。2012年成功纳入大湘西生态文化旅游开发圈，2016年入选“国家全域旅游示范区”创建名单，被认定为革命老区县。

这四年，我们坚持开放发展不动摇，着力招商引资上项目，财源建设持续加强。强化项目推进。累计完成固定资产投资265.21亿元，实施重点项目183个，其中县级重点项目完成投资171.91亿元，市级重点项目完成投资54.36亿元。累计争取上级各类项目资金38亿元，2015年争取上级补助收入13.2亿元，是2012年的1.7倍，确保了项目和各项民生支出。强化财税征管。坚持把新型工业和重点项目建设作为骨干财源来抓，全面推行房地产税费征收一体化管理，加强矿产资源税费征管，严格依法规范非税收入征管。强化资金保障。组建永明投资集团，2016年融资到位5.05亿元，是2012年的6倍。为城市棚户区改造、大坪坳供水工程、永明路立面风貌改造等项目的实施提供了资金保障。农村信用社成功改制为农村商业银行，新增人民银行永州市中心支行江永服务部、长沙银行永州分行江永支行。2015年末全县金融机构各项存贷款余额分别为69.75亿元、27.57亿元，是2012年末的1.6倍和2.1倍。

这四年，我们坚持统筹发展不动摇，着力完善基础设施，城乡面貌深刻变化。基础设施进一步完善。S325线二级公路改造、X080茅石线公路改建顺利完成，千灌公路加快推进，行政村通畅率达100%。完成42座病险水库除险加固，解决了农村4.2万人饮水安全问题，实施农业综合开发3.54万亩。完成66个村农网改造，行政村宽带普及率95.7%，被列为全省宽带乡村示范县。城乡面貌进一步提升。环城南路、幸福路北段等项目建成通车，市民广场、凤凰公园、永明路立面风貌改造等项目相继完成，永明河沿江风光带项目启动实施，瑶城市场改建、汽车东站综合开发等项目加快推进，富有民族风情的魅力小城初步成型。城市管理进一步加强，殡葬制度改革、控违拆违强力推进，成功创建省级卫生县城。小城镇建设全面提速，主要通道沿线集镇基本实现亮化、硬化，完成乡镇机关“五小配套”建设，桃川镇被列为全国重点镇，粗石江镇被纳入省际边界口子镇，上江圩镇被列为全省12个文化旅游风情小镇创建试点镇。农村环境整治成效明显，完成农村卫生环境整治96个村，建设美丽乡村48个，刘家庄村被评为国家少数民族特色村寨，黄家村获评全国文明村和省级美丽乡村建设示范村。生态环境进一步优化。积极推进县银铅锌矿废水深度处理、大泊水铅锌矿重金属污染治理，完成潇湘化工等传统企业升级改造，建成县城污水处理厂和垃圾填埋场。大力开展“绿色江永”建设，森林覆盖率达68.52%，2016年被纳入国家重点生态功能区。

这四年，我们坚持改革创新不动摇，着力理顺体制机制，发展活力不断增强。深化改革释放活力。行政管理体制改革不断深化，全面实行“四单”管理。政府机构改革顺利完成，调减了18个正科级单位。合乡并村改革全面完成，全县乡镇行政区划调整为9个乡镇和96个行政村，区划调整改革工作获评省先进县。“五证合一”“一照一码”工商登记制度改革深入推进。不动产登记制度改革全面启动，不动产登记中心正式挂牌运行。农村产权制度改革全面完成土地确权登记，累计流转土地41.6万亩。高泽源、黑山国有林场改革圆满完成。城乡网格化建设扎实推进，“一村一警、三员联村”模式得到省、市的充分肯定。扩大开放增添活力。四年累计招商引资项目达102个，其中亿元以上项目24个，内联引资总额67亿元，实际利用外资9600万美元。引进了湖湘电子商务产业园、时代电子、科刃五金、科威实业、新明鞋都等项目，为江永发展注入了新动力。创新创业激发活力。累计开展各种技术培训25215人次，发放创业担保免息贷款6248万元。城镇新增就业15315人，农村劳动力转移输出16107人。2014年成功创建省级创业型城市，2016年获评“全国结合新型城镇化开展支持农民工等人员返乡创业试点县”。

这四年，我们坚持协调发展不动摇，着力办好民生实事，人民生活持续改善。脱贫攻坚强力推进。大力实施资产收益、旅游、电商产业扶贫工程，2015年全县贫困发生率下降到12.88%，实现12个村10362人脱贫，扶贫实绩名列全省第1位，勾蓝瑶寨“旅游+扶贫”模式在全国推广。民生保障力度加大。财政支出中民生开支占比年均超过70%，市定“六件实事”和省定“为民办实事”件件落实。“五小水利”工程建设成效显著，社会保障体系日益完善，新农保实现全覆盖，新农合参合率稳定在98%以上。城乡低保基本实现应保尽保，保障标准不断提高。住房保障得到加强，四年累计新建公租房1520套，实施棚户区改造3531户、农村危房改造6322户。教育卫生事业协调发展。全县55所公办学校和私立幼儿园开通校车，农村义务教育学生营养改善计划全面推行。建成合格学校25所、农村公办中心幼儿园8所。民族过半县高考加分政策全面落实，2016年全县高考二本以上上线人数达237人。医疗卫生体系不断完善，建成县卫生监督所和6所乡镇卫生院综合业务楼，县人民医院整体搬迁完成主体外装修。计生工作先后获得“国家计划生育优质服务县”“国家计划生育协会先进县”等荣誉，多次获评“省计生工作先进县”。文化体育事业繁荣发展。累计荣获国家级奖项5个、省级3个、市级7个。江永籍运动员王明娟实现永州奥运金牌“零”的突破，廖秋云在2016年全国举重冠军赛上包揽三金，我县成为国家举重高水平体育后备人才基地县。文学艺术快速发展，瑶族舞蹈《敲梆》获第十届全国民运会银奖和全省少数民族表演赛金奖，《洗泥巴》获全省“欢乐潇湘”群众文艺汇演一等奖；谭盾创作的《微电影交响音乐史诗：女书》在国内外巡演，女书习俗两次走出国门参加“联合国中文日”展示推介。成功申报允山玉井古窑、潇贺古道（江永段）等国家级文保单位3处、省级10处、市级12处，文物保护卓有成效。社会大局持续稳定。全面落实信访维稳工作责任制，及时处理群众反映的各类问题。加强食品药品和医疗器械安全监管，安全生产形势保持稳定态势。加强社会管理综合治理，群众安全感、满意度不断提升，三次获评“全省社会管理综合治理先进县”，2015年综治民调成绩升至全省第4位、全市第1位。

这四年，我们坚持服务发展不动摇，着力提升行政效能，自身建设切实加强。完善服务机制。大力推进简政放权，县本级行政许可项目调整合并17项为7项。推行政务公开制、服务承诺制、限时办结制，实行建设工程并联审批制度，组建县公共资源交易中心，开通“12345”公共服务热线。推进依法行政。严格执行重大行政决策程序，建立政府法律顾问队伍，开展领导干部带头学法、行政执法人员培训活动，圆满完成“六五”普法。认真接受人大法律监督和政协民主监督，四年累计办理县人大代表建议378件、政协委员提案217件，办复率100%。加强作风建设。扎实开展党的群众路线教育实践活动、“三严三实”专题教育、“两学一做”学习教育，严格执行中央八项规定、省委九项规定和市委十条规定，积极接受省委巡视第八组政治巡视，提升干部执行力。四年共查办影响经济发展环境和机关效能建设案件82件，给予党政纪处分63人，责任追究99人；查处“四风”和腐败问题605起，给予纪律处分和作风问责616人次，政治生态风清气正。2014年机关作风总体满意度评价排名列全省第12位。

国防动员和后备力量全面加强，消防、武警官兵和民兵预备役人员在应急处突、维护稳定、脱贫帮困中主动作为，为江永改革发展稳定作出了重要贡献。工会、共青团、妇联、残联、工商联、文联、侨联、科协、红十字会等群团组织作用得到充分发挥，精神文明建设取得新成果。审计、移民、保密、统计、物价、档案、人防、气象、水文、史志、对台、老龄等工作都有新的进步。

各位代表，2016年是“十三五”规划的开局之年。今年以来，我们在县委的正确领导下，认真贯彻落实中央和省、市委经济工作会议精神，突出“抓项目、强基础、兴产业、优环境、促改革”五大举措，真干苦干实干，全县经济总体呈现速稳质优的运行态势。主要抓了以下六个方面的工作：

（一）突出电商引领，特色农业转型加速。电商体系不断完善。联合湖南、广西25个县区建设“湘南桂北农产品电子商务合作发展示范区”，举办电商人才培训班28期，培训2400人次，发展农产品电商企业110家，建设农村“电商服务站”81个，网店、微店突破2500个，电商从业人员达7000余人，全年电商购销总额预计可达16亿元。现代农业势头良好。实现农业总产值32.3亿元，市级以上龙头农产品加工企业达到9家。烤烟喜获丰收，全年种植烤烟3.07万亩，收购5.56万担，完成市分配任务的111.2%。品牌建设持续加强。大力推行“三统一、三引导”，积极开展“三品一标”农产品认证，新增夏橙、淮山等绿色食品2个，无公害农产品基地2300亩。引进了投资1.1亿元的兴沃农业、投资6800万元的特香农科园和投资2200万元的季丰农业。

（二）突出园区提质，新型工业集群发展。工业经济不断壮大。完成规模工业增加值10.8亿元，同比增长6.9%；新增裕丰米业、瑶家人农业和宏鑫混凝土3家规模企业。园区建设势头强劲。工业集中区新建标准厂房9.6万平方米；基础设施投入1.12亿元，同比增长10.8%。工业园区规模工业增加值占全县规模工业增加值比重达86.6%，较上年提高4.3个百分点。招商引资扎实有效。完成外贸进出口额980万美元，引资项目32个，实际到位外资3000万美元，内联引资11亿元。引进了投资1.5亿元的新明鞋都产业园，与深圳安登利电子达成投资意向。

（三）突出全域旅游，城乡环境持续改善。魅力小城建设稳步推进。永明河综合治理项目完成五一桥至幸福桥两旁沿江风光带75%建设，永明路立面风貌改造项目全面完成，千源·江永大酒店3、4、5号楼主体已封顶，五一桥、幸福桥、西门桥完成提质改造，凤凰山登山道全面完工，汽车东站、汽车西站、永明外滩、瑶城鑫都、同创世纪二期等项目加快推进。美丽乡村建设稳步推进。投入650万元开展通道沿线整治，整合资金3560余万元开展农村环境整治，启动了12个美丽乡村示范村、15个美丽乡村创建村建设，上江圩镇浦尾村获评2016中国美丽休闲乡村。景区提质改造稳步推进。完成女书园、上甘棠、千家峒、勾蓝瑶、燕子山等五个核心景区和五香村、五香园“三个五”景区规划，对勾蓝瑶寨等4个景区进行了全面提质改造。今年“十一黄金周”期间，全县迎来游客41.88万人，各景区日接待游客量达5.53万人。今年以来，全县实现旅游总收入10.85亿元，增长45.8%。

（四）突出要素保障，项目建设成效显著。项目建设加快推进。51个续新建项目完成投资42.01亿元，其中23个市考核项目完成投资17.05亿元。S325永迴路园区段过境扩改、特色农副等6个项目已完成，22个项目有望年底完工，18个项目有序推进。融资渠道有效拓展。完成了永明集团的组建，下设城建投资、交通投资等10个全资子公司，完成了资产归集工作。今年以来，公司项目融资已到位33400万元，专项基金到位12241万元，无偿资金到位4882万元。深入开展政银企对接活动，帮助企业排忧解难。促成银企对接项目25个，项目贷款金额9.5亿元。土地供应得到保障。从省国土厅争取了2016年度新增建设用地预指标800亩，为重点项目落地夯实基础。

（五）突出民生改善，扶贫开发推进有力。精准扶贫深入开展。争取省财政专项扶贫资金5086万元，开展贫困户易地扶贫搬迁和危房改造。建成了凉伞树和颖群生态农场两个连片水果种植扶贫项目基地，种植柑橘2500亩，帮扶带动1034名建档立卡残疾人和4979名建档立卡贫困对象。电商扶贫覆盖62个村，3500户贫困户直接受益，贫困群体通过电商销售农产品1.1亿元。全省产业扶贫现场会、全省旅游扶贫推进会暨乡村旅游培训会、全国产业精准扶贫现场观摩会先后在我县召开。9月27日，我县在全国残疾人脱贫攻坚大会上做典型发言。社会事业加快发展。江永第一幼儿园建成投入使用，思源实验学校建设加快推进。农村义务教育学生营养改善计划惠及2.4万农村学生。新农合参合人数达22.44万人，参合率98.98%。社会保障不断完善。城市低保、农村低保、五保分散供养人均月发放标准分别达251元、118元、270

元，完成农村公路提质改造40千米、城市棚户区改造1680套，实施农业综合开发4300亩、农村危房改造1900户，新增天然气用户300户。

（六）突出改革创新，发展活力不断增强。三项改革落到实处。农村产权制度改革有序进行，新增土地流转面积7.18万亩，同比增长25.18%。完成合乡并村改革，全县由原来11个乡镇3个社区、7个居委会、210个建制村合并为9个乡镇4个城镇社区、8个乡镇社区、4个居委会、96个建制村。行政体制改革进展顺利。第二批部门“四单”清理工作有序进行，持续深化社会治理创新，深入推进“互联网+社区治理”。自主改革有序开展。“互联网+治安防控”有序推进，基本实现乡镇、主要路口、重点单位、要害部位全覆盖。“互联网+信访”全面落实，实现信访业务网上流转、网下办理。顺利完成县级医疗卫生体制改革，县医疗联合体正式运行。创新创业深入推进。新增个体工商户1220户，新办私营企业170家，新登记注册农民专业合作社26户。完成职业技能培训4065人，新增城镇就业人员3809人，发放小额贷款2202万元，新增创业主体1460户，带动城乡就业3891人。

各位代表，发展的成果令人鼓舞，取得的成绩来之不易、弥足珍贵。这些成绩的取得，得益于市委、市政府和县委的正确领导，得益于县人大、县政协的大力支持，得益于全县人民和衷共济、团结奋斗。在此，我代表县人民政府向全县广大干部群众，向各位人大代表、政协委员和离退休老同志，向各人民团体和社会各界人士，向驻江永部队、武警官兵，向省市驻江永单位和所有关心支持江永发展的各级领导，表示衷心的感谢和崇高的敬意！

回顾四年来的工作，我们有这样几点体会：做好政府工作，必须坚持依法行政、团结干事。牢固树立政治意识、大局意识、核心意识、看齐意识，并始终内化于心、外化于行。自觉把政府工作置于县委的坚强领导之下，坚决维护县委的权威，执行县委的决定。自觉接受县人大、县政协的监督，做到团结干事、和谐共事，把依法行政贯穿于政府工作的始终。做好政府工作，必须坚持科学发展、规划引领。紧紧抓住发展第一要务，坚持一张好的蓝图绘到底，一任接着一任干，科学引领全县经济社会协调发展。做好政府工作，必须坚持抢抓机遇、用好政策。抓住和用好了电子商务进农村、支持农民工返乡创业、重点生态功能区和脱贫攻坚等重大机遇，果断决策，迅速推进，形成优势。做好政府工作，必须坚持重点重抓、强力推进。突出重大项目、重要政策、重点工作的调度落实，实行重点重抓、跟踪督查、一抓到底，以重点工作突破带动整体推进。做好政府工作，必须坚持改革创新、提升效能。用体制机制改革和政策创新破解发展中的难题，转变政府职能，提升行政效能，激发发展内生动力。做好政府工作，必须坚持以民为本、造福于民。把保障和改善民生、增进群众福祉作为一切工作的出发点和落脚点，以人民群众满意为目标，让发展成果与人民共享。事实证明，只要坚持科学发展，抢抓政策机遇，把握工作重点，注重改革创新，牢记执政为民，就能形成强大工作合力，完成党和人民赋予的重任。

在总结成绩的同时，我们也清醒地认识到，我县经济社会发展还存在很多不足。主要是：经济总量偏小，新型工业薄弱，发展的任务繁重；缺乏稳定增长的骨干税源，财政收支压力大；资金投入、项目用地、劳动用工等瓶颈制约依然严重；基础设施依然薄弱，脱贫攻坚任务艰巨，部分群众生产生活条件还比较困难；人才队伍建设总量不足、结构不优的问题较为突出，公共服务水平有待进一步提升等等。对于这些问题，我们必须采取更加有力的措施，切实加以解决。

二、今后五年奋斗目标和总体思路

新一届政府任期的五年，是全面完成“十

三五”规划的重要时期，也是实现脱贫摘帽、全面建成小康江永奋斗目标的攻坚时期。综观国内外形势，一方面，我国仍处于可以大有作为的重要战略机遇期，经济长期向好基本面没有改变。国家推进供给侧结构性改革，部署“三去一降一补”任务，省委提出实施创新引领、开放崛起战略，市委深化拓展“四个三”工作部署，都将给我县带来重大机遇和政策利好。另一方面，随着产业信息化、交通高速化的推进，区域之间竞争态势将日趋激烈，也给我县带来严峻挑战。为此，我们务必牢固树立机遇意识和忧患意识，科学研判形势，积极应对挑战，抓住抓牢一切发展机遇，用足用活一切有利条件，实现江永跨越发展。

今后五年经济社会发展的主要思路是：高举中国特色社会主义伟大旗帜，以邓小平理论和“三个代表”重要思想、科学发展观为指导，深入贯彻党的十八大以来中央各项决策部署及习近平总书记系列重要讲话精神，以“四个全面”统领各项工作，按照省委、省政府“创新引领、开放崛起”和市委“四个三”的战略部署，深入实施“五大战略”，重点突出“五大举措”，全力打造“五大特色”，大力开展省级文明县城、省级生态文明示范县、省级园林县城、国家卫生县城、国家全域旅游示范县“五城联创”，致力推进“城区、厂区、景区”三区融合，确保如期完成贫困县摘帽、贫困人口脱贫两大历史性任务，加快建成生态魅力、幸福文明的小康江永。

经济社会发展主要预期目标是：生态更加优良、产业更加发达、环境更加宜居、生活更加幸福、社会更加和谐，努力实现经济社会跨越式发展。到2017年底，贫困人口实现全面脱贫；到2018年底，实现全面小康目标。到2021年，地区生产总值达到92亿元，年均增长9%；规模工业增加值年均增长11.5%；固定资产投资年均增长16.6%。财政总收入达到9.7亿元，年均增长16%。城镇化率达到45%以上，年均增长3个百分点以上，县城建成区面积达12平方千米。城镇居民人均可支配收入达3万元/年，农村居民人均可支配收入达1.1万元/年。

目标振奋人心，尚需精准发力。今后五年，我们将着重在“六个突破”上下功夫。

（一）以产业升级为重点，推进经济结构向调优调特转变，在壮大经济实力上奋力突破。

坚定绿色工业发展导向。确立“工业核心在园区”理念，推进产城融合，加快新型工业化进程。做优园区平台。加快完善园区水、电、路、讯、给排水、标准厂房等基础设施，抓好园区公共交通、教育卫生、商务金融、文化体育等公共服务设施建设，实现工业园区向县城新区延伸，扩大园区发展空间。理顺园区体制机制，发挥园区创新创业的孵化器和助推器作用，设立全程服务企业中心，壮大园区投资开发公司，打造功能完备、服务便捷的新型产城融合区。做强核心产业。组建产业发展基金，通过财政的杠杆作用，改变以往对企业返还土地出让金的补贴方式，鼓励支持企业发展绿色食品加工、新能源、现代物流、精密电子等核心产业。充分发挥我县农产品品牌、品种、规模优势，大力发展“五香”加工产业，全力把江永打造成为全国乃至全球最大的“五香”加工基地。实施新明鞋都产业园、湖湘商贸电商产业园、健发产业园等“园中园”建设项目，促进产业集群发展。做壮骨干企业。对骨干企业、重点企业实行服务聚焦，在政策上、资金上、技术上大力支持，促其上规模、上水平、增效益。开展工业企业信息技术改造，力争到2021年，企业信息技术利用率达90%以上。

拓展香型农业增效空间。发挥名特优新农业资源优势，强势推进香型农业向现代农业跨越。提质特色农业。依托国家级出口食品农产品质量安全示范区平台，大力推进农业标准化生产，增强农业发展优势。积极参与湖南省全民补硒工程项目、全国硒资源开发利用协作组织、国际人与动物微量元素大会（简称TEMA），提升江永生态富硒特产知名度。加强柑橘黄龙病防控，确保水果产业可持续发展。提升产业化水平。大力扶持专业合作社、现代家庭农场等新型经营主体，因地制宜发展休闲观光农业、创意农业、体验式农业。建立有效的市场发布和价格引导机制，构建“上连电商平台、下连生产基地”的信息网络。扩张电商营销。进一步推进湘南桂北农产品电子商务合作发展示范区建设，强化与京东、村淘等电商平台合作，培大做强本土农产品电商企业，拓展农副产品销售渠道。完善商品化处理、冷链储藏、科技推广等配套服务，构建好县、乡、村三级现代物流体系。

凸显精品旅游提速重点。抢抓大众旅游时代机遇，推进景点旅游向全域旅游转变。抓规划引领。精心编制旅游发展总体规划和景区景点规划，全面抓好五大核心景区、五香产业园、五香村的“三个五”旅游工程。重点打造“中国女书岛”“上甘棠古村”“千家峒风景名胜区”、勾蓝瑶寨、燕子山和源口水库生态旅游区。重功能配套。积极争取开设江永旅游专列，实施好盐下井至大漠头二级公路改造、井边村至千家峒、石枧村至龙虎关、源口乡至古调村，S325至女书园、上甘棠、勾蓝瑶寨等景区公路建设，打造便捷高效的旅游交通网。高标准建好“智慧旅游”云平台，完善“吃住行、游购娱”要素配套，提升旅游接待能力和综合效益。促品牌建设。深入推进女书文化“八个一”工程，完善女书基金会，举办好女书文化节、香柚节、盘王节、五香美食节等节会活动，力争全球瑶胞大会、联合国妇女大会在我县召开。出台鼓励自驾游政策措施，努力打造江永生态休闲旅游品牌。力争到2021年，年接待游客量达500万人次以上。

（二）以项目建设为核心，推进经济增长向做大做强转变，在增强发展后劲上奋力突破。

加强产业招商。以国家产业政策为指引，以市场走势为导向，立足江永实际，做好项目前期工作，不断开发新项目、储备新项目，建立“项目库”。完善招商引资奖惩办法，大力开展产业招商和产业链招商，引导干部在招商引资主战场上建功立业、创先争优。重点依托已建的标准厂房，大力承接产业转移，实行特色农产品精深加工、电子信息及旅游项目精准招商，着力引进全国500强企业、上市公司，到2021年，力争全县工业企业达到400家以上，其中规模以上工业企业100家以上。

加快项目建设。紧盯“项目落地”，强化效率意识，从项目启动时就进入“倒计时”，批复项目力求第一时间开工，在建项目力求最快速度推进，竣工项目力求尽早投产达产。要加大跑项争资力度，特别是要千方百计争取洛湛铁路电气化改造项目尽快开工，湘桂大运河、江永至恭城快速干道、千灌公路二期等项目列入国家、省计划。加快交通路网建设，实施好G538江永段一级公路改建、桃小公路改造、S356县城至道贺高速连接线。加快产业项目建设，加快推进燕子山、上江圩、铜山岭、龙田风电场建设，尽快启动光伏发电、磁悬浮微风发电、天然气利用等项目。建好县高科技孵化园、健发产业园、特香农科园、绿色产业孵化园，全力推进季丰农业杂柑种植及无病毒育苗基地建设。统筹推进城乡基础建设，完善县工业集中区和火车站基础设施，加快推进旧城改造、县城地下综合管廊、县城供水工程巩固升级和管网改造、涔天河灌区配套工程、信息化服务平台建设等项目。突出抓好棚改、环保、教育、医疗卫生等民生领域的重点项目，重点抓好“三千文化”博物馆、科普馆和青少年活动中心“两馆一中心”建设。

加大要素保障。拓宽融资渠道，加强与金融机构、社会融资平台的对接，重点建好永明投资集团融资平台，争取两年内晋升为2A等级；建立健全政府和社会资本合作机制，灵活采取BOT、TOT、PPP等模式，吸引社会资本参与项目建设。保障项目用地，千方百计盘活存量资源，重大项目用地重点保障，优势项目优先保障。力争到2021年实现征地6000亩以上，储备城建、工业用地3000亩以上。强化用工保障，健全骨干企业劳动者培养机制，每年完成劳动力培训2000人以上。

（三）以五城联创为载体，推进城乡环境向提质提升转变，在加快城镇化进程上奋力突破。

用精品理念建设县城。坚持规划引领，注重扩容和提质并重，按照打造“生态文化园林旅游名城”的目标，高质量实施好县城“一河两路四广场”工程。结合永明河国家湿地公园创建工作，加大“母亲河”的保护力度，加快推进上至大坪坳、下至女书岛沿河两岸风光带项目建设。着力推进城南新区片和汽车东站片的开发，完成江永大道提质改造和女书大道、环城西路、白牛路的新建，打通谢沐路、环城东路等断头路。完善市民广场、凤凰广场，建好牛角广场、女书广场。抓好基础设施配套和环境整治，加快街道提质和城中村搬迁步伐。到2021年，力争城镇人口达13万人以上。

用统筹理念发展镇村。坚持城乡统筹发展，推进公共服务向镇村延伸、覆盖。加大中心镇扩权强镇改革力度，统筹推进小城镇、新型社区建设，分步实施通道沿线乡镇综合整治和立面改造，因地制宜打造好各具特色的品位乡镇。以文物保护和人文景观的挖掘传承为载体，以特色产业为基础，以自然资源为依托，打造一批各具特色的美丽村庄。加强基层组织建设，开展星级文明村、星级文明户创建活动，培育农村文明新风尚。

用法制理念开展文明创建。以创建省级文明县城为契机，完善城镇管理综合执法体制，建立公开透明公正的执法程序。持续抓好市容市貌管理和亮化工程，推进园林绿化市场化。加大控违拆违执法力度，继续保持打击非法买卖土地、违法建设的高压态势。积极引进物业管理企业，所有小区实现管理服务公司化、物业化。全面推行文明劝导行动，提高全社会文明卫生程度，实现创建目标。

（四）以深化改革为抓手，推进体制机制向创新创优转变，在集聚发展动能上奋力突破。

推进供给侧结构性改革。支持刚性和改善性购房需求，有效化解房地产库存。强化金融诈骗、非法集资等金融风险重点问题监测预警，完善企业融资风险分担和补偿机制，积极防范化解金融风险。完善创业担保贷款、小额企业税费减免、创业培训补贴、互联网领域创业等各项扶持政策，支持大学生、返乡农民工到新兴产业领域创业。打好“三去一降一补”攻坚战，补齐现代农业、城乡建设、基础设施、民生保障、脱贫攻坚等经济社会发展短板。

深化重点领域改革。加快财税金融改革，构建涵盖一般公共预算、政府性基金预算和社会保险基金预算的县本级全口径预算体系，深化国库集中支付改革，切实降低“三公”支出。争取成立人民银行江永支行，引进更多的商业银行分支机构。全面推进信用体系构建，力争2021年全县信用档案普及率达到100%。扎实推进投融资平台转型发展，完善投融资管理机制，全力做大做强永明集团。加快推进“三权分置”改革，加强农村交易平台建设，加速农村集体产权股份制改革，盘活农村集体资产，促进规模经营，力争到2021年，建立2~3个农村集体产权股份制示范点。创新推动集体林权制度改革，全面完成全县125.8万亩集体林权改革任务。推进涉农资金整合，提高支农资金使用效益和涉农项目建设质量。

创新行政管理体制。深入推进政府职能转变，全面规范和推行“四单”管理。改革前置审批，突出事中事后监管，完善行政问责和绩效管理制度，确保行政权力阳光、公开、透明运行。推进商事制度改革，确保到2021年“五证合一、一照一码”登记普及率达到100%。完善县乡村三级政务公开体系，推动公共服务信息平台建设，实现信息公开、网上审批事项的云服务，到2021年，政务公开服务完成线上线下全覆盖，网上受理办结率达100%。创新“互联网+社会治理”模式，全面提升社会治理水平。

（五）以脱贫攻坚为使命，推进精准扶贫向求深求实转变，在推进全面小康上奋力突破。

举全县之力、聚各方之财、集全民之智，坚决打赢精准脱贫攻坚战，完成2017年全县整体脱贫任务，每年创建市级小康乡镇2~3个，小康示范村5~8个，到2018年全面建成小康江永。

突出脱贫重点。紧紧围绕“减贫、摘帽、增收”，稳定实现农村贫困人口不愁吃、不愁穿，义务教育、基本医疗、住房安全有保障的“两不愁三保障”总体目标，加大脱贫攻坚力度，加快精准扶贫、精准脱贫步伐，全面完成各项具体指标，确保贫困群体早脱贫、不返贫、奔小康。到2017年底，全县62个贫困村、9053户贫困户、29749人贫困人口实现全部脱贫，贫困发生率控制在2%以内。

完善脱贫机制。完善协调、推进、督查、考核机制，全面落实领导责任、工作责任、主体责任和帮扶责任，层层压实，级级传导。县级领导与分管部门、联系乡镇同考核、同奖惩，逐级签订脱贫责任书、立下军令状。统筹省、市、县、乡扶贫力量，广泛动员社会各界，依托扶贫工作队及贫困村支两委班子，全面完成“六到农家、六个落实”的各项任务，做到贫困村不“摘帽”、贫困户不脱贫，工作队不撤离。

夯实脱贫基础。瞄准建档立卡贫困村、贫困户，突出“房、路、水、业”重点，坚持统筹规划、分类指导、逐步推进的原则，按照扶贫工作“六个精准”要求，加快推进易地扶贫搬迁项目，大力实施“电商+”“旅游+”“资产收益+”“劳务输出+”“党建+”五大扶贫工程。实施产业扶贫到户、金融扶持到户、危房改造到户、干部帮扶到户、技术培训到户，提升群众自我脱贫、自我发展能力。

（六）以改善民生为根本，推进共享成果向更全更多转变，在提升群众获得感上奋力突破。

完善社会保障。进一步扶持就业创业。以获批“全国结合新型城镇化开展支持农民工等人员返乡创业试点县”为契机，完善扶持创业政策和服务体系，大力实施“创新创业行动计划”，推进大众创业、万众创新。加快社会保险扩面，全面推进“五险”改革统一征缴进程，稳步提高城乡养老、医疗、失业、工伤和城乡低保、五保供养、孤儿救助保障水平。加快推进以养老保险、医疗保险为核心的城乡社会保障体系建设，构建覆盖范围更广、标准更高的新型社会救助体系，促进城乡低保深度融合。

强化公共服务。坚持教育优先发展不动摇，实施学位三年攻坚计划，切实解决城区中小学大班额问题。加强城乡义务教育标准化和信息化建设，深入实施“三名”工程，努力打造教育品牌。加强学前教育，办好城区、乡镇公办标准化中心幼儿园和普惠制幼儿园。加快发展现代职业教育，培养高技能人才。深化医疗卫生体制改革，优化卫生资源配置，提升基层医疗服务水平，完成县人民医院和中医院整体搬迁项目建设，实现基本公共卫生服务均等化。加强计划生育基层群众示范村创建，创新计生优质服务工作，争创全国计划生育优质服务先进县。重视城乡文化、体育、广电、科技、民族宗教、老年和关心下一代工作，促进全面发展。

促进社会和谐。扎实推进“平安江永”建设，健全公共事件应急处理和预防化解社会矛盾的长效机制。健全社会治安防控体系，完善“4+X”和“一村一警”警务机制，构建立体化防控新格局。建好县级“互联网+信访”云平台，提升信访信息化水平。认真落实和完善各类应急预案，提高预防和处置突发公共事件能力，维护社会稳定。切实履行安全生产“党政同责，一岗双责”，深入开展“打非治违”和各行业领域专项整治，巩固安全生产良好态势。完善城镇公共消防设施，认真做好防汛抗旱、森林防火、预防地质灾害等工作。进一步完善国防动员基础支撑，强化全民国防教育、人防建设和“双拥”工作，全力支持国防和军队改革，实现国防建设与经济建设协调发展。

三、2017年工作安排

2017年是全面建成小康的攻坚之年，也是我县实现脱贫摘帽的决胜之年。主要预期目标是：地区生产总值增长7.9%；规模工业增加值增长11.8%；社会固定资产投资增长17.5%；社会消费品零售总额增长12.2%；财政总收入增长16%；城镇居民人均可支配收入增长9%，农村居民人均可支配收入增长10%，贫困人口实现全面脱贫。城镇登记失业率控制在4%以内。争创国家信访“三无县”，全省安全生产工作先进县，全省计划生育工作先进县，全省综治工作先进县。为实现上述目标，重点抓好六个方面工作：

（一）调优结构，加快县域经济发展。推进园区综合建设。重点抓好县城总体规划、土地利用规划和工业园区规划的“三规”调整，将园区的控制区面积建成1.6平方千米，推进“城区、厂区、景区”三区融合。研究制定“百亿园区”总体规划和产业规划，突出抓好园区基础设施建设和标准厂房建设，建设标准厂房3万平方米。重点抓好工业园污水处理厂、园区政务中心、麻山排洪渠和园区主干道美化亮化绿化工程，完成园区供水专线建设，确保园区足额供水。突出抓好招商引资，全年计划引资40亿元，争取引进项目35个，实际利用外资3500万美元以上。推进香型农业建设。强化涉农资源整合，加快“五香”生产基地扩面提质，完善农产品质量溯源，全力打造特色农业品牌。注重农业技术创新，全面完成第三次全国农业普查，加快推进农业标准化建设，做好水果黄龙病综合防治和品改扩面工作。巩固电商发展成果，启用电商产业园，新建“电商服务站”31个，使服务网络覆盖全县所有行政村，力争全年电商购销总额达20亿元。推进全域旅游建设。围绕创建全国全域旅游示范县的目标，全力打造精品旅游目的地。全面完成大湘西精品旅游线路公共服务设施项目，引进大型旅游企业，打造世界知名的江永旅游线路。强化游客服务中心、改建招呼站和主干道沿途标识牌建设；加快“三千文化”景区配套提质改造，建设女书园慢行系统、千灌公路自行车专用绿道；加强勾蓝瑶、燕子山、源口水库、小古源、松柏紫荆花等景区景点的配套设施建设。加大古村落、古民居、古壁画、红色遗迹等资源保护与利用，积极开发休闲度假、农家餐饮、农业观光、果园采摘、自驾旅游、民俗观赏等休闲旅游产品，提高接待能力，提升江永旅游品牌。

（二）规划引领，加快魅力小城建设。推进县城提质扩容升级。对新城区扩容和老城区提质以及城区路网改造提质进行科学规划，全面启动江永大道提质改造和女书大道、环城西路、白牛路、谢沐路、环城东路建设，力争城南新区和汽车东站片区建设开发年内有实质性突破。加快城中村搬迁步伐，启动陈家街安置小区建设。加快配套基础设施建设，完成鸡笼岩排洪沟建设，完善永香路至三元宫路段排污设施，建设4座垃圾中转站。严格控制县城建筑风貌和已建建筑的外立面风貌改造，重点抓好县城主次街道巷道改造升级，加快永明河两岸沿江风光带建设。完成千源·江永大酒店核心主楼区建设并投入运营。培育经济强镇特色小镇。以中心集镇为重点，着力完善乡镇通讯、网络、广播电视等公共服务设施；启动乡镇管道燃气建设，力争打造1~2个管道燃气建设示范乡镇；抓好乡镇规划和管理，重点抓好S325沿线乡镇立面改造和美化、亮化工作，抓好全国重点镇桃川镇、省级示范乡镇夏层铺镇、省际边界口子镇粗石江镇和女书风情小镇上江圩镇建设，力争2017年城镇化率达到40%以上。建设生态宜居幸福乡村。以创建省级生态文明示范县和建设美丽乡村为抓手，充分发动群众，启动问责机制开展农村环境整治；年内完成所有行政村规划，继续开展空心村改造整体推进试点工作，规范生猪养殖场建设。深入实施“清洁村庄”工程，建立城乡一体化的垃圾收运体系，启动建设农村再生资源回收利用站点12个，建设宜居环境。

（三）打造引擎，加快项目建设速度。抓项目储备。立足资源优势和产业基础，咬定特色农副产品加工、新能源、现代物流和精密电子“四大产业”，包装储备好配套项目及产业链项目。想方设法策划棚户区改造、道路交通、精准扶贫、医疗卫生、文化领域的重点项目，力争2017年新增谋划项目达50个，争列省市重点项目20个以上，推进风力发电等20个亿元以上项目尽早投产。抓项目争取。整合资源争项目，加强部门协调配合，加大工作汇报力度，进一步密切与上级部门的沟通联系，做到信息准确、跟踪及时、落实快捷，确保争资总量有明显增长。特别是农业、林业、水利、交通、住建、卫生等中央投资量较多的部门，要有一种“钉钉子”的韧劲，切实做好做足项目申报和资金争取文章。抓项目实施。进一步完善项目领导责任和督查考核机制，确保项目建设提速增效。突出抓好光伏发电、产业扶贫、燕子山风电、上江圩风电、龙田风电、铜山岭风电、湖湘商贸、新明鞋都、兴沃农业、安登利电子等产业项目；加快推进城区扩容提质和路网改造、汽车站建设、桃小公路、千灌公路等交通项目；着力推进县城供水工程巩固升级和管网改造等农林水利项目；重点抓好中医院整体搬迁、职业中专实训楼、农村综合服务平台、“两供两治”等民生项目；强力推进瑶城市场扩改、城市棚户区改造、同创世纪新城等城建项目。

（四）多措并举，加快改革创新步伐。加快产业转型升级。推动潇湘化工、县银铅锌矿等企业改造升级，积极培育战略新兴产业。放大“五香”农业资源优势，推动农业发展由数量增长为主转向数量质量效益并重。全力推进国家全域旅游示范县和省级服务业示范聚集区创建，推动服务业发展。加快重点领域改革。继续深化行政审批制度改革，做好行政审批事项“接、放、管”工作。全面落实“先照后证”、国有农林场改革政策。深化财税管理体制改革，建立预算编制和预算执行的统筹协调机制，加强财政资金统筹使用。加强投融资平台建设，做大做强永明集团，力争全年融资30亿元以上。加快农村体制改革。以土地为核心的农村产权制度改革作为突破口，推进农村产权交易、“三权分置”，加快构建新型农业经营体系，实现农村集体资源资产化、资产资本化、资本股份化。设立现代农业发展担保和风险补偿基金，力争创建农民专业合作社国家示范社1家、省级社1家。

（五）精准发力，加快脱贫攻坚进程。全力确保精准脱贫。围绕“两不愁三保障”和“四个好”目标，落实“六个精准”要求，通过“五个一批”路径，帮助贫困人口和因病因残因灾返贫人口全部脱贫，确保贫困村全部如期退出，实现贫困县摘帽。全力改善发展条件。深入实施电商、旅游、产业扶贫工程，加大农村基础设施、易地扶贫搬迁、危旧房改造、光伏扶贫的财政和信贷支持。加快夏层铺汉江源村、源口白俸村等易地扶贫搬迁安置点建设步伐，全面完成994户、3375个贫困人口的易地搬迁年度任务。强化“雨露计划”、政策兜底扶贫，切实解决贫困人口生产生活困难。全力强化资金保障。优化财政支出结构，建立健全财政扶贫资金持续增长机制。积极拓宽资金来源渠道，整合捆绑各项扶贫资金、相关涉农资金和社会帮扶资金，提高资金使用效益。统筹省、市、县扶贫攻坚力量，建立全覆盖结对帮扶体系。

（六）统筹协调，加快社会事业进步。均等化发展公共服务。加快思源学校建设步伐，增加学位3000个。深入推进“全面改薄”，完成千家峒学校等8所学校1.73万平方米“薄改”任务。年内建好2所农村公办幼儿园，完成10个教学点合格学校建设。整合教育资金，成立教育基金会。启动城区公办幼儿园建设，与长郡中学等省内名校进行深度合作，采取托管、双方互派教师等方式，提高江永教育整体水平。推进医疗卫生体制改革，完成县人民医院、中医院整体搬迁及乡镇卫生院建设，加快推进县妇幼计生服务中心项目前期工作，积极与省内知名医院对接，争取在江永设立分院或开展合作，推动江永卫生事业上水平。加大计划生育基层群众自治示范县、乡、村创建力度，积极创建全国计划生育优质服务先进县。实施文化惠民工程，继续开展舞台艺术送农民、送基层活动，启动勾蓝瑶寨申报第八批“国保”单位工作。大力实施全民健身工程，加快“百岁健康县”创建步伐。实施农村安全饮水升级改造工程，让群众喝上放心水。广覆盖完善保障体系。大力推动大众创业万众创新，完成职业技能培训3600人以上，确保全年城镇新增就业3200人以上。完善养老、医疗、最低生活保障等社会保障体系，实现应参保人员全覆盖。加快保障性住房建设，实施城镇棚户区改造5510户。规范完善社会救助体系，保障困难群众基本生活。深层次创新社会治理。完善社会矛盾大调解机制，努力将力量下沉到基层、矛盾化解在基层，争创国家信访“三无县”。加强食品药品安全监管，强化食品药品安全信用体系建设。严格履行安全生产“党政同责、一岗双责”规定，着力抓好非煤矿山等重点领域和重点消防单位的安全整治，确保人民群众生命财产安全。进一步强化全民国防教育，推动“双拥”工作再上台阶。

四、进一步加强政府自身建设

打赢脱贫攻坚战，全面建成小康江永，对政府自身既是光荣使命，又是艰巨任务，更是重大考验。党的十八大和十八届六中全会对加强政府建设提出了更高的要求，我们必须进一步提升政府创新力、决策力、执行力和公信力，以新的姿态、新的作为、新的形象，推进自身建设，加快政府转型。

（一）坚持解放思想，增强政府创新力。坚持解放思想，站在历史新起点上展望未来，以更宽的眼界、更广的思路谋划发展，坚决破除封闭保守、固步自封、墨守成规的陈旧障碍，坚定信心，大胆探索，勇于创新，敢于争先，以思想的大解放推动事业的大发展。十八届六中全会强调，必须把坚持全心全意为人民服务作为根本宗旨。省第十一次党代会提出了建设“美丽富饶新湖南”的美好愿景，市委提出建设品质活力永州，当好全省开放发展的开路先锋。江永怎么干？我们必须在县委的领导下，用发展的思维来探索新形势下的新情况，解决好新问题，不断推陈出新，调动好全县人民创新创业的积极性。始终把创新贯穿于政府工作的全过程，将创造性的改革作为提高行政效率、改善服务质量、增进公共利益的基本手段，努力找准新形势下的新坐标、新定位，以创新带动政府工作水平的整体提升。

（二）坚持科学统筹，增强政府决策力。政府工作人员特别是各级领导干部要努力提高科学决策的能力，要以科学统筹的方法，深入开展调查研究，广泛听取各方面意见和建议。提升应对形势变化、统揽全局的能力。不断完善政府行政决策程序，建立健全重大事项集体决策、合法性审查、重大行政决策目录管理等机制，规范调查研究、公众参与、专家论证、风险评估、合法性审查、集体讨论决定等程序，不断提高政府科学、民主、依法决策的水平。

（三）坚持求真务实，增强政府执行力。十八届六中全会提出，监督是权力正确运行的根本保证。我们要进一步加强干部作风效能建设，严格政府工作目标考核，发挥绩效考核的导向激励作用。大力弘扬求真务实作风，说实话、办实事、求实效，完善执行制度、优化执行环境，严格落实首问责任制、服务承诺制、限时办结制、项目代办制和责任追究制，深化行政审批制度改革，全面推行“一站式”审批服务，规范行政行为、提高行政效能。

（四）坚持依法行政，增强政府公信力。依法执政的关键在于用法治方式推动政府工作，各级领导干部要带头学法守法用法，努力提高依法决策、依法办事的能力。要自觉坚持依法执政、依法行政和依法办事，自觉接受县人大及其常委会的法律监督和工作监督，自觉接受县政协的民主监督，加大人大代表建议和政协委员提案的办理力度。重大决策坚持广泛征询社会各界意见，认真听取各民主党派、工商联、无党派人士和各人民团体意见，尽全力使政府决策顺民心、合民意，让各项工作经得起群众的考验、实践的检验，做到言必信、行必果。

各位代表！历史机遇时不我待，脱贫责任义不容辞，小康目标催人奋进。让我们在市委、市政府和县委的坚强领导下，解放思想、坚定信心、克难奋进，为加快建设生态魅力、幸福文明的新江永而努力奋斗！

同心同德　凝智聚力
建设生态魅力、幸福文明新江永

——中国人民政治协商会议江永县第八届委员会常务委员会工作报告

江永县政协主席　刘忠华

（2016年11月27日）

过去四年的工作回顾

四年来，在中共江永县委的正确领导和市政协的具体指导下，政协江永县第八届委员会坚持以中国特色社会主义理论为指导，认真学习贯彻中共十八大和十八届二中、三中、四中、五中、六中全会精神和习近平总书记系列讲话精神，牢牢把握团结、民主两大主题，团结和带领全县政协委员和社会各界人士，紧紧围绕全县发展大局，认真履行政治协商、民主监督、参政议政职能，充分发挥“协调关系、汇聚力量、建言献策、服务大局”四项作用，圆满地完成了本届政协确定的各项工作任务，为推动全县政治、经济、文化、社会、生态文明建设做出了积极的贡献。

一、强化学习，凝聚共识，政协自身发展更加充满活力

社会共识是合作共事之基、团结奋斗之要。形成共识、凝聚人心是政协组织发挥统战功能、整合社会力量的重要基础。四年来，我们按照县委的统一安排部署，认真组织和开展了党的群众路线教育、“三严三实”专题教育和“两学一做”学习教育活动。认真学习党章、党规，认真学习习总书记系列讲话精神。通过持续深入的教育学习，大家补了“钙”，充了“电”，提了“神”，进一步提高了政治理论水平，坚定了理想信念，强化了宗旨观念，增强了道路自信、理论自信、制度自信；政治意识、大局意识、核心意识、看齐意识进一步增强，服务中心、为民务实清廉的价值观得到进一步提升。四年来，我们还扎实开展了政协业务知识和县域经济发展的相关专题学习。组织委员通过集体学习和个人自学等多种形式，把理论学习和时事政治学习相结合，把教育学习和履行职能相结合，加深了委员对政治协商制度的认识，提升了团结各界凝聚共识的能力，整个政协在重大问题上立场坚定、旗帜鲜明，保证了政协与县委、政府目标同向、思想同心、工作同步，保证了党的路线、方针、政策在政协工作中不折不扣地贯彻落实，做到了思想不错位，工作不越位，增强了凝聚力与工作活力。

二、围绕中心，突出重点，政治协商更加规范有序

（一）政治协商制度规则进一步完善。四年来，我们认真贯彻落实《政协湖南省委员会关于政治协商、民主监督、参政议政的规定（试行）》的精神，先后出台了《政协江永县委员会关于政治协商、民主监督、参政议政的规定（试行）》《中共政协江永县委员会党组议事规则》《政协江永县委员会提案工作实施办法》《政协江永县委员会常务委员会关于加强自身建设的意见》《政协江永县委员会委员履职管理办

法》等制度，通过完善各项制度来保障政协的政治协商各项活动依章进行，确保中央、省委、市委、县委的各项部署在我县政协系统的贯彻落实，使政协工作更加高效、严谨、规范、有序。

（二）政治协商组织体系进一步健全。四年来，我们按照政协章程精心组织召开了 48 次主席办公会、18 次政协常委会议和 4 次政协全会，搭建好委员、常委政治协商的平台。委员们都以高度的责任感和政治使命感就“一府两院”报告及全县计划发展、财政预决算等重大事项、县域经济运行情况以及重要人事任免进行协商，保证了县委、政府决策的声音原汁原味地传递到社会各界；畅通了全县的大政方针听取社会各界意见的渠道，推动了县委政府的科学决策。特别是对事关未来五年的《江永县十三五经济社会发展规划（草案）》进行了专题协商，提出了一些很有见地的意见和建议。同时，本届常委会落实市政协相关政治协商新举措，开展“联组协商”，在全会上增设“政府对大会发言及建议提案办理情况说明”的程序，更好地搭建了县委、县政府领导面对面听取委员意见和建议的平台，基层群众的声音第一时间传递到县委、县政府。四年来社会各界的建设性意见和建议都得到有关领导和部门的及时采纳，政治协商的效果明显增强。日益完善的政治协商组织体系确保了政协政治协商作用的充分发挥。

（三）政治协商成果转化进一步彰显。四年来，我们选择全县经济社会发展和群众普遍关心的重大问题，深入开展调查研究，开展专题协商议政活动。先后就民族政策落实、专业人才队伍建设、民办教育发展、县城管理与提质、优化投资环境、环境污染治理、旅游产业发展、行政区划调整、农业转型升级等课题开展专题协商，四年共向县委政府递呈了高质量的 12 个建议案。其中，《集中力量打通永明二桥道路　解决县城交通瓶颈的建议》《大力发展我县民办教育　促进江永教育均衡发展的建议》《关于加强我县卫生人才队伍建设向中共江永县委　县人民政府的建议案》《培植壮大农经合作体　破解江永特香农业发展瓶颈的建议》《关于我县少数民族乡行政区划调整向县委县政府的建议案》等得到了县委、政府全面的采纳和落实，有力推动各项工作的开展，促进了全县经济社会持续健康发展。特别是就我县少数民族政策的落实和乡镇行政区划调整的专题协商获得了社会各界的广泛好评。

三、积极探索，拓宽渠道，民主监督更加有力有为

（一）以提案办理为重点，强化民主监督。

联合交办形成合力。争取县政府支持，改革提案交办方式，将以往县长办公会议交办提案改为县政府常务会议审查交办提案方案，县政府督查室与县政协提案委联合面对面向各承办单位交办提案。明确每一件提案办理都由分管副县长任责任领导，各承办单位确定一名领导专抓提案办理的回复工作。四年来政协共收到提案 221 件，立案 217 件，政府交办 217 件，回复率 100%。

强化督办落实责任。每年政协常委会均确定 8~10 件重点提案，分别由主席、副主席带领政协常委深入提案办理工作第一线，督查重点提案办理工作，并邀请分管的副县长协调办理工作中的难点，确保重点提案办理不走过场取得实效。四年来督办的重点提案共计 37 件。

考核评议形成机制。几年来，我们每年都对各单位办理委员提案的情况进行考核评议，评议结果在县内媒体公布。特别是对政府交办、政协督办的重点提案办理情况进行常委评议评价，对认真办理委员提案的单位进行奖励，对敷衍搪塞的单位进行通报批评并建议县委、县政府予以追责，办理工作满意度低的提案列为下一年度跟踪重点督办。四年来，我县重点提案办理政协常委会评议办理工作满意率为 53. 57%。我县提案办理工作的创新经验被全省

政协系统推广。

（二）以委员视察为平台，推进民主监督。四年来，县政协共开展了十多项专项视察活动，形成工作建议80余份，有效地发挥了政协民主监督促进工作的作用。2013我们组织社科少民界委员对县城4个重点“城中村”现状进行了视察，撰写了《关于对江永县城“城中村”改造的几点建议》的视察报告；2014年我们组织各界别委员代表对我县创省级卫生文明县城工作和社会安全保障体系工作进行了专项视察，通过视察，提出了《消除卫生死角，整体推进县城创卫工作的建议》和《加强我县社会安全保障体系建设的建议》。2015年我们组织政协常委、乡镇工委主任、部分县政协委员等对瑶城市改造工程、人民医院专技大楼工程、汽车东站等12个重点工程项目建设情况进行视察，并召开现场评议座谈会和进度承诺跟踪评议座谈会，座谈会通过电视台同步报道，大大促进了重点项目建设进度，充分地发挥了政协民主监督的作用。

（三）以督促评议为渠道，拓展民主监督。四年来，政协县一如既往地推荐委员担任行业督察员、监督员、人民陪审员、行风评议员等，参与到全县公正执法、依法行政、作风建设、效能建设中履行监督职责，积极参加各类关系民生民本重大事项的听证会、论证会，拓展了政协民主监督的渠道与方式，取得了较好的监督效果。

四、关注民生，服务发展，参政议政更加广泛深入

（一）主动参与中心工作，参政敬业树形象。四年来，县政协的所有委员都积极投身到经济建设的中心去建功立业，在各行各业中工作中树立了政协参政新形象：县政协领导班子按照县委的分工，积极承担中心工作，不推诿、不松懈，主动作为，各自承担的重点项目建设任务都按时按质完成，各自分管联系的工作亮点纷呈，特别是对全县文化旅游产业建设和计划生育工作倾注了大量心血，为江永创建国家全域旅游示范县和计划生育工作创全国先进作出了积极的贡献。在全县的精准扶贫中心工作中，不断探索旅游扶贫新模式，创造了旅游精准扶贫勾兰模式，深受国家、省扶贫，旅游行业的一致好评。各界委员不忘自己的政治身份，引领群众围绕中心，主动作为，在各自代表的界别中发挥标杆作用。县政协常委陶继新以繁荣江永旅游产业为己任，坚持不懈地向外界推介江永，在他的努力下，“江永瑶山油茶”被国家旅游局评为“中国金牌旅游小吃”。政协委员义满成先富不忘带动老百姓致富，先后在全县六个乡镇建立了5000亩的花生种植基地，小小花生，打造了地方的脱贫致富产业。政协委员宋飞云将自己业余写作编辑成书，并将卖书获得的2.8万元全部用于支助贫困学生上学……委员们点滴的参政形象汇聚成了江永政协敢于担当、勤勉敬业的整体形象。

（二）扎实开展调研活动，议政建言谋发展。县政协每年都成立多个专题调研组，每个调研组分别安排一位副主席牵头负责，对全县干部群众普遍关注的问题开展专题调研，为全县的发展议政建言。2013年我们对全县村级财务管理、县城社区管理、新农村建设、生态文明建设、民营经济发展、水资源保护等问题开展了调研；2014年我们重点对农村土地流转、旅游产业发展、投资发展环境优化、卫生人才队伍建设、民办教育工作发展等问题开展了调研；2015年我们组织对发挥低碳环境优势构建低碳产业、女书文化生态试验区构建、旅游资源保护与开发、县域经济提质发展、精美小城建设、非物质文化遗产传承与保护、特色村镇建设、农村社会事业发展等问题开展了调研；2016年我们重点组织对全域旅游发展、人才作用发挥、县城提质扩容、实施精准扶贫、实施“互联网+品牌”战略等问题开展了调研活动。通过这一系列的调研我们共撰写了37个调研报告，为县

委、县政府科学决策提供了重要参考，得到了县委、政府的充分肯定，有力地推动了全县经济社会的发展。

（三）积极反映社情民意，化解矛盾促和谐。社情民意是人民群众的心声与诉求。反映社情民意是人民政协关注民生，参政议政的一大特色。几年来，常委会一直高度关注社情民意工作，建立和完善了闭会期间社情民意的收集平台，把收集反映社情民意贯穿于政协开展的各项工作和活动之中。2012 年以来，我们共接待来访群众 300 余人次，共收到来访信息 150 多条，刊发《江永社情民意》10 期。一些社情民意信息刊出或上报后引起了党委、政府和上级有关部门领导的重视，推动了问题的有效解决。特别是 2013 年我们上报的《江永县享受民族政策现状与周边县区差异》社情民意得到了省政协和省政府的高度重视，2015 年省政府确定高考少数民族加分政策时，充分考虑了江永人民的诉求，落实了民族政策；2015 年由我们转呈上报的“建议尽快出台农作物事故鉴定管理办法”社情民意，被省政协刊发并转呈至全国政协，很好地发挥了政协社情民意信息直通车的的作用。

五、厚文重史，传承创新，打造文化品牌更加凸显亮点

文化传承、文史通鉴，是人民政协工作的重要组成部分。这些年来我们围绕推进文化的传承、创新与发展，为打造江永文化品牌做了大量卓有成效的工作。

（一）群策群力保护、传承地方文化。近年来，我们高度关注江永地方文化，特别是女书文化和瑶族文化的挖掘、保护与传承工作。连续三年向省政协提出建立女书文化生态保护试验区的建议。2015 年在永州市政协全会作了题为《群策群力打造女书文化生态保护试验区》的大会发言。江永县作为女书文化生态保护试验区将被省文化厅列入湖南省首批文化生态实验的实施项目；女书文化创意园项目也已纳入文化部文化产业重点支持范围。女书文化逐渐被省委宣传部、省旅游局、省文化厅等单位重视。同时我们还加强与史志、文化、民族、社科等部门和有关方面专家的联系，组织开展田野调查，多角度、全方位收集整理资料，联络宣传、文化、妇联、民委、教育等单位力促女书文化、瑶族文化进机关、进校园、进社区，让江永的文化特色广泛体现于群众之中，增强文化的群众基础。

（二）不遗余力宣传、推介地方文化。为扩大江永文化的影响力，我们利用政协人才多、人缘广的优势广结善缘，积极推动江永文化走出江永，走向全国，走向世界。我们联络了国际著名的音乐大师谭盾创作了微电影交响史诗—《女书》，并积极支持和帮助其在全球 34 个国家巡演；我们组织女书传人支持清华大学向国际编码组织申报女书国际编码，并喜获成功，促成女书走进联合国展览，为女书进一步走向世界创造了条件；我们还积极支持和配合画家刘双全创作了“三千文化”连环画，丰富“三千文化”的表现形式。有力地推动了江永文化的外宣工作。

（三）齐心合力搜集、整理文化资料。近年来，我们按照市政协的安排部署，收集整理了 30 余位江永近现代名人的 20 万余字的文字资料和 180 余幅图片资料送交市政协编辑出版《永州百年名人》—江永篇。为弘扬江永历史做出了应有的贡献。

六、发挥优势，增进团结，凝心聚力更加富有成效

四年来，我们始终把团结和民主贯穿于政协工作的各个方面，充分发挥宣传员、联络员的作用，把党委、政府的大政方针传递到各个层面，为全面建成小康江永凝聚人心，汇聚力量。

（一）建立联系机制。为加强委员和各界人

士的联系，我们建立了政协主席、副主席联系委员组、政协常委联系界别、委员工作委员会联络委员等联络机制。通过委员活动联络感情，勉励县内外委员在各自的岗位上为全面建设小康江永建功立业，引导外地委员回乡兴办企业，积极支持政协常委陈旭东联络江永在广东经商办企业的老板们成立广东湖南江永商会，搭建平台，开展以商招商活动。

（二）搭建交流平台。积极组织常委、委员参加湘、桂、粤三省区毗邻县（市、区）政协工作协作会；组织部分常委和委员外出浙江宁波、广西白色地区学习，加强了与省内外兄弟县区政协的联络。2014 年，我们牵头筹办了第二届“第二故乡情——江永知青文化旅游节”暨“长沙知青下放江永 50 周年纪念活动”，组织召开了长沙知青精英为江永发展建言献策座谈会，举办了长沙知青第二故乡摄影展和长沙知青下放江永历史展。充分地调动长沙知青这一特殊群体为江永经济建设和社会发展的积极性。2015 年、2016 年我们利用政协这个特殊的平台，加强了与 ME TO WE 国际青少年培训机构的联系，促成该机构长期与江永合作，开展国际青少年素质教育社会实践交流活动。这些活动为宣传江永、推介江永的旅游发展起到了十分重要的作用。

七、求真务实，开拓创新，政协自身建设更加坚强有力

一是加强机关建设，增强服务委员的意识。四年来，我们坚决落实中央“八项规定”，大力整治“四风”，努力锻造风清气正的政协队伍。增强服务意识，改进工作方法，建立江永县委员会微信平台、政协网站，加强与委员的沟通与联络，把政协机关创建为温馨的委员之家。

二是加强组织建设，强化委员的履职管理。配齐配强乡镇基层工作委员会，制定了《政协江永县委员会委员履职管理办法》，依办法建立了委员履职管理台账，根据台账的记录情况对委员实行分类管理，并在届中、届末对委员履职进行考核，将考核结果作为优秀委员的依据和委员去留的重要参考因素，大大提高了委员的履职的积极性和主动性。

三是增强廉政管理，树立廉政新风。切实落实廉政建设责任，健全党组工作机制，统筹谋划部署党建和党风廉政建设，把两个主体责任落实在政协的各项履职活动之中，树立政协廉洁议政的新风尚。

回顾四年的工作，我们有很多难以忘怀的记忆与感触，有很多值得总结的经验和体会。

四年工作的主要体会

一、做好人民政协工作，必须坚持正确的政治方向，必须要与党委政府同心同向同行同力。政协工作必须站在政治的高度、全局的角度来思考、谋划和推进工作，切实做到党委全局谋划的重心指向哪里，政协工作的重点就聚焦到哪里。政府工作的主战场放在哪里，政协组织的参谋作用就发挥在哪里，努力把“五湖四海”的政协委员凝聚在党的旗帜下，心往一处想，劲往一处使，拧成一股绳，上下团结一条心，齐心协力谋发展。

二、做好人民政协工作，必须发挥委员的主体作用。政协委员是政协工作的主体，委员强则政协强。四年来，大家围绕中心、服务大局，由小到大、由点到面，共同打造了政协新形象。可以说，县政协的每一项成果、获得的每一个进步，都离不开委员的积极参与，离不开委员的智慧投入，离不开委员的无私奉献！实践证明，只有把委员的积极性充分调动起来，才能使政协真正做到“聚是一团火、散是满天星”，政协才能聚集满满的正能量，发出宏亮的好声音。

三、做好人民政协工作必须加强学习、苦练内功。必须要深学、细研习总书记关于人民政协工作的一系列新指示、新要求，努力知“上情”，必须要深入一线，沉下去知“下情”。

沉到基层，选好样本“解剖麻雀”，用事实说话，用数据说话，真正把问题找准、把原因理清、把建议提实。走出去知“外情”。增强横向比较思维，通过学习考察、分析比较，学习外地的好经验、好做法，才能结合江永实际充分发挥好政协的作用。

四、做好人民政协工作必须时刻注重方式方法。政协工作的任务是参政议政、建言献策。政协工作的主题是团结和民主，做的是团结群众、凝聚人心的工作，无论是会议议政、组织视察考察、调查研究，还是酝酿提案、反映社情民意，都要讲究方式方法。在把握规律和特点的基础上，加强对政协工作方式方法的探索，做到建诤言、谋良策、出实招，议政议在关键处，议在重要时，议在点子上，使政协工作能够在服务大局中发挥独特的作用。

各位委员，八届政协的工作成绩来之不易，成绩的取得是中共江永县委坚强领导和上级政协正确指导的结果，是县人大、县政府及有关部门大力支持和密切配合的结果，也是全体政协委员和各民主党派、工商联和无党派人士，各人民团体和社会各界人士以及在县政协工作过的老同志、老领导共同努力的结果。在此，我代表县政协八届常委会向所有关心、支持过政协工作的各界人士表示衷心的感谢并致以崇高的敬意！

回顾四年来的履职实践，我们也清醒地看到，我们的工作还存在很多不足。比如，民主协商的制度化建设需要深入推进，民主监督工作还需要创新，协商议政成果落实机制还有待完善，团结联谊活力还需要加强，深入基层服务群众的覆盖面还需继续扩大等等。这些都需要认真研究，并在今后的工作中切实加以解决。

今后五年工作建议

未来五年，是实施精准扶贫、全面建成小康社会的五年，也是我县实施“十三五”规划、落实“项目兴县、工业强县、城镇立县、农业稳县、旅游活县”战略的五年，县政协要高举中国特色社会主义伟大旗帜，在中共江永县委的坚强领导下，紧紧围绕中共江永县第十二次代表大会确定的目标任务，认真履行各项职能，为推动江永改革发展作出新的更大贡献。

一、突出强基固本，力求在加强政协组织建设上有新提高

首先，要加强委员的队伍建设。未来五年将组织委员学习中国特色社会主义理论和县域经济、现代科技、法律知识，带头践行社会主义核心价值观，提高自身素质和履职能力，发挥委员在政协工作中的主体作用、界别群众中的代表作用、本职工作中的带头作用、讲实话。帮助委员增强委员意识，提升能力素质，做到懂政协、会协商、能监督、善议政、有担当，激发委员履行职能的积极性和主动性。

其次，要加强专门委员会建设。健全和完善提案工作委员会、文史工作委员会、委员联络委员会等专门委员会，在委员中选配好兼职副主任和兼职委员，为专委会提供必要的工作条件，充分发挥专委会的核心枢纽作用，为界别开展活动做好服务，充分发挥提案办理在政协工作中的重要作用，引导委员写好提案，监督部门办好提案；充分发挥文史工作委员会文史通鉴的作用，根据江永县文化特色，组织文史工作者为打造全域旅游示范县文化内核贡献智慧。

第三，要加强制度建设。进一步完善委员履职管理办法，制定界别小组履职细则和委员调研、视察实施办法，逐步完善专委会工作、委员视察、反映社情民意等各项工作流程，健全委员履职的激励约束机制，推进履行职能的制度化、规范化和程序化。

二、广泛凝心聚力，在围绕全县中心工作参政议政上有新贡献

积极响应湖南省政协“助力脱贫攻坚，全面建成小康社会”的号召，带领全体委员会积极参

加“三个一”活动，在精准扶贫主战场建功立业。精心选题，在农业产业升级、推进全域旅游、建设特色城镇、加强城市管理、利用生态资源、凸现文化内核、构建金融平台、打造绿色交通等重大课题走出去，引进来，深层次地开展调查研究，精心组织委员通过政协提案、大会发言等活动，拿出切合江永发展的建议案，为县委、政府当好参谋。主动把政协工作放到全县全面建设小康社会的中心大局中去谋划和推进，自觉围绕县委、县政府决策部署参政议政，重点围绕实施县“十三五”规划、落实“项目兴县、工业强县、城镇立县、农业稳县、旅游活县”战略，主动适应发展新常态，作好“谏”官。

三、关注民生福祉，在深入推进政协民主监督上有新作为

健全民主监督工作机制，推进民主监督规范化、常态化。继续实施委员监督员派出机制；继续完善大会发言、重点提案的督办评议制度；努力探索建立单位民主评议制度；努力探索群众关注的重大民生问题现场督办制度，通过组织视察、召开协商座谈会等方式开展监督。选择群众呼声较高、社会影响较大、事关民生的生态环境、教育、医疗、交通、社会保障、食品药品安全等问题，开展形式多样的视察监督活动。把政协的民主监督与其他形式的监督有机结合起来，扩大监督的影响力，提升监督实效。

四、强化学习研究，在完善政协协商工作机制上有新成果

要认真贯彻中共中央《关于加强社会主义协商民主建设的意见》，加强政协协商与党委、政府工作的有效衔接。搞好专题协商、对口协商、界别协商、提案办理协商，完善协商成果的采纳、落实和反馈机制，不断提高协商成效。努力探索通过政治协商凝聚人心，形成发展思想共识的方法与途径。充分发挥人民政协的组织优势，探索春风化雨地做好解疑释惑、理顺情绪、化解矛盾等工作的方法与途径。努力探索协商成果转化的方法与途径。扎实开展协商前期调研，提出言之有物、言之有据、言之有理的建设性对策和建议。营造民主和谐、宽松活跃的氛围，在发扬民主中增进共识。规范报送程序，强化跟踪反馈，促进建言成果兑现。

五、坚持创新发展，在不断提高政协工作水平上有新举措

要自觉把五大发展理念作为政协工作的根本准循，切实把创新贯穿于政协履职的全过程，在履职内容和方式上转变思路，增强政协工作的时代性、针对性和实效性。

按照形势发展要求，统筹安排政治协商、民主监督、参政议政等方面工作，选准工作重点，拓展履职领域。把民主监督的职责融合于调查研究、提案督办、议政建言之中，认真开展监督性协商议政活动。

坚持虚功实做，善于整合政协资源，积极搭建平台，充分发挥委员主体作用。优化全体会议、常委会议的程序、步骤和方式、方法，提升履职效能。主动利用“互联网+”，开展知情明政、交流讨论、团结联谊等活动，活跃政协工作气氛。充分运用主流媒体和新兴媒体，宣传政协履职实践，营造政协工作的良好氛围。

各位委员：我们正处在江永发展的重要阶段，新一届人民政协重任在肩。让我们高举中国特色社会主义伟大旗帜，深入学习贯彻习近平总书记系列重要讲话精神，紧密地团结在以习近平同志为核心的党中央周围，在中共江永县委的坚强领导下，同心同德，开拓创新，共同谱写人民政协事业发展和生态魅力、幸福文明的新江永的美丽篇章！

大 事 记

1月

3日，湖南省爱卫会授予江永县“湖南省卫生县城”称号。2012年4月23日县政府作出关于创建省级卫生县城的决定，2015年10月底，省专家组分食品安全、街道卫生、交通秩序、“四害”影响、空气质量、农贸市场、城市水体、公共厕所等工作组随机采访居民和客商，满意率为86.7%。

4日，县政府机构改革和乡镇区划调整改革干部人事工作动员会召开。县委常委、组织部部长、统战部部长秦远林宣读《江永县政府机构改革和乡镇区划调整干部人事工作实施意见》。

7日，县委副书记、县长唐德荣主持召开县委中心组2016年第一次集中学习（扩大）会议，学习宣传贯彻党的十八届五中全会精神。永州市委党校教育长、教授李跃军作题为《牢固树立新的发展理念 决胜全面建成小康社会》的宣讲报告。

8日，湖南省政府常务会研究批准，认定江永县为革命老根据地。14日，省民政厅以湘民函〔2016〕7号文件批复认定为革命根据地。

9日，中共江永县第十一届委员会第五次全体（扩大）会议召开。县委书记冯德校代表县委常委会作工作报告，县委副书记、县长唐德荣作《中共江永县委关于制定江永县国民经济和社会发展第十三个五年规划的建议》的起草说明。

16—19日，政协江永县第八届委员会第四次会议在县城召开，县政协主席刘忠华作工作报告。

17—19日，江永县第十六届人大第五次会议在县城召开。县长唐德荣作《政府工作报告》，县人大常委会主任黄智亮作《人大工作报告》。会议选举唐英为县人民法院院长，选举沈阳为县人民检察院检察长。新当选的县人民法院院长唐英向宪法宣誓。大会审议通过《关于江永县国民经济和社会发展第十三个五年规划纲要的决议（草案）》。

19日，县委副书记、县长唐德荣率队赴广西灌阳县，就创建湘南桂北电商联合会、共建湘南桂北电商合作发展示范区进行沟通交流。

21日，县2015年领导班子和领导干部年度考核、干部选拔任用工作“一报告两评议”暨领导干部队伍实绩管理及执行力考核述职测评大会召开。县委书记冯德校代表县委领导班子向大会述职，并作个人述职报告。

21日，召开2015年绩效评估等八项工作考核汇报会。市委副秘书长、市委督查室主任胡浩带队考核绩效评估、“1511”重点投资计划、新型工业化和工业园经济、新型城镇化、开放型经济、六件惠民实事、农业农村、党管武装等八项工作。

26日，2015年度江永县纪检监察领导干部述职述廉述德集中评议大会召开。源口瑶族乡、高泽源林场、县计生委、县林业局、县财政局、县畜牧水产局等6个单位的纪委书记（纪检组长）分别作述职述廉述德报告，各评议小组作点评发言，各乡镇场、县直单位纪委书记（纪检组长、纪检员）、县纪委委员、纪委室主任及特邀代表等参会人员对“三述”对象进行集中测评。

27日，江永县召开香柚、香芋促销工作会，县委副书记、县长唐德荣分析香柚、香芋销售不畅的原因，并就如何为全县香柚、香芋促销做安排部署。同日，县人民政府出台《关于促进香柚、香芋销售的意见》。

27日，市委常委、市纪委书记朱映红到江永县调研党风廉政建设工作。

28日，市委常委舒平到江永县开展春节走访慰问活动。

28—29日，省政府副秘书长、省信访局党组书记、局长许忠建带领省信访局扶贫工作组到黄甲岭乡白马村开展春节走访慰问活动。

31日，存在卫生、消防、交通、建筑方面的隐患的瑶城服装市场商住办公综合楼实施整体拆除。

31日，在省委扶贫开发暨全面建成小康社会推进工作会议上，江永县2015年度多项工作获省委表彰。在全省县市区全面小康提升幅度三类县排名和经济快进县三类县排名考评中，江永县均排名第一名，被省委授予全省全面小康推进工作十快进县；在全省贫困县扶贫开发工作考核中，江永县位列扶贫实际成绩综合考核排名第一位，全省精准扶贫部分考核排名第12位。

1月，江永县人民法院执行局被最高人民法院评为“全国法院先进集体”。

1月，江永县计生协会获“2015年全省计划生育协会模范单位”“全省首批计划生育基层群众自治示范县”荣誉称号。

1月，江永县荣获2015年度省计划生育工作优秀单位。

1月，江永县拍摄的廉政微电影《父亲的党费》在全省廉政微电影评选中，被评为全省一等奖。《父亲的党费》讲述的是瑶族妇女赵玉翠替父亲交党费的故事。

2月

1日，江永县委常委班子召开“三严三实”专题民主生活会，市委组织部部务委员艾建华到会指导。

16日，江永县革命老区座谈会在县委常委会议室召开。省民政厅巡视员、副厅长李劲夫宣布，江永县被省政府批准认定为革命老根据地。

19日，永州市江永“女书习俗”、江华“瑶族长鼓舞”国家级传承人抢救性记录摄制工作开机仪式在江永县举行。

21日，江永县第一幼儿园举行开园典礼。该幼儿园总投资近3000万元，位于县城中心原糖厂内，占地面积20亩，建筑面积11109.83平方米，可容纳幼儿1000人。

22日，市委、市政府召开2015年度工作综合表彰大会，江永县获评全市绩效评估工作先进单位、全面建成小康社会工作先进县区等11项荣誉称号。

26日，县政府组织64名电商从业人员赴浙江省义乌工商学院，开展为期半个月的技能提升培训。

3月

7日，江永县召开第十一届纪委第六次全会暨全县反腐败工作会议，部署2016年党风廉政建设和反腐败工作任务，表彰2015年度全县党风廉政建设先进单位和纪检监察工作先进个人。

15日，江永县召开2016年乡镇领导班子换届工作动员大会。县委书记冯德校强调要站在讲政治、讲大局、讲发展的战略高度来思考、谋划、推进和完成换届工作，为全面建成小康江永构筑坚实的组织保障。

15日，湘西州委常委、吉首市委书记刘珍瑜一行到江永县考察学习精准扶贫工作。刘珍瑜一行先后到电商街、夏橙资产收益扶贫项目和勾蓝瑶寨考察江永县在电商扶贫、产业扶贫、旅游扶贫等方面的新举措和取得的新成效。

22日，县委经济工作会议召开。会议提出2016年全县经济工作总体思路：以党的十八届三中、四中、五中全会和中央、省委、市委经济工作会议精神为指引，坚持稳中求进宗基调，践行“创新、协调、绿色、开放、共享”的发展理念，以全面建成小康江永为总览，以精准扶贫为抓手，以发展提质为主题，以项目建设为支撑，深入实施“六大战略”，全力打造“五大目标”，大力推进“四城同创”（争创省级文明县城、省级生态文明示范县、国家卫生县城、国家全域旅游示范县），致力打好“三大战役”（园区建设攻坚战、城区景区提质攻坚战、精准扶贫攻坚战）、着力实现“两个提升”（提升二三产业比重、提升新型城镇化率），加速建设生态魅力江永，为“十三五”开好局、起好步。

28日，省政府发布《湖南省旅游业“十三五”发展规划纲要》，列出未来5年湖南要建设的100个特色旅游小镇，江永县上江圩镇名列其中。

3月，江永县入列国家发改委、人社部等10部委联合公布的全国首批90个结合新型城镇化开展支持农民工等人员返乡创业试点县（市、区）名单。

4月

1日，县市场监督管理局揭牌。政府机构改革中，工商、质监、药监三个部门合并，组建市场监督管理局。

9日，省委巡视第八组巡视江永县工作动员会召开，组长郭树人作动员讲话，市委常委、市纪委书记朱映红代表市委就配合巡视工作提出要求，县委书记冯德校主持会议并作表态发言。

8日，湖南省湘剧院院长、国家一级演员王阳娟带领湘剧《月亮粑粑》主演团队到江永县岩寺营村进行采风和体验生活。

10日，江永县向省委巡视第八组汇报关于“8+1”专项整治工作情况〔“8+1”专项整治包括：“雁过拔毛”式腐败问题的专项整治，国家公职人员违规在重点项目指挥部任（兼）职取酬、乱发滥补问题的清理整治，县直机关、乡镇乱发津贴补贴问题的清理，“乱收费、乱罚款”问题专项清理，国家公职人员违规参与土地和房地产开发问题的专项清查，领导干部亲属子女利用其职权和职务影响谋取利益问题的整治，领导干部插手工程建设和土地开发问题的专项治理，行政执法部门少数执法人员滥用职权、以权谋私问题的专项整治，扶贫资金使用的专项清理等9个方面〕。

11日，县委书记冯德校主持召开全县党章党纪党规学习会。

11日，全县扶贫资金专项检查工作动员会召开。检查的主要范围包括江永县2013年至2015年度中央和地方财政安排的扶贫发展资金、以工代赈资金、少数民族发展资金、自然灾害救助资金、农业综合开发资金、扶贫贷款贴息资金、残疾人扶贫资金以及县级扶贫点帮扶资金，将从资金分配、使用、项目管理等环节进行全面检查。

12日，省委巡视第八组巡视江永县专项整治工作推进会召开。省委巡视第八组组长郭树人讲话，县委书记冯德校作表态发言，县委常委、纪委书记蒋俊善通报江永县专项整治工作情况并宣读专项整治工作纪律及要求。

14日，省工商行政管理局党组书记、局长李金冬到江永县潇浦镇向光村调研精准扶贫工作。该村为省工商行政管理局联系的扶贫村。

17日，江永县全境普降大到暴雨，降水量59.4毫米。上江圩镇、千家峒瑶族乡、源口瑶族乡等乡镇遭受特大冰雹袭击，冰雹颗粒大如鸡蛋，降雹时间持续近10分钟。

17日，中国“女书习俗”文化交流代表团在瑞士苏黎世开展女书文化交流活动，女书传承人胡欣、蒲丽娟现场吟唱女歌、书写女字。

19日，省旅游局长陈献春到兰溪勾蓝瑶寨、夏层铺上甘棠村、瑶族古都千家峒、上江圩女书生态博物馆调研旅游工作。

19日，第七届“联合国中

文日”女书习俗展在瑞士日内瓦联合国总部的万国宫巴贝尔都厅开幕。

22日，江永县农业委员会举行挂牌仪式。原县农办、原农业局的职责和县畜牧水产局、县农机局、县农经局等单位承担的相关行政管理职责整合，归口县农业委，全面统筹协调农村、农业工作。

29日，江永县召开基层党组织党员档案专项审查工作动员会。县委书记冯德校强调，各基层党组织要突出检查重点，按质按时完成检查工作，从严从实汇报检查内容。

4月，经最高人民法院批准，永州市从5月1日开始，试行一审行政诉讼案件异地集中管辖，江永行政诉讼由道县人民法院管辖。

4月底，全县各乡镇相继召开党代会，选举产生新一届乡镇党委班子、纪委班子和出席县第十二次党代会代表。

5月

3日，县委书记冯德校到县扶贫办调研扶贫工作，要求做到精准识别、精准帮扶、精准脱贫，强力推动扶贫攻坚，确保全县2017年全面脱贫。

3日，县委组织部、县人社局联合发布公告，2016年江永县面向社会公开引进113名专业技术人才到县内35家事业单位工作。

1—3日，“五一”假期，景区餐饮与宾馆呈饱和状态，共接待游客15万人次，同比增长73%；旅游综合收入9625万元，同比增长71%。此前，县政府宣布全县旅游景区免费向社会开放。

4日晚至5日，千家峒瑶族乡遭暴雨袭击，降雨量103毫升，导致山洪暴发、河水暴涨，造成农田受淹600多亩，冲毁河提3座、公路路段2处、河堤3处，山体滑坡9处。

5日，县委常委、常务副县长杨健主持召开县政府第28次常务会议，审议并原则通过《创建国家卫生县城实施方案》《江永县困难残疾人生活补贴和重度残疾人护理补贴实施方案》《2016年绩效考核工作方案》，对县城投公司投融资工作、农村学生营养餐试点县工作、汽车东站西站建设、永明河国家湿地公园申报工作等进行讨论研究。

5—6日，省政协副主席、民盟省委主委杨维刚率专家团队到江永县调研农村电子商务市场体系建设。

9—10日，市委常委、政法委书记唐能武到江永县调研政法工作。唐能武认为江永县“一村一警、三员联村”“4+X”社区警务、综治民调、“互联网+社会治理”等工作做到了人员到位、责任到位、机制到位、措施到位，特色明显，成效突出，经验值得全市推广。

10日，江永县召开2016年精准扶贫工作推进会。

10日，江永县召开“两学一做”学习教育工作会议，贯彻落实中央、省委、市委关于“两学一做”学习教育的精神，对全县“两学一做”学习教育工作进行动员部署。

11—12日，省人大常委会委员、教科文卫委主任委员梁尔源率领调研组，到江永县调研农村基础教育师资队伍建设工作。

11日，兰溪瑶族乡勾蓝瑶村注册成立旅游开发有限公司，以村支两委作为组织者和开发主体，村民以土地、房屋等资源占股的方式开发景区，组成联合体，共同发展旅游业。

12日，“江永女书”参展第十二届中国（深圳）国际文化产业博览交易会。

13日，县委常委、常务副县长杨健主持召开县政府第29次常务会，审议研究《关于乱发津补贴、奖金处理意见》、《关于棚户区综合整治申贷工作》两项议题。

16日，江永县举办“两学一做”学习教育党务骨干示范培训班，452名党务骨干参加培训。

18日，县委学习中心组举行2016年第二次集中学习（扩大）会议，市纪委常委、秘书长、市委宣讲团成员陶爱民作《中国共产党廉洁自律准则》和《中国共产党纪律处分条例》专题辅导讲座。

18日，在北京召开的中国计生协第八次全国会员代表大会暨先进表彰会上，被评全国计划生育协会先进县的江永县获得表彰。

18日，江永县与新华网签署战略合作协议，成立江永创客大学。江永创客大学是全国43所创客大学中唯一一所县级创客大学，也是永州唯一的一所创客大学。创客大学实行“线下实训+线上教学+创业孵化”相结合的教育方式，学员主要在“YY视频13980——创客直播间”进行免费学习，并实行零成本创业创新学习实践。

20日，省扶贫办主任王志群带领省扶贫办扶贫开发处、省扶贫基金会人员，到江永县兰溪瑶族乡勾蓝瑶村、资产收益扶贫示范项目基地、电商街等地调研精准扶贫开发工作。

20日，江永县普降大到特大暴雨，源口水库水位高达到358.94米，最大入库流量达1012立方米每秒，创1986年源口水库建库以来新高。

27日，第十一届县委员会第六次全体会议召开，表决通过《关于召开中国共产党江永县第十二次代表大会的决议》(草案)。该决议提出，中共江永县第十二次代表大会于2016年7月下旬在县城召开。

28日，永州市计生特殊困难家庭帮扶模式探索项目启动仪式在千家峒瑶族乡刘家庄村举行。中国计生协从2012年启动的针对计生特殊家庭开展的帮扶项目，旨在通过开展生活关怀、精神关怀、养老关怀、健康关怀、再生育关怀等一系列帮扶关爱工作，改善计生特殊困难家庭生活质量和生存环境，推动建立社会支持系统。

29日，全省产业扶贫现场会走进江永县，现场考察“电商扶贫、产业扶贫、旅游扶贫”工作。

30日，省委巡视第八组组长郭树人、副组长曾益民向县委书记冯德校反馈巡视情况，郭树人代表巡视组向江永县领导班子反馈巡视情况，永州市委常委、市纪委书记杨永对江永县整改工作提出要求，县委书记冯德校主持会议并作表态发言。

30日，禁毒宣传讲座开始纳入县人社局的就业培训课堂。

6月

6日，全县党务工作会议暨农村网格化工作动员大会召开，网格化管理向农村延伸。

7日，县内首座太阳能分布式家用并网电站在潇浦镇锦堂美村村民何起玉家房顶上建成。

14日，全县旅游资源普查工作会议召开，启动全县旅游资源普查工作。

14日，县委学习中心组2016年第四次集中学习（扩大）会议召开。省安监局政策法规处处长谭德明受邀以安全生产属地监督管理与省级示范县创建为主题作专题讲座，就县乡政府领导安全生产监管职责，县级政府各安全监管执法部门职责，乡镇、街道监督检查及报告职责以及村（居）委会安全生产监管职责进行阐释解读。

20日，县委书记冯德校带领工业、住建、农业委、旅游等部门负责人到广西全州县考察工业、城市建设、新型城镇化等工作。

23日，县精准扶贫工作培训在县委党校开班，县委副书记唐慧云作专题培训报告。培训围绕“两不愁、三保障”的扶贫目标，就扶贫小额信贷、易地扶贫搬迁、兜底政策保障、涉农资金整合等工作进行政策解读，同时对基础设施扶贫项目的工作流程进行讲解，要求建好扶贫信息系统。

25日，县宣传推介大使培训班开班，100余名学员参加培训。培训班意在培养一批优秀导游、优秀讲解员，提高江永县旅游服务水平，提升地方文化旅游形象，为江永县开展全域旅游提供人才支持。

26日，江永县人民法院召开新闻发布会，发布《江永法院毒品犯罪案件审判白皮书（2014—2016）》，通报毒品犯罪案件审理情况，公布三个打击毒品犯罪典型案例。

28—29日，江永县召开旅游发展规划专家论证会，专家组在听取设计单位就《江永县旅游产业发展总体规划》《女书岛旅游景区修建详规》《女书风情小镇修建详规》《江永县上甘棠景区建设详细规划》等规划项目的汇报和说明后，认为江永旅游发展规划基本上符合江永县的发展理念、发展方向和发展重点，同时从目标定位、产业发展、空间布局、重点项目策划、营销策划等方面，对规划提出意见和建议。

29日，最高人民法院通报全国法院党建工作先进集体和先进个人评选结果，县法院荣获“全国法院党建工作先进集体”荣誉称号。

30日，县委副书记、县长唐德荣主持召开县政府第31次常务会议，讨论民政养老项目用地、乡镇管道燃气考察报告、公安工作、异地扶贫搬迁工作、永明集团组建工作、生态原产地保护示范区建设、信访调纠工作，并审议《金融产业扶贫工作实施方案》。

7月

4日，县环保局查处三起环保违法案。其中，未进行环境影响评价或环境影响评价未经审批擅自开工建设的江永兰州塑料厂，被责令停止建设，补办相关环保手续并处罚金2.5万元；未经环保部门验收或验收不合格投入生产的上江圩神湾砖厂、江永横山石场，被责令停产整改并分别处罚金4万元、3万元。

7日，江永县启动为期五年的“创建国家全域旅游示范县”工作，《江永县创建国家全域旅游示范县工作实施方案》提出，以现有的四个AAA级旅游景区、独特的三千文化及“五香”农业资源、“深山幽谷”生态资源为依托，以“女书文化”为引擎，通过对瑶文化、古村农耕道德文化等人文基底的提炼与创新，打造融文化探源、生态养生、农业体验、运动休闲功能为一体的中国著名的全域旅游示范县。

7日，县委、县政府成立江永县创建国家全域旅游示范县工作领导小组，县委书记任组长，县长任第一副组长，县委专职副书记、人大常委会主任、政协主席、常务副县长以及县委、县人大、县政协分管旅游领导，县政府分管旅游、农业、城管城建、电商领导任副组长。领导小组下设资金筹措组、宣传营销组、旅游项目建设组和环境整治组。

7日，县创建省级文明县城工作领导小组办公室向市民发出“创建省级文明县城，共享幸福美好生活”的倡议：从我做起，做文明的践行者；从我做起，做文明的参与者；从我做起，做文明的传播者。

12日，县政府召开第32次常务会议，就永明河国家湿地公园、工业园区面积预留、重点项目开发区域预留、千灌公路规划、旅游项目开发、公益林和商品林的认定、千家峒风景名胜区规划等与生态红线划定有关的问题进行研究审议。

13日，省文化厅党组书记、厅长李晖到江永县女书园和上甘棠景区调研文化工作。李晖在调研中指出，江永要以“三千文化”为依托，加大保护与开发力度，挖掘和传承瑶族优秀文化，打造特色文化品牌，推进文化与旅游融合发展；要深入挖掘景点内容，提高旅游附加值，不断延伸文化旅游产业链条；要加大宣传力度，提升文化旅游品牌知名度。

13日，潇浦、上江圩、桃川三个县市场监督管理局派出机构挂牌成立，并加挂食品药品监督管理所牌子。

14日，全省旅游扶贫推进会暨乡村旅游培训班观摩团考察江永县旅游扶贫工作；江永县召开湖南省旅游扶贫推进会媒体记者见面会，《人民日报》、《中国旅游报》、《湖南日报》、湖南卫视等11家媒体的记者参加。

15日，江永县召开创建国家全域旅游示范县动员会，提出实施“三个五”旅游工程（五大核心景区、江永五香产业园、江永五香村）建设，推进“旅游+”，推动农旅互动、工旅互通、文旅互融、商旅互赢，推动景点旅游向全域旅游转变，实现“全域布局、全景覆盖、全局联动、全业融合、全民参与”，使旅游产业成为富民强县的支柱产业，实现“旅游活县”向“旅游强县”跨越。

16日，一外地小女孩在上甘棠景区步瀛桥附近坠水，女孩父亲营救时也跌落水中。在此游玩的桃川镇向阳村村民蒋东文见状，跳下河奋力把两人推上岸，不会游泳的他却在反作用力下陷到深水区，不幸牺牲，年仅32岁。

16日，江永县“周末讲堂”启动，300余人参加启动仪式。“周末讲堂”根据江永县的文化旅游资源、电子商务工作等实际工作发展要求，邀请中央及省市专家名师开展专题讲座，全县干部群众都有机会接受专家学者的理论培训和知识教育。首堂讲座由合肥半汤商学院院长陈民利教授讲解“县域电商怎么看和县域电商怎么干”。

17日，燕子山发生一起车辆坠崖事故，事故致2人死亡9人受伤，其中1人伤势较重。

27日，县综治委组织开展平安单位创建活动，以“平安乡镇”“平安村（社区）”“平安园区”“平安网格”“平安楼栋”“平安家庭”“平安机关”“平安校园”“平安医院”“平安市场”“平安边界”“平安景区”“平安物业”“军地平安创建”“平安文化市场”等15项创建活动推进“平安江永建设”。

31日，广西梧州苍梧县发生里氏5.4级地震，江永县震感强烈，但无人员伤亡报告。

31日，县委宣传部、县民政局、团县委、县诗词协会联合举办“颂红军精神、讲红军故事、展江永风采”主题征文活动，纪念中国工农红军长征胜利80周年。

8月

2日，江永县召开领导干部大会，市委组织部副部长、市委老干部局局长刘玲军宣布省委、市委关于江永县委主要领导的任免决定：冯德校不再担任江永县委书记、常委、委员职务，改任东安县委委员、常委、书记；周立夫任江永县委委员、常委、书记。

2日，江永县政府收到国家工商总局颁发的15类“女书+图形”商标注册证书。这标志江永为保护女书文化遗存历时14年的商标维权行动取得成功。

2日，江永县永明诗词协会常务副会长唐德雄加入湖南省诗歌学会，是永州市第四个、江永县第一个省诗歌学会会员。

6日，江永县义工到潇浦镇山爻头村黄家自然村走访慰问家庭贫困学生何亿，送上1.2万元爱心款，助寒门学子圆大学梦。

9日，省畜牧水产局党组书记、局长袁延文到江永县调研生猪产业发展情况。

10日，全省推进“三社”力量精准扶贫专项行动暨百家社工机构进村联点启动仪式在江永县举行，引导全省社会组织、社区、社会工作专业人才等“三社”力量参与精准扶贫，帮助贫困户实现稳定脱贫。

12日，县委学习中心组召开2016年第五次集中学习（扩大）会议。市委宣讲团成员、市委宣传部副部长王再兴作“牢牢把握意识形态工作主导权”的专题讲座。

16日，江永创客大学在“创客青春·2016全国创客大学夏令营”活动创意大赛中获得团体第三名，戴杭锋所创作的“格鲁吉亚红酒”创意作品在22万学员中获得第五名。

18日，江永县兰溪勾蓝瑶寨旅游开发有限公司入列全国“公司+农户”旅游扶贫示范项目。

21日，国务院扶贫办开发指导司司长海波到江永县电商街、潇浦镇凉伞树夏橙资产收益扶贫示范项目调研精准扶贫工作。

23日，江永县首届阿里乡村文化节暨民俗舞大赛在夏层铺镇举行，13支来自不同乡镇的队伍演出具有各地特色的文化节目，展现新时代农民风采，体现江永新农村喜人变化。

27日，全县召开换届风气监督专题培训会议，县第十二次党代会代表以及县委换届风气巡察组成员、驻团监督人员、换届工作人员进行换届风气监督专题培训。

28—30日，中国共产党江永县第十二次代表大会在影视会议中心举行。大会应到代表205人，实到代表199人。大会由县委副书记、县长唐德荣主持，县委书记周立夫作题为《坚持精准发力，实现跨越发展，为加快建设生态魅力、幸福文明的新江永而努力奋斗》的工作报告。会议选举产生县第十二届县委委员32名、候补委员6名，县纪委委员17名，出席市第五次党代会代表17名。

30日，中共江永县第十二届委员会召开第一次全体会议，选举中共江永县第十二届委员会常务委员会委员和书记、副书记。会议选举周立夫为书记，唐德荣、杨健为副书记，杨诚（瑶）、卢文庆（瑶）、蒋俊善、王克贤、吴军臣（瑶）、陈雄、谭美池（女、瑶）、肖勇为常委。

30日，中共江永县第十二届纪律检查委员会召开第一次全体会议，选举吴军臣为县纪委书记，宋飞云（女）、周景川、黄韵杰为副书记。

9月

4日，江永县足球代表队获得中国民间足球选拔赛永州赛区暨永州市第十六届“足协杯”冠军。

6日，江永县启动为期两个月的集中开展机动车无牌无证、非法载人专项整治工作行动。

8日，江永县允山中学校长何建军被市政府评为永州市优秀校长，江永一中周共明老师被评为市优秀班主任，江永三中周启群老师被评为市师德标兵，教育局欧阳印权被评为市优秀教育工作者，夏层铺学校周盛强、千家峒学校卢中语被评为市最可爱乡村教师。

9日，江永县召开庆祝第32个教师节暨教育工作表彰大会，对郑冬青等20名师德标兵、周劲松等6名优秀校长、义全旺等24名优秀班主任、黄秀春等50名优秀教师、潇浦镇等4个尊师重教先进单位、黄红灵等8名尊师重教先进个人进行表彰。

10日，上江圩镇浦美村被农业部评为“2016中国美丽休闲乡村”，是永州市唯一获此殊荣的村。

12日，省扶贫办副主任张智勇到江永县潇浦镇凉伞树夏橙资产收益扶贫项目基地和兰溪瑶族乡勾蓝瑶寨，调研指导该县迎接全国产业精准扶贫现场观摩会筹备工作。

12日，江永县电信公司完成河源村的光纤铺设工作，标志江永县作为全省首批“国家宽带乡村建设示范县”的“光纤进村入户”工程全部竣工。

13日，县委学习中心组开展2016年第六次集中（扩大）学习，市纪委常委、秘书长、市委宣讲团成员陶爱民就《中国共产党问责条例》做专题讲座。

13日，县老干局、老年书画协会举办纪念红军长征胜利80周年书画展览。

14日，江永县十六届人大常委会第三十一次会议召开。会议接受杨健辞去江永县人民政府副县长职务；接受沈阳辞去江永县人民检察院检察长职务；决定任命蒋俊善为江永县人民政府副县长；任命欧阳旭勇为江永县人民检察院检察委员会委员、副检察长、代理检察长。

20日，全国产业精准扶贫现场观摩会在江永县召开，13个省、自治区、直辖市扶贫办负责人现场观摩江永县在产业扶贫方面的经验、做法和成效。国务院扶贫办开发指导司副司长吴华，湖南省扶贫办主任王志群、副主任张智勇，市委书记陈文浩，市委副书记张严，市委常委、副市长蒋善生，县委书记周立夫，县委副书记、县长唐德荣等参加现场观摩会。

20日，永州市重大项目建设流动现场推进会在江永县召开。市委书记陈文浩，市委副书记、市长易佳良，市领导高建华、唐定、唐湘林、唐能武、杨永、吴志雄、王守海、刘尤碧、罗双全、严兴德以及各县区、市直相关部门主要负责人到永明河综合治理、特色农副扩能改造等项目建设现场实地观摩、点评、督导项目建设工作。

20日，江永县完成全年烤烟收购任务。2016年，全县种烟3.07万亩，占县计划面积的134.65%；截至9月20日，收购烤烟54950.07担，占市分配任务的109.9%。

21日，江永县召开县乡人大、县政协换届工作会。县人大常委会主任黄智亮、政协主席刘忠华分别就县乡人大换届选举工作、县政协换届作安排部署，县委常委、组织部长陈雄就人大代表、政协委员的推荐提名和严肃换届纪律等工作提出要求。

21日，省住建厅党组副书记、副厅长袁湘江到江永县调研县城总体规划实施情况，提出江永县城总体规划调整要依据全国主体功能区规划，根据县情实际，实行据点式开发、禁止成片蔓延式扩张。

22—23日，县委副书记、县长带团参加在长沙由中国侨联主办、湖南省侨联承办的“海外侨胞故乡行——走进湖南”招商推介活动。

25—26日，全国农技推广服务中心处长吴立峰到江永县督查柑橘黄龙病防控补助项目实施情况，肯定江永县通过木虱联防联治推进项目实施的经验，要求抓住黄龙病防治关键时期，利用行政手段推动病树清理，把病害控制住。

26—27日，9个国家和地区的18名海外侨领、客商，到江永县考察。市委副书记张严、县委书记周立夫会见考察团一行，县领导黄智亮、杨诚、谭美池、肖勇陪同考察。

26日，江永县市场监督管理局与县公安局联合行动，在桃川镇查处一起涉嫌销售假药案，依法扣压“美国黑金”“速效金伟哥”“中药伟哥”“参茸鹿鞭丸”等一批涉案药品，并对该店依法进行处罚。

28日，江永、道县、江华及广西恭城、灵川、八步联袂举办的“湘桂情·民族风”湘桂六县纪念红军长征胜利80周年书画展江永站展览在江永体育馆举行。

28日，国务院印发《关于同意新增部分县（市、区、旗）纳入国家重点生态功能区的批复》，江永县进入新增国家重点生态功能区名单。

29日，江永原生态舞蹈《洗泥巴》赴省会参演，江永县勾蓝瑶寨三十多位瑶胞首次登上省会大舞台。

30日，江永县在人民英雄纪念碑前举行烈士纪念日公祭活动。

10月

1日，江永县“唱响江永我声飞扬”——2016“永华壹号杯”歌手大奖赛拉开序幕，初赛第一场海选赛在永华国际小区举行。

11日，江永县千家峒瑶族乡小古源村、大溪源村，源口瑶族乡黄土坳村、小古漯村，夏层铺镇汉江源村，兰溪瑶族乡黄家村，松柏瑶族乡建新村等7个村被国家旅游局列为全国乡村旅游扶贫重点村名单。

12日，省政协常委、省政协副秘书长、办公厅主任许石林，省政协委员、市政协主席唐定，省政协委员、省妇联副主席卢妹香一行到江永县开展精准扶贫、精准脱贫政策落实情况专项民主监督。

12日，江永县和华融湘江银行永州分行项目投资洽谈会召开。华融湘江银行永州分行行长李武辉，县委书记周立夫出席会议。

13日，江永县举重健儿廖秋云在全国女子举重冠军赛场上，获女子53公斤级抓举、挺举、总成绩三枚金牌。

14日，江永县妇联在一中举行“春蕾计划”资助首批款发放仪式，县一中、县二中25

名品学兼优贫困女高中生获恒大集团捐助。这些贫困生将连续三年每人每学年获得1200元资助款。

15日，2016年永州市太极拳、健身气功比赛在江永一中体育馆举行，全市各县区的11支队伍、120名太极拳和健身爱好者参赛。

15日，著名音乐电视导演郑浩带着他的摄制团队进入江永县女书园，为音乐电视《女书吟》开机拍摄。这是第一部反映女书文化的音乐电视，作品将“女书”中传递女人自强自立、对自由美好生活的向往以及对封建社会反抗的元素传递给世人知晓。

15—17日，江永县委县政府、中南大学、中国社会科学院联合主办“湖南江永水龙祠壁画学术研讨会”。与会专家学者认为，水龙祠壁画是目前中国南方地区规模最大的壁画。水龙祠彩绘壁画高3米，总长116米，总面积348平方米，保存有162平方米。

18日，江永县卫计委组织各医疗卫生单位在县疾控中心举办寨卡病毒病与布鲁氏菌病防治知识培训会，县级医疗单位业务负责人和11所乡镇卫生院院长与防疫专干30余人参加培训会议。

20日，江永县300多名中小学生参加由县委宣传部、关工委、电视台、教育局、团县委联合举办的“重走长征路·重温革命史”主题实践活动。

21日，县委书记周立夫带领县住建、国土、水务、房产、城投等单位负责人，到永明河沿江风光带综合治理项目建设现场调研。

25日，县公安局刑侦大队破获一起横跨两省、冒充公安机关实施的电信诈骗案件，抓获犯罪嫌疑人程某（湖北天门人），为受害人周某德等挽回经济损失9万元。

27日，在江永、江华两县造成广泛影响的“中天投资”系列非法吸收集资一案在江永县人民法院大审判庭一审宣判，永州市中级人民法院以非法吸收公众存款罪、集资诈骗罪数罪并罚判处主犯刘品和无期徒刑，并处罚金人民币九十万元，以非法吸收公众存款罪判处蒋博、肖志华等八名被告人三年至六年半不等的有期徒刑，并处罚金。对被告人的违法所得依法予以追缴。

27日，江永县法学会第一次会员代表大会召开，会议选举产生第一届理事会会长、常务副会长、副会长、秘书长、常务理事、理事等。县委常委、政法委书记卢文庆当选为县法学会第一届理事会会长。

29日，全省法院“法在身边”微视频创作大赛评选结果揭晓，县法院选送的微电影《归来》《跟踪》分获一、二等奖。

29日，由光明日报社主办，《教育家》杂志社、光明网承办，留学杂志、人民教师网协办的2016年“寻找中国好校长”大型公益活动评选结果揭晓，江永一小校长李美丽荣获“中国好校长优秀奖”称号，是永州市唯一推选并获此殊荣的校长。

29日，株洲雅马哈集团到松柏富素村开展爱心助学活动，为当地留守儿童捐款捐物建立爱心图书室。

11月

1日，县公安局捣毁桃川镇农贸市场15家使用工业松香为鸭子脱毛的黑作坊，现场抓获15名涉嫌生产、销售有毒、有害食品的犯罪嫌疑人。

2日，江永县举办“周末讲堂”第二次专题讲座。中国社科院新闻与传播研究所新闻学研究室主任、中国社科院新媒体研究中心副主任兼秘书长黄楚新应邀作题为《新媒体环境下的舆情引导》的报告。

2日，《农民日报》社副总编李炜到江永县考察互联网+现代农业+美丽乡村建设工作。李炜一行到特色农产品有限公司、电商街、上甘棠等地，了解农村通过互联网开展信息进村入户、便民服务、村级政务管理、农产品上行等情况，观看农产品质量安全、防伪溯源、农业标准化建设成果展示。

3日，江永县3条公交线

路29辆公交车全部安装公交车报站一体机，公交车所经全部站点实现定点自动语音报站服务。

4日，江永县办公室主任培训班在县委党校开班，全县各部门办公室主任、副主任，各乡镇党政办主任160余人参加培训。

7日，省委组织部原副部长、省委巡视第八组原组长郭树人带领省扶贫办、红网一行到江永县开展脱贫攻坚专题调研。

11日，县委副书记、县长唐德荣率队参加由省扶贫办主办，湖南经视、大茶网承办的《我是县长，我代言》网络直播活动，现场为江永县特色农副产品代言。在直播现场，唐德荣向网友介绍江永县民族风情、五香特产和旅游资源，推介江永五香特产，邀请网友们到江永旅游观光。

15日，江永县在千家峒盘王广场举行2016年盘王祭祀典礼。县委常委、宣传部部长杨诚主持祭祀仪式，县委副书记、县长唐德荣宣读祭文。

18日，在北京举行的首届中国金牌旅游小吃颁奖典礼上，江永县女书大酒店申报的瑶山油茶荣获“首届中国金牌旅游小吃”称号。这是湖南省获此称号的8个小吃之一，也是永州市唯一入选的小吃。

19日，国家湿地公园评审专家组，到江永县大坪坳水库、马河洲岛、浦美岛、幸福桥等地，考评永明河国家湿地公园申建工作。

19—20日，湖南中医药大学第一附属医院“湘中医”医疗联盟专家团到江永县中医院开展讲学义诊活动。

21日，江永县“抓党建促脱贫”专题培训班开班，全县各乡镇党委书记、专职副书记、组织委员、分管扶贫工作领导、组织干事、村党组织书记、大学生村官和农村致富带头人共计350余人参加培训。

22日，江永县召开专题会议传达贯彻湖南省第十一次党代会精神。省党代表周彩娟传达湖南省第十一次党代会报告精神及有关情况。县委书记周立夫就如何贯彻落实省党代会精神做讲话和部署。

22日，江永县松柏瑶族乡庆祝建乡30周年。省、市祝贺团长为松柏瑶族乡授匾，县委书记周立夫等县领导参加庆祝活动。

22日，国家旅游局印发《关于公布第二批国家全域旅游示范区创建单位名单的通知》，江永县成功创建第二批国家全域旅游示范区。

23日，县委书记周立夫主持江永县与长沙银行永州分行签约仪式，县委常委、常务副县长蒋俊善代表县政府与长沙银行永州分行代表签订银企合作协议。

23日，江永县举行精准扶贫青年助学活动发放暨团干培训开班仪式。

24—25日，江永县举办新闻通讯员培训班，湖南日报社永州分社社长邹仪、永州日报社总编辑欧显庭、市委外宣办主任左亚军、县摄协主席黄海等应邀给200多名新闻通讯员授课。

25日，江永县召开旅游规划座谈会，听取北京巅峰智业旅游文化创意股份有限公司、北京大学博雅方略旅游景区规划设计院上海分院分别对江永县五香园、五香村的规划汇报和上甘棠景区的规划设计汇报。

25日，江永县行政执法人员资格电子化考试在县进修学校开考。这是全省首次推行行政执法人员资格考试的公共法律知识电子化考试。

27—29日，政协江永县第九届委员会第一次会议在县城召开。刘忠华代表政协八届委员会常务委员会向大会作工作报告，县政协副主席义忠文作《关于政协八届一次会议以来提案工作情况的报告》，县委常委、常务副县长蒋俊善作《关于县政协八届四次会议委员大会发言和提案办理情况说明》。会议选举刘忠华为政协江永县第九届委员会主席，刘志强、李红、义忠文、张莲秀、尹玲为副主席，陈茂齐为秘书长。

28—30日，江永县十七届

人大一次会议在县城召开。黄智亮代表县十六届人大常委会作工作报告，县人民法院院长唐英作法院工作报告，县人民检察院代检察长欧阳旭勇作检察院工作报告。会议选举唐德荣为县人民政府县长，黄智亮为县人大常委会主任，唐英为江永县人民法院院长，欧阳旭勇为江永县人民检察院检察长。会议还选举产生县人民政府副县长，县人大常委会副主任、委员和县人大各专门委员会成员，应由江永县选举产生的永州市第五届人大代表。

12 月

1 日，工商银行融 e 购全国首家县级地方馆落户江永，湖南省工行、工行永州市分行、江永县领导和企业代表为江永馆开馆剪彩。

13 日，江永县公安局破获“7·26”重大诈骗案，将涉嫌诈骗的犯罪嫌疑人吕某从广西陆川县缉捕归案。7 月 26 日，家住允山水泥厂的谢某（女，60 岁）被吕某以做法事免去家中血光之灾为由，骗取 5 万元现金及身上的银戒指、银手镯和一对金耳环。

13 日，新华网联合江永县打造“一县一品”首发仪式在粗石江香柚专业合作社举行。

15 日，省民政厅厅长段林毅到兰溪瑶族乡勾蓝瑶村调研精准扶贫工作。

16 日，祥瑞生物科技有限公司举行新闻发布会，与北京展腾投资集团签订携手赴澳大利亚上市的合约。

18 日，江永县公安局分别在郴州、桂林抓获犯罪嫌疑人张某玉和江某，省公安厅“2016-803”毒品目标案告破，犯罪嫌疑人全部归案。

19 日，县委学习中心组召开 2016 年第七次集中学习（扩大）会议。市委宣讲团成员、市科协副主席汪华明在会上宣讲中共十八届六中全会精神和省第十一次党代会精神。

19 日，县委常委、常务副县长蒋俊善主持召开县政府第 35 次常务会议，研究公车改革、大坪拗引水及县城供水管网扩改建工程、湖南省第四批 PPP 示范性项目申报等议题。

20 日，江永一中教师黄秀春被批准加入湖南省作家协会，成为现仍在县内工作的第三位省作协会员。

21 日，江永县十七届人大常委会第一次会议审议通过《关于设立县十七届人大常务委员会代表资格审查委员会的议案》。

21—22 日，湖南省作协副主席余艳带领姜贻斌、陈惠芳、肖歌等 17 位省文艺名家在江永县开展“魅力江永活力瑶都”当代文艺名家看江永采风活动。

26 日，江永县召开创建国家卫生县城工作动员会，县委常委、常务副县长蒋俊善作动员报告。县委书记周立夫强调，全县各级各部门要按照会议部署，掀起全县创建工作热潮，确保 2018 年如期实现创建国家卫生县城的目标。

概　况

建制沿革

江永县历史悠久。秦始皇二十六年（前221），王翦成都庞，请准设营浦县，属长沙郡，今境内北部为营浦地。汉武帝元鼎六年（前111），在今县之西南置谢沐县，因县治位于谢水和沐水之间（今江永上甘棠村附近）而得名，属交州苍梧郡；同时析长沙郡，置零陵郡，营浦改隶荆州零陵郡。三国（吴）甘露元年（265）至南北朝，谢沐属临贺郡（宋改临庆国）。隋开皇九年（589），并谢沐、营浦为永阳县，属永州总管府（大业三年改零陵郡）。唐高祖武德四年（621）属南营州。唐太宗贞观八年（634），置道州江华郡，县省入营道县；武后天授二年（691）复置永阳县，属道州，县治设今潇浦镇圳景村附近。唐玄宗天宝元年（742），以永明岭（今都庞岭）定县名，改永阳县为永明县，县治迁至今潇浦镇白塔脚村。宋太祖建隆元年（960），永明属湖南路道州江华郡。宋神宗熙宁五年（1072），分允山、允平、文德、谢沐、永川、崇福六乡入营道，兴化一乡入冯乘（今江华），废县为镇。宋哲宗元佑元年（1086）复置永明县，县治迁至潇水南岸。宋端宗景炎二年（1277），永明县属岭北湖南道道州路总管府。元泰定三年（1326）县治迁至潇水北岸。明洪武元年（1368），永明县属湖广布政司永州府。洪武九年，隶永州府道州。清康熙三年（1664），永明属湖南布政司（后改省）衡永郴道永州府。雍正十年（1732），永明属湖南省衡永郴桂道。民国元年（1912），永明县属永州府。民国4年，废府州，保留道，县属湖南省衡阳道。民国26年12月，湖南省划为9个行政督察区，永明县属第九行政督察区。民国29年4月，湖南省调整为7个行政督察区，县属第七行政督察区。民国33年，黄沙湾及龙虎湖南街划给恭城县。1949年11月21日，永明和平解放后属永州专区。1950年5月，永州专区改称零陵专区，永明县属之。1950年10月，为便于剿匪，富川县朝东区和恭城县栗木区划归江永县辖，1951年4月完成剿匪后回归广西。1952年，撤衡阳、零陵、郴州专区，成立湘南行政公署，县属之。1954年，撤湘南行政公署，置衡阳、郴县两专区，县属衡阳专区。1955年11月，江华沱江区、大路铺区、白芒营区、桥头铺区和沱江镇划归江永县辖。1956年3月，改永明县为江永县。1958年10月，沱江区、大路铺区、白芒营区、桥头铺区和沱江镇复归江华。1962年复置零陵专区，江永县仍属之。1979年，零陵专区改称零陵地区行政公署。1989年1月，原桥头铺区区域复归江华。1995年废零陵地区改置永州市，隶属至2016年未变。

行政区划

江永建县至隋代，县以下设乡、亭、里；唐宋设乡、都（里）、坊（村），宋初县编8乡19都；元行里社制，县设17里71社；明袭宋制；清设乡、都。民国24年（1935）

改设区、乡镇、保、甲，全县设6区30乡2镇、330保。民国27年，撤区并乡，全县并为16乡2镇：潇浦镇、明德乡（驻葛覃）、兴德乡（驻锦江）、嘉德乡（驻黄甲岭）、永和乡（驻松柏）、冉江乡（驻大远）、文盛乡（驻同田寺，今回龙圩附近）、公允乡（驻允山圩）、永康乡（驻大桥铺，今厂子铺附近）、和丰乡（驻徐家洞）、沐水乡（驻夏层铺）、清盛乡（驻花盘寺）、正兴乡（驻冷水铺）、嘉隆乡（驻石枧）、永毅乡（驻城下）、永靖乡（驻粗石江）、刚强乡（驻新宅）、桃川镇。34年，再度并乡，全县设德和乡、兴明乡、永盛乡、谢沐乡、允山乡、靖毅乡、刚隆乡、潇浦镇、桃川镇共7乡2镇。

中华人民共和国成立后，全县划为3区、9乡镇、99保，区政府分别驻县城、瓦屋下、桃川。1950年，全县析为5区46乡，废保甲制，建行政村450个，区政府分别驻县城、黄甲岭、允山圩、夏层铺、桃川。1952年，第一、五区一分为二，全县设7区108乡，新增2区分别驻新华（今葛覃）、粗石江。1955年6月，区、乡人民政府更名为区、乡公所，区以驻地命名；11月江华4区1镇划入，全县辖11区164乡3镇。1956年撤区并乡，全县设30乡3镇，建立铜山岭垦荒队。1958年，建立回龙圩农林垦殖场、高泽源林场、大田林场、古宅林场，铜山岭垦荒队改名铜山岭畜牧垦殖场。10月，全县人民公社化，原30乡3镇并为15个农村人民公社、2个镇公社，即潇江、上江圩、三合、都庞岭、夏层铺、桃川、水美、江山、界牌、桥头铺、太阳红、大公、星火、大石桥、白芒营和城关镇、沱江镇。同年10月，沱江镇和太阳红、大公、星火、大石桥、白芒营公社复归江华管辖，时江永县辖10社1镇5场，68个生产大队。1959年，回龙圩农场隶属省农垦局和衡阳行署农垦局领导。1961年复区，农村公社由10个析为41个，设置桃川镇公社，高泽源林场并入回龙圩农场，新置俸源采伐场。1963年，复置高泽源林场，并将古宅林场并入；新置凤亭、桃川农场。1966年7月，撤区并社，农村公社合并为18个，即界牌、桥头铺、松柏、黄甲岭、上江圩、潇江、大远、井边、红旗、厂子铺、夏层铺、冷水铺、桃川、上洞、粗石江、大干、城下、源口，两个镇公社不变，11月，界牌、黄甲岭、城下公社分别更名为红星、东风、五星公社（1980年复名）。1969年，回龙圩农场隶属江永县；撤桃川、凤亭农场。1975年，洪洞林场（原大田林场，1966年改名）、俸源采伐场并入高泽源林场。1980年5月，撤销县、社、镇、场革委会，改称县、镇人民政府和社、场管委会。1984年4月，撤销人民公社建制，建立乡人民政府，大队改称村民委员会，生产队改称村民小组，回龙圩改隶零陵行署领导。10月，粗石江、桥头铺改为镇的建制，桃川乡并入桃川镇，消江乡并入城关镇。是年，建立源口、大远、界牌、兰溪、清溪5个瑶族乡。1986年，松柏瑶乡改建为瑶族乡。1989年，大干、界牌、桥头铺划归江华管辖，建立回龙圩镇。1995年6月，并乡建镇，城关镇复名为潇浦镇，撤允山乡、井边乡、厂子铺乡建制，并为允山镇；撤夏层铺乡、冷水铺乡建制，并为夏层铺镇；撤上洞乡建制，所辖村并入桃川镇；撤城下乡、清溪瑶族乡建制，所辖村并入粗石江镇；撤上江圩乡建制，建立上江圩镇。2000年4月，撤回龙圩农场，建立回龙圩管理区，由永州市直接管理，回龙圩镇隶属回龙圩管理区。

2015年开展合乡并村工作，撤销允山镇、黄甲岭乡。2016年，全县辖5个镇、4个民族乡，4个城镇社区、8个乡镇社区、4个居委会、96个建制村、1537个村（居）民小组。

表 1　**2016 年江永县建制村合并前后对照表**

乡镇名称	调整前					调整后				
	序号	村名	人口数（人）	村民小组数（个）	党员数（名）	序号	村名	人口数（人）	村民小组数（个）	党员数（名）
潇浦镇	1	永新社区	5984	17	57	1	永新社区	10515	40	146
	2	白水	1309	7	27					
	3	江河	1801	10	36					
	4	塔山	1421	6	26					
	5	麒麟社区	4600	17	97	2	麒麟社区	7736	33	165
	6	三元宫	1325	6	16					
	7	红山	911	5	21					
	8	五爱	900	5	31					
	9	凤凰社区	8299	29	72	3	凤凰社区	10228	37	133
	10	陈家街	977	5	31					
	11	玉岭	952	3	30					
	12	四方井社区	5810	14	52	4	四方井社区	10843	49	191
	13	江丰	1505	7	31					
	14	唐家	770	8	23					
	15	何家	746	6	18					
	16	综合场	138	1	6					
	17	新书房	759	5	24					
	18	消江	1115	8	37					
	19	塘背	2614	11	53	5	塘背社区村	4816	20	108
	20	白塔脚	1241	5	31					
	21	红岩	961	4	24					
	22	大漠头	1303	12	32	6	工业园社区村	2612	23	68
	23	马河	434	3	9					
	24	瓦屋下	875	8	27					
	25	乌昔巢	554	4	11	7	允山社区	5358	27	84
	26	层家	873	6	19					
	27	允山居委会	1347	1						
	28	锦堂美	1010	5	23					
	29	油田	570	4	9					
	30	山交头	1004	7	22					

续表 1

乡镇名称	调整前					调整后				
	序号	村名	人口数（人）	村民小组数（个）	党员数（名）	序号	村名	人口数（人）	村民小组数（个）	党员数（名）
潇浦镇	31	西村	1021	8	21	8	团结村	2594	18	53
	32	圣人山	582	4	12					
	33	上村	991	6	20					
	34	阳家	772	6	26	9	接龙桥村	1814	16	52
	35	溪美	1042	10	26					
	36	何家湾	471	4	21	10	何家湾村	690	7	30
	37	塘子下	219	3	9					
	38	峨石	328	2	9	11	回岗村	1872	11	37
	39	回岗	1544	9	28					
	40	上杨	781	6	19	12	紫荆村	2185	15	45
	41	上欧	1020	6	19					
	42	大坝	384	3	7					
	43	神口	546	3	11	13	和兴村	1988	13	40
	44	周家塘	629	5	18					
	45	上界头	813	5	11					
	46	石角	1913	10	36	14	石角村	1913	10	36
	47	向光	1509	11	44	15	向光村	1509	11	44
	48	古宅新村	997	6	21	16	古宅新村	997	6	21
	49	枇杷井	1096	5	22	17	枇杷井村	1096	5	22
	50	下界头	1223	6	24	18	下界头村	1223	6	24
	51	车田	1500	8	23	19	车田村	1500	8	23
上江圩镇	52	上江圩	2151	11	47	20	上江圩社区	5369	31	118
	53	朱家湾	1851	12	39					
	54	下新屋	1367	8	32					
	55	甘益	2056	11	30	21	甘益村	3441	18	61
	56	大路下	683	3	18					
	57	棠下	702	4	13					
	58	呼家	1887	10	46	22	呼家村	2642	14	62
	59	杨家（除达滩自然村）	755	4	16					
	60	兴福	988	4	18	23	新华村	2958	17	46
	61	葛覃	1457	11	22					
	62	达滩自然村	513	2	6					

续表 1

乡镇名称	调整前					调整后				
	序号	村名	人口数（人）	村民小组数（个）	党员数（名）	序号	村名	人口数（人）	村民小组数（个）	党员数（名）
上江圩镇	63	桐口	1252	7	25	24	桐口村	2824	16	54
	64	荆田	982	5	19					
	65	白巡	590	4	10					
	66	夏湾	1409	8	24	25	夏湾	1409	8	24
	67	龙田	2088	11	40	26	龙田	2088	11	40
	68	锦江	1620	9	38	27	锦江	1620	9	38
	69	河渊	1639	10	27	28	河渊	1639	10	27
松柏瑶族乡	70	松柏	1482	7	37	29	松柏社区	4309	23	134
	71	建新	939	5	34					
	72	花楼	724	4	26					
	73	富素	531	3	14					
	74	棠景	396	3	14					
	75	梳山	237	1	9					
	76	水美塘	1226	11	24	30	水美塘村	1894	17	50
	77	潮水	668	6	26					
	78	大同	979	6	34	31	大同村	1526	9	51
	79	秀甲	547	3	17					
	80	龙洋	703	5	21	32	龙凤村	2118	13	50
	81	凤田	1415	8	29					
	82	宅锦	735	4	19	33	黄锦村	1422	8	42
	83	黄泥铺	687	4	23					
	84	白马	1253	7	25	34	白马村	2047	13	44
	85	谷母溪	794	6	19					
	86	仁下井	435	3	15	35	黄甲岭社区	2774	13	68
	87	黄甲岭	462	6	37					
	88	龙母致	1877	4	16					
	89	三脉下	967	7	28	36	三脉下村	1193	8	36
	90	圩头自然村、新立宅自然村	226	1	8					
	91	莲花洞	660	5	15	37	莲花岗村	1061	6	31
	92	首家自然村、四面岗自然村、白竹坝自然村	401	1	16					

续表 1

乡镇名称	调整前					调整后				
	序号	村名	人口数（人）	村民小组数（个）	党员数（名）	序号	村名	人口数（人）	村民小组数（个）	党员数（名）
松柏瑶族乡	93	石岭	1462	3	26	38	石岭村	2696	12	43
	94	高峰	1234	9	17					
	95	西栎尾村	1413	13	33	39	西栎尾村	1413	13	33
	96	枇杷所村	1538	9	42	40	枇杷所村	1538	9	42
	97	南峰山村	1268	9	42	41	南峰山村	1268	9	42
	98	水美村	1084	14	15	42	水美村	1084	14	15
千家峒瑶族乡	99	凤岩山	1537	9	41	43	凤岩山村	2439	13	70
	100	凤下塘	902	4	29					
	101	大溪源	629	5	18	44	大溪源村	1319	12	41
	102	大宅腹	690	7	23					
	103	居委会	1291	1	0	45	古龙社区	5003	23	102
	104	枫木坪	1216	7	38					
	105	白花岗	1286	7	30					
	106	山峰	996	7	27					
	107	大里源	214	1	7					
	108	杉木冲	179	3	9	46	古源村	1410	13	44
	109	小古源	306	4	13					
	110	羊头源自然村	213	1	3					
	111	大古源	126	1	5					
	112	瓦屋	586	4	14					
	113	管家（羊头源划出）	1235	10	22	47	管家村	1235	10	22
	114	玉井	1322	8	30	48	井玉村	2441	12	52
	115	井边	1119	4	22					
	116	莲塘	917	5	17	49	莲洞村	2102	10	39
	117	古楼	1185	5	22					
	118	中桂	884	8	31	50	瓦扎湾村	1989	16	58
	119	瓦扎湾	1105	8	27					
	120	大远村	1396	9	33	51	大远村	1396	9	33
	121	刘家庄村	1144	6	25	52	刘家庄村	1144	6	25
	122	山口村	1492	6	32	53	山口村	1492	6	32
	123	大畔村	861	6	31	54	大畔村	861	6	31

续表 1

乡镇名称	调整前					调整后				
	序号	村名	人口数（人）	村民小组数（个）	党员数（名）	序号	村名	人口数（人）	村民小组数（个）	党员数（名）
夏层铺镇	124	东铺	858	7	25	55	东铺村	1950	14	74
	125	底铺	870	6	34					
	126	龙眼庙	222	1	15					
	127	东塘	643	5	22	56	水田村	2405	14	70
	128	水田	943	6	30					
	129	汝泳	819	3	18					
	130	雄川	1432	8	31	57	雄川村	1981	15	53
	131	汉江源	549	7	22					
	132	洞美	1118	6	39	58	洞美村	1403	8	52
	133	九牛冲	240	1	13					
	134	汉江源村 6 组	45	1	0					
	135	高家	1730	11	46	59	高家村	2442	15	65
	136	禾田	712	4	19					
	137	水源头	1236	8	32	60	高云村	2005	12	57
	138	寺下	769	4	25					
	139	邓家	525	5	17	61	福洞村	2370	21	82
	140	岗背	747	4	36					
	141	福洞	1098	12	29					
	142	夏层铺村	2147	15	51	62	夏层铺社区	3033	15	51
	143	夏层铺居委会	886	0	0					
	144	上甘棠村	2013	17	40	63	上甘棠村	2013	17	40
	145	下甘棠村	1562	14	48	64	下甘棠村	1562	14	48
	146	李家村	783	4	19	65	李家村	783	4	19
	147	马蹄村	2104	13	28	66	马蹄村	2104	13	28
	148	昔形塘村	1110	6	30	67	昔形塘村	1110	6	30
兰溪瑶族乡	149	黄家	1083	9	23	68	勾蓝瑶村	2178	19	47
	150	上村	415	4	7					
	151	大兴	680	6	17					
	152	香花井	1294	11	33	69	香花井村	2278	21	76
	153	动洲	510	4	15					
	154	带下	474	6	28					

续表 1

<table>
<tr><td rowspan="2">乡镇名称</td><td colspan="5">调整前</td><td colspan="5">调整后</td></tr>
<tr><td>序号</td><td>村名</td><td>人口数（人）</td><td>村民小组数（个）</td><td>党员数（名）</td><td>序号</td><td>村名</td><td>人口数（人）</td><td>村民小组数（个）</td><td>党员数（名）</td></tr>
<tr><td rowspan="6">兰溪瑶族乡</td><td>155</td><td>新桥</td><td>603</td><td>5</td><td>22</td><td rowspan="3">70</td><td rowspan="3">新桥村</td><td rowspan="3">1838</td><td rowspan="3">12</td><td rowspan="3">54</td></tr>
<tr><td>156</td><td>山水口</td><td>644</td><td>3</td><td>21</td></tr>
<tr><td>157</td><td>东江自然村</td><td>591</td><td>4</td><td>11</td></tr>
<tr><td>158</td><td>狮形村</td><td>650</td><td>5</td><td>24</td><td>71</td><td>狮形村</td><td>650</td><td>5</td><td>24</td></tr>
<tr><td>159</td><td>石盘村</td><td>645</td><td>5</td><td>18</td><td>72</td><td>石盘村</td><td>645</td><td>5</td><td>18</td></tr>
<tr><td>160</td><td>棠下</td><td>1614</td><td>10</td><td>59</td><td>73</td><td>棠下</td><td>1614</td><td>10</td><td>59</td></tr>
<tr><td rowspan="26">桃川镇</td><td>161</td><td>开井</td><td>1051</td><td>7</td><td>26</td><td rowspan="3">74</td><td rowspan="3">石枧</td><td rowspan="3">3413</td><td rowspan="3">23</td><td rowspan="3">80</td></tr>
<tr><td>162</td><td>石枧</td><td>1100</td><td>7</td><td>26</td></tr>
<tr><td>163</td><td>三板桥</td><td>1262</td><td>9</td><td>28</td></tr>
<tr><td>164</td><td>建安亭</td><td>1017</td><td>5</td><td>23</td><td rowspan="3">75</td><td rowspan="3">建安亭</td><td rowspan="3">3649</td><td rowspan="3">16</td><td rowspan="3">82</td></tr>
<tr><td>165</td><td>周宅</td><td>1124</td><td>6</td><td>33</td></tr>
<tr><td>166</td><td>社头</td><td>1508</td><td>5</td><td>26</td></tr>
<tr><td>167</td><td>上圩</td><td>1655</td><td>13</td><td>19</td><td rowspan="5">76</td><td rowspan="5">桃源社区村</td><td rowspan="5">5377</td><td rowspan="5">46</td><td rowspan="5">114</td></tr>
<tr><td>168</td><td>下圩</td><td>1900</td><td>14</td><td>42</td></tr>
<tr><td>169</td><td>太平</td><td>1076</td><td>13</td><td>38</td></tr>
<tr><td>170</td><td>菜队</td><td>223</td><td>4</td><td>9</td></tr>
<tr><td>171</td><td>石牛尾自然村</td><td>523</td><td>2</td><td>6</td></tr>
<tr><td>172</td><td>里川</td><td>2277</td><td>11</td><td>35</td><td rowspan="2">77</td><td rowspan="2">里川</td><td rowspan="2">3154</td><td rowspan="2">15</td><td rowspan="2">55</td></tr>
<tr><td>173</td><td>朱塘铺</td><td>877</td><td>4</td><td>20</td></tr>
<tr><td>174</td><td>富美</td><td>2344</td><td>12</td><td>55</td><td rowspan="2">78</td><td rowspan="2">富美</td><td rowspan="2">2702</td><td rowspan="2">13</td><td rowspan="2">68</td></tr>
<tr><td>175</td><td>豪下</td><td>358</td><td>1</td><td>13</td></tr>
<tr><td>176</td><td>六十工（石牛尾村除外）</td><td>989</td><td>6</td><td>21</td><td rowspan="2">79</td><td rowspan="2">六十工</td><td rowspan="2">1439</td><td rowspan="2">10</td><td rowspan="2">29</td></tr>
<tr><td>177</td><td>大源</td><td>450</td><td>4</td><td>8</td></tr>
<tr><td>178</td><td>上洞</td><td>1707</td><td>9</td><td>17</td><td rowspan="2">80</td><td rowspan="2">上洞</td><td rowspan="2">3669</td><td rowspan="2">18</td><td rowspan="2">62</td></tr>
<tr><td>179</td><td>小勉塘</td><td>1962</td><td>9</td><td>45</td></tr>
<tr><td>180</td><td>龙门田</td><td>907</td><td>4</td><td>24</td><td rowspan="2">81</td><td rowspan="2">向阳</td><td rowspan="2">1870</td><td rowspan="2">8</td><td rowspan="2">52</td></tr>
<tr><td>181</td><td>宅田</td><td>963</td><td>4</td><td>28</td></tr>
<tr><td>182</td><td>邑口</td><td>1165</td><td>4</td><td>25</td><td>82</td><td>邑口</td><td>1165</td><td>4</td><td>25</td></tr>
<tr><td>183</td><td>所城</td><td>3511</td><td>15</td><td>35</td><td>83</td><td>所城</td><td>3511</td><td>15</td><td>35</td></tr>
<tr><td>184</td><td>新宅</td><td>1335</td><td>6</td><td>35</td><td>84</td><td>新宅</td><td>1335</td><td>6</td><td>35</td></tr>
<tr><td>185</td><td>富隆</td><td>1051</td><td>7</td><td>25</td><td>85</td><td>富隆</td><td>1051</td><td>7</td><td>25</td></tr>
<tr><td>186</td><td>大地坪</td><td>1773</td><td>13</td><td>25</td><td>86</td><td>大地坪</td><td>1773</td><td>13</td><td>25</td></tr>
</table>

续表 1

<table>
<tr><th rowspan="2">乡镇名称</th><th colspan="5">调整前</th><th colspan="5">调整后</th></tr>
<tr><th>序号</th><th>村名</th><th>人口数（人）</th><th>村民小组数（个）</th><th>党员数（名）</th><th>序号</th><th>村名</th><th>人口数（人）</th><th>村民小组数（个）</th><th>党员数（名）</th></tr>
<tr><td rowspan="5">桃川镇</td><td>187</td><td>周棠</td><td>2178</td><td>11</td><td>25</td><td>87</td><td>周棠</td><td>2178</td><td>11</td><td>25</td></tr>
<tr><td>188</td><td>隆兴居委会</td><td>1066</td><td>10</td><td>10</td><td>88</td><td>隆兴居委会</td><td>1066</td><td>10</td><td>10</td></tr>
<tr><td>189</td><td>新街居委会</td><td>1221</td><td>10</td><td>23</td><td>89</td><td>新街居委会</td><td>1221</td><td>10</td><td>23</td></tr>
<tr><td>190</td><td>书馆居委会</td><td>977</td><td>10</td><td>34</td><td>90</td><td>书馆居委会</td><td>977</td><td>10</td><td>34</td></tr>
<tr><td>191</td><td>四香居委会</td><td>1896</td><td>10</td><td>23</td><td>91</td><td>四香居委会</td><td>1896</td><td>10</td><td>23</td></tr>
<tr><td rowspan="22">源口瑶族乡</td><td>192</td><td>上村</td><td>836</td><td>5</td><td>15</td><td rowspan="7">92</td><td rowspan="7">源口社区</td><td rowspan="7">5250</td><td rowspan="7">28</td><td rowspan="7">113</td></tr>
<tr><td>193</td><td>小河边</td><td>838</td><td>5</td><td>19</td></tr>
<tr><td>194</td><td>八角亭</td><td>881</td><td>5</td><td>29</td></tr>
<tr><td>195</td><td>公朝</td><td>439</td><td>4</td><td>18</td></tr>
<tr><td>196</td><td>大坪岗</td><td>1164</td><td>6</td><td>23</td></tr>
<tr><td>197</td><td>黄土坳</td><td>220</td><td>2</td><td>9</td></tr>
<tr><td>198</td><td>居民组</td><td>872</td><td>1</td><td>0</td></tr>
<tr><td>199</td><td>水美</td><td>1294</td><td>8</td><td>45</td><td rowspan="3">93</td><td rowspan="3">白美村</td><td rowspan="3">2639</td><td rowspan="3">14</td><td rowspan="3">95</td></tr>
<tr><td>200</td><td>上白象</td><td>722</td><td>3</td><td>22</td></tr>
<tr><td>201</td><td>下白象</td><td>623</td><td>3</td><td>28</td></tr>
<tr><td>202</td><td>横开河</td><td>666</td><td>4</td><td>26</td><td rowspan="3">94</td><td rowspan="3">三源村</td><td rowspan="3">2486</td><td rowspan="3">14</td><td rowspan="3">94</td></tr>
<tr><td>203</td><td>大田</td><td>1165</td><td>6</td><td>39</td></tr>
<tr><td>204</td><td>白俸</td><td>655</td><td>4</td><td>29</td></tr>
<tr><td>205</td><td>七工岭</td><td>1363</td><td>6</td><td>47</td><td>95</td><td>七工岭</td><td>1363</td><td>6</td><td>47</td></tr>
<tr><td>206</td><td>锦堂</td><td>1978</td><td>9</td><td>30</td><td>96</td><td>锦堂</td><td>1978</td><td>9</td><td>30</td></tr>
<tr><td>207</td><td>朝阳</td><td>1600</td><td>6</td><td>39</td><td>97</td><td>朝阳</td><td>1600</td><td>6</td><td>39</td></tr>
<tr><td>208</td><td>八十工</td><td>1503</td><td>13</td><td>30</td><td>98</td><td>八十工</td><td>1503</td><td>13</td><td>30</td></tr>
<tr><td>209</td><td>黄金山</td><td>2414</td><td>14</td><td>50</td><td>99</td><td>黄金山</td><td>2414</td><td>14</td><td>50</td></tr>
<tr><td>210</td><td>清溪源</td><td>1206</td><td>8</td><td>24</td><td>100</td><td>清溪源</td><td>1206</td><td>8</td><td>24</td></tr>
<tr><td>211</td><td>清溪</td><td>2073</td><td>11</td><td>65</td><td>101</td><td>清溪</td><td>2073</td><td>11</td><td>65</td></tr>
<tr><td>212</td><td>小古漯</td><td>1227</td><td>6</td><td>43</td><td>102</td><td>小古漯</td><td>1227</td><td>6</td><td>43</td></tr>
<tr><td>213</td><td>古调</td><td>1245</td><td>6</td><td>37</td><td>103</td><td>古调</td><td>1245</td><td>6</td><td>37</td></tr>
<tr><td rowspan="6">粗石江镇</td><td>214</td><td>矮寨</td><td>1773</td><td>11</td><td>73</td><td rowspan="2">104</td><td rowspan="2">矮寨村</td><td rowspan="2">2228</td><td rowspan="2">15</td><td rowspan="2">92</td></tr>
<tr><td>215</td><td>石螺营</td><td>455</td><td>4</td><td>19</td></tr>
<tr><td>216</td><td>宋村</td><td>2186</td><td>11</td><td>50</td><td rowspan="2">105</td><td rowspan="2">宋村</td><td rowspan="2">2857</td><td rowspan="2">15</td><td rowspan="2">68</td></tr>
<tr><td>217</td><td>新合村</td><td>671</td><td>4</td><td>18</td></tr>
<tr><td>218</td><td>竹根塘</td><td>1179</td><td>7</td><td>30</td><td rowspan="2">106</td><td rowspan="2">竹桂村</td><td rowspan="2">1969</td><td rowspan="2">12</td><td rowspan="2">53</td></tr>
<tr><td>219</td><td>桂阳</td><td>790</td><td>5</td><td>23</td></tr>
</table>

续表 1

乡镇名称	调整前					调整后				
	序号	村名	人口数（人）	村民小组数（个）	党员数（名）	序号	村名	人口数（人）	村民小组数（个）	党员数（名）
粗石江镇	220	道塘	419	3	25	107	槐木村	1936	14	85
	221	叠楼	436	3	15					
	222	槐木	1081	8	45					
	223	粗石江村	1273	15	32	108	粗石江社区	2420	19	47
	224	上街居委会	535	2	15					
	225	下街居委会	612	2						
	226	仙姑塘	1817	10	33	109	光明村	3136	17	72
	227	下禾洞	1319	7	39					
	228	白土	695	7	32	110	白土村	1381	11	48
	229	人字坝	686	4	16					
	230	城下村	2708	15	48	111	城下村	2708	15	48
	231	鸡嘴营村	1237	7	34	112	鸡嘴营村	1237	7	34
合计			265319	1537	5985			265319	1537	5985

自然地理

江永县位于湖南省南部，永州市西南部，东南与江华瑶族自治县接壤，南与广西富川瑶族自治县相连，西南与广西恭城瑶族自治县交界，西北与广西灌阳县毗邻，北部紧靠道县。地理坐标为北纬 24°55′~25°28′，东经 110°32′~110°56′之间。南北长 63 千米，东西宽 55.5 千米，总面积 1540 平方千米。县政府驻地位于潇浦镇千家峒路 27 号。

江永县属南岭山脉的山地丘陵区，都庞岭和萌渚岭环绕四周，为喀斯特地貌。土地类型主要有山地、丘陵、岗地、平原四大类，各类土地分布明显，相对集中，县境中部地势平坦，岗地、丘陵波状起伏，间有峰脊；山间盆地相连，面积最大的桃川盆地有“好鸟难飞桃川洞”之称；山地主要分布于县境北、西、南三面。全县大体为“七山半水二分半田”，其中耕地面积 24053 公顷（水田 16527 公顷，旱土 7526 公顷）。

气候属亚热带季风湿润气候，既有大陆性气候的光、温丰富，又有海洋性气候的雨水充沛、空气湿润，具有四季分明，气候温和；光照充足，雨量充沛；春温多变，夏秋多旱；无霜期长，自然条件优越四大特点。水热同季的气候条件导致江永植被茂盛，动植物种类繁多。但其特定的地理气候背景又决定江永天气复杂多变，气象灾害频繁：春季常有大风、冰雹、暴雨和低温连阴雨，夏、秋两季常有暴雨洪涝、雷雨大风、干旱和“寒露风”天气，冬季主要有冰冻、寒潮冷害和大风。其中以干旱、洪涝对江永经济建设和人民生命财产安全的危害最为严重。2016 年平均气温为 19.1℃，较历年平均（18.4℃）偏高 0.7℃；年极端最高气温为 39.4℃，出现在 7 月 31 日，年极端最低气温为

-0.8℃，出现在1月25日。年降水量为2135.4毫米，较历年平均（1512.2毫米）偏多623.3毫米（附表二）；全年共出现9次暴雨过程，分别出现在3月20日、21日、4月4日、10日、17日、5月6日、6月3日、16日、和11月9日，其中以6月16日（88.5毫米）最大。汛期（4—9月）降水量为1459.7毫米，较历年同期偏高。年日照时数为1333.2小时，较历年（1449.3小时）偏少116.1小时。全年无霜期302天。

表2　2016年江永县降水量与历年平均降水量比较表　（单位mm）

月份	2016年降水量	历年平均降水量	两者相比较
1月	117.0	75.8	偏多54.35%
2月	44.7	102.1	偏少56.22%
3月	248.7	143.2	偏多73.67%
4月	432.8	205.3	偏多110.81%
5月	330.1	258.5	偏多27.70%
6月	391.4	237.2	偏多65.01%
7月	102.2	135.6	偏少24.63%
8月	144.9	123.1	偏多17.71%
9月	58.3	65.7	偏少11.26%
10月	60.7	60.6	偏多0.17%
11月	160.9	61.4	偏多162.05%
12月	43.7	43.7	不变
合计	2135.4	1512.2	偏多41.21%

境内自然资源得天独厚，是湖南省第一个全国生态示范区。境内有都庞岭国家级自然保护区（江永分部）与源口省级自然保护区。都庞岭国家级自然保护区江永部分总面积10046.67公顷、其中核心区3866.67公顷、缓冲区3726.67公顷、实验区2453.33公顷，重点保护区内亚热带常绿落叶原始次生林生物群落；源口省级自然保护区总面积5526.67公顷。乔木、灌木树种有116科353属927种，其中国家一级保护的树种有资源冷杉、南方红豆杉、伯乐树、香果树等4种，二级保护植物有福建柏、鹅掌楸、黄枝油杉等34种。有脊椎动物21目78科226种，其中国家二级保护动物有穿山甲、大灵猫、猕猴、短尾猴、黄腹角雉、虎纹蛙、大鲵等21种。已探明储量的矿产36种，矿产地156处，其中大型矿床4处，中型矿床7处，已探明的主要矿产有金、银、铜、铁、锡、钨等，居全国前10名的有稀土矿、锡砂矿。具有重大开采价值的矿产资源有稀土、花岗岩、铁、金、白钨、高岭土等。县内有潇水、桃水为主干的河溪211条，总长1071.4千米，分属长江、珠江两大水系，地表水资源为44.06亿立方米。水能蕴藏量13.71万千瓦，可开发量6.8万千瓦。

境域土质肥沃，富含硒等轻稀土元素，有利于农作物芳香物的形成，土特产品多达19类256种。香柚、香芋、香姜、香米、香菇等“江永五香”驰名中外，产品远销中国港澳台和东南亚地区，其中香柚、香芋、香姜获得国家地理标志产品认证。其他如城下杨梅、福洞姜、所城萝卜、桃川黄牙白也久负盛名。

人口构成与人文底蕴

2016年年末，全县总人口（户籍人口）282189人，其中，男性人口148926人，占52.8%；女性人口133263人，占47.2%。全年出生人口2470人，出生率为8.8‰；死亡人口942人，死亡率为3.3‰，人口自然增长率为5.5‰。全县年末常住人口23.75万人，其中城镇8.69万人，农村15.06万人，城镇化率36.6%。县内少数民族众多，有蒙古族、回族、藏族、维吾尔族、苗族、彝族、壮族、布依族、朝鲜族、满族、侗族、瑶族、白族、土家族、哈尼族、傣族、黎族、畲族、高山族、水族、纳西族、土族、撒拉族、仡佬族、锡伯族、阿昌族、羌族、塔吉克族、京族等民族分布。少数民族人口占总人口63.8%，其中以瑶族居多。

江永历史文化底蕴深厚，有国内外知名的“三千文化”。千古奇字——女书，一种斜菱形的独特文字，只有妇女学习、书写和创作，由此演绎出令人惊叹的闺阁文化，女书习俗也被纳入国家非物质文化遗产名录。千年古村——上甘棠，是谢沐县七百年县治所在地，而在此后的千多年发展过程中，村庄的名称、位置、居住的周氏家族始终不变。至今留存的200多栋明清古民居和忠烈祠堂、涉瀛桥、月陂亭、摩崖石刻、文昌阁、寿萱亭等文物古迹，以及《慈悲佛母八十一个他字歌》、《祖训十条》为研究中国封建社会提供了一个原生态而又独立完整的组织架构。上甘棠古村落2006年被国务院公布为第六批全国重点文物保护单位，也是第三批中国历史文化名村。瑶族故地——千家峒，曾是十二姓瑶民的乐土。元大德九年（1305），千家峒瑶民因官府重兵围剿被迫外逃。千百年来，从这里漂泊到世界各地的瑶民及后裔念念不忘千家峒，希望有朝一日能够重返千家峒。千家峒是瑶族的精神家园，至今到千家峒寻根问祖者依然络绎不绝。

境内文物古迹众多，已发现的古遗址23处，古墓葬29处95座，古建筑34处，列为国家二级文物9件，列为文物保护单位45处，其中国家级3处、省级10处、市级12处、县级36处（不同级间有交叉）。至民国末期，境内建有寺、庙近200处，至今仍有古塔、寺院数座，其中位于千家峒的白鹅寺建于陈隋年间，位于县城南郊的圳景塔建于隋唐之际，位于县城西郊的白塔建于唐代，位于石枧村的石窟寺则保存有中国南方最早摩崖造像，其他如雄山寺、花山庙、层岩石刻、禅山寺等名胜，均颇负盛名。

江永历史上不乏名人。宋代，与周敦颐时称“潇川两先生”的太常博士周尧卿，学识渊博，孝友闻名，范仲淹以其经学品行堪为人师表而向上举荐他，欧阳修为其撰墓志，连同其弟、子、侄、孙共14人中进士，更是科举史上的奇迹；尚书顾涛、名将吴舜举均声名卓著。明代，有刑部尚书何乔新以及周鹏、蒲秉权、蒲彪等，文治武功，彪炳史册。清代，县内文人辈出，蒋云宽等25人留有著述69部。

国民经济和社会发展

在全面建设小康社会中，江永践行“创新、协调、绿色、开放、共享”的发展理念，以全面建成小康江永为总览，以精准扶贫为抓手，以发展提质为主题，以项目建设为支撑，实施“六大战略”，打造“五大目标”，推进“四城同创”（争创省级文明县城、省级生态文明示范县、国家卫生县城、国家全域旅游示范县），展开“三大战役”（园区建设攻坚战、城区景区提质攻坚战、精准扶贫攻坚战），实现“两个提升”（提升二三产业比重、提升新型城镇化率），加速建设生态魅力江永。县委、县政府发展特色农业，建成以香柚为主的优质水果、以香芋和香姜为主的优质蔬菜、优质烤烟、优质水稻、优质草场及畜牧养殖、高效经济林等六大特色优势产业基地，先后被国家列为农业综合开发重点县、山区综合开发示范县、农业产业化建设试点县、财政部香柚产业化项目县、食品工业试点县、全国秸杆氨化养牛示范县和湖南省特色农业示范区，被国家命名为“中国香柚之乡”“中国香芋之乡”，被国家环保总局授予“全国生态示范区”称号，被国家林业局评为“全国经济林建设先进县”。工业形成冶金建材、清洁能源、农副产品加工等支柱产业，主导产品锌精矿、水泥、电铅、白银、铁合金畅销市场。乡镇企业突出小区建设和个体私营企业两个发展重点，发展以果蔬加工为主的食品加工业、木材加工业和石材加工业。2016年，在完成县乡两级党委、人大、政府和县政协换届，完成合乡并村改革的同时，江永县又成功入列国家重点生态功能区、国家全域旅游示范创建县、全省首个国家级生态原产地产品保护示范区，被省政府认定为革命老区县。综治、信访、禁毒、计划生育、动物疫病防控等五项工作均获省级优秀，永明河国家湿地公园通过评审。

2016年，全县完成国民经济生产总值57.9亿元，按可比价计算，比2015年增长7.1%。其中，第一产业完成增加值20.7亿元，增长3.5%；第二产业完成增加值15.6亿元，增长5.6%；第三产业完成增加值21.6亿元，增长11.7%。按常住人口计算，人均生产总值24187元，比上年增长11.0%。三次产业结构为35.7∶27.0∶37.3。三次产业对经济增长的贡献率分别为17.9%、22.6%、59.5%，分别拉动经济增长1.3、1.6、4.2个百分点。

2016年，全县完成财政收入4.07亿元，比上年增长4.3%，其中一般预算收入2.58亿元，增长-11.1%。全县财政总支出17.84亿元，增长7.5%。其中，一般公共服务支出2.34亿元，同比增长12.2%；教育支出3.66亿元，同比增长7.1%；医疗卫生支出1.83亿元，同比增长17.7%；社会保障和就业支出3.69亿元，同比增长37.0%；科学技术支出0.19亿元，同比增长6.0%；节能环保支出0.38亿元，同比增长51.5%。

【农业】　2016年，推进农村产权制度改革，新增土地流转面积4786.67公顷，同比增长25.18%。实施农业综合开发286.67公顷。新增夏橙、淮山绿色食品2个，无公害农产品基地153.33公顷，夏橙、香姜、香柚、香芋4类农产品获得国家生态原产地保护认定。引进投资1.1亿元的兴沃农业、投资6800万元的特香农科园和投资2200万元的季丰农业，市级以上龙头农产品加工企业达到9家。全县农业实现总产值37.73亿元，增加值21.14亿元，比上年分别增长增长3.7%和3.7%。全年粮食播种面积24210公顷，总产量12.14万吨，增长0.2%，其中：水稻产量9.65万吨，增长0.01%；全县油料总产量1.63万吨，增长3.1%。种植烟草2046.67公顷，收购烟叶5.56万担，是市分配任务的111.2%。全年肉类总产量5.91万吨，比上年增长4.7%；禽蛋产量2173吨，增长1.6%；水产品产量5237吨，增长6.4%。

全县优质稻种植面积16700公顷，占水稻播种面积的96%，比上年增长0.6%；油料种植面积9750公顷，增长2.5%；蔬菜种植面积16960公顷，增长1.9%。财政农林水事务支出21951亿元，增长-13.7%。全年完成造林面积1200公顷，年末本年度活立木总蓄积量达到570.5万立方米。

【工业和建筑业】　2016年，加快绿色工业发展，新能源产业实现重大突破，黄甲岭风电并网发电，燕子山、上江圩、龙田、铜山岭风电进展顺利，总装机容量达26.3万千瓦。工业园区基础设施投入2.6亿元，同比增长116.84%；新建标准厂房12.67万平方米。新增裕丰米业、瑶家人农业和宏鑫混凝土3家规模企业，规模工业企业发展到34家。全年全部工业实现增加值11.2亿元，比上年增长5.6%。其中规模以上工业企业完成增加值9.7亿元，增长6.7%。全县规模以上工业主要产品产量中，发电量62589万千瓦时，大米47430吨，水泥113848吨。全县规模以上工业企业实现产值37.9亿元，比上年增长12.9%，销售产值37.9亿元，比上年增长12.9%，工业产品销售率达100%。在全县生产总值中，工业增加值占生产总值的比重为19.4%，比上年下降1.2个百分点。工业对经济增长的贡献率达16.2%，拉动经济增长1.1个百分点。节能降耗成效显著，单位规模工业增加值能耗（吨标准煤/万元）比上年下降19.5%。

全年建筑业实现增加值4.4亿元，比上年增长5.8%。全县三级及三级以上建筑企业3家，完成总产值9.2亿元，比上年增长11.0%；房屋建筑施工面积106.8万平方米，比上年增长2.0%；房屋竣工面积69.9万平方米，比上年增长4.9%。

【固定资产投资】 全年全社会固定资产投资69.7亿元，比上年增长16.6%，2016年投资总额中城镇投资61.5亿元，增长13.6%；房地产开发投资8.2亿元，比上年增长44.0%。工业投资12.5亿元，工业投资占全社会固定资产投资的比重为17.9%；计划投资额500万元以上，施工项目76个，新开工项目59个，亿元项目14个，建成投产项目48个。

【内外贸易和旅游】 2016年，联合湖南、广西25个县区建设“湘南桂北农产品电子商务合作发展示范区”，举办电商人才培训班28期，培训2400人次，发展农产品电商企业110家，建设农村“电商服务站”81个，网店、微店突破2500个，电商从业人员7000余人。全年实现社会消费品零售总额21.9亿元，比上年增长11.9%。分城乡看，城镇实现社会消费品零售总额19.4亿元，增长12.4%，农村完成2.5亿元，增长8.2%，其中，电商覆盖62个贫困村，贫困群体通过电商销售农产品1.1亿元。分行业看，批发零售贸易业零售额17.5亿元，增长9.4%；住宿餐饮业4.1亿元，增长16.6%。

全年完成外贸进出口额980万美元，引资项目32个，实际到位外资3000万美元，内联引资11亿元。深圳安登利电子、新明鞋都等一批投资过亿元的产业项目建成投产，永明集团完成组建；祥瑞科技公司启动包装重组，着力突破资金瓶颈，争取赴澳大利亚上市融资。深入开展政银企对接，与华融湘江银行、长沙银行、国开行、平安银行等各大银行达成合作意向，年内落实融资计划23.21亿元，占预计融资额43.21亿元的53.7%。

突出全域旅游、精品旅游，完成女书园、上甘棠、千家峒、勾蓝瑶、燕子山等五个核心景区和五香村、五香园“三个五”景区规划，对勾蓝瑶寨等4个景区进行全面提质改造。五一桥至幸福桥两旁沿江风光带建设基本完成，永明路立面风貌改造项目全面完成，千源·江永大酒店3栋楼主体封顶，五一桥、幸福桥、西门桥完成提质改造，凤凰山登山道全面完工，魅力小城更具魅力。美丽乡村建设中，投入650万元开展通道沿线整治，整合资金3560余万元开展农村环境整治，启动12个美丽乡村示范村、15个美丽乡村创建村建设，上江圩镇浦美村获评“2016中国美丽休闲乡村”，江永女书生态博物馆成功入列“湖南省涉外参观点”，江永瑶山油茶荣获首届“中国金牌旅游小吃”称号。女书习俗先后参加第七届“联合国中文日”展演、英国爱丁堡戏剧节，国际影响力进一步扩大。全年共接待游客238万人次，同比增长52.9%，实现旅游收入11.3亿元，同比增长45%。

【交通和邮电业】 全年完成农村公路提质改造40千米，交通运输、仓储和邮政业实现增加值2.5亿元，比上年增长4.1%。2016年年末，全县共拥有民用车辆11000辆，比上年增长38%；当年新注册汽车3065辆，比上年增长16.0%，其中小车1100辆。全年邮电通信业务总量7223万元。年末固定电话用户2846户。移动电话用户153840户，比上年增长38.1%。计算机互联网宽带用户21698户，比上年增长30.3%。

【金融和保险】 存贷款余额持续增长。年末全县金融机构各项存款余额84.1亿元，比年初增加14.3亿元，增长20.6%，其中居民储蓄存款57.3亿，比年初增加7.1亿元，增长14.1%。年末各项贷款余额32.8亿元，比年初增加5.2亿元，增长18.9%，其中中长期贷款21.1亿元，比年初增加4.6亿元，增长27.8%。全年人寿和财产保费收入8051万元，比上年增长8.3%。其中财产险保费收入3551万元，比上年增长15.5%；寿险保费收入4500万元，比上年增长3.3%。各类赔款及给付2344.4万元，比上年增长52.8%。

【教育】 2016年，江永第一幼儿园建成投入使用，思源实验学校建设加快推进。农村义务教育学生营养改善计划惠及2.4万农村学生。全县有幼儿园109所、中小学校95所，其中：省级示范性高中1所、完全中学2所、职业中专1所、初中7所、九年一贯制学校8所（含民办学校1所）、县直小学3所、乡镇中心小学5所、农村完全小学7所、村小或教学点61个。在职教师2195人（高中教师358人、初中教师670人、小学教师1111人、进修学校教师16人、幼儿教师40人，在职教师中未入编特岗教师94人），在职教师高级职称187人、中级职称984人、初级职称875人、未评职称149人，退休教职工808人。全年招生17396人，其中：学前教育7783人，小学4264人，初中3512人，高中1269人，职业高中568人。全年在校学生50640人，其中：学前教育10923人，小学25111人，初中9471人，高中3619人，职业高中1516人。全县高考二本以上录取线人数237人。

【文化、卫生和体育】 全县有文化馆1个，公共图书馆1个，博物馆1个，纪念馆1个。放映农村公益电影2520场次。全县拥有线电视台1座，电视综合覆盖率达98%，有线电视用户达到13852户。国家级非物质文化遗产保护目录和省级非物质文化遗产保护目录各1个。年末全县医疗卫生机构266个，其中医院、卫生院16家，妇幼保健院1所，诊所、卫生所、医务室247家（其中村卫生室229个），专科疾病防治所2家；医院、卫生院床位1444张，卫生技术人员1030人，执业医师和执业助理医师335人，注册护士351人。全县9个乡镇新型农村合作医疗工作开展顺利，参合人数为22.4万人。全县拥体育场地432个，体育馆1座，运动场23个，各种训练房12个，7.6万人经常进行体育锻炼。开展全民健身项目16项次，新建农民体育健身工程的行政村5个。廖秋云在全国女子举重冠军赛场上，获女子53公斤级抓举、挺举、总成绩三枚金牌。

【人民生活和社会保障】 2016年，实施产业扶贫项目97个，电商扶贫覆盖62个村，兰溪勾蓝瑶寨旅游扶贫模式逐步推广，成为全省旅游扶贫示范点。争取省财政专项扶贫资金5086万元，开展贫困户易地扶贫搬迁和危房改造。建成凉伞树和颖群生态农场两个连片水果种植扶贫项目基地，种植柑橘2500亩，帮扶带动1034名建档立卡残疾人和4979名建档立卡贫困对象。全年实现9324人脱贫。

城镇居民人均可支配收入

20432元，增长9.0%；农村居民人均纯收入8353元，增长9.1%。全年非私营单位从业人员年平均劳动报酬44390元，增长15.4%，其中在岗职工年平均工资45636元，增长15.3%。非私营单位从业人员增加了3.6%，在岗职工比上年增加4.0%。完成城市棚户区改造1680套，农村危房改造1900户，居民居住条件不断改善，城镇居民人均居住面积55平方米，农村居民人均居住面积52.7平方米。居民文教娱乐服务消费支出人均1418元，居民文教娱乐服务消费支出占消费总支出比重14.2%。

全年共有城镇居民4109人获最低生活保障，城市低保资金全年支出1231万元；农村居民18230人获最低生活保障，农村低保资金全年支出2620万元。城市低保、农村低保、五保分散供养人均月发放标准分别达251元、118元、270元。新农合参合人数达22.44万人，参合率98.98%。

全年失业保险参保12605人，领取失业保险金职工人数745人；城镇职工医疗保险参保人数21272人；城镇居民医疗保险参保49013人；工伤保险参保人数4005人；生育保险参保职工人数16705人；新型农村社会养老保险参保131877人；参加城镇基本养老保险职工人数4686人。

推进创新创业，全年新增个体工商户1220户，新办私营企业170家，新登记注册农民专业合作社26户。完成职业技能培训4065人，新增城镇就业人员3809人，失业人员实现再就业1341人。发放小额贷款2202万元，新增创业主体1460户，带动城乡就业3891人。

【环境保护和安全生产】 全县森林覆盖率为68.5%。国家级自然保护区1个，省级自然保护区1个。全年完成造林面积1200公顷。城镇污水处理率68.0%，农村垃圾集中处理率99.1%，空气质量达标率95.3%，地表水质达标率100%。节能降耗成效显著，单位规模工业增加值能耗（吨标准煤/万元）比上年下降19.5%。

全年发生各类安全生产事故16起，死亡17人，亿元GDP事故死亡率为0.29人。

【政府机构改革】 2015年10月，县委、县政府下发《江永县人民政府职能转变和机构改革方案的实施意见》，进行新一轮政府机构改革。改革以转变职能为核心，按照精简、统一、效能的原则，实行职能有机统一的大部门体制。2016年，机构改革全面铺开。将县卫生局除食品安全综合协调职责以外的职责、县人口和计划生育委员会的计划生育管理和服务职责整合，组建县卫生和计划生育委员会，不再保留县卫生局、县人口计划生育委员会；将县农业局的职责、县委农村工作部（县政府农村工作办公室）的职责、县商务局的生猪定点屠宰监督管理职责整合，组建县农业委员会，不再保留县农业局、县委农村工作部（县政府农村工作办公室）；将原在县教育局加挂牌子独立运作的县科学技术局（县知识产权局）的职责、原在县经济和信息化委员会加挂牌子独立运作的县商务局承担的除生猪定点屠宰监督管理职责和酒类食品安全监督管理职责以外的其他职责、原在县发展和改革委员会加挂牌子独立运作的县粮食局的职责、县经济和信息化委员会的职责整合，组建县科技商务粮食和经济信息化委员会，不再保留县科学技术局（县知识产权局）、县商务局、县粮食局、县经济和信息化委员会；将县食品药品监督管理局的职责、县工商行政管理局的职责、县质量技术监督局的职责、县卫生局的食品安全综合协调职责、县食品安全委员会办公室的职责、县商务局的酒类食品安全监督管理职责整合，组建县市场和质量监督管理局，不再保留县食品药品监督管理局、县工商行政管理局、县质量技术监督局；将县民族宗教事务局的职责、县文化广电新闻出版局（县版权局）的职责、县体育局的职责整合，组建县民族宗教和文体广电新闻出版局，不再保留县民族宗教事务局、县文化广电新闻出版局（县版权局）、县体育局；将县统计局的职责、县价格管理局的职责整合，划入县发展和改革委员会，不再保留县统计局、县价格管理局；将县政府法制办公室的职责、县旅游局的职责划入县政府办公室，不再保留县政府法制办公室、县旅游局。县政府机构改革后，设置工作部门22个。

同时，推进事业单位分类改革，对承担行政职能的事业单位，将其行政职能划归相关行政机构或转为行政机构：将县机关事务管理局承担的行政职能划入县政府办，更名为县机关事务服务中心，为县政府办公室所属事业单位；将县畜牧水产局承担的行政职能划入县农业委员会，改为县农业委员会所属事业单位；将县公路局承担的行政职能划入县交通运输局，改为县交通运输局所属事业单位；将县房产局承担的行政职能划入县住房和城乡规划建设局，改为县住房和城乡规划建设局所属事业单位；将县农业机构化管理局承担的行政职能划入县农业委员会，改为县农业委员会所属事业单位；将县动物防疫监督站承担的行政职能划入县农业委员会，更名为县动物卫生监督所；将县农村经营管理局承担的行政职责划入县农业委员会，更名为县农村经营服务站；将县蔬菜产业化工作领导小组办公室承担的行政职能划入县农业委员会，更名为县蔬菜办公室，为县农业委员会所属事业单位；将县乡镇企业局的职责划入县农业委员会，不再保留县乡镇企业局；将县地方海事局承担的行政职能划入县交通运输局，仍为县交通运输局所属事业单位；将县道路运输管理所承担的行政职能划入县交通运输局，仍为县交通运输局所属事业单位；将县公路管理所承担的行政职能划入县交通运输局，其公益性职能划入县公路局，不再保留县公路管理所；将县住房制度改革领导小组办公室的职责划入县住房和城乡规划建设局，不再保留县住房制度改革领导小组办公室；将县园林管理所承担的行政职能划入县住房和城乡规划建设局，仍为县住房和城乡规划建设局所属事业单位；将县城乡规划办公室的职责划入县住房和城乡规划建设局，不再保留县城乡规划办公室；将县乡镇财政管理局承担的行政职能划入县财政局，仍为县财政局所属事业单位；将县非税收入征收管理局承担的行政职能划入县财政局，仍为县财政局所属事业单位；将县财政监督检查局的职责划入县财政局，不再保留县财政监督检查局；将县财政国库集中支付局承担的行政职能划入县财政局，更名为县国库集中支付中心，为县财政局所属事业单位；将县国有资产管理办公室的职责划入县财政局，不再保留县国有资产管理办公室；将县社会救助局承担的行政职能划入县民政局，更名为县低收入家庭认定中心，为县民政局所属事业单位。将县卫生监督所、县人口与计划生育执法大队整合，组建县卫生计生综合监督执法局，为县卫生和计划生育委员会所属事业单位，不再保留县卫生监督所、县人口与计划生育执法大队；组建县全民健身服务中心，为县民族宗教和文体广电新闻出版局所属事业单位；组建县公共资源交易中心，为县政府直属事业单位，不再保留县政府采购中心；组建县农业综合执法大队，为县农业委员会所属事业单位；组建县投资促进事务局，为县科技商务粮食和经济信息化委员会所属事业单位；将县妇幼保健院与县计划生育技术服务站合并，组建县妇幼保健计划生育服务中心，为县卫生和计划生育委员会管理的事业单位，不再保留县妇幼保健院、县计划生育技术服务站。撤销县商业事务管理办公室、县物资事务管理办公室。

表 3　　江永县人民政府机构设置表

政府办公室	发展和改革委员会	科技商务粮食和经济信息化委员会	教育局	民族宗教和文体广电新闻出版局	公安局	监察局	民政局	司法局	财政局	人力资源和社会保障局	国土资源局	住房和城乡规划建设局	交通运输局	水务局	农业委员会	林业局	环境保护局	卫生和计划生育委员会	审计局	安全生产监督管理局	市场和质量监督管理局	城市管理行政执法局

说明：江永县人民政府设置工作部门22个，县监察局与县纪律检查委员会机关合署办公，列入县政府工作部门序列，不计县政府机构个数；县政府办公室挂县人民政府法制办公室、县旅游局牌子；县科技商务粮食和经济信息化委员会挂县知识产权局牌子；县农业委员会挂县委农村工作办公室牌子；县民族宗教和文体广电新闻出版局挂县版权局牌子；县市场和质量监督管理局挂县食品药品监督管理局、县食品安全生产委员会办公室牌子；县发展和改革委员会挂县统计局牌子。

县人民防空办公室既是国防运动员会的常设办事机构，也是县政府人民防空工作主管部门，列入县政府工作部门序列，不计县政府机构个数。

【精神文明建设】 2015年，县委、县政府作出创建省级文明县城的决策部署。2016年，县第十二次党代会提出“省级文明县城、省级生态文明示范县、省级园林县城、国家卫生县城、国家全域旅游示范县”五城联创的战略部署。随后，下发《江永县创建省级文明县城实施方案》《江永县2016年创建省级文明文明县城工作考核奖惩办法》等文件，把创建文明县城的各项具体指标进行细化、量化，将文明县城创建工作列入县委、县政府综合绩效评估考核重要内容。

在创建省级文明县城硬件设施建设方面总投资达3.6亿元，全力实施城镇净化、绿化、美化、亮化、序化、油化“六化工程”，推进基础设施、旧城改造、城市卫生、生态景观、市民素质等提质攻坚行动。新修环城南路、环城西路、幸福路北段等道路，破解长期制约县城发展的瓶颈问题。永明路立面风貌改造完工，永明河沿江风光带项目提速推进，市民广场、凤凰公园建成投入使用，城市综合承载能力增强，城市功能更为完善。

实施平安便民工程，开展“平安乡镇（街道）”“平安单位”“平安学校”“平安小区”“平安家庭”等创建活动，投入5000多万元建设“平安江永”智慧云平台和视频监控系统；推进“平安E家”技防入户工程，逐步实现电子监控城乡“全覆盖”。“道德讲堂”活动的规范化、常态化，提升市民文明素质。社区分别组建文化、医疗卫生、法律等专业志愿服务队。截止2016年12月，全县注册志愿者达到30748人，志愿服务团队94个，组织志愿服务活动8236人次，建设学雷锋志愿服务岗90余个。城市管理更为有序有效，实施殡葬制度改革、控违拆违。在农村，美丽乡村建设有序开展，硬化通村道路75.6千米。建设高标准农田基础设施，修建河坝2座，渠系35千米，机耕道41.06千米。为4个乡镇9个村实施人畜饮水工程，解决8000多人口饮水安全问题。组织开展“移风易俗，建设文明乡风”活动，勤俭节约、婚丧不大操大办、尊老爱幼渐成风尚。

文明创建的开展，全县文

明向上的思想环境、廉洁高效的政务环境、民主公正的法治环境、公平诚信的市场环境、健康向上的人文环境、利于成长的人文环境、舒适便利的生活环境、安全稳定的社会环境、可持续发展的生态环境逐步形成。2016年，江永县成功创建为“市级文明县城”“省级卫生县城”。

中共江永县委

中共江永县委员会

书　　记：冯德校（8月另任）
　　　　　周立夫（8月任）
副 书 记：唐德荣
　　　　　唐慧云(女)(8月另任)
　　　　　杨　健（8月任）
常　　委：杨　健
　　　　　秦远林（8月另任）
　　　　　杨　诚　卢文庆
　　　　　蒋俊善　王克贤
　　　　　吴军臣
　　　　　刘建能（8月另任）
　　　　　陈　雄
　　　　　谭美池（8月任）
　　　　　肖　勇（8月任）
正处级干部：何　斌
副调研员：邹运荣

重要会议

【县委常委“三严三实”专题民主生活会】 2016年2月1日，江永县委常委班子召开“三严三实”专题民主生活会，市委组织部部务委员艾建华到会，县委书记冯德校主持会议。县委副书记、县长唐德荣，县委副书记唐慧云，县委常委杨健、秦远林、杨诚、卢文庆、蒋俊善、王克贤、刘建能、陈雄参加会议。县人大常委会主任黄智亮、县政协主席刘忠华列席会议。

会上，县委书记冯德校通报2015年度县委常委会班子民主生活会及教育实践活动后续整改工作落实情况，并代表县委班子作对照检查发言。县委常委班子成员拿起批评和自我批评的武器，围绕修身做人、用权律己、干事创业，遵守党的政治纪律、政治规矩和组织纪律，落实党风廉政建设主体责任和监督责任，上年度民主生活会整改落实等方面剖析思想问题、意识问题。

艾建华对江永“三严三实”专题教育和县委常委班子专题民主生活会给予肯定。认为民主生活会准备工作充分、查摆问题集中、开展批评坦城、剖析原因深刻、整改措施实在，是一次认真、务实、圆满的民主生活会。希望江永县委常委班继续坚持问题导向，建立整改清单，从严从实抓好整改落实，推进“三严三实”活动实现常态化、长效化；要加强班子自身建设，严明纪律规矩，做“忠诚、干净、担当”的好干部。

冯德校代表县委常委会班子作表态发言，指出要坚持党管党，落实党内政治生活。本次民主生活会，既分清是非、正本清源，更站在全局、放眼未来，为今后开展群众工作找到着力点，增强干事创业的凝聚力，释放出奋发进取的正能量，展现常委一班人团结、齐心协力的坚强决心；要标本兼治抓好整改落实，集中整治强化立规执纪；要坚持从严从实，以更高的标准、更严的要求，加强县委领导班子自身建设，提升干事创业能力，建设实干型班子，注重廉政建设，提升抗腐防变的能力，建设廉洁型班子；要树立“江永信心”，各项工作争创一流业绩，带领江永实现跨越式发展和人民群众全面实现小康生活。

【经济工作会议】 2016年江永县委经济工作会议于3月22日在县影视会议中心召开。县委书记冯德校，县委副书记、县长唐德荣分别讲话，县委副书记唐慧云作综治信访维稳、安全生产、计生工作报告，县委常委、常务副县长杨健主持会议。县领导黄智亮、刘忠华、杨诚、卢文庆、蒋俊善、王克贤、刘建能、陈雄等在主席台就座。全体在职县级领导，县政协秘书长，县人大、政协各内设委室主任，各单位、各乡镇场班子成员，基层党支部书记，有关企业负责人等参加会议。

会议指出，2015 年江永县经济社会发展呈现出“稳中有增、逆势反弹、强力回升”的良好态势，实现了“十二五”完美收官。全县规模工业增加值增长 11.3%，增速排全市第五，同比前移 6 位；财政总收入增长 18.3%，增速排全市第四，同比前移 5 位；第三产业增加值增长 13.5%，增速排全市第二，同比前移 2 位；社会消费品零售总额增长 12.1%，增速排全市第五，同比前移 6 位；城镇居民可支配收入增长 9.1%，增速排全市第五，同比前移 4 位；农村居民可支配收入增长 11%，增速排全市第一，同比前移 10 位。全县共获得市级以上荣誉 88 项，其中国家部级荣誉 13 项、省级荣誉 38 项、市级荣誉 37 项，是近几年取得成绩最好、取得荣誉最多的一年。同时，还获得“全国电子商务进农村综合示范县”“国家级出口食品农产品质量安全示范区”“全国结合新型城镇化开展支持农民工等人员返乡创业试点县”“国家保护发展森林资源目标责任制考核优秀县”等国家级荣誉；全面小康实现程度达 86%，提升幅度和经济快进县均列全省三类县第一位，获评全省“全面小康推进工作十快县”和全市“全面小康工作先进县”，绩效考核获评市先进。

会议提出，2016 年，全县要以全面建成小康江永为总揽，以精准扶贫为抓手，以发展提质为主题，以项目建设为支撑，深入实施“六大战略”，全力打造“五大目标”，大力推进“四城同创”，致力打好“三大战役”，着力实现“两个提升”，加速建设生态魅力江永，为“十三五”开好局、起好步。全县经济社会要实现以下主要预期目标：地方生产总值增长 9.2%，其中第二三产业比重提升 3 个百分点左右；规模工业增加值增长 12%；固定资产投资增长 16%；社会消费品零售总额增长 12%；财政收入增长 13%；城乡居民收入分别增长 9.5%、11% 以上；精准脱贫人口 1.12 万人，全面小康实现程度提升 5 个百分点左右，新型城镇化率提升 3 个百分点，城镇登记失业率控制在 4% 以内，人口自然增长率控制在 9‰以内。同时，要力争实现“五大创先争优目标”：一是继续保持绩效考核、全面小康工作全市先进；二是力争进入全省全面小康经济快进县行列；三是继续保持扶贫实绩综合考核、精准扶贫部分考核全省先进；四是继续保持计划生育、综治维稳全省先进，力争创建省级安全生产示范县；五是启动创建国家卫生县城、国家全域旅游示范县工作，成功创建为省级文明县城、省级生态文明示范县。

会议强调，县委、县政府已经把 2016 年确定为“园区建设推进年”“城区景区提质年”和“两讲两学一做活动年”，新的一年里要着重抓好七个方面的工作：一要突出精准扶贫，推进全面小康提速；二要突出转型升级，推进绿色工业提质；三要突出电商引领，推进特香农业提质；四要突出资源整合，推进品牌旅游提质；五要突出品质活力，推进精美小城提质；六要突出群众福祉，推进满意民生提质；七是突出改革创新，推进发展环境提质。他还要求，全县上下要集中全部精力，努力克服困难，切实转变作风，狠抓工作落实，确保各项工作目标全面完成。

【县委十一届五次全会】 2016 年 1 月 9 日，中共江永县第十一届委员会第五次全体（扩大）会议在行政中心七楼会议室召开。县委副书记唐慧云主持会议。会议听取江永县委书记冯德校代表县委常委会所作的工作报告和江永县委副书记、县长唐德荣所作《关于制定江永县国民经济和社会发展第十三个五年规划的建议》的起草说明，审议通过《中共江永县委关于制定江永县国民经济和社会发展第十三个五年规划的建议》（以下简称《建议》）。

《建议》提出，紧盯全面建成小康社会这一战略目标，围绕转型发展与加快发展两大主题，明确“千年瑶乡、秀美边城、五香胜地”三大定位，实施“生态立县、工业强县、农业稳县、旅游活县、科教兴县、依法治县”六大战略，推进产业发展、城乡统筹、基础设施、生态文明、社会民生、改革创新六大建设，实现县域经济社会跨越式发展。

《建议》明确“十三五”时期江永县经济社会发展的具体目标是：生产总值年均增长9%；规模工业增加值年均增长11.5%；财政总收入年均增速达到16%；固定资产投资年均增长16%；社会消费品零售总额年均增长12.2%；旅游总收入年均增长33%；城镇化率达到45%；森林覆盖率达到75.5%；城镇居民人均可支配收入达到2.8万元，农村居民人均可支配收入达到1万元；高中阶段毛入学率达到85%，每千人拥有医院床位数达到5.5张。同时，到2020年实现84个贫困村4.141万贫困人口全部脱贫。

【县委十一届六次全会】 2016年5月27日，中共江永县第十一届委员会第六次全体（扩大）会议在行政中心七楼会议室召开。县委副书记唐慧云主持会议。会议应到县委委员27名，候补委员1名；实到县委委员25人，县委候补委员1人，县纪委委员列席会议。县委常委、组织部部长、统战部部长秦远林宣读《关于召开中国共产党江永县第十二次代表大会的决议》（草案）。县委书记冯德校就召开中国共产党江永县第十二次代表大会的决议（草案）作说明。委员们经过讨论酝酿，举行表决通过决议（草案）。

决议明确中共江永县第十二次代表大会于2016年7月下旬在县城召开，听取和审查中国共产党江永县第十一届委员会的工作报告；听取和审查中国共产党江永县纪律检查委员会的工作报告；选举中国共产党江永县第十二届委员会；选举中国共产党江永县纪律检查委员会；选举江永县出席中国共产党永州市第五次代表大会代表。

【县委第十一届七次全会】 2016年8月22日，江永县委第十一届七次全会（扩大）会议召开。会议根据《中国共产党地方组织选举工作条例》的规定以及省市有关换届的要求，对新一届县委委员、候补委员和县纪委委员候选人初步人选进行全额定向民主推荐。

【中共江永县第十二次代表大会】 2016年8月28日，江永县第十二次代表大会第一次全体会议在影视会议中心举行。市纪委常委、监察局副局长、预防腐败局副局长胡远陵到会指导。

周立夫在会上作《中国共产党江永县第十二次代表大会工作报告》。会议认为，过去的五年，是江永历史上经济发展速度最快、城乡面貌变化最大、人民群众得到实惠最多、社会事业进步最显著的五年。全县产业结构逐步优化、经济实力大幅提升，基础设施极大改善、城乡面貌日新月异，民生保障持续加强、人民生活明显提高，深化改革蹄疾步稳、发展活力日益迸发，民主法治不断进步、社会管理和谐有序，管党治党深入推进、党的建设富有成效，发展思路与时俱进、各项工作创先争优。

会议指出，面对新形势新使命，未来五年江永经济社会主要预期目标是：生态更加优良、产业更加发达、环境更加宜居、生活更加幸福、社会更加和谐，努力实现经济社会跨越式发展。到2017年底，贫困人口实现全面脱贫。到2018底，实现全面小康目标。到2020年，GDP达到8.4亿元，GDP年均增长16%；城镇化率达到45%，年均增长3个百分点以上；城镇居民人均可支配收入达到2.8万元/年，农村人口均收入达到1万元/年。

会议提出，未来五年，江永要转型升级兴产业，突出扩园兴工、突出电商引领、突出全域旅游，打造核心经济增长极；要靓化城乡强基础，建设美丽城镇、建设美丽乡村、建设美丽生态，着力构筑开放开发新平台；要加大力度建项目，千方百计引项目、紧盯落地建项目、保障要素促项目，增强加快发展推动力；要深化改革破难题，不断推进行政、经济、农村等领域的改革，激发创新创业新动能；要改善民生促和谐，全力推进精准扶贫、打造满意民生、加强社会治理，提升人民群众幸福感。

会议强调，加快发展，贵在坚持，重在落实。全县党员干部要解放思想、提升创新力，狠抓落实、提升执行力，优化环境、提升软实力，改进作风、提升凝聚力，勠力同心、真抓实干，携手并肩、拼搏进取，努力做好一批老百姓看得见、摸得着的实事，为加快建设生态魅力、幸福文明的新江永而努力奋斗！

【县委十二届一次全会】2016年8月30日，中共江永县第十二届委员会召开第一次全体会议。周立夫主持会议，县委委员、候补委员、县纪委委员参加会议。会议通过《中共江永县第十二届委员会第一次全体会议选举办法》；选举中共江永县第十二届委员会常务委员会委员和书记、副书记；会议表决通过中共江永县第十二届纪律检查委员会第一次全体会议选举结果的报告。

【县委发文目录】

▲江永发〔2016〕1号
关于印发《江永县建制村合并工作实施方案》的通知

▲江永发〔2016〕2号
关于做好中国共产党江永县第十二次代表大会代表选举工作的通知

▲江永发〔2016〕3号
关于表彰全县先进基层党组织、优秀共产党员、优秀党务工作者的决定

▲江永发〔2016〕4号
关于印发《江永县贯彻落实省、市委统战工作会议精神和中共湖南省委〈关于贯彻中国共产党统一战线工作条例（试行）的实施意见〉任务分解表》的通知

▲江永发〔2016〕5号
关于表彰2016年全县师德标兵、优秀校长、优秀班主任、优秀教师的决定

▲江永发〔2016〕6号
关于印发《政协江永县委员会2016年换届工作实施方案》的通知

▲江永发〔2016〕7号
关于印发《江永县县乡两级人民代表大会换届选举工作实施方案》的通知

▲江永发〔2016〕8号
关于印发《县委文件审核工作办法》的通知

▲江永发〔2016〕9号
关于印发《中共江永县委常委会议事规则》的通知

▲江永发〔2016〕10号
关于成立江永县教育基金会的决定

县委办公室工作

中共江永县委办公室

主　　任：卢文庆（8月另任）
　　　　　肖　勇（8月任）
副 主 任：田国建（3月另任）
　　　　　蒋文龙（3月另任）
　　　　　曹国军（3月另任）
　　　　　黄　野　卢登文
　　　　　唐梦琳　杨利军
　　　　　徐弟旺（兼）
纪 检 员：杨　林

县委督查室

主持工作：义辉平

县保密局（机要局）

局　　长：乐胜兰
副 局 长：王永彪　李秀娟

【县委政研、综合信息工作】江永县委政研室担负为县委决策提供实用信息、科学依据和可行方案的职能。2016年，创新思路，扎实工作，发挥参政

设谋作用。加强文字工作，紧贴县委领导思路和工作实际，撰写会议讲话、汇报、总结等文稿410余篇170余万字。加强调查研究，牵头组织开展美丽乡村、精品旅游、精准扶贫等调研活动50余次，撰写调研文章50篇次。一些思路和观点进入领导决策视野，得到省委有关领导及省委巡视组领导的肯定。加强信息工作，报送《江永信息》422期，及时反映江永的工作经验和特色亮点。加强队伍建设，以“两学一做”活动为载体，加强党性教育；突出能力培养，注重集中培训与个人自学相结合、团体比拼与个人展示相结合，采取写学习心得、举办演讲赛和登山比赛等多种形式培养锻炼干部职工的综合素质，举办1期全县办公室主任培训班，提升办公室干部队伍的业务能力；突出规范管理，印发《办公室工作职责分工》，编制《业务工作流程指南》70项，出台全员绩效考核方案，实现“规范职责、规范流程、规范考核”，提升办公室队伍建设的规范化水平。

【县委督察工作】 2016年，江永县委督查室组织开展各类督查活动186次，编发督查通报35期。督办议定事项329件，落实事项324件，跨年度限时办结事项5件。办理领导批示批办件120件，其中上级党委政府批示交办件15件，办结率达100%。督促县委政法委、县计生委、县信访局、县维稳办、县防火办、县防汛办、县扶贫办等单位抓实决策督查。

【县文秘法规工作】 2016年，县委办实行每天24小时值班和重大节假日及特别防护期领导带班制度，确保紧急事务、突发事件及时处理。县“两办”累计下发通知2562条，实现“三零”目标。以县委和县委办名义下发文件144件，均做到及时、准确地登记、办理、回收、归档。全年接待来访群众310人次，处理群众来信450份，做到事事有落实、件件有回音。

【县机要保密工作】 2016年，县机要局全年通过机要专线共收、发内部传真电报671份，收发其他传真2800余份，为回龙圩农场代收密码电报13份，没有发生任何误发、漏发、错办电报等机要文书责任事故，县机要局获2016年度全省机要密码工作先进单位。

组 织 工 作

县委组织部

部　　长：秦远林（8月另任）
　　　　　陈　雄（8月任）
副 部 长：欧阳健全（3月另任）
　　　　　和江平（4月任）
　　　　　何笑李
　　　　　左云飞（兼）
　　　　　汤海妍（4月任）
纪 检 员：何明选（11月任）

【概况】 县委组织部是县委主管组织工作和干部工作的职能部门。主要职责是：负责研究和指导党的组织建设，制订加强党的组织建设的意见和措施等；负责干部队伍建设的宏观管理，制订和参与制订组织、干部、人事工作的重要规章和指导，并对重要经验进行总结推介等；提出乡镇场和县直部委办局以及其他列入县委管理的领导班子调整、配备的意见和建议等；研究制订全县组织管理信息系统建设规划，抓好全县组织系统信息网络建设，负责全县干部人事档案、党内统计、干部统计的具体管理和宏观指导工作；负责干部监督工作的宏观管理，负责组织工作和干部工作的督促检查等；制订干部教育工作规划，组织、协调市管、县管干部和部分中青年干部的培训等；归口管理县委老干局；承办县委和市委组织部交办的其他事项。

2016年，县委组织部按照中央、省市委要求和县委部署，贯彻落实中共十八大、十八届四中、五中、六中全会和习近平总书记系列重要讲话精神和治国理政新理念新思想新战略，推进“两学一做”学习教育，以迎接党的十九大召开为主线，以严肃党内政治生活和强化党内监督为重点，聚焦主业、精准施策，加强领导班子和干部人才队伍建设、基层党组织和党员队伍建设，完成县乡人大、政府和县政协换届选举工作。

【推进“两学一做”学习教育】 注重舆论宣传，设置永久性标语牌，利用党建网、“快乐党建”微信群等媒介，发布活动情况。注重领导带头，县四大班子领导干部带头上党课、参加学习讨论、调研。注重有序推进，将“两学一做”与精准扶贫、美丽乡村建设等工作结合，开展“党员先锋行”系列活动360余次，参与党员8400余人，举办“两学一做”知识竞赛。督导检查，成立督导组、协调小组，定期开展督促检查，确保活动组织到位、措施到位、效果到位。

【夯实基层党建基础】 出台《基层党建工作目标管理考核办法》，组织召开乡镇场党委书记履行基层党建工作责任述职评议会，落实基层党建责任。成立非公有制经济组织和社会组织党工委，配齐班子；县直单位和乡镇场配备抓党建工作的领导和工作人员。创新党建工作思路，在全省率先开展党员档案专项审查，提出“一审四查”工作目标，对所有党员档案进行编号；开展“十项基层党建大排查”活动；探索“四类村”党支部书记专职化管理工作，从村干部中选聘2名人员、从机关企事业单位选派4名工作人员担任农村专职党组织书记。探索“党建+扶贫”新模式，将脱贫攻坚与农村基层党建结合，采取“支部+X”模式，实现党建、扶贫双赢。兰溪瑶族乡勾蓝瑶村推进乡村生态旅游，全村280名贫困人口全部脱贫，幅射带动全乡1156名贫困人口实现脱贫。“勾蓝瑶寨模式”在21个贫困村复制推广。强化党建工作经费保障，基层党组织运转经费由原来每村7万元/年提高到8.9万元/年，年内县财政增拨党建工作经费近2200万元，落实离任村干部生活困难补助、村干部报酬等经费。

【党员教育管理】 2016年，县委组织部开展农村党员冬春训，组织开展庆祝建党95周年系列活动。印发《基层党建应知应会知识100问》“口袋书”6000多册。投入10余万元创建13个远教示范站点。开展“农民大学生培养计划”，争取经费12.93万元解决39名学员的学费补助问题。拍摄的微电影《父亲的党费》在全市评比中获一等奖。

【县乡两级换届工作】 2016年，县委组织部指导乡镇党委换届，编印乡镇党代会50个材料范本，确保换届工作规范有序。县委提名的96名乡镇党委委员候选人，平均年龄36岁，选举产生的79名党委委员全部高票当选。做好县党代表、新一届县委委员、候补委员等候选人初步人选的推荐提名、考察等工作。对281名党代表等各类人选进行考察。选举产生的新一届县委班子和县纪委班子以满票或高票当选。牵头抓好县人大、政府、政协换届，落实代表、委员推荐提名全程纪实制度，对推荐提名的县、市人大代表、政协委员的初步候选人建议人选、推荐提名人选共543名对象进行考察、联审、公示，选举产生187名县人大代表、推荐提名150名县政协委员。按照“四必看”“四必训”要求组织学习“一片一书”以及《不可碰触的底线》等警示教育片，共发放换届纪律提醒卡1000余份，层层签订《严守换届纪律承诺书》。落实“四必谈”要求，对270余名重点对象进行换届纪律谈心谈话。按照“四个凡提”要求，对换届提名人选、“两代表一委员”提名人选实行纪委、检察等24个部门联合审查制度，对提出意见的25名人选取消提名资格。

【干部队伍建设】 2016年，县委组织部结合乡镇区划调整、乡镇领导班子换届和县政府机构改革，调整交流一批干部。加大对年轻干部的培养，从县直单位选拔7名年轻干部，选拔9名“三类人员”充实乡镇领导班子。实施人才强县战略，全年共引进、招聘194名专业技术人才。为43名到龄退休的科级干部办理退休手续，为41名县委管理干部办理因私出国出境手续。贯彻落实职务与职级并行制度，按照程序为359名干部办理职级晋升手续。

【干部信息管理】 2016年，县委组织部注重干部信息规范管理，开展干部人事档案专项审核工作，对1360册干部档案进行复审和干部“三龄两历一身份”认定，干部信息更趋准确。

【干部监督教育】 2016年，县委组织部选送60多名党员干部参加省、市举办的培训，举办两期主体班和11期部门业务培训班，组织开展村级党组织书记培训班和“抓党建促脱贫”专题培训班。继续实行干部监督信息沟通和月报制度。落实领导干部任期（离任）经济责任审计制度，共对45名干部进行审计。执行干部预审制度，对年内调整的298名干部按规定向市委组织部进行报批，对129名提拔重用的干部进行任前公示。加大“三超两乱”专项整治力度，共消化超职数配备干部40名。

【推进巡视整改工作】 配合省委第八巡视组开展选人用人专项巡视工作，对巡视反馈的96件选人用人问题进行深入调查核实。在规定时间内整改到位34件，51件按规定向市委组织部报批审核，11件交由有关部门处理。

【加强自身建设】 健全完善工作机制，部机关管理更加规范。执行“月安排、周计划”工作制度，每周三下午集中组织学习，及时“充电”。按时完成组织部党支部换届工作。选派3名组工干部到清华、北大参加学习培训，选调4名优秀年轻干部、1名优秀科级干部充实部机关力量。选派组工干部参与重点项目建设、创卫、精准扶贫等中心工作。加大江永组工宣传力度，在各级刊物、网站上发表文章、信息300多篇（条）。2016年度被评为“全市网评工作先进单位”。

【乡镇党委书记履行党建责任述职评议会】 2016年1月22日，江永县在行政中心七楼会议室召开乡镇党委书记履行基层党建工作责任述职评议会。县委书记冯德校，县委副书记、县长唐德荣，县委副书记唐慧云，市委组织部基层办主任郑国荣出席会议。会议由县委副书记唐慧云主持，述职会采取“一述一评”的方式进行。各乡镇党委主要负责人就履行基层党建工作责任情况，以及抓基层党风廉政建设情况进行集中述职，基层党代表向党建主要负责人提出基层党建存在的问题，县委书记冯德校行逐一点评。会议还组织所有参会人员对述职对象履职情况进行现场测评。

【党员档案专项审查工作动员会】 2016年4月29日，全县基层党组织党员档案专项审查工作动员会在行政中心七楼会议室召开。县委书记冯德校参加会议并讲话，县委副书记唐慧云主持会议。会议要求各基层党组织要安排部署，迅速开展审查工作，并将审查结果及时上报组织部。会议指出，党员档案专项审查工作是“党要管党，从严治党”要求的贯彻落实，是规范党员档案管理，厘清党员组织关系的有力举措。会议强调，要通过开展审查，全面规范档案管理工作，使档案管理工作更上新的台阶。

【“两学一做”学习教育工作会议】 2016年5月10日，江永县“两学一做”学习教育工作会议在行政中心七楼会议室召开。会议主要贯彻落实中央、省委、市委和县委关于“两学一做”学习教育的有关精神，对全县“两学一做”学习教育工作进行动员部署。县委书记冯德校出席会议并讲话，县委副书记唐慧云主持会议。

会上，县委常委、组织部部长、统战部部长秦远林作工作部署，明确各级党组织在省委、市委、县委实施方案的基础上，结合实际，进一步细化、制定具体实施方案，开展“两学一做”的学习情况，要详细报告县委学习领导小组。

会议要求，全县各级党组织要迅速动员部署，制定好学习方案；把握目标要求，确保学习推进到位；根据不同的情况，做到学习教育活动具体化、差异化、精细化，真正把学习教育抓实、抓好；注重统筹协调，确保学教实效到位；把各项工作紧密结合起来，做到两手抓、两不落、两促进，确保即交上一份满意的学习成绩单，又交上一份合格的发展成绩单。

【党务工作会议暨农村网格化工作会议】 2016年6月6日，江永县党务工作会议暨农村网格化工作动员大会在行政中心七楼会议室召开。县委书记冯德校出席会议并讲话，县委副书记唐慧云主持会议，县领导黄智亮、刘忠华、杨健、秦远林、杨诚、卢文庆、蒋俊善、王克贤、刘建能、陈雄等参加会议。会议总结2015年全县党务工作，对2016年党务工作和农村网格化建设工作安排部署；对先进单位及个人进行表彰。

【庆祝中国共产党建党95周年暨“七一”表彰大会】 2016年7月1日，江永县庆祝中国共产党建党95周年暨“七一”表彰大会在影视会议中心召开。县委书记冯德校作讲话，县委副书记、县长唐德荣主持会议。会上，县委副书记唐慧云宣读《中共江永县委关于表彰先进基层党组织、优秀共产党员、优秀党务工作者的决定》。对47个先进基层党组织、60名优秀共产党员和30名优秀党务工作者进行表彰。县法院党组书记、院长唐英，千家峒瑶族乡党委专职副书记何宇，粗石江镇原竹根塘党支部书记谭世元分别作为先进基层党组织、优秀共产党员、优秀党务工作者的典型代表发言。

【传达贯彻省第十一次党代会精神专题会议】 2016年11月22日，江永县在行政中心七楼会议室召开专题会议传达贯彻湖南省第十一次党代会精神。县委书记周立夫就如何贯彻落实省党代会精神做讲话，并就如何贯彻落实大会精神进行安排部署。县委副书记杨健主持会议。省党代表、县一中副校级干部周彩娟传达湖南省第十一次党代会报告精神及有关情况。

会议要求，全县各级各部门一定要把学习贯彻落实省第十一次党代会精神作为一项重要政治任务来抓，按照省委、市委的要求，精心组织，广泛宣传，深刻领会，狠抓落实。推进思想大解放、观念大创新、开放大发展、工作大落实，更好地推进“项目兴县、工业强县、城镇立县、农业稳县、旅游活县”五大战略实施，加快实现生态魅力、幸福文明的小康江永建设目标。

宣传工作

县委宣传部

部　　长：杨　诚
副 部 长：谭　竣（3月离任）
　　　　　黄智东
　　　　　陈健林（3月任，兼）
　　　　　卢朝晖（3月任）
纪检组长：肖　萍（女）

县社会主义精神文明建设指导委员会办公室

主　　任：卢朝晖

【概况】 县委宣传部是县委主管意识形态和精神文明建设方面工作的综合职能部门。县委宣传部机关总编制为9名，其中行政编制8名，机关后勤服务人员定事业编制1名。内设办公室、新闻室（加挂县委对外宣传办公室、县政府新闻办公室）、县精神文明建设指导委员会办公室、理教室（加挂党员教育室、宣传室牌子）、县委网宣办。2012年4月24日，江永县机构编制委员会办公室以江永编办发〔2012〕04号文件成立江永县新闻网站，为归口县委宣传部管理的股级事业单位，核定事业编制3名，2014年调整至5名。2016年，江永宣传思想工作围绕中心，立足实际，开拓创新，打响系列重大宣传战役，营造昂扬向上、团结奋进、开拓进取的氛围，为加速建设生态魅力、幸福文明的新江永提供思想保证、精神力量、道德滋养和文化条件。2016年，县委宣传部获2016年永州市文明单位、全民国防教育工作先进单位、《湖南日报》发行工作先进单位、全市“六五”普法依法治理工作先进集体、市委宣传部调研和舆情信息工作先进单位、全市理论工作先进单位、全市宣传文化系统创先争优先进单位等称号。

【推进理论教育】 2016年，县委宣传部下发《2016年江永县委中心组理论学习安排意见》，确立学习中共十八届五中、六中全会精神，《中国共产党廉洁自律准则》和《中国共产党纪律处分条例》，意识形态管理，抓好“三千文化”等品牌旅游、推动文化旅游产业大发展，学习生态文明政策和理论、推动县域经济发展，安全生产形势与对策，人口计生理论知识7个学习专题，采取集中学习、个人自学、专题讲座、实际调研等方式，加强县委中心组理论学习工作。邀请永州市委党校教育长、教授李跃军，市纪委常委、秘书长、市委宣讲团成员陶爱民，省计划生育协会副会长胡新凡，省安监局政策法规处处长谭德明，市委宣传部副部长王再兴，市科协副主席汪华明等为县委中心组作专题辅导讲座。开办“周末讲堂”，7月16日、11月2日县委分别邀请合肥半汤商学院院长陈民利教授（淘宝大学县域电商研修班特邀专家）和中国社会科学院新闻与传播研究所新闻学研究室主任、中国社会科学院新媒体研究中心副主任兼秘书长黄楚新教授作《县域电商发展趋势与机遇》《新媒体环境下的舆情引导》专题讲座，加强全县党员干部职工的理论素养，提高党员干部职工思想素质和工作能力。县委学习中心组成员，结合实际，撰写理论调研文章120多篇，其中在《永州日报》《决策》《永州通讯》等市级以上刊物共发表70多篇。各乡镇场、县直各单位党委（党组），通过邀请县委理论宣讲团成员宣讲中共十八届五中、六中全会精神和省第十一次党代会精神、书记讲党课、集中学习讨论等形式，开展内容丰富、针对性强的理论学习活动，启迪思想，开阔视野，提高学习积极性。同时，抓好理论资料的学习使用，为县委中心组成员配送《学习活页》等学习资料；为全县各级党组织党员配备《习近平总书记系列重要讲话读本（2016年版）》《两学一做学习教育读本》《全面小康热点面对面》《读有所得》《品质活力永州战略研究》《胡锦涛文选》《朱镕基答记者问》等理论读物。县委党校、县公安局、县法院、县国税局、县一中、粗石江镇等被评为学习型党组织建设示范单位。

【提升舆论引导工作】 2016年，县委宣传部制定完善《江永县新闻宣传绩效考核办法》《江永县新闻宣传奖励办法》等新闻工作机制。利用“一台一网一报”县内主流媒体，加大对全县改革开放、经济发展和社会民生的宣传力度，为全县经济社会发展造势鼓劲。2016年，县广播电视台共播发新闻1883条，《江永手机报》编发196期1968条、215幅图片，江永新闻网采编信息1236条，向省红网推稿96条，被采用83条。此外，举办全县新闻通讯员培训班，组织各级各部门新闻通讯员200人参加省市媒体记者的讲座，进一步提高县内各单位通讯员的新闻写作能力。

【新闻宣传管理】 2016年，县委宣传部成立江永县网络和互联网信息化领导小组，制订《江永新闻网、江永手机报新闻稿件三审制度》，筹划建立50人以上的网评员骨干队伍。年初，组织网评员学习《江永县网络舆情应对处置办法》等规章制度，发挥网评员的作用，组织跟、转帖工作，维护网上正面舆论导向。完成省、市网宣办交办的头条挂网和重要信息跟、转、评任务120余次，在各大网站进行跟贴、论坛发贴、微博转贴共计700多条。不断发展“江永发布”微博微信新媒体，及时发江永新闻信息，以及江永近年来政治、经济、文化生活发生的巨大变化，为广大粉丝提供服务资讯。12月底，“江永发布”微信粉丝达8465人，全年共策划刊发《江永发布》212期，涉及品牌旅游、精准扶贫、“两学一做”、党风廉政建设等内容，总阅读量近100万人次。“江永发布”微博发735条，转发量在1600次以上。运用《网鹰网络舆情监测系统》，安排网络评论员轮班值守，保证24小时能掌握与本县相关的网络舆情。组织网评员密切关注舆情发展动态，用事实开展“网来网去”工作，有针对性地疏导、引导网上舆论，及时处置涉官、涉腐、涉警、涉政、涉死、仇富、环保等方面的网络事件，做到在重大事件上不缺位，在关键时刻不失语。全年共编发《舆情监测》219期，每起舆情均得到有效处置，收到并及时办理网友在红网《问政湖南》给书记、县长的留言132条，最大限度地减少负面影响。

【对外宣传工作】 2016年，县委宣传部坚持团结稳定鼓劲、正面宣传为主的方针，发挥主流媒体的主阵地作用，策划并抓好“学习贯彻省市县党代会精神”“建设生态魅力、文明幸福新江永”“女书走进联合国”“扶贫攻坚”等宣传报道活动，为建设“生态魅力江永”营造好环境、聚集正能量。全县共在市级以上党报党台上稿1016篇（条），其中在《人民日报》、《光明日报》、新华社、中国新闻社等国家级媒体上稿14篇，在CCTV-13刊播3条，在《湖南日报》上稿49篇、在湖南卫视《湖南新闻联播》刊播22条、《午间新闻》刊播13条，在《永州日报》上稿660篇、在永州电视台《永州新闻联播》刊播255条。

【引导意识形态】 2016年，县委宣传部以落实党委（党组）意识形态工作责任制为主抓手，强化各级党委（党组）的主体责任、党委（党组）书记的第一责任、分管领导的直接责任、其他班子成员的“一岗双责”责任，强化法治思维、底线思维和互联网思维，加强各类意识形态阵地管理，确保全县意识形态领域安全。建立健全意识形态定期分析研判机制，加强理论辨析，对重大事件、重要情况、重要社情民意中倾向性苗头性问题，及时有效加以应对、防范和处理，做好意识形态领域情况通报。坚持谁主管谁负责、谁主办谁负责和属地管理原则，加强对理论、新闻、文艺、出版印刷等各类阵地的建设管理，落实《永州市新闻采编人员“十严禁”》，持续开展打击新闻“三假”行动；加强文化市场监管，开展“扫黄打非”专项整治活动。根据市《关于贯彻落实〈湖南省党委（党组）意识形态工作责任制实施细则〉的意见》，制定出台《江永县2016年度党委（党组）意识形态工作责任制实施办法》，细化责任分解，建立检查考核机制，开展专项督查2次。举办“牢牢把握意识形态工作主导权”“新媒体环境下的舆情引导”专题讲座，县委理论学习中心组成员，各乡镇场党委书记、乡镇长、宣传部长，县直单位、省市驻江永单位主要负责人以及分管宣传领导和县委宣传部全体干部职工200余人参加学习培训，确保意识形态工作领导权牢牢掌握在忠于党、忠于人民、忠于马克思主义的人手里。

【精神文明建设】 2016年，县委宣传部、县文明办加强社会主义核心价值观的宣传普及，坚持把培育和践行社会主义核心价值观融入精神文明建设的全过程，融入课堂教学和校园文化建设，渗透于文明创建、群众文化等各领域。全县组织专题学习600多场次，县电视台每天在重要时间刊播公益广告10多条，各类门户网站宣传报道300多篇；在县城主要公共场所、大型广告牌和学校、医院等人群集中的地方张贴、悬挂“二十四字”社会主义核心价值观3万多份，举办“中国梦·我的梦”征文竞赛活动。开展道德讲堂、道德修身和经典诵读、孝老爱亲等主题活动，营造崇德向善的良好社会氛围。开展各式主题实践活动，开展“我们的节日·清明”网上祭英烈、“道德讲堂”宣讲等活动，使公民道德规范和文明礼仪知识家喻户晓。实施“五大文明”行动，组织各单位开展文明劝导、文明交通、文明餐桌、网络文明传播和文明旅游行动，加强宣传教育和制度约束，优化公共秩序，引导人们养成“做文明人、办文明事”的良好行为。开展推荐身边好人活动，向市文明委推荐的谢志勇被评为“湖南好人”；3人被县委、县政府表彰见义勇为先进个人。县文明委表彰20名“文明之星”、15名“文明新星”、12户“最美家庭”。加强未成年人思想道德建设，以“做一个有道德的人”为主题，开展“经典诵读”“我的中国梦”征文比赛、演讲比赛、报告会等活动，引导未成年人从自己做起、从身边小事做起，养成文明习惯，争做有道德的人。2016年六一儿童节期间评选表彰16名“最美孝心少年”、10名“文明少年”、9名“美德少年”。

【宣传文化队伍建设】 2016年，县委选优配强全县宣传思想文化部门和单位领导班子和干部队伍，配备乡镇11名宣传干事，确保宣传思想文化战线各级领导班子和干部队伍坚强有力。县委宣传部贯彻全市宣传思想工作会议精神，开展“两学一做”活动，制定完善《江永县新闻宣传目标管理考核办法》等制度，坚持每月讲评，季度考评的办法，把制度落实。参加“一村一警，三员联村”“联一帮二带三”、社会主义新农村建设等活动，部领导带头开展结对帮扶，为困难群众脱贫致富想办法、出点子。部机关牵头为联系的粗石江白土—人字坝村修机耕道，修建拦河水坝，扶持香柚、夏橙水果等种植业。发挥自身优势，引导村民开展“星级文明户”评选，从整治卫生环境入手，提升村民文明素质，建设“美丽乡村”。

【开展省级文明县城创建活动】 2016年，县委宣传部制定《江永县创建省级文明县城工作实施方案》《江永县2016年度创建省级文明县城工作考核奖惩办法》，明确各单位的创建工作任务和目标要求。对文明单位实行动态管理，按照文明单位标准和文明单位测评体系开展创建工作，加大检查、指导、督导工作力度，做实功、求实效，提升创建水平，促使文明单位创建工作制度化、规范化。全县有31个单位提出申请创建省、市、县各级文明单位。

【开展社会志愿服务】 2016年，县文明委将学雷锋志愿服务活动纳入精神文明建设过程，开展形式多样的学雷锋志愿服务活动。全县共注册志愿者30748人，志愿服务团队94个，组织志愿服务活动8236人次，建设学雷锋志愿服务岗90余个。县文明委把网络文明传播列入精神文明建设考核内容，注册网络文明传播志愿者350余名，传播网络文明资讯5万余条，推荐身边好人线索

300余条。

【"欢乐潇湘·和美永州"系列活动】 2016年，县委宣传部落实省、市委宣传部"欢乐潇湘．和美永州""红旗颂"及广场舞大赛活动的部署，召开筹备会、编创人员工作会议，组织相关文艺创作人员下乡采风，创作十余个具有县域特色的文艺节目。原生态瑶族节目《洗泥巴》获得全省"欢乐潇湘"文艺汇演一等奖。6月，在兰溪瑶族乡勾蓝瑶寨开展民俗文化活动"洗泥节"，举办"唱响江永　我声飞扬"歌手大奖赛。组织实施农村电影"2131"工程，在全县11个乡镇场，225个行政村设立放映点，全年完成放映2284场次的放映任务。县城公益数字电影放映417场，"送戏下乡、演艺惠民"活动35场，引导学校、社区开展校园艺术节、"书香校园""书香社区"等活动。

【女书文化交流活动】 2016年2月，县委宣传部组织全省国家级传人记录工程江永启动仪式，协助省非遗处拍摄国家级女书传人何静华的纪录片；4月，选派女书传人蒲丽娟、胡欣参加在瑞士、法国举办的联合国中国语言日等文化交流活动；5月选派女书传人胡欣参加在云南举办的永州市旅游宣传推介会；5月10—16日，选派女书传人何艳新、胡美月、蒲丽娟及胡欣参加在深圳举办的"文博会"活动，进行女书文化交流和女书企业招商，展示女书的神奇与魅力，扩大女书的国际影响力和知名度，打造江永特色文化品牌。

【文化产业发展】 2016年，县委宣传部争取文化产业项目支持，为兰溪瑶族乡《勾蓝瑶寨"洗泥节"项目开发》争取湘西地区非物质文化遗产生产性保护项目资金50万元。指导、督促江永女书生态博物馆、千家峒景区、兰溪勾蓝瑶寨景区和上甘棠景区做好创建国家AAAA级旅游景区配套工作，四大景区按国家4A级旅游景区标准，完成前期资金投入400余万元，全县旅游详规设计不断完善。加大"美丽乡村"建设投入，完成景区道路拓宽，电网改造，修堤、违法违章建筑处理，古村修缮、绿化，入村口醒目标牌，景区相关产业开发，环境卫生整治等工作。

统战工作

县委统一战线工作部

部　　长：秦远林（8月另任）
　　　　　谭美池（8月任）
副 部 长：刘忠红（3月离任）
　　　　　何声顺　何　丽

【概况】 江永县委统战部内设办公室、党外代表人士信息管理中心两个部门，2016年年底配有领导职数一正两副，干部职工16人，其中在编人员8人，退休人员5人，借调人员3人。2016年，全县统战工作围绕上级指示精神和县委决策部署，坚持在围绕大局、服务中心上定好位，在助推发展、促进和谐中履好职，全县统一战线紧密合作，各项工作顺利推进，为打造魅力幸福文明新江永凝聚强大力量。

【经济统战工作】 2016年，县委统战部建立县领导与非公经济代表人士交朋友制度，健全政府决策委托工商联征询非公有制经济人士和商会负责人意见机制，推动县委、政府主要领导与非公经济代表人士召开座谈会、协商会、谈心会制度化，将工商联会员企业列入江永县挂牌重点企业进行保护，每个企业确定一名县委、政府主要领导联系，并确定一个责任单位联系。开展非公有制经济人士"四信"教育主题活动，增强非公有制经济人士对中国特色社会主义的信念、对党和政府的信任、对企业发展的信心以及对社会的信誉，教育引导非公有制企业在社会上树立"同心同向"的企业家形象，为和谐江永建设积蓄正能量。邀请永州市劳动人事争议仲裁院院长万萍、县地税局领导分别作文明守法经营专题辅导、税法知识专题培训，提高非公经济人士依法生产经营水平和守法诚信意识；推荐义满城、蒋运文、卢永茂、周湘玲、石又烨、义永鹏等非公经济人士参加省市工商联举办的中小企业融资报告会、民营企业法商风险管理高级培训班、“互联网+”等创新创业知识培训，以开阔视野，拓展思路，增强信心。抓好非公经济人士综合评价工作，加强非公经济代表人士、企业主的政治引领。对62名非公经济代表人士进行综合评价，规范引导非公经济领域代表人士健康发展。

【对党外代表人士的培养管理】2016年，县委统战部建立健全“五个一百”党外人才计划信息库，把培养和使用党外干部纳入总体规划，有计划、有步骤地培养和任用优秀党外干部。向县委推荐9名党外干部，其中1名党外科级干部被市委提拔为副处级，政府组成部门新配备党外副职1名，县人大内设室新配备2名党外干部，2名党外一般干部新提拔到乡镇任副职。2016年年底，法院、检察院已配齐党外领导干部，全县共有58名党外副科级以上实职干部，其中党外处级干部7名，县直单位领导班子副职52名，乡镇场副职5名。推荐63名党外人士当选县人大代表，11名党外人士当选市人大代表；推荐91名党外人士当选县政协委员，18名党外人士当选县政协常委，10名党外人士当选市政协委员。

【非公有制企业党建工作】2016年，县委统战部加强非公企业党建工作，推进劳资双方协商机制建设，新成立非公企业党组织1个，新发展党员6人。在全县符合条件的规模企业建立党组织，建设示范党支部5个，江永县科刃五金制品公司党支部获全市“非公经济组织先进基层党组织”称号。加强新一代非公经济人士及在外创业人员教育引导，以县工商执委会、异地商会换届及基层商会建设契机，发现培养新一代非公经济人士6人。

【民族宗教工作】 2016年，建立“和谐寺观教堂”创建工作方案，加强对传教活动的监督、引导，加强对乱建、重建庙宇的排查打击，为县内基督教解决活动场所的租赁经费，县内登记备案认定的3名宗教教职人员全部参加社保，其中1人参加职工基本养老保险、1人参加农村基本养老保险、1人参加城居基本养老保险，享受从2015年起由县财政每年安排5000元预算经费进行参保困难补助。全县范围内没有发生非法建庙、修庙、塑佛像等非法宗教活动，宗教领域和谐稳定；协助民宗局向上争取少数民族优惠政策和扶贫发展项目资金，推进少数民族特色村寨建设和民俗文化旅游产业开发。兰溪瑶族乡勾兰瑶寨和千家峒瑶族乡刘家庄村是湖南省首届两个少数民族特色村寨，源口瑶族乡黄土坳村是湖南省少数民族美丽村寨，在民族政策的引导扶持下，三地传统的农业生产模式逐步向专业化、实体化、特色化的瑶族风情旅游发展。夏层铺镇上甘棠村和上江圩镇下新屋村参加湖南省第三届少数民族特色村寨的评选。夏层铺镇上甘棠村在网络投票中进入前20名。

【港澳台和海外统战工作】2016年，县委统战部先后邀请2批30多人次海外侨领到江永考察交流；组织县工业园区、县台办和县内农业产业企业赴广东参加全市对台招商推介会；组织相关部门及江永籍企业与36家涉农台资企业在广东惠州举行福尔摩沙农业交流座谈会；建立“江永陆配之家”，为江永困难陆配解决创业资金、救助资金4.7万元；帮助在江永的台资企业解决劳务纠纷1起、治安案件1起；建立港澳台胞、海外侨胞及眷属数据库，建立由18名海外留学人员组成的海外优秀青年人才库，引导港澳台海外人士为本地经济建设提出意见建议10余条。

【发挥党外人士参政议政作用】 2016年，县委统战部组织统一战线成员中的市、县人大代表和政协委员，围绕全县的重点和难点工作开展三次大型调研活动，举办情况通报会、征求意见会和不同类型的座谈会4次，收集党外人士意见、建议80多条，调研报告7篇。党外人士针对招商引资、农业产业化建设、城市基础设施建设、大力发展旅游业等方面提出的12条建议被县委、县政府采纳。形成《加强新社会阶层人士统战工作的实践与思考》《江永电商产业的一点思考》《发挥统战优势　服务生态经济建设》等5篇理论调研成果，其中刘浩民撰写的《江永县非公经济企业的调研报告》获全省统战工作调研成果三等奖），何丽撰写的《做活民族文化旅游大文章　勾蓝瑶寨脱贫致富奔小康》获全市统战工作调研成果二等奖。号召社会力量参与精准扶贫工作，全县共有6个统战系统单位、11家非公企业、9个协会组织与29个贫困村进行对口帮扶，22名非公经济代表人士、58名党外干部与80户贫困户结对，建立工作台账，落实一户一策措施。

【强化自身建设】 2016年，县委统战部增加事业编3个、科室（党外代表人士信息中心）1个，县台办升格为正科级独立法人单位；交流1名统战干部到县直单位任负责人，提拔2名统战干部为正科。县工商联党组书记、县侨联主席、台办主任分别由县委统战部副部长兼任，构建大统战工作格局。4月22日，县委常委会专题研究统战工作，成立由县委书记任组长、相关单位负责人为成员的全县统战工作领导小组；将统战工作纳入乡镇和县直单位绩效考核范围，明确乡镇场统战委员和县直单位统战专干；将统战工作纳入县委中心组理论学习计划，纳入县委党校教学内容，纳入宣传部门2016年宣传工作计划；推介市委统战部微信公众号“同心潇湘”，全县关注人数达到1200余人；建立县委统战部官方微信公众号“同心永明”。在全县范围内营造统战工作学习宣传氛围，不断加强各领域、各战线的统战意识。

【开展“两学一助”学习教育】 2016年，县委统战部成立“两学一助”学习教育领导小组，分7个领域由相关部门组织各党外代表人士开展“两学一助”学习教育活动，16个成员单位分别组织开展专题培训讲座、学习交流会和实践考察等活动，全县共有4个批次139名党外代表人士参加活动，注册“湖南网上社院”学员45人，组织大型调研3次，收集涉及扶贫、电商及城市建设等方面发展意见建议19条，组织公益帮扶活动4次，其中教育捐助60多万元。

【开展“访民企、办实事、强信心”活动】 2016年，县委统战部建立与工商联、工业园区管委会、科商粮和经信委、城投公司等相关部门工作联席制度，加大相关部门与非公企业的沟通联系、优化发展环境，解决企业发展过程中遇到的困难和问题，帮助非公企业认清形势、坚定信心，进行科技创新，推动企业结构优化和产业升级，增强发展后劲，提升发展质量。年内，组建12人的“民企联村，互利共赢”活动专家顾问团，帮助涉农民营企业和会员解决在技术和管理等方面存在的难题；帮助瑶家人农业发展有限公司、鑫芋食品有限公司、跃翔农业种植有限公司等非公企业解决融资难题600余万元；推动解决经贸交流合作问题，帮助新明都鞋业产业园、安登利电子产业园等项目与工业园区项目对接落户；帮助特色农副产品有限公司积极转型，向科技化、信息化发展。

【同心工程系列活动】 2016年，县委统战部支持开展“同心暖阳助学工程”，鼓励非公人士、党外知识分子结对帮扶留守儿童和空巢老人，发动县内外爱心企业、爱心人士捐资

320多万元，捐建希望小学2所、明德小学和侨心小学各1所；推进“同心扶贫富民工程”，组织统战成员对接精准扶贫，引导民营企业、专业合作社等社会组织通过“一联一、一联多、多联一”等形式参与产业扶贫。全县共有19家民营企业与28个村进行对接，开发项目22个，对接村人平增收430元以上，为贫困户免费提供生产技术服务87人次，举办发展知识培训班1次，培训42人次；向勾蓝瑶寨、黄泥铺小学捐赠图书226册，画板10块、绘画笔120支、笔记本500本，建立乡村“同心书屋”及校园“同心阅览室”各1个；引导2名非公企业主结对帮扶20个贫困户，发放帮扶资金8400元，引导3名非公企业主捐献8万元，资助40个贫困学生。

机关党建工作

县直属机关工作委员会

书　　记：何笑李（2016年12月任）

纪工委书记：何忠林

工委委员：义玉萍

【概况】 2016年，县直属机关工委学习贯彻中共十八大、十八届四中、五中、六中全会及习近平总书记系列重要讲话精神，突出全面从严治党的主题，以“服务中心、建设队伍”为目标，贯彻落实《中国共产党党和国家机关基层工作条例》，开展“两学一做”学习教育、基层党建十项大排查、党员档案专项审查、机关党员进社区、“一村一警、三员联村”、纪念建党95周年等活动，提高机关党的思想、组织、作风、制度和反腐倡廉建设，为建设生态魅力幸福文明新江永提供思想和组织保障。

【组织建设】 2016年4月9日—5月30日，县直属机关工委根据省委巡视第八组关于开展“十项基层党建工作”大排查的要求，开展5次排查工作，分别建立相应的排查工作台账，形成10大类29小类基层党建负面清单，分类建立翔实具体的排查台账13册。同时，按照“一审四查”的要求，在全省率先开展党员档案专项审查，并一人一号、一人一袋地对全县所有党员档案进行编号。编制江永县基层党组织信息编码本，得到省、市委组织部的肯定。会同县委组织部制定印发《江永县基层党组织换届工作实施方案》。采取电话提醒、约谈党组织书记等措施，督促指导应换届的136个机关党组织完成换届选举。

【思想建设】 2016年，县直属机关工委抓严抓实“两学一做”学习教育。5月10日，全县“两学一做”学习教育工作动员部署会召开后，县直属机关工委指导所属各基层党组织相继召开动员会议，对“两学一做”学习教育进行具体的安排部署。活动领导带头突出，县级党员领导干部以身作则、率先垂范，带头上党课，带头参加学习讨论，到联系点做调研、解难题、办实事，为广大党员干部作表率。所有在职县级党员领导带头上党课90余人次，党员科级领导带头上党课880余人次。指导县直各基层党组织结合各单位的性质特点开展“党员先锋行”系列活动达100余次，参与活动的党员累计达3400余人；会同县委组织部举办全县“两学一做”先锋学习会，开展党章党规知识抢答赛，让“组织活起来、党员动起来”。在全县各交通路口、重要路段设置“两学一做”标语牌60余块，悬挂横幅标语940余条，发放折叠式“两学一做”宣传彩页5000余份，制作“两学一做”宣传专栏90余个。利用江永新闻网、政府网、江永党建网、江永“快乐党建”微信群等媒介，传递学习内容，发布学习要求，引导党员干部书写心得体会、理论文章，以发送短信、微信等形式，加强随机性宣讲，营造“处处可学、时时能学、人人爱学”的氛围。县直属机关工委会同县委组织部制订下发《全县“两学一做”学习教育协调小组督导一组、二组、三组工作方案》，成立3个协调小组，3个督导组，定期对各基层党组织和党员干部的学习教育开展情况督促检查，协调解决问题，确保“两学一做”学习教育组织到位、措施到位、效果到位。

【发展党员】 2016年，县直属机关工委按照“控制总量、优化结构、提高质量、发挥作用”的总要求，坚持标准，认真考察，对新党员发展和预备党员转正进行严格考察，把好党员队伍入口关，做到成熟一个发展一个。年内举办一期入党积极分子培训班，对县直机关60名入党积极分子进行为期三天的系统培训。县直机关全年共新发展党员6名，预备党员转正19名。

【党员管理】 机关工委会同县委组织部制定印发《关于开展党员组织关系集中排查的通知》，开展党员组织关系排查。以党支部为单位，核实登记每名党员基本信息，核实党员转接组织关系、党费交纳及参加支部组织生活会等情况，理顺党员组织关系。抓好党务骨干培训，5月，与县委组织部联合举办全县“两学一做”学习教育党务骨干培训示范班，对全县452名党务骨干进行专题培训。12月，组织县直机关170多名党组织书记进行机关党建业务培训。利用共产党微信、党组织书记上党课、快乐党建微信群、“两学一做”QQ群等开展党员教育培训。印发《基层党建应知应会知识100问》、“口袋书”6000多册。规范党费收缴工作，组织党员学习《中国共产党党费收缴、使用和管理的规定》，增强党员意识和党性观念，建立党费收缴台账。加强党风廉政建设，指导所属基层党组织严格执行党风廉政建设各项规定，实施对党员特别是党员领导干部的监督。对违法违纪的17名党员研究并提出处理意见，上报县纪委进行处置。

【县党代表的选举工作】 2016年，县直属机关工委按照代表先进性、代表性的标准，会同县委组织部分7个组对99名出席县第十二次党代会代表候选人初步人选进行考察。经公示无异议后，于8月22日按程序选举产生县直机关出席县第十二次党代会代表76名。选举工作平稳有序，无上访、拉票、贿选现象，选举风清气正。

机构编制工作

县机构编制委员会办公室

主　　任：邓仁冠（3月份任）
副 主 任：欧阳玉德

【概况】 2016年，县机构编制委员会办公室（简称县编办）规范行政权力运行，推进县政府职能转变和机构改革，控制编制资源，完善实名制管理，规范机构编制审批程序，机构编制管理规范化、法制；推进行政审批制度改革，事业单位登记、年检工作，中文域名注册管理工作有序开展。

【规范行政权力运行】 2016年，县委、县政府多次研究部署机构编制工作，先后印发《关于取消、承接和调整一批行政审批事项的通知》《关于明确县级行政许可事项的通知》等文件，要求各部门对照各自权力事项逐项提出修改、删除、保留、增加等意见。县编办专门组织工作人员对各部门上报的行政权力清单逐项逐条审核，全县共保留30家单位的权力清单事项2064项，其中行政许可事项184项，及时在政府网站全面公布，健全和完善县级部门权力清单工作流程图。

【政府职能转变和机构改革】 2016年，县编办根据省市关于政府职能转变和政府机构改革的要求，对涉改单位进行调研，听取部门对职能转变和机构改革的意见、建议，探讨政府职能转变和机构设置中存在的问题，向县委、县政府领导汇报，拟发县政府职能转变和机构改革的文件。

【编制资源控制】　2016年，县编办按照控制总量、有减有增、增减平衡的原则，控制机构编制资源。2016年，对部门要求新增机构、新增编制、新增领导职数的请示从严把关，调剂18名中小学教职工编制纳入市级中小学教职工编制库。

【用编管理】　2016年，县编办在进人用编审核上，共审批340名，其中事业编制295名，包括招考、人才引进、退伍安置等方式的进人；公务员编制（含参公）45名。

【机构编制核查】　2016年，县编办对全县400余家机关事业单位的机构编制信息和6000余名机关事业单位在职人员的信息进行系统全面核对、补充、完善和动态管理；进行编制统计工作，掌握全县机构编制情况。

【实名制数据系统管理】　2016年，县编办建立实名制数据库实时更新机制，统一对退休、辞职、辞退、调出等出编人员进行删减。对招录、调入等入编人员按程序添加。及时更新变动，准确更变信息。

【事业单位登记、年检】　2016年，县编办公开教育、卫生系统辖属所有事业单位年度报告工作，为1家符合条件的事业单位办理登记手续，为28家事业单位的32个变更事项办理变更登记手续，其中变更名称2家，变更住所1家，变更法定代表人25家，变更举办单位4家。截至2016年年底，全县办理登记的手续的事业单位法人共264家。

【中文域名注册管理】　2016年，江永县机关事业单位共申请注册中文域名65个。

机关事务管理

县机关事务服务中心

主　　任：唐梦琳
副科级干部：何　洪　周嫦萍

【概况】　江永县机关事务管理局于2012年10批准成立，为正科级全额拨款事业单位，归口县委办、政府办管理，以县委办管理为主。2016年机构改革更名为江永县机关事务服务中心，由县委办所属事业单位调整为县政府办所属事业单位。内设办公室、保卫股、物业管理股、公务用车服务管理中心4个职能股室。2016年，县机关事务服务中心围绕县委、政府中心工作，以做好行政中心管理和服务为目标，推进机关事务管理科学规范、运转优质高效。

【节能工作】　围绕上级制定的年度公共机构节能目标考核任务，落实公共机构节能工作。组织开展相关节能宣传活动，做好公共节能倡议工作；落实节能降耗任务，规范能耗上报程序，建立公共机构能耗统计台账，完善全县节能联络员、统计员体系，形成全县自上而下的统计网络。2016年节能降耗方面，比2015年节约水3.03万立方米、电34.77万千瓦时、汽油5.58万升、柴油0.49万升、煤炭6吨。

【机关事务管理与服务】　在安全保卫工作方面，聘用政治素质高、有文化、身体好的退伍军人或有丰富类似工作经验的人员到保卫岗位。按照军事化标准管理，开展有关业务技能和知识培训，不定期邀请相关部门对保安人员进行培训，进行现场示范和指导，提升保卫人员的自身素质。每天定期对行政中心办公大楼和大院巡逻巡查，确保行政中心的安全。每天上班时间每小时巡逻巡查一次，下班时间安排人员轮流巡逻。按照安全保卫工作细则进行考核，实行每周一讲评，每月一评比，年终总考核的考评办法，全年共评选优秀保安26人次；对不按要求巡逻巡查，不遵守工作纪律等情况的人员给予处罚，共处罚72人次。水电、消防工作方面，坚持每天对行政中心水电、消防等设施进行一次巡查，做好巡查记录，建立巡查情况台账。对巡查发现的问题，及时进行维修。执行水电管理制度，坚持每天对行政中心各单位用电情况进行督查，规范、节约用电。卫生保洁方面，坚持每天早中晚三次清洁卫生区域，保证行政中心办公楼卫生、整洁；每周进行两次卫生检查，行政中心文明单位考核领导小组每周进行一次卫生检查，对考核不达标的卫生区，按照考核规定处罚相关责任人，考核满分则给予奖励。实行每周一讲评，每月一评比，年终总考核的考评办法，全年共评选优秀保洁员 13 名；对卫生考评不及格的给予处罚，共处罚 11 人次。机关食堂工作上，控制食堂所需物品及食品的采购，保证食品的卫生、新鲜。执行报餐、刷卡制度，就餐人员必须在规定时间报餐，厨师按照报餐人数安排饭菜数量，就餐人员先刷卡再就餐，杜绝粮食的浪费。会议会场管理方面，对办公大楼各大小会议室的维护，安排一位工作人员专门负责会务管理，保障办公大楼各项会务工作需要。广场管理上，联同相关单位制定印发《关于规范市民广场管理的规定》。由县环卫局安排一名保洁人员，每天上午6点至晚上10点，对广场进行保洁。每天对广场的车辆停放进行巡逻，对违规停放的车辆，按照有关规定进行处罚。每天安排两个工作人员进行巡逻，对随意攀爬栏杆、树木，破坏广场设施等现象，及时制止、教育。

【法制建设】 机关事务服务中心制定完善安全保卫、保洁、食堂就餐、用房用车、水电消防、出入登记管理等各项规章制度。对聘用人员，按照《中华人民共和国劳动合同法》的规定，签订合同书，严格规范上岗，实现管理规范化、保障法制化、服务社会化。

史志工作

县党史与地方志征集编纂办公室

主　　任：卢登文（3月免）
　　　　　杨利军（3月任）

【概况】 江永县党史与地方志征集编纂办公室成立于2002年3月，由原县委党史资料征集办与县政府地方志编纂办合并而成，为县委直属正科级参公管理事业单位。主要职责包括：贯彻落实党和国家关于党史和地方志事业的方针、政策和规定，制定党史资料收集整理和发展地方志事业的规划、规定和措施，并组织实施；指导、督促、检查全县地方志事业及地方志、年鉴工作的开展；承担编撰地方党史、党史专题、《江永县志》《江永年鉴》等任务，具体负责史料搜集、归类、存档和史稿、志稿的编写、总纂、评审及出版、发行、社会利用工作，通过党史、县史资料的征集、整理、编撰真实地反映江永县的历史面貌和进程；归口管理乡镇、农林场、厂矿及县直单位的地方志编纂工作，负责部门专业志的审稿、定稿和批准出版工作，进行地方党史和地方志理论研究，负责对全县党史和地方志编纂人员的业务培训；依据“著作权法”等有关规定，负责对全县党史专著及地方志书编纂工作权属纠纷的技术鉴定和仲裁。核定全额拨款编制5人，其中主任1名、副主任2名。2016年年底，有工作人员4人，其中主任1名、主任科员1人、科员2人。

【2016 江永大事记编修】 2016年，新编江永大事记突出地情、地方特色，共收集全县大事记原始素材 15 万余字，编撰完成 3 万字的大事记稿件。

【名村志编纂】 3月，在全县启动“江永名村志丛书”编纂工作。首批村志选择9个历史文化积淀丰厚的特色名村、古村或者经济强村以及典型的新型农村社区。村志编纂上限始于村庄发端，下限止于2015年底，述、记、志、传、图、表、录等诸种基本体裁并用，采用篇章节目体，以志为主，横排纵叙。截至12月，有7个乡镇全面启动编纂工作。

【纪念红军长征胜利80周年】 4月初，江永县史志办争取县政府支持，投入1万余元修建上江圩渡口、桐口及千家峒三峰山红军战斗遗址纪念碑。撰写江永县《大会师》纪录片汇报材料，配合做好中央电视台《大会师》摄制组到江永县的拍摄、采访和史料搜集工作。8月，实地对红军长征路线进行调查，制定重走红军长征路线方案。收集整理红军长征在江永的历史资料，编写10个长征小故事，撰写有关长征精神的论文。10月，先后组织县党校、团县委、教育局、工商局、国税局、地税局等单位2000人次开展重走红军长征路活动，弘扬长征精神。

【党史与地方志资料搜集】 搜集秦光荣与江永相关历史资料，收集已故女书传人高银仙、周硕沂，已故体育杰出贡献者梁小冬等名人资料，编纂成相关文章。

档案工作

局　　长：刘忠红（3月任）
副 局 长：黄宗剑
　　　　　李华玉（11月免）

【概况】 2016年，县档案局（馆）内设办公室、业务指导股、档案利用股三科室。在职在岗人员8人退休干部5人。设党支部一个，党员8人。

【档案业务指导】 2016年，县档案局加强档案管理工作，邀请市档案局业务科长、市档案学会秘书长蒋国新到江永举办档案知识专题讲座，提升档案员业务水平。县档案局工作人员到县直各部门对档案员进行一对一指导培训。

【档案收集利用】 2016年，县档案局将县委办到2015年底的形成档案全部整理存档案馆，同时查阅存馆档案、清理建国以来党内不规范文件86份，提供5000余人次档案查阅服务，特别是长沙知青档案、土地确权档案、人事户籍档案等，为当事单位、当事人提供最原始最真实的档案证明。

【档案管理设施】 县档案局新档案馆于2015年建成启用，2016年有档案库房四个共1870平方米，配置库房视频监控系统和档案消毒设备，档案保管条件全面改善。

接待工作

县接待科

科　　长：周园娟
副 科 长：范园园

【概况】 接待科内设办公室、财务室、接待室等科室，在编在岗人员3人、聘用人员4人。2016年，接待科按照“接待也是生产力”的思路，以提高接待服务水平为目标，围绕县委、县政府的中心工作，遵守中央八项规定的要求，完善接待程序，创新思路，强化措施，履行接待部门的辅政职能作用，完成县委和上级交办的各项接待任务，接待工作逐步成为江永县加强对外联系、凝聚人气、招商引资和展示形象的大平台。接待科在2016年度办公室工作评选中获“先进集体”的称号，在接待工作中多次受到省市接待处的好评。

【完善接待工作资料】 2016年，接待科制作并发放江永县情介绍（中文版和女书版两种）、招商引资项目资料和江永旅游宣传画册6000份以上，为宣传江永、促进江永的对外开放发挥积极的作用。

【公务接待工作】 2016年，接待科创新接待方式，更新重宾接待服务流程、宾客接待安排表、接待手册等资料，按照《公务接待管理实施细则》和《接待科工作制度》规定，完成省委巡视组、全市厅级离退休干部考察团、省政协调研组、海外侨领、水龙祠壁画学术研讨会等重宾接待78场次2889人次。严格按照接待流程，从接待程序、接待方案、接待重点、接待细节、展示地方特色等五方面着手，完成全年接待工作任务，达到年初预定目标。

【接待工作突出特色】 2016年，接待科当特色产品的推销员，将"江永五香"产品作为接待客人的推广宣传食品，倡导喝地方酒、上地方特色小吃和水果的理念，让来宾吃出地方特色，吃出健康文明。当优质资源的宣传员，根据需要让宾客参加勾蓝瑶寨和千家峒瑶族勾火晚宴，品尝油茶、吃瑶家饭、观看民俗表演，将宣传江永的"三千文化"文化资源、优美的自然景观和独特的民俗风情贯穿于迎宾、餐饮、娱乐、休闲、旅游等公务接待全过程。当招商引资的服务员，利用接待工作的便利，发放江永县接待手册和招商手册，宣传江永资源优势和投资环境，推介投资招商项目，介绍江永美好的发展前景，吸引大客商，引进大项目，增加大投入。

信访处纠工作

县信访局

党组书记
局　　长：徐弟旺
调纠办主任

党组副书记
调 纠 办：杨忠义
副 主 任

副 局 长：朱小林　肖冰晶
　　　　　余华跃

【概况】 2016年，江永县信访局有在职人员11名，其中党员10名，内设办公室、联席办、复查复核股、网信办信股、接访室4个股室，下设信访救助服务中心（全额拨款事业编）。2016年，县信访局围绕打造"阳光信访、责任信访、法治信访、满意信访"的工作目标，层层细化目标，落实责任，夯基础、建机制、优环境、抓重点，抓紧抓好信访，江永县连续五年评为市信访工作先进县区。2016年，江永县信访局被永州市委、市政府评为"2015年度信访工作先进单位、先进县区"，被湖南省信访局评为"2010—2015年全省信访工作先进集体"。徐弟旺获评"湖南省最美信访干部"。

【夯实三级网络平台】 2016年，县信访局按照"有接待场所，有专职人员，有工作台账，有工作制度，有经费保障，有便民措施，有办公设备"的"七有"标准，建设县级信访接待中心，设立乡镇群众工作站9个和村（社区）群众工作室120个，实行"一站式接待、一条龙办理、一揽子解决"的工作模式，改善接待条件，落实首接首办负责制，构建起县乡村三级接处访网络体系。

【信访积案化解】 做实领导包案制度。坚持集中排查和经常性排查相结合，实行大事随时报告，无事零报告的信访不稳定因素排查报告制度，坚持每月进行一次综合排查分析。对排查出来的信访不稳定因素，按照诱因、时间、地点、单位、涉及人数、重点对象、事态发展预测等要事逐一登记台账，实行动态管理。每月10日，所有县级领导按职责分工，到8个接访点分组接待来访群众。每月12日，由8个接待组的牵头领导召集开会对群众来访诉求研究解决措施。县信访联席会议每月20日对当月发生的重大信访问题集中研究一次，2016年，县委、县政府对县联席办登记建档的信访积案进行集中交办，逐个落实责任单位和具体负责人，实行"一名包案领导、一个工作班子、一套化解方案、一份会办纪要、一套稳控措施"的"五个一"工作机制。各个积案由一名县级领导牵头，从相关职能部门抽调精干人员组成专门工作班子，建立信访积案化解稳控奖惩机制，所包案件化解的，每案奖励包案领导3000元。全年全县共梳理交办领导包案信访事项89件，按市信访局下达的“千案攻坚”任务数，化解案件9件，并全部已录入信访系统，化解率100%。

【县级领导带班接访】 2016年，县信访局印制出台《县级领导工作日到县信访接待中心值班接访安排表》，安排在职县级领导工作日轮流到县信访接待中心接待来访群众，采取“信访窗口统一登记、值班领导逐一接谈”方式，逐案听取群众诉求意见，简单问题当场拍板解决，复杂问题则签批给责任单位依法及时处理。全年共安排县级领导到信访接待中心值班236人次，群众来信来访2162批5910人次，其中集体访186批2594人次。

【信访机制创新】 2016年，信访局围绕“案结事了、息访息诉”的目标要求，创新信访事项化解责任落实机制，制定出台《关于进一步规范信访事项处理程序的意见》，从候访、接谈、登记、录入、办理、建档等环节，严格统一要求、统一格式进行整理，每个信访问题建立一套档案资料。创新第三方参与信访问题化解机制，探索第三方参与评议信访问题新模式，对重复、疑难、复杂信访案件办理结果实行公开评议。组织人大代表、政协委员、法律工作者、信访人所在乡镇（单位）村（社区）干部、群众代表以及信访人亲属，与信访人共同参与对信访事项进行公开评议，把问题摆在明处，让观点亮在桌上，涉事双方公开澄清事实，辨明是非，把道理剖析透彻，把误解和疑惑消除干净，既促进责任单位依法行政，推行阳光信访，又促进信访人依法信访。2016年举行信访积案公开评议1次，化解息访2件。结合“三严三实”“两学一做”学习教育和“三讲三创”专题教育的开展，推行“联一帮二带三”“一村一警、三员联村”等活动，提请县委同意向全县120个村（社区、居委会、工区）派驻联村干部452名。开展机关干部“下基层、访民情、察民意”活动，为群众解决问题、化解矛盾，把矛盾纠纷化解在基层、解决在当地，把隐患消除在萌芽状态。

【网上信访】 2016年，县信访局出台《“互联网+”信访逐级走访工作实施细则》，建立“县信访联席办总调度，县直部门依责主管，乡镇属地落实，村（社区）代理代办”的信访事项转处运行模式，让信访业务触网进格。建立县级“互联网+信访”智慧云平台，设立9个乡镇网上信访投诉代理服务点，安排120名社区专干帮助群众通过网上投诉方式录入个人诉求，抓好“省长信箱”“市长信箱”“县长信箱”等网上来信的办理工作，实现信访业务网上流转、网下办理。全年县长信箱受理227件，办结136件，待办30件，无需处理61件。上级交办件的72件信访件，其中中央交办13件，省级交办31件，市级交办28件，按时办结上报72件，按时办结率100%，群众满意率100%。

【信访案件督查督办】 2016年4月至5月，省委巡视第八组集中巡视江永。期间，县信访局对巡视组交办的391件信访事项按照“属地管理、分级负责”“谁引发谁负责，谁主管谁负责，谁联系谁负责”的原则，逐件落实责任单位、责任人和责任县级领导。按照“八个一”（至少上一次门、见一次面、谈一次话、组织一次情况调查、召开一次会商会、对所反映的问题作出一个明确的处理结论、提出一个合理的化解方案、出具一份答复处理意见）和“五个清楚”（信访人基本情况清楚、反映的诉求和难点清楚、责任主体清楚、以往处理情况清楚、处理和化解要求清楚）的工作标准，重新约谈信访人、重新调查核实、重新提出处理意见，做到疑点未核实不放过、定性少依据不放过、案情未查清不放过、合理诉求未解决不放过、稳控措施和化解方案不具体不放过。推行层层签字负责、限时结案息访的刚性措施，确保每件信访件7日内优质办结，获得巡视组领导好评。同时，县信访局经常联合县委督查室、县政府督查室对全县信访交办件和领导批示件进行全程跟踪督办，促进一大批信访问题的解决。

【调处纠纷工作】 县调纠办肩负全县山林土地权属纠纷的调处。2016年，县调纠办以调处“三大权属”为中心，共立案5起，结案5起，为历年立案最多，结案最多的一年。县调纠办代表县人民政府中级法院出庭3起，胜诉3起。调解纠纷30多件，成功调处源口瑶族乡清溪源村与广西国电公司山场纠纷，对2000亩山场进行认定，分别为清溪源村和源口瑶族乡政府追回占地补偿款180多万元、60多万元。被市调纠办评为2016年度全市调纠工作先进单位。

老干部工作

县委老干部局

局　　长：左云飞
副 局 长：何　燕（女）

【概况】 中共江永县委老干部局成立于1984年。2016年年底有干部职工6人，其中，局长1人，副局长1人，工作人员4人。局机关下设办公室、老干部休养所及挂靠单位县关心下一代工作委员会办公室、县老年书法协会、县老年大学。服务管理全县离休干部13人、副处级以上退休干部52人。2016年，江永县委老干部局被评为全市老干部工作先进集体；江永县关工委被评为全省关心下一代工作先进集体。

【落实老干部“两项待遇”】 2016年，县委老干部局落实老干部按规定阅读文件、出席重要会议和重大活动、通报情况、走访慰问和联系离退休干部等制度，加强与老干部的交流与沟通，让老干部及时解党的路线方针政策和工作大局。通过召开离退休老干部代表迎新春和重阳节茶话会、离退休老干部代表座谈会等，通报全县经济社会发展情况，征求老干部代表对开展“两学一做”学习教育的意见建议，了解老干部的心声，在全县老年党支部扎实开展好“两学一做”学习教育。完善保障离休干部生活待遇的政策规定和配套措施，让离休干部共享经济发展成果。离休干部的健康休养费、高龄护理费、交通费、医药费无拖欠，生活津贴及离休费逐月打卡发放，政策性待遇全部兑现，“三个保障机制”运转良好。组织老干部健康体检工作，及时更新老干部健康档案。

【加强老干部“两项建设”】 2016年，县委老干部局积极探索创新离退休干部党支部设置方式、活动方式和活动内容，发挥支部组织、凝聚、服务离退休干部的作用。全县离退休干部党支部共有42个，临时老年党支部1个。每个支部都订阅《老年人》杂志和《学习参考》等党建读物。离退休干部党支部的工作制度、学习制度、组织生活制度和党员管理制度不断健全，活动不断丰富和规范。

【发展老年教育事业】 县老年大学成立于2001年，2016年底有学员930人，开设时政、法律、保健、文学、音乐、书法、电脑、二胡、摄影等9门专业课程，每月定期举办县老年大学“月月乐”文艺活动。在潇浦镇等乡镇有乡镇级分校4所，村级分校1所。

【老干部活动】 2016年，县委老干部局组织全县老干部庆“五一”“国庆”文体活动、庆祝中国共产党成立95周年暨纪念红军长征胜利80周年文艺活动，赴宁远参加学习联谊演出，发挥老干部活动中心、老年大学思想引领功能、文化娱乐功能、寓教于乐功能，推进精神文化养老。县老年书画协会选送到市里参加纪念红军长征胜利80周年书画展活动的10幅书画作品中有9

幅书画作品获奖。

【关心下一代工作】 关工委与县教育局联合组织17名“五老”宣教团成员，在全县中小学校开展以“弘扬长征精神、奋发攀登科学高峰”和“爱学习、爱劳动、爱祖国”等为主题的教育活动，让青少年了解中国共产党的历史、国家和民族的历史，增强青少年爱党、爱国情感，树立实现“中国梦”的理想。开展“关爱明天、普法先行”青少年普法教育活动，在全县中小学校举办法律知识抢答赛13场次，举办“在法制的阳光下成长”演讲和征文活动18场次。开展留守儿童关爱工作和“最美孝心少年”“文明少年”“美德少年”评选及“重走长征路”活动，教育引导未成年人健康成长。

党校工作

县委党校

校　　长：周湘平
副 校 长：胡　骏　田丰明
纪 检 员：毛立平
校委会委员：周　懿

【概况】 2016年，中共江永县委党校有在职干部职工15人。其中男11人，女4人；本科15人；副处级干部1人、正科级干部5人、副科级干部3人、科员2人；高级讲师7人；讲师2人、助理讲师2人、高级工1人；党员14人。2016年，县委党校贯彻落实党的十八届三中、四中、五中、六中全会及习近平总书记系列重要讲话精神，开展“两学一做”学习教育活动，始终坚持党校姓党原则，在党校建设、干部培训、教学科研等方面取得优异成绩，获得2016年度县直部门目标考核三等奖、全市党校系统办学水平评估一等奖和全市党校系统科研工作一等奖。

【教学工作】 2016年，县委党校针对紧扣江永经济社会发展的热点、难点问题开展干部培训，结合学员实际，更新教学内容，探索新形势下增强干部教育培训实效的形式和方法，推进教学方式方法的改革创新，推行板块式教学、案例式教学和菜单式教学，体现干部培训的系统性、完整性、针对性和前瞻性，增强教学之间的良性互动，形成特色教学方法。坚持把党性教育作为教学的亮点和红线来定位，将党性教育贯穿于主体班教学全过程，使党性教育成为干部培训的新常态。建立2个具有地方特色的党性教育基地，发挥学员临时党支部作用，加强学员党性教育考核，确保党性教育任务要求落到实处。坚持短期异地学习考察，把异地培训与拓展训练有机结合，拓宽学员视野，增强学员工作能力。

【干部培训】 2016年，县委党校围绕“放开视野抓教育，集中力量促培训”的工作思路，按照县干部教育培训领导小组下发的《年度干部教育培训计划》开展干部培训轮训工作。全年举办科级干部进修班和中青班各一期，参训106人次；围绕中心工作与县直单位联合举办12期培训班、专题研讨班、部门班，参训1200人次。配合全县的理论宣讲工作，到县直各个单位及乡镇场开展宣讲报告会共20场（次），县直单位及乡镇场的干部职工，村支“两委”等1000多人次聆听报告会。

【科研工作】 2016年，县委党校围绕县委、县政府重大决策和全县经济社会发展中的热点、难点问题，参与全县发展战略、现实问题和社情民意研究，当好“智囊团”。组建3个课题调研攻关小组，分2次集中时间组织教师分期分批到乡镇场、农村社区、厂矿企业开展社会调研与课题攻关。在社会调研中，坚持“三个一”，即“一个调研课题、一个课题小组、一个主持人”，确保调研出实绩。全年共完成湖南省党校行政学院系统社科联课题3个和永州市党校行政学院系统社科联课题5个，其中3个课题分获永州市党校行政学院系统社科联优秀科研成果一等奖、二等奖及永州市第六届哲学社会科学优秀成果三等奖。第三辑《魅力江永》由中国图书出版社正式出版。调研论文在省、市党校行政学院系统理论研讨会上获一等奖3篇、二等奖6篇、三等奖4篇。教研人员有16篇文章在《中国妇女报》《湖湘论坛》《湘潮》《中文信息》《管理观察》《中国集体经济》《农民致富之友》等省部级以上报刊发表。承办全市党校系统科研工作会暨理论研讨会，并在会上作典型发言。

【党建理论研究】 2016年，县委党校重点对马克思主义基本理论、中国特色社会主义理论体系和党的十八大以来习近平系列建党思想和治党理论进行研究，阐述党的重大理论观点，引导党员干部领会核心要义、精神实质。把学习党章党规和习近平总书记系列重要讲话精神作为党校科研工作的侧重点，结合纪念中国共产党建党95周年和长征胜利80周年，选定研究课题，推出研究成果，建好资政服务“智囊团”和“思想库”，服务于党的中心任务和工作大局。全年在《湖湘论坛》《永州日报》等省市以上报刊杂志和网站上发表党建理论文章8篇，在市委党校网站以及县手机报上发表宣传党建工作情况的报道31篇，在县委党校网站发布信息40余条。

【师资队伍建设】 2016年，县委党校利用例会、座谈、谈心、交流等机会，对教职员工进行爱国、爱党、爱校、爱岗“四爱”教育，增强教职员工的事业心和责任感。从规范管理入手，建立健全竞争激励机制和监督约束机制，制定和完善《党校工作手册》，做到用制度管人、管事。严格考勤考核，抓制度的落实与兑现，坚持中层领导竞争上岗，完善教师职称聘任制度。通过省考招录2名应届大学本科生充实教师队伍；由县委组织部选派，2名骨干教师到北大培训学习；参加中央、省、市党校学习理论培训13人次。

省委巡视江永工作

【省委巡视第八组巡视江永县工作动员会】 2016年4月9日，省委巡视第八组巡视江永县工作动员会在行政中心七楼会议室召开。省委巡视第八组组长郭树人作动员讲话，永州市委常委、市纪委书记朱映红代表市委就配合巡视工作提出具体要求，江永县委书记冯德校主持会议并作表态发言。

会议要求深入学习贯彻习近平总书记系列重要讲话精神，增强管党治党的政治责任，树立政治意识、大局意识、核心意识、看齐意识，聚焦全面从严治党，紧扣“六项纪律”，紧盯“三大问题”，紧抓“三个重点”，发现问题、形成震慑，倒逼改革、促进发展。以高度的政治责任感、敏锐性和严肃认真的态度对待巡视工作，主动接受巡视，配合巡视组开展工作。对于巡视组反馈的问题和提出的意见建议，要虚心接受，逐条梳理、深入剖析，立行立改、即查即改、边巡边改。要将整改工作与制度建设有机结合起来，最大限度地完善整改措施、巩固和拓展整改成效，举一反三，深刻反思、认真剖析问题产生的深层次原因，找准体制机制上的“症结”，不断扎紧织密制度“笼子”。

【省委巡视第八组巡视江永县专项整治工作推进会】 2016年4月12日下午，省委巡视第八组巡视江永县专项整治工作推进会在行政中心七楼会议室召开。省委巡视第八组组长郭树人作讲话，县委书记冯德校作表态发言，县委副书记唐慧云主持会议，县委常委、纪委书记蒋俊善通报江永县专项整治工作情况并宣读专项整治工作纪律及要求。

省委巡视第八组对江永县开展“8+1”专项整治工作进行重点巡视检查，范围包括：“雁过拔毛”式腐败问题的专项整治，国家公职人员违规在重点项目指挥部任（兼）职取酬、乱发滥补问题的清理整治，县直机关、乡镇乱发津贴补贴问题的清理，“乱收费、乱罚款”问题专项清理，国家公职人员违规参与土地和房地产开发问题的专项清查，领导干部亲属子女利用其职权和职务影响谋取利益问题的整治，领导干部插手工程建设和土地开发问题的专项治理，行政执法部门少数执法人员滥用职权、以权谋私问题的专项整治，扶贫资金使用的专项清理等9个方面。

会议要求，全县各级党组织认真组织党员干部、国家公职人员增强搞好专项整治的思想自觉、行动自觉，把抓好专项整治作为认真开展“两学一做”专题教育活动的具体行动，在生产、工作、学习和社会生活中发挥先锋模范作用。推动正风反腐向基层延伸，纠“四风”、治陋习，把纠风惩腐的责任向基层强化，查处基层干部“雁过拔毛”式腐败，对扶贫专项资金的使用进行专项清理，确保每一笔资金落到实处，产生效益，推动精准扶贫出实效。

会议要求各单位强化举措，精准实施，全力推进专项整治行动；坚持问题导向，把情况摸准，建立整改落实“台账”制度，实行逐个问题“挂号”、逐项内容“销号”；对在专项整治中搞形式主义、弄虚作假、执法不严、执纪不力、履职不到位、配合不认真的单位，以及失职渎职、推诿扯皮、等待观望、简单应付、顶着不办、拖着不改的人和事，县委将严肃追究相关责任人的责任。

【省委巡视第八组巡视江永县情况反馈会】 2016年5月30日，省委巡视第八组组长郭树人、副组长曾益民向江永县委书记冯德校反馈巡视情况；之后，巡视组组长郭树人代表巡视组在县委常委会议室向江永县领导班子进行反馈，永州市委常委、市纪委书记杨永对江永县整改工作提出要求，县委书记冯德校主持会议并作表态发言。

2016年4月8日至5月9日，省委巡视第八组对江永县进行巡视。通过听取部门汇报，开展个别谈话，实地走访调研，受理群众来信来访，查阅资料，深入了解情况，发现问题、形成震慑，顺利完成巡视任务。

会议指出，江永县委领导班子认真贯彻执行中央和省委的决策部署，按照协调推进“四个全面”战略布局，全面落实从严治党要求，在加强党的建设、落实“两个责任”、持续深入推进党风廉政建设和反腐败工作、严明党的政治纪律和政治规矩、贯彻执行民主集中制、规范选人用人、加强领导班子和干部队伍思想作风建设等方面都取得明显的成效。

巡视发现江永县在加强党的基层组织建设、执行党的“六大纪律”、落实“两个责任”等方面存在一些问题：在党的基层组织建设方面，存在基层党组织党员管理松散，部分基层党支部“三会一课”不经常，组织生活会制度落实不到位，以行政会代替党组（党委）会等问题。执行政治纪律和政治规矩方面，存在对中央颁布的党内法规条例的学习贯彻重视不够，少数党员干部党的纪律观念淡薄，违反政治纪律、政治规矩的现象时有发生，少数地方宗族势力影响基层组织建设、干扰换届选举等问题。执行廉洁纪律方面，存在“雁过拔毛”式腐败问题严重，国家公职人员违规参与土地和房地产开发，少数党员领导干部违规插手工程建设和土地项目开发，少数领导干部亲属子女利用其职权和职务影响谋取利益，少数行政执法人员滥用职权、以权谋私，一些党员干部违规入股经商办企业，财政专项资金管理使用违规违纪，党员领导干部在重点项目指挥部兼职取酬，奖励项目设置过多过滥、违规发放津补贴，村级组织普遍存在招待费，“三公”经费违规开支，党员领导干部、国家公职人员违规操办婚丧喜庆事宜、借机敛财等问题。执行组织纪律方面，存在干部选任相关制度执行不严格，“三超两乱”问题仍然比较严重，违规设置领导职务配备干部，违规入编进人，少数干部不如实向组织报告个人有关事项等问题。执行工作纪律方面，存在落实“两个责任”不够有力，财政资金管理使用不规范，文件多、会议多、领导小组、议事协调机构多，一些单位工作纪律松弛等问题。执行群众纪律方面，存在机关事业单位“乱收费、乱罚款”，农村危房改造进展缓慢，被征地农民社会保障落实不到位等问题。执行生活纪律方面，存在少数国家公职人员涉黄涉赌，工作日中餐违规饮酒、酒驾、醉驾等问题。同时，巡视组还收到反映一些领导干部的问题线索，已按干部管理权限转纪检监察机关和组织部门调查处理。

江永县人民代表大会及其常务委员会

江永县人民代表大会常务委员会

主　　任：黄智亮
副 主 任：唐家和（3月免）
李忠英　何勉才
欧阳小泉
欧阳萍（女）
陈德义（11月任）
委　　员：于　波（女，11月免）
王顺生（11月任）
邓善福
刘亚娟（女，11月任）
卢胜进（11月免）
卢恩华（11月免）
朱平治（11月免）
伍永辉（11月免）
苏永江（11月任）
李全胜（11月任）
李华玉（女，11月任）
李练军（11月任）
李美丽（女）
何东明（11月任）
何连明
何丽辉（女，11月任）
张四玲（女）
陈修旗　陈雅彬
呼增远（11月免）
欧阳健全（11月免）
和江平
金土华（11月免）
周景川（11月任）
郑朝阳（女，11月任）
高克文　高润全
蒋　继（11月任）
游永红（女，11月任）
熊连辉
潘新盛（11月任）

【概况】　江永县第一至七届县人民代表大会均未设常务委员会。1980年5月召开的第八届人民代表大会，依法选举成立县人民代表大会常务委员会后，设办公室。1984年增设法制组、财政经济组、科教文卫组、少数民族事务组。1985年9月，改组为工作委员会。1989年3月增设选举任免联络工作委员会。2002年5月机构改革后，县人大常委会设办公室和选举任免联络、内务司法、财政经济农业农村城建环保、民族教育科学文化卫生工作委员会5个内设机构；2016年8月全市统一规范县区人大及常委会机构设置后，县人民代表大会设法制、财政经济2个委员会；县人大常委会设办公室和内务司法、教育科学文化卫生、环境资源保护城乡建设、农业农村、代表联络工作委员会6个机构。

【第十六届人民代表大会第五次会议】　江永县第十六届人民代表大会第五次会议于2016年1月17—19日举行，出席代表181人。会议听取和审议县人大常委会、县政府、县人民法院、县人民检察院工作报告并作出相应决议；审查和批准县国民经济和社会发展“十三五”规划纲要；审查和批准国民经济和社会发展计划报告、财政预算报告；补选唐英为县人民法院院长，沈阳为县人民检察院检察长。会议收到代表议案、建议103件，其中议案均转作建议办理。

【第十七届人民代表大会第一次会议】 江永县第十七届人民代表大会第一次会议于2016年11月28—30日举行，出席代表184人。会议听取和审议县人民政府县长唐德荣关于政府工作报告、县人大常委会主任黄智亮关于县人大常委会工作报告、县人民法院院长唐英关于县人民法院工作报告、县人民检察院检察长欧阳旭勇关于县人民检察院工作报告，审查县发改委负责人张晓平关于江永县2016年国民经济和社会发展计划执行情况与2017年计划草案的报告、县财政局局长周海鹰关于2016年财政预算执行情况与2017年财政预算草案报告，并作出相应决议。选举黄智亮为县人大常委会主任，李忠英、何勉才、欧阳小泉、欧阳萍、陈德义为副主任，苏永江等23人为委员；唐德荣为县人民政府县长，蒋俊善、杨迪松、盘成军、邬双飞、何福明、何娟为副县长；唐英为县人民法院院长；欧阳旭勇为县人民检察院检察长。会议收到代表议案40件，建议19件，议案均转作建议办理。

【开展县乡人大换届选举工作】 2016年，县人大常委会根据省、市、县委部署要求，坚持党的领导、充分发扬民主、严格依法办事的原则，组织换届选举工作。审议通过《关于县、乡（镇）人民代表大会换届选举工作的安排意见》《关于设立江永县选举委员会的决定》等文件，对县乡人大换届选举工作作出决议决定。制定《关于江永县第十七届人民代表大会代表分配方案》《关于选举江永县第十七届人民代表大会代表选区划分方案》等文件，明确换届选举时间安排、方法步骤及选区划分、选民登记、代表名额分配方案。通过组织换届选举培训、加强基层督导检查、召开选举工作联席会议，为乡镇、部门提供工作指导。依法全额选出县十七届人大代表187名，其中党政干部代表50名，占26.74%；一线工人、农民、专业技术人员代表123名，占65.78%；非公经济人士代表7名，占3.74%；其他7名，占3.74%。非党代表63名，占33.69%；妇女代表73名，占37.97%；少数民族代表118名，占63.1%；连任代表57名，占30.48%。全额选出新一届乡镇人大代表584名，其中党政干部代表58名，占9.93%；一线工人、农民、专业技术人员代表526名，占90.07%。非党代表276名，占47.26%；妇女代表200名，占34.25%；少数民族代表363名，占62.16%；连任代表157名，占26.89%。

【人事任免】 2016年，县人大常委会对“一府两院”提请拟任人员在政治思想、组织领导、工作实绩、业务水平、廉洁自律等方面进行调查，并按照县人大常委会有关规定，对拟任人员进行任前公示、任前法律知识考试和经济责任审计，全年依法审议通过人事任免事项40人，接受辞职5人。在代表方面，许可县公安局对十六届县人大代表采取强制措施2人，依法组织补选永州市五届人大代表1名。

【督办代表议案和建议】 2016年，县人大常委会对人大代表在县十六届人大五次会议上所提的109件建议进行交办和督办，通过跟踪督办，建议办理工作取得较好效果，群众和代表对办理工作的满意率有提高。

【代表视察】 2016年，县人大常委会组织部分省、市、县人大代表对污水处理厂、大坪坳水库水质监测站、自来水厂、建兴沙场及大坪坳水库一级水源保护区进行视察。代表通过实地察看和听取汇报，提出“加强饮用水水源监管，建立各负其责齐抓共管的长效机制；加大争取资金力度，进一步加强河道整治和监管；加大水政渔政执法力度；严控企业准入，降低污染排放”的建议，交县人民政府及相关部门采取措施，整改落实。

【财政预算的审查监督】 2016年，县人大常委会听取和审议县人民政府关于2016年上半年财政预算执行情况的报告，听取和审议县人民政府关于2015年财政决算草案的报告，听取和审议县人民政府关于2015年财政预算执行情况和其他财政收支情况的审计工作报告，听取和审议县人民政府关于2016年财政预算调整草案的报告。加强预决算初步审查，督促政府将一般公共预算、政府性基金预算、社会保险基金预算、国有资本经营预算草案提交县人民代表大会及其常委会审议。督促县财政局依法在代表大会或授权人大常委会批准预算后30日内将各部门预算批复到位，维护《中华人民共和国预算法》的严肃性。对县人民政府“潇浦镇2016年棚户区（城中村）改造项目”“江永县农村综合服务平台建设项目”“江永县永明河综合治理项目”财政购买服务议案进行审查，为农村综合服务平台建设及县城的提质升级筹措资金提供支持。督促县人民政府严格遵守预算法和国务院关于地方政府举债的规定，强化责任追究机制，防止和杜绝举债的盲目性和随意性；加强对债务资金及项目监督，防范债务风险。从2016年起，县人民政府在年度财政预、决算审议中报告政府性债务情况。注重发挥审计监督的作用，对审计查出的问题，进行跟踪督办，督促被查出问题单位整改到位，并将整改情况向县人大常委会报告。

【执法检查与调研】 2016年，县人大常委会对新修订的《中华人民共和国食品安全法》《湖南省食品生产加工和食品摊贩管理条例》等法律法规进行执法检查。配合省、市人大相关委室开展《宗教事务条例》《湖南省宗教事务管理条例》《中华人民共和国残疾人保障法》执法检查和《永州市公园广场管理条例》《湘江保护条例》的立法调研，提出立法意见和建议9条，被省市人大采纳。

【文件备案审查】 2016年，县人大常委会备案审查县人民政府和县人民政府办公室报送的涉及国土规划、城市建设、文化教育、农业农村、公共安全、森林、环保等方面规范性文件28件。

【机关自身建设】 2016年，县人大常委会机关做好县十七届人民代表大会一次会议、7次常委会、12次主任会议、8次党组会议和机关其他工作会议的组织、协调和准备工作，确保各种会议的顺利召开。起草撰写领导讲话、调研、视察、审议等工作汇报和总结、各种规范性文件，以及开展“两学一做”学习教育等重大活动的方案、通知等80多件。接待群众来访42批次130多人次。组织开展“关怀帮扶基金”捐款活动，共筹捐款3460元；对人大支部3名困难党员进行走访慰问，发放慰问金1200元。《脸红汗出，对照检查剖析得深》等4件作品获永州人大新闻奖，《强化“互联网+”建设，助推代表联络》获省人大系统“三等奖”。在江永网站、手机报等新闻媒体刊载人大工作信息12条，在《人民之友》刊登理论研讨文章2篇。“雁过拔毛”式腐败等9个专项整治问题进行自查自纠，共查出问题179个，并全部整改到位。

江永县人民代表大会专门委员会

法制委员会

主 任 委 员：高克文

财政经济委员会

主 任 委 员：蒋　继

副主任委员：唐学健

江永县人民代表大会常务委员会各工作机构

办公室

主　　　任：呼增远（2016年3月离任）

李练军（2016年3月任，12月免）

苏永江（2016年12月任）

内务司法工作委员会

主　　任：高克文（2016年12月免）

　　　　　王顺生（2016年12月任）

副 主 任：高润全

教育科学文化卫生工作委员会

主　　任：何连明（2016年12月免）

　　　　　李练军（2016年12月任）

副 主 任：李华玉

环境资源保护城乡建设工作委员会

主　　任：郑朝阳

副 主 任：唐　建

农业农村工作委员会

主　　任：何连明（2016年12月任）

代表联络工作委员会

主　　任：于　波（2016年3月离任）

　　　　　邓善福（2016年3月任）

副 主 任：潘新盛

财政经济工作委员会

主　　任：卢恩华（2016年3月离任）

　　　　　王顺生（2016年12月免）

江永县人民政府

江永县人民政府

县　　长：唐德荣

副 县 长：杨　健（2016年8月离任）
蒋俊善（2016年8月任）
陈　雄（2016年8月离任）
刘志强（2016年8月离任）
杨迪松
谭美池（2016年8月离任）
盘成军　蒋云华
邬双飞（2016年11月任）
何福明（2016年11月任）
何　娟（2016年11月任）
田　耘

【综述】　2016年，江永县人民政府贯彻落实中央和省、市委经济工作会议精神，突出“抓项目、强基础、兴产业、优环境、促改革”五大举措，全县经济总体呈现速稳质优的运行态势。

【突出电商引领，特色农业转型加速】　完善电商体系，联合湖南、广西25个县区建设“湘南桂北农产品电子商务合作发展示范区”，举办电商人才培训班28期，培训2400人次，发展农产品电商企业110家，建设农村“电商服务站”81个，网店、微店2500个，电商从业人员达7000余人，全年电商购销总额16亿元。实现农业总产值32.3亿元，市级以上龙头农产品加工企业达到9家。全年种植烤烟3.07万亩，收购5.56万担，完成市分配任务的111.2%。加强品牌建设，推行“三统一、三引导”，开展“三品一标”农产品认证，新增夏橙、淮山等绿色食品2个，无公害农产品基地2300亩。引进投资1.1亿元的兴沃农业、投资6800万元的特香农科园和投资2200万元的季丰农业。

【突出园区提质，新型工业集群发展】　全年完成规模工业增加值10.8亿元，同比增长6.9%；新增裕丰米业、瑶家人农业和宏鑫混凝土3家规模企业。工业集中区新建标准厂房9.6万平方米；基础设施投入1.12亿元，同比增长10.8%。工业园区规模工业增加值占全县规模工业增加值比重达86.6%，较上年提高4.3个百分点。完成外贸进出口额980万美元，引资项目32个，实际到位外资3000万美元，内联引资11亿元。引进投资1.5亿元的新明鞋都产业园，与深圳安登利电子达成投资意向。

【突出全域旅游，城乡环境持续改善】　推进魅力小城建设，永明河综合治理项目完成五一桥至幸福桥两旁沿江风光带75%建设，永明路立面风貌改造项目全面完成，千源·江永大酒店3、4、5号楼主体已封顶，五一桥、幸福桥、西门桥完成提质改造，凤凰山登山道完工，汽车东站、汽车西站、永明外滩、瑶城鑫都、同创世纪二期等项目加快推进。投入650万元开展通道沿线整治，整合资金3560余万元开展农村环境整治，启动12个美丽乡村示范村、15个美丽乡村创建村建设，上江圩镇浦尾村获评2016中国美丽休闲乡村。完成女书园、上甘棠、千家峒、勾蓝瑶、燕子山等五个核心景区和五香村、五香园“三个五”景区规划，对勾蓝瑶寨等4个景区进行全面提质改造。全县实现旅游总收入10.85亿元，增长45.8%。

【突出要素保障，项目建设成效显著】 加快推进项目建设，51个续（新）建项目完成投资42.01亿元，其中23个市考核项目完成投资17.05亿元。S325永迴路园区段过境扩改、特色农副等28个项目完工。拓展融资渠道，完成永明集团的组建及资产归集工作，年内公司项目融资到位33400万元，专项基金到位12241万元，无偿资金到位4882万元。开展政银企对接活动，促成银企对接项目25个，项目贷款金额9.5亿元。从省国土厅争取年度新增建设用地预指标800亩，保障土地供应。

【突出民生改善，扶贫开发推进有力】 开展精准扶贫，争取省财政易地扶贫搬迁和危房改造专项扶贫资金5086万元。建成凉伞树和颖群生态农场两个连片水果种植扶贫项目基地，种植柑橘2500亩，帮扶带动1034名建档立卡残疾人和4979名建档立卡贫困对象。电商扶贫覆盖62个村，3500户贫困户直接受益，贫困群体通过电商销售农产品1.1亿元。全省产业扶贫现场会、全省旅游扶贫推进会暨乡村旅游培训会、全国产业精准扶贫现场观摩会先后在江永县召开。9月27日，江永县在全国残疾人脱贫攻坚大会上做典型发言。社会事业方面，江永第一幼儿园建成投入使用，思源实验学校建设如期推进，农村义务教育学生营养改善计划惠及2.4万农村学生。新农合参合22.44万人，参合率98.98%。城市低保、农村低保、五保分散供养人均月发放标准分别达251元、118元、270元。完成农村公路提质改造40千米、城市棚户区改造1680套，实施农业综合开发4300亩、农村危房改造1900户，新增天然气用户300户。

【突出改革创新，发展活力不断增强】 三项改革落到实处。农村产权制度改革有序进行，新增土地流转面积7.18万亩，同比增长25.18%。完成合乡并村改革，全县由原来11个乡镇3个社区、7个居委会、210个建制村合并为9个乡镇4个城镇社区、8个乡镇社区、4个居委会、96个建制村。行政体制改革进展顺利。第二批部门“四单”清理工作有序进行，持续深化社会治理创新，深入推进“互联网+社区治理”。自主改革有序开展。“互联网+治安防控”有序推进，基本实现乡镇、主要路口、重点单位、要害部位全覆盖。“互联网+信访”全面落实，实现信访业务网上流转、网下办理。顺利完成县级医疗卫生体制改革，县医疗联合体正式运行。创新创业深入推进。新增个体工商户1220户，新办私营企业170家，新登记注册农民专业合作社26户。完成职业技能培训4065人，新增城镇就业人员3809人，发放小额贷款2202万元，新增创业主体1460户，带动城乡就业3891人。

【县人民政府常务会议】

▲3月25日，县长唐德荣主持召开县政府第25次常务会议，听取有关行政诉讼案件、全县混凝土搅拌站建设和县城内涝处置等工作情况汇报，审议《江永县并存实施方案》；会议对公务用车制度改革、引进兴沃投资耕地开发和特色种植、易地扶贫搬迁、2016年度财政预算、农村环境整治整县推进、永明水泥厂置换安置房建设、饮水源区保护、防汛能力建设、工业园区政务中心建设等工作进行研究部署，通报县政府领导成员分工情况，研究通过对县内公民李成毅拒服兵役行为予以责任追究。

▲4月19日，县长唐德荣主持召开县政府第26次常务

会议，对全县“美丽乡村”建设、被征地农民养老保险等工作进行研究部署，对县政府党风廉政建设和全力支持配合省委巡视工作进行再学习、再动员。

▲4月21日，县委常委、常务副县长杨健主持召开县政府第27次常务会议，听取并研究县公共资源交易、防汛工作、涔天河灌区工程、不动产登记制度改革、新一轮农网改造升级规划编制、安全生产、金融工作、打击处置非法集资等工作。会议对县政府党风廉政建设责任制分工情况进行通报。

▲5月5日，县委常委、常务副县长杨健主持召开县政府第28次常务会议，就创建国家卫生县城、农村学生营养餐试点、项目建设投融资、困难残疾人生活补贴、社会保障兜底、汽车东站和西站建设、永明河国家湿地公园申报、绩效考核等工作进行研究部署。

▲5月13日，县委常委、常务副县长杨健主持召开县政府第29次常务会议，对《江永县清理乱发津补贴奖金福利的审核意见》进行审议，对棚户区改造及综合整治项目融资、农商行担保贷款工作进行研究部署。

▲5月19日，县长唐德荣主持召开县政府第30次常务会议，听取并研究县直机关、乡镇乱发津补贴奖金福利，“乱收费、乱罚款”，扶贫资金清理，“雁过拔毛”式腐败，行政执法部门少数执法人员滥用职权、以权谋私，整治领导干部亲属子女利用其职权和职务影响谋取利益，领导干部兼职取酬，领导干部插手工程建设和土地开发，国家公职人员违规参与房地产和土地开发等专项整治（以下简称“8+1”专项整治）分类处置工作。

▲6月30日，县长唐德荣主持召开县政府第31次常务会议，审议《金融产业扶贫工作实施方案》，对民政养老项目、乡镇管道燃气试点建设、公安工作、易地扶贫搬迁、永明集团组建、生态原产地保护示范区建设、国家信访工作“三无”县区创建等工作进行专题研究。

▲7月12日，受县长唐德荣委托，县委常委、常务副县长杨健主持召开县政府第32次常务会议，对生态保护红线划定工作进行专题研究。

▲11月11日，受县长唐德荣委托，县委常委、常务副县长蒋俊善主持召开县政府第33次常务会议，对农业标准化建设、国家公职人员非法买卖集体土地工作整改、数字江永地理信息基础工程建设、千灌公路一期项目建设、津湘出租车续牌、人民医院新院建设以及教育、司法、消防、生态优先、安全生产工作和新型农业经营主体贷款保证保险试点、校车监控系统建设、县水利电力有限责任公司相关人员经费及棚户区改造、蒋东文见义勇为行为表彰及烈士申报等17项工作进行专题研究，审议通过《江永县政府合同管理法》。

▲11月14日，县长唐德荣主持召开县政府第34次常务会议，对提交县第十七届人民代表大会第一次会议审议的《政府工作报告》（审议稿）进行专题研究。

▲12月20日，受县长唐德荣委托，县委常委、常务副县长蒋俊善主持召开县政府第35次常务会议，对公车改革、大坪坳引水及县城供水管网扩改建工程建设、湖南省第四批PPP示范性项目申报、违纪干部处分、人事任免等工作进行专题研究。

【专题会议】

▲1月18日，县委常委、副县长陈雄召集县政府办、城管局、住建局、国土资源局、环保局、黄甲岭乡等单位相关人员，召开专题会议，对黄甲岭乡瓦屋下村里百头自然村村民反映的生活垃圾场污染信访事项进行专题研究。

▲1月29日，县委常委、常务副县长杨健召集县委政法委及县法院、检察院、公安局、政府办、工商局、法制办等单位负责人，就中天投资管理有限公司（以下简称“中天公司”）非法集资案件处置有

关工作进行专题研究。

▲2月18日，受县长唐德荣的委托，县委常委、常务副县长杨健召集县人口计生领导小组成员单位主要负责人专题研究2016年全县卫生计生工作。

▲2月26日，县委常委、副县长陈雄召集县教育局、民政局、国土资源局、住建局、城管局、工业园区管委会、房产局、市场服务中心、烟草局及潇浦镇、上江圩镇、松柏瑶族乡、高泽源林场等单位主要负责人，就推进2015年度土地矿产执法监督检查发现问题整改工作进行专题研究。

▲3月9日，县委常委、副县长陈雄召集县政府办、国土资源局、住建局、城管局、人防办、房产局、城投公司、房屋拆迁事务所及潇浦镇主要负责人和分管领导召开第6次办公会议，对城市扩容、城建系统便民服务工作以及2016年控违拆违等事项进行研究。

▲3月10日，县委常委、常务副县长杨健主持召开专题会议，听取县移民开发局关于源口水库移民历年口粮款资金筹集的情况汇报，并就如何规范使用移民项目资金、移民口粮保障问题和整合项目资金等问题进行讨论研究。

▲3月15日，县委常委、副县长陈雄召集县财政局、林业局、国土资源局、住建局、房产局、城投公司、三千文化管理处、高泽源林场等单位主要负责人及湖南鑫汇融财务管理服务合伙企业（有限合伙）财务人员，召开永明投资发展集团资产归集工作会议，对永明投资发展集团资产归集工作进行专题研究。

▲3月16日，县委常委、副县长陈雄召集县特色农业示范区、教育局、国土资源局、住建局、城管局、房产局、城投公司、电力局、潇浦镇、石油公司等单位主要负责人及项目开发业主，召开老工行、城关中学地块开发建设工作会议，对老工行、城关中学地块开发建设工作进行专题研究。

▲3月28日，副县长谭美池召集县水务局、住建局、民宗文体广新局、环保局、城投公司、三千文化管理处、夏层铺镇政府等上甘棠景区建设指挥部成员单位负责人在夏层铺镇政府召开景区建设推进会，对上甘棠景区创AAAA级旅游景区和“五一”前景区提质工作进行讨论研究。

▲4月5日，县委常委、副县长陈雄召集县政府办、国土资源局、住建局、城管局、人防办、房产局、城投公司、房屋拆迁事务所主要负责人，召开第7次办公会议，对2016年工作要点、历史遗留问题处理、跑项争资及创先争优等事项进行研究。

▲4月6日，县委常委、副县长陈雄召集县法院、检察院、财政局、国土资源局、住建局、审计局、房产局、城投公司、移民局、地税局、农业银行等单位主要负责人，召开伟恒小区历史遗留问题处理工作会议，对伟恒小区历史遗留问题处理工作进行专题研究。

▲6月2日，县委常委、常务副县长杨健组织相关领导及人民医院搬迁指挥部、永明河综合治理工程指挥部、财政局、城投公司、卫计委、人民医院等单位负责人召开会议，就江永县人民医院第8栋家属房拆迁安置补偿有关问题进行专题研究。

▲6月3日，县委常委、常务副县长杨健主持召开中国智慧（江永）社员城项目建设有关问题调度会，听取中国智慧（江永）社员城项目建设情况汇报，议定中国智慧（江永）社员城项目建设有关具体事项。

▲6月10日，县委常委、常务副县长杨健召集相关领导及县纪委、发改委、财政局、城投公司、审计局、住建局上江圩镇等单位负责人，专题研究全省旅游扶贫推进会上江圩女书园现场点项目建设的有关问题。

▲6月12日，受县委常委、常务副县长杨健的委托，副县长刘志强召集县纪委、特色农业示范区、财政局（政府采管办）、农业委等相关单位负责人，就江永香柚无病毒种

苗繁育服务及苗木采购项目的有关问题进行专题研究。

▲6月24日，受县长唐德荣的委托，县委常委、常务副县长杨健召集相关单位负责人召开县长办公会议，专题研究县永明投资发展（集团）有限公司组建有关事宜工作。

▲6月28日，县委副书记唐慧云，县委常委、县政府常务副县长杨健在江永特色农副产品开发有限公司现场办公，就如何全力支持和加快特色农副项目建设进度进行研究。

▲9月1日，县长唐德荣召集相关领导及县财政局、住建局、潇浦镇等单位负责人召开县长办公会议，专题研究潇浦镇陈家街村安置地处置工作有关问题。

▲9月6日，县委常委、宣传部长、龙田风电项目指挥长杨诚召集县发改委、交通运输局、财政局、国土资源局、环保局、林业局、住建局、上江圩镇以及国电湖南电力有限公司筹备组等方面负责人，召开龙田风电场项目“锦江桥”建设协调会。

▲9月9日，县委常委、常务副县长蒋俊善召集相关领导及县交通运输局、环保局、财政局、兰溪瑶族乡等单位负责人，专题研究国家产业精准扶贫现场观摩会兰溪现场点资金调度和监督工作的有关问题。

▲9月11日，副县长候选人何福明召集相关领导及县纪委、交通运输局、水务局、财政局、扶贫办、公共资源交易中心、国网电力江永公司等单位负责人，专题研究全国产业精准扶贫现场观摩会资产收益项目现场点资金调度和评审工作的有关问题。

▲9月19日，县委常委、常务副县长蒋俊善召集县纪委、法院、县委组织部、县政府办、财政局、县公安局、县农商行等单位负责人，专题研究县农商行不良贷款清收工作有关问题。

▲10月17日，受县长唐德荣的委托，县委常委、常务副县长蒋俊善召集县政府办、监察局、发改委、财政局、住建局、国土资源局、审计局、城投公司、农村土地整理开发有限公司等单位主要负责人，对江永县2016年易地扶贫搬迁项目建设工作进行专题研究。

▲10月20日，副县长盘成军召集县政府办、财政局、发改委、住建局、审计局、国土资源局、城投公司、教育局、职业中专学校等单位分管领导召开职业中专学校综合实训基地建设项目工作调度会议。

▲11月2日，副县长提名人选邬双飞召集县政府办、监察局、文明办、发改委、公安局、交警大队、财政局、交通运输局、市场和质量监管局、城管局、运管所等单位及江永县津湘出租车公司负责人，对江永县津湘出租车公司出租车经营权到期重新续牌进行专题研究。

▲11月16日，县委常委、常务副县长蒋俊善召集相关领导及县环保局、财政局、国土资源局、烟草局等单位负责人，专题研究江永县水源性项目及允山烟草站建设工作的有关问题。

▲11月18日，县委常委、常务副县长蒋俊善召集相关领导及县财政、交通、住建、国土、松柏瑶族乡等单位，专题研究松柏瑶族乡成立三十周年庆典工作的有关问题。

▲12月1日，副县长田耘召集县环保局、县畜牧水产局、松柏瑶族乡、江永温氏畜牧有限公司等单位负责人，在松柏瑶族乡政府召开松柏瑶族乡西栎尾村生猪养殖场污染饮用水源问题处理会议，就松柏瑶族乡西栎尾村生猪养殖场污染富川瑶族自治县石家乡泽源大村饮用水源问题一事进行研究。

▲12月7日，副县长杨迪松召集县发改委、住建局、国土资源局、城投公司、江永电力公司、夏层铺镇政府等单位及汉江源村相关人员，到夏层铺镇汉江源村易地扶贫搬迁安置点现场办公，并对安置房建设进行专题研究。

▲12月21日，副县长杨

迪松召集县监察局、农委、科商粮经信委、民政局、住建局、国土资源局、林业局、卫计委、房产局、房改办、国资办、城投公司等单位负责人，对全县不动产登记工作进行专题研究。

▲12 月 28 日，县委常委、组织部长陈雄召集县政府办、编委办、财政局、人社局、国土资源局、住建局、城管局、人防办、房产局、城投公司、房屋拆迁事务所、潇浦镇政府等单位主要负责人召开第 2 次联席会议。通报第 1 次城市建设工作联席会议定事项落实情况，听取赴湘江西岸棚户区改造、凤凰园经济技术开发区仁湾街道考察征地拆迁及房屋征收工作情况汇报，审议通过县城防洪排涝及林海花苑规划设计，并对 2017 年城建重点项目安排、房产局经费保障及当前全县城建重点工作等事项进行研究。

【江永政发文件目录】

▲江永政发〔2016〕1 号　强拆公告（莫兰桂、莫胜贵、胡家德）

▲江永政发〔2016〕2 号　强拆公告（何瑞全）

▲江永政发〔2016〕3 号　关于严厉打击“三强三堵”行为的通告

▲江永政发〔2016〕4 号　强拆公告

▲江永政发〔2016〕5 号　江永县人民政府征收土地公告（三香食品加工厂）

▲江永政发〔2016〕6 号　江永县人民政府征收土地公告（富硒香米加工）

▲江永政发〔2016〕7 号　关于加强“清明节”期间森林防火工作的通告

▲江永政发〔2016〕8 号　关于对兰溪瑶族乡通乡公路两侧违法构筑物清理拆除的通告

▲江永政发〔2016〕9 号　关于五一桥装饰亮化升级改造工程施工车辆绕行通告

▲江永政发〔2016〕10 号　江永县人民政府征收土地公告（黄甲岭风电）

▲江永政发〔2016〕11 号　关于印发《湖南江永县预拌商品混凝土专项规划》的通知

▲江永政发〔2016〕12 号　关于印发《江永县困难残疾人生活补贴和重度残疾人护理补贴实施方案》的通知

▲江永政发〔2016〕13 号　关于江永县永明河综合治理工程国有土地上房屋征收补偿决定的公告

▲江永政发〔2016〕14 号　关于设立洛湛铁路通道新建永州至岑溪段铁路（江永县段）线路安全保护区的公告

▲江永政发〔2016〕15 号　关于实施不动产统一登记的通告

▲江永政发〔2016〕16 号　关于加强烟叶收购市场管理的通告

▲江永政发〔2016〕17 号　江永县人民政府征收土地公告（松柏加油站）

▲江永政发〔2016〕18 号　江永县人民政府征收土地公告（2015 年第一批次）

▲江永政发〔2016〕19 号　关于取消、承接和调整一批行政审批事项的通知

▲江永政发〔2016〕20 号　关于授予呼增远等同志嘉奖的通报

▲江永政发〔2016〕21 号　关于印发《江永县重大行政决策合法性审查暂行办法》的通知

▲江永政发〔2016〕22 号　江永县人民政府征收土地公告（2015 第二批次）

▲江永政发〔2016〕23 号　关于印发《江永县突发事件总体应急预案》的通知

▲江永政发〔2016〕24 号　关于公布 2016 年县政府工作部门行政权力的通知

▲江永政发〔2016〕25 号　关于印发《江永县民办教育机构管理办法》的通知

▲江永政发〔2016〕26 号　关于公布规范性文件清理结果的通告

▲江永政发〔2016〕27 号　关于对龙溪路等六路段进行交通管制的通告

▲江永政发〔2016〕28 号　关于规范县城区烟花爆竹

燃放的通告

▲江永政发〔2016〕29号 关于公布政府工作部门责任清单的通知

▲江永政发〔2016〕30号 关于印发《江永县水污染和大气污染治理实施方案（2016—2020年）》的通知

▲江永政发〔2016〕31号 江永县人民政府关于印发《江永到2016年统筹使用财政专项资金支持精准扶贫工作实施方案》的通知

▲江永政发〔2016〕32号 关于对潇浦街东段进行交通管制的通告

▲江永政发〔2016〕33号 关于印发《江永县政府合同管理办法》的通知

▲江永政发〔2016〕34号 关于印发《江永县统筹使用财政专项资金管理办法》的通知

▲江永政发〔2016〕35号 江永县人民政府关于进一步健全特困人员救助供养制度的实施意见

【江永县人民政府办公室文件】

▲江永政办发〔2016〕1号 关于做好第三次全国农业普查的通知

▲江永政办发〔2016〕2号 关于转发《永州市治理车辆超限超载工作责任追究办法》的通知

▲江永政办发〔2016〕3号 关于印发《江永县2016年支持农民工等人员返乡创业工作计划》的通知

▲江永政办发〔2016〕4号 关于印发《江永县被征地农民参加养老保险实施办法》的通知

▲江永政办发〔2016〕5号 关于印发《江永县被征地农民参加养老保险工作实施方案》的通知

▲江永政办发〔2016〕6号 关于印发《江永县2016年度农业保险实施方案》的通知

▲江永政办发〔2016〕7号 关于印发《江永县乡村教师支持计划（2016—2020年）实施细则》的通知

▲江永政办发〔2016〕8号 关于印发《江永县保障性住房分配和运营管理暂行办法》的通知

▲江永政办发〔2016〕9号 关于印发《江永县互联网金融风险专项整治工作实施方案》的通知

▲江永政办发〔2016〕10号 江永县人民政府办公室关于进一步做好全市烟花爆竹批发经营布点规划工作的通知

▲江永政办发〔2016〕11号 关于印发《江永县重大食品安全事故应急预案》的通知

▲江永政办发〔2016〕12号 关于印发《江永县政府购买棚改服务管理实施细则（暂行）》的通知

▲江永政办发〔2016〕13号 关于印发《江永县2016—2020年殡葬事业发展规划》的通知

▲江永政办发〔2016〕14号 关于印发《江永县城市公共客运行业维稳应急预案》的通知

▲江永政办发〔2016〕15号 关于印发《江永县加快推进农业标准化建设的工作意见》的通知

▲江永政办发〔2016〕16号 关于印发《江永县教育扶贫规划（2016—2020年）》的通知

▲江永政办发〔2016〕17号 关于印发《江永县老年乡村医生生活困难补助发放工作实施方案》的通知

▲江永政办发〔2016〕18号 江永县国家重点生态功能区转移支付资金管理办法

▲江永政办发〔2016〕19号 关于印发《江永县精神卫生管理办法》的通知

▲江永政办发〔2016〕20号 关于公布《江永县人民政府重大行政决策事项听证目录（试行）》的通知

▲江永政办发〔2016〕21号 关于公布《江永县人民政府重大行政决策事项目录（试行）》的通知

▲江永政办发〔2016〕22号 关于印发《江永县重大行政执法决定法制审核和集体讨论决定制度》的通知

▲江永政办发〔2016〕23号　江永县行政执法责任追究办法

▲江永政办发〔2016〕24号　江永县贯彻落实《法治政府建设实施纲要（2016—2020）》实施方案

江永政办发〔2016〕25号　关于印发《江永县粮食安全应急预案》的通知

▲江永政办发〔2016〕26号　关于印发《江永县医疗服务体系五年规划（2016—2020年）》的通知

▲江永政办发〔2016〕27号　关于加强设施农用地管理工作的通知

▲江永政办发〔2016〕28号　关于印发《江永县市场和质量监督管理局主要职责、内设机构和人员编制规定》的通知

▲江永政办发〔2016〕29号　关于印发《江永县发展和改革委员会主要职责内设机构和人员编制规定》的通知

▲江永政办发〔2016〕30号　关于印发《江永县科技商务粮食和经济信息化委员会主要职责内设机构和人员编制规定》的通知

▲江永政办发〔2016〕31号　关于印发《江永县民族宗教和文体广电新闻出版局主要职责内设机构和人员编制规定》的通知

▲江永政办发〔2016〕32号

▲江永政办发〔2016〕33号　关于印发《江永县交通运输局主要职责内设机构和人员编制规定》的通知

▲江永政办发〔2016〕34号　关于印发《江永县农业委员会主要职责内设机构和人员编制规定》的通知

▲江永政办发〔2016〕35号　关于印发《江永县卫生和计划生育委员会主要职责内设机构和人员编制规定》的通知

▲江永政办发〔2016〕36号　关于印发《江永县人民防空办公室主要职责内设机构和人员编制规定》的通知

江永县人民政府办公室

党组书记、主任：陈德义（2016年3月离任）

党组书记、负责人：夏　涛（2016年3月任）

党组成员、副主任：唐江桥　尹兆荣　莫　胜　周国辉（2016年3月离任）

党组成员、纪检组长：何再明

政府办公室工作

【参谋调研工作】　2016年，江永县政府办公室围绕中心工作，调查研究，为领导科学决策提供参考。组织开展产业扶贫、兜底扶贫、党建扶贫、基础设施扶贫、金融扶贫调研。全年撰写调查报告、调研文章20篇，在市级以上刊物发表16篇次；起草汇报、讲话等各类文稿近160多篇70多万字；上报市政府信息160期。

【督查和建议提案办理工作】　2016年，江永县政府办公室开展各类督查活动58次，向县政府反馈会议决定事项进展和落实情况115次，下发《督查通报》13期。承办、督办建议提案154件，其中人大代表建议103件、政协委员提案51件。

【会务服务工作】　2016年，江永县政府办公室坚持会前精心部署、会中注重服务、会后督查落实，做到周到、细致、热情。全年共承办经济工作会议、政府常务会议等各类会议457场次，下发各类会议通知1152次。

【应急管理】　2016年，江永县政府办公室开展应急基础信息采集，落实24小时值班和法定节假日及特别防护日领导带班制度，确保政府办公室值班24小时不间断。组织开展“5·12”等应急宣传教育活动和源口水库水上交通应急救援演练、工业园处置突发性群体事件演练、夏层铺学校消防演练活动。桃川镇上洞村被民政部授予国家级综合减灾示范社区；白土村、七工岭村成功创

建为省级灾害应急避难场所。

【公文办理】 2016年，江永县政府办公室进一步压缩文件数量、严格办文程序，确保公文运转的及时、安全、保密。全年分别以县政府、县政府办公室名义下发公文177件、117件，保持了“零差错”；接收处理上级文件1020件、部门单位文件165件。

【金融协调服务】 2016年，江永县政府办公室对金融工作开展协调服务，全县各项存贷款余额分别为81.6亿元、32.2亿元，比年初增长17.1%、16.7%。促成银企对接项目25项，项目贷款金额9.5亿元。开展中天公司非法集资案件处置工作，保持打击和处置非法集资高压态势，确保全县民间融资风险基本可控。

【机关自身建设】 2016年，江永县政府办公室开展“两学一做”学习教育，组织4次专题讨论；落实党风廉政责任制，无违法违纪行为；执行厉行勤俭节约规定，遵守财经法规和纪律制度，热情、高效地开展后勤服务工作，优化车辆管理，推进公车改革，完成单位封车任务；配合开展文明县城创建工作，鼓励机关干部职工参加志愿者活动和无偿献血活动，组建政府办义工服务队。组队参加“6·26”禁毒妈妈气排球比赛活动和“两学一做”电视知识竞赛活动，展现办机关精神风貌。

电子政务

【概况】 2016年，县长唐德荣就县政府网站建设做出批示，县政府常务会议专题研究，召开政务服务政务公开及政府网站工作暨培训会，建立考核机制，明确各单位的工作目标和要求。2016年，江永政府网站在全省政府网站绩效评估排名由2015年度的最后一名，前进到全省第70名，在全市县区政府网站中排名第三。

【电子政务建设】 2016年，县政府门户网站首页开设央网推荐及省网推荐两个专栏，转载信息3600多条，关停辖区内所有部门政府网站13个，达到县级城镇只有一个政府门户网站的要求。开通县政府门户网站手机版及县政府公众微信公众号。县电子政务网上联国家、省、市，下联全县所有乡镇，横向覆盖县直80个单位，实现与省市联接双线路备份，构建覆盖城乡、安全可靠的电子政务骨干网络，全县各级各部门有20多项应用基于电子政务外网畅通运行。启动电子政务网向社区、村延伸工作，联通全县城镇社区及10个试点村。

【政府门户网站管理】 2016年，江永县出台《江永县政府网站管理办法》，明确县政府网站的组织管理、内容保障、网站管理与维护、安全保障、考核及奖惩。县电子政务办制定《江永县政府网内容保障制度》《江永县政府网信息审核制度》《江永县政府网信息公开保密审查制度》《江永县政府网安全监控制度》《江永县政府网安全管理制度》《江永县政府网安全应急处置工作预案》6项规定制度，对县政府网站的管理工作进行规范。各部门在县政府门户网站上直接发布各种政府服务和工作信息5000多条。

惠民实事

【棚户区改造】 2016年，全县城市棚户区改造完成货币化安置480户，综合整治1200户，投资22780万元，完成任务的100%。垦区棚户区改造完成180户，完成任务的137%。

【城市小区管理】 2016年，江永县按照“管理逐步规范、环境得到整治、税费全面清查”的要求、加强城市小区的建设和管理，永明春天达到标准化小区建设标准，永华国际、伟恒等小区基本达到标准化小区建设要求，全县所有小区消防设施运行正常。

【农村环境污染治理】 2016年，对农村垃圾进行综合治理，在自然村建设有害垃圾和无害垃圾池，通道沿线配置垃圾桶500套，重点景区及重要地段配备可移动垃圾箱208个。全县发放简易垃圾桶196650个，配置垃圾桶的农户普及率100%。行政村配置垃圾收集车辆161台，普及率100%。乡镇配置垃圾转运车12辆，普及率100%。农村每年清运垃圾3510吨以上，可回收垃圾量850吨以上，无害化垃圾处理行政村普及率100%。全县配备保洁员496人，行政村普及率100%。环境综合整治整县推进完成治理工程项目的勘查设计、方案编制及挂网招标工作。治理农村污水，定期开展饮用水源保护区专项调查，在古宅水库和源口水库分别设置了监控点，及时反馈监测信息，确保饮用水安全。全县农村完成能源沼气项目建设1600口，完成改厕950个，建设四池净化化粪池600个，有污水处理设施农户2.2万户，占应改村庄比例75%，农村生活污水处理率达55%。投入1650万元，在上甘棠、福洞、洞美、勾兰瑶片建设污水管道300米，建设四格净化池600个；兴福、向光片铺设污水管网1100米、建设人工湿地80立方2个；桐口片建设水井水源保护1个。治理畜禽养殖污染，全县畜禽规模养殖场675家全部建有沼气池、粪污沉淀池、干粪发酵棚猪粪生物发酵床等粪污处理设施，实行环境评价和环保“三同时”制度，畜禽养殖粪污处理达标率100%。治理农业源污染，全县完成测土配方施肥推广面积4.03万公顷，占计划100.8%；完成秸秆腐熟还田面积1.67万公顷，占计划104%。在潇浦、上江圩等乡镇发展百亩绿肥示范片3个，全县完成紫云英、油菜、萝卜等绿肥面积2067公顷，占计划100%。完成烟蚜茧蜂防治蚜虫、诱剂诱杀桔小实蝇、斜纹夜蛾及黄板等绿色防控农作物核心示范面积2000公顷，占计划100%，辐射面积5333公顷。完成豚草、福寿螺等外来物种灭毒除害面积5800公顷，占计划174%，超目标2467公顷。全县乡镇各建立了2~3个鼠害综合治理示范区，灭鼠示范面积1.47万公顷。治理农村工业污染源，制定农村工矿企业应急预案，环保“三同时”执行率和排放达标率达100%。

【美丽乡村建设】 制定《江永县2016年美丽乡村建设暨通道环境整治工作方案》，出台《江永县“美丽乡村”建设考核办法》，对浦尾、黄家等12个美丽乡村示范村和白土、洞美等26个人居环境整治村，开展村庄绿化13万株、道路硬化22千米、路灯安装832盏以及垃圾污水、乱搭乱建和空心房治理等“五化”工程建设。浦尾村初步通过省级美丽乡村示范村考核验收。治理农村无序建房，完成5个建制镇的总体规划；查处违法占用耕地建房3起，面积0.68亩；投入120万元，完成治理村庄28个，拆除“空心房”392座。

【放心食用油和米粉工作】 2016年，全县开展食用油、米粉专项检查和联合执法行动8次，出动执法人员553人次，检查食用油小作坊22家、米粉生产小作坊1家，检查农贸市场11个，检查食用油米粉经营户1478户次，发放宣传资料2200余份，签订食用油、米粉安全承诺书316份，建立健全食用油、米粉来源档案17份，升级改造米粉小作坊1家，创建预包装米粉批发示范店1家，食用油米粉安全示范店20户，下达监督意见书65份，责令停止经营散装米粉或标签不规范经营户20家，取缔食用油加工小作坊2家，查处不按规定销售食用油案1起，责令停止销售散装米粉3起，在江永县电视台曝光食用油、米粉专项整治行动和典型案件11次。

【“五小”水利工程建设】2016年，全县完成维修加固小塘坝121处，小渠道104处137千米，小泵站21处装机202kw，小水池（水窖）44口，完成建设投资1861万元（其中水利资金935万元，整合财政、国土整治资金550万元，“一事一议”资金105万元，扶贫资金271万元），改善灌溉面积2820公顷，新增蓄引提水量80万立方米。

【社会安全工作】 2016年，江永县开展打击“黄赌毒”“两抢一盗”、网络犯罪、“三强”等专项整治行动。全年共立刑事案件622起，同比下降25.1%，下降幅度排名全市二名；全县每万人发案23起，为全市最低水平；破获刑事案件433起，破案率69.6%，破案率排全市第二。全年现行命案发2起，破2起，现行命案破案率100%。打掉恶势力团伙4个，抓获涉恶犯罪嫌疑人32人，一审判决26人，打黑除恶排全市第一。破获公安部督办“2015-1370”特大毒品目标案，抓获犯罪嫌疑人26名，缴获毒品15公斤，亮剑行动一、二阶段综合排名全市第一，获“亮剑行动标兵单位”；破获“2016-1108”省督毒品目标案，抓获犯罪嫌疑人8人；破获“7·26”“12·01”两起迷信诈骗案，抓获广西陆川籍诈骗犯罪团伙5名。在收缴整治枪爆物品专项行动中，办理枪爆行政案件93起，破获枪爆刑事案件69起，收缴枪支502支，抓获潜逃两年、省厅督办的涉枪网逃人员刘德应，行动考核得112分，排全市第一。全年共查处治安案件792起，行政拘留1281人、强制戒毒112人，行政拘留人数排名全市第一。摧毁赌博窝点32个，办理“三强三堵”刑事案件12起，行政拘留157人；涉案近3亿元的“江永中天非吸案”于10月29日审判，一审判决9人。整治交通秩序，查处“五车”、酒驾等突出问题，全县没有发生一起一次死亡3人以上的较大交通事故。消防安全网格化、户籍化管理，消防安全责任进一步落实，全县没有发生一起较大以上火灾事故。制定《江永县进一步贯彻落实安全生产工作“一岗双责”制度的实施意见》《江永县安全生产“一票否决”实施办法》《江永县2016年安全生产目标管理考核办法》等文件，召开会议、交办重大隐患、签订责任状，落实以“党政同责、一岗双责、齐抓共管”“黄牌警告”“一票否决”为核心的安全生产责任制，将安全生产工作列为干部业绩、单位绩效考核内容。

人事人才工作

【公务员管理】 2016年，江永县坚持“凡进必考”考录制度，县内国家机关和参照公务员管理的机关事业单位中缺岗缺编需要补充人员，一律面向社会公开招考。全年公开招考录用公务员37人，其中男21人、女16人；办理公务员调动25人，事业单位人员调动306人。办理公务员职务与职级并行、专技人员职称晋升，新进人员工资审批，转正定级，特殊岗位津贴等1200多人次。免费提供档案托管服务，共受理人事档案托管86份。

【工资福利管理】 2016年，全县完成机关事业单位正常晋升工资和工资标准调整的机关事业工作人员共6859人次，其中：机关单位1864人次，事业全额拨款单位3844人次，事业差额拨款单位604人次，事业自收自支单位547人次；办理工资关系转移手续644人次；完成企业军转干部16人工资核实。办理183名机关事业单位到龄人员退休手续；办理71名机关事业单位死亡的工作人员一次性死亡抚恤金和安葬费、31名遗属生活困难补助；完成乡镇工作补贴、伤残保健金审批工作；办理2015年纪委处分人员50名工资调整。

【专业技术人才管理】 2016年，全县完成63所事业单位专业技术人员办理续聘手续，完成2015年事业单位新录用的14名专业技术人员的转正定级考核工作，办理相关转正手续；面向社会公开引进113名高学历紧缺型专业技术人才，实际录用69名；部分事业单位面向社会公开招聘工作人员，其中县教育系统计划招聘60人，实际招录24人；县卫生系统计划招聘113人，实际招录75人；县三千文化生态旅游开发有限责任公司招聘录用15人，并组织为期1个多月培训。招录人员2名，对2014年招录的“三支一扶”人员进行服务期满考察。

【专业技术人员管理】 2016年，江永县组织专业技术人员初级、中级、高级职称评审，其中：卫生系列参与评定中、高级职称人员28人，中级职称研究生初任通过2人；党校系列中级职称通过1人。教育系统高级岗位职数为52个、中级岗位职数为69个，初级职称通过人数为60人（其中中小学系列56人，其他系列4人）。

【工勤技能考试（考核）】 2016年，全县完成机关事业单位在职工勤人员符合并参加工勤技能考试（考核）人员911人次，其中：高级技师5人次，技师407人次，高级工327人次，中级工85人次，初级工87人次。

民族宗教事务

【概况】 2016年，江永县民族宗教事务把握“共同团结奋斗，共同繁荣发展”的民族工作主题，贯彻落实民族宗教政策法律法规，促进全县少数民族和民族乡村经济社会事业发展，强化宗教事务的依法管理，维护全县民族团结、宗教和谐、社会稳定的局面。

【争取项目资金】 2016年，县民族宗教事务工作抓项目储备，考察、筛选和验证重点申报的项目，建立项目数据库，按照精准扶贫的要求上报少数民族扶贫发展资金项目。全年争取项目资金528万元，其中散居少数民族发展资金85万元，少数民族文化专项资金5万元，少数民族扶贫发展资金378万元（比2015年的320万元多58万元），少数民族义务教育助学金大病救助金60万元。

【争取民族优惠政策】 2016年，抓住《湖南省散居少数民族工作条例》（修订）之机，建议将征求意见稿的第十四条修改为：少数民族人口超过全县人口50%的江永、会同、绥宁、慈利、沅陵、石门等县比照民族自治县，在经济社会发展方面全面享受民族自治地方的优惠政策。2016年全县参加高考学生人数1151人，参加民族优惠政策审批的“两种考生”1088人，其中：聚居区少数民族考生251人，少数民族人口过半县少数民族考生520人，少数民族人口过半县汉族考生317人。1088名考生享受民族优惠加分类别考生政策。

【少数民族特色村寨建设】 2016年，按照“建设一批瑶族特色民居、打造一个旅游名村、培植壮大一个主导产业、建设一个环境优美乡镇”的规划，结合新农村建设，从产业扶持、环境整治、文明创建、基础设施建设等方面着力，把“环境大改善”“产业大提升”“群众得实惠”贯彻到到少数民族特色村寨建设的全过程。黄家村打造“千年瑶寨，自然兰溪”旅游品牌，勾蓝瑶寨成功创建国家AAA级旅游景区，年接待游客5万余人次，村集体增收34万元。刘家庄村突出“休闲、旅游、观光”理念，打造“刘家庄休闲度假村”品牌，包装大泊水瀑布和龙潭景区，建设“农家乐”“瑶家乐”18家、农家超市3个、垂钓中心1处、民俗活动中心1个，成功创建国家AAA级旅游景区，年接待游客10万人次。黄土坳村打造香型生态农业园和扶灵瑶民俗风情园。从30多个备选的村寨中推选出夏层铺镇上甘棠村和上江圩镇下新屋村参加第三届少数民族特色村寨的评选。

【宗教事务管理】 2016年，江永县信教群众2000多人，约占总人口的0.8%。佛教：经登记备案发证的住持和尚（教职人员）1人，依法批准登记的寺庙1处，皈依弟子或受过居士戒的16人，偶尔参加佛事活动的信众约1500人。基督教：经登记备案发证的传道员（教职人员）2人，登记入册的信徒50余人。道教：属于民间群众自发组织的信奉道教行为，逢节日参加活动的群众约300~500人。佛教、道教、基督教各有活动场所一处。全年组织教职人员参加市、县培训10余场次50余人次。指导宗教活动场所建立健全民主管理组织和各项规章制度，规范财务行为，做到管理有序。帮助解决登记备案认定的3名宗教教职人员养老保险，由县财政每年安排5000元预算经费进行参保困难补助。对全县3处宗教活动场所进行安全生产检查，维修整改禅山寺，消除"大雄宝殿木柱、木梁等构件白蚁危害，偏殿年久失修，电线老化"等安全隐患。

政务服务

江永县政务服务中心

主　　任：卢雄飞
副 主 任：何永祥　唐　建

【概况】 江永县政务服务中心成立于2015年2月，内设办公室、业务指导股、政务信息发布股、监督考核股、代办服务股。与县人民政府政务公开领导小组办公室实行"两块牌子、一套人马"，合署办公，中心核定编制6人。2016年，县政务服务中心突出"改革创新、项目攻坚、环境优化、作风转变"四大工作重点，规范服务管理，提升服务质量和水平，基本实行"一个窗口受理、一站式审批、一条龙服务、一个窗口收费"的运行模式。32个窗口单位，审批服务事项192项，受理业务62025件，办结率达100%，受理和办结量比去年增加40%；房地产税费一体化大厅共归集税费2749.9万元。

【强化政务服务功能】 2016年，江永县政务服务将13个部门63项审批、服务事项，下放到乡镇、社区和村级，简化办事流程，方便群众办事。推动互联网+服务，推进网上办事。不动产登记中心进驻政务中心，办证100余件，基本实现网上申请、受理、审批、办结取证。推进商事制度改革，推行"五证合一，一照一码"，办理"一照一码"营业执照203户，变更登记654户，核准登记190户。企业申请、登记、变更、注销在一个工作日基本完成，年新增企业200余家。房地产税费实行"一站式""打捆收费"的收费制度。32个进驻单位法定代表人签订首席代表授权书，授予首席代表部分审批决定权、审核上报权、组织协调权、窗口管理权和印章使用权，减少服务对象"两头跑"现象。深化行政审批制度改革，推行"一站式"审批服务。实行"一个窗口对外"，行政审批除现场勘察、集体讨论、专家论证、听证外，其他事项一律实行政务服务中心现场办理。健全投诉机制，在政务大厅设立投诉箱、公布投诉电话、建立投诉台账，处理各类投诉39件次，满意率90%。做好来信来访人员的接待工作，接待信访5人次，信访回复满意率100%；单位干部职工和服务对象无上访信访和越级上访行为。在全县优化经济环境满意不满意测评中，政务中心排名同类单位第三位。

【推行政府信息公开】 2016年，政务服务实施阳光行权，各窗口及大厅电子显示屏公开办事指南、办事流程、办结时限、收费标准、依据等，在县政府网站公布各单位的审批、处罚、征收、服务等事项。按照江永县《2016年政府信息公开工作要点》，开展重点领域信息公开工作，对各单位2016年预算、城镇保障性安居工程特别是棚户区改造建设项目信息、保障性住房分配信息、公共资源交易信息等涉及公共利益和民生领域的政府信息进行公开；推行依申请公开政府信息制度，设立专门窗口和部门政府信息公开工作机构，及时接受公民的公开申请。全年县政府及各部门均未接到要求公开政府信息的申请。

【提升窗口队伍管理水平】 2016 年，政务服务出台一系列考核评比制度，开展创优评比，提升工作效能。评选出优秀窗口 4 个，通报落后窗口 2 个。每季度评选“学雷锋优质服务岗”“学雷锋巾帼建功先锋岗”和“学雷锋文明诚信示范岗”各一名，引导窗口工作人员提高服务标准和质量，争做“文明有礼江永人”。制订《江永县人民政府政务服务中心应急预案》，实行政务大厅日巡查制度和节假日领导带班值班制度，杜绝无人值班或值班脱岗、离岗现象，全年未发生突发事件以及误报、迟报、漏报突发事件信息行为。

政协江永县委员会

中国人民政治协商会议江永县委员会

主　　席：刘忠华
副 主 席：谢小铁（11月免）
　　　　　刘志强（瑶族,11月任）
　　　　　余季平（11月免）
　　　　　李　红（女）
　　　　　义忠文（瑶族）
　　　　　张莲秀（女,瑶族）
　　　　　尹　玲（女,11月任）
秘 书 长：周官福（11月免）
　　　　　陈茂齐（11月任）
常务委员：王德建（11月免）
　　　　　王　麟（11月免）
　　　　　付一平（11月免）
　　　　　尹　玲（女,11月免）
　　　　　申永祥（瑶族,11月任）
　　　　　刘太平（11月免）
　　　　　刘忠红（11月免）
　　　　　陈旭东（11月免）
　　　　　陈雅彬（11月免）
　　　　　汤海妍（女，瑶族，11月任）
　　　　　李应祥（11月任）
　　　　　何声顺（瑶族,11月任）
　　　　　何忠明
　　　　　何笑李（女,11月免）
　　　　　何瑞龙（11月免）
　　　　　何燕姣（女，瑶族，11月任）
　　　　　张晓平（11月任）
　　　　　张立君（女,11月免）
　　　　　陈立新（女,11月任）
　　　　　陈燕军（女，瑶族，11月任）
　　　　　周忠华（11月免）
　　　　　周命寿（11月免）
　　　　　周革瑛（女,11月任）
　　　　　聂　伟（11月任）
　　　　　莫　胜（11月任）
　　　　　唐　兵（瑶族,11月任）
　　　　　袁玲利（11月任）
　　　　　陶继新
　　　　　高文斌（女,11月免）
　　　　　唐仲林（11月免）
　　　　　唐建雄（11月免）
　　　　　黄红华
　　　　　盛俊荣（11月免）
　　　　　蒋玉丽（女,11月免）
　　　　　蒋建辉（11月免）
　　　　　蒋　森（女，瑶族，11月任）
　　　　　蒋向阳（女,11月任）
　　　　　蒲兰英（女）
　　　　　谭　竣（11月免）
　　　　　潘洪洲（11月免）
　　　　　潘恩华（11月免）
　　　　　廖　丽（女,11月任）

【概况】　2016年，县政协把握团结、民主两大主题，团结和带领全县政协委员和社会各界人士，围绕全县发展大局，履行政治协商、民主监督、参政议政职能，发挥“协调关系、汇聚力量、建言献策、服务大局”四大作用，为推动全县经济建设、政治建设、文化建设、社会建设、生态文明建设作贡献。年内县政协八届委员会、九届委员会各召开一次全会，县政协八届委员会召开主席会议10次、常委会会议3次。在中共江永县委的领导下，完成换届工作。

【政协江永县第八届委员会第四次会议】　政协江永县第八届委员会第四次会议于2016年1月5—19日在江永县城召开。会议听取和审议刘忠华代表政协第八届委员会常务委员会所作的工作报告，听取和审议义忠文代表政协第八届委员会常务委员会所作的政协江永县第八届委员会第三次会议以来提案工作的报告。会议期间，委员们列席江永县第十六届人民代表大会第五次会议，听取和协商政府工作报告和其他报告。会议号召全县政协各参加单位和政协委员，在中共江永县委的领导下，同心同德，励精图治，锐意进取，为打造生态魅力新江永而努力奋斗。

【政协江永县第九届委员会第一次会议】 中国人民政治协商会议江永县第九届委员会第一次会议，于2016年11月26—29日在县城举行。会议听取和审议八届县政协主席刘忠华代表常务委员会所作的工作报告和义忠文副主席代表常委会所作的提案工作报告。会议列席江永县第十七届人民代表大会第一次会议，听取和讨论政府工作报告和其他报告，会议对以上报告表示赞同。

政协江永县第八届委员会常务委员会会议

【县政协八届十六次常委会会议】 4月5日，县政协八届十六次常委会会议在县政协常委会会议室召开，会议由县政协副主席谢小铁主持，会议协商通过县政协办公室、各专门委员会主任的有关人事安排；协商通过县政协2016年工作要点；学习传达全国政协全会会议精神，安排部署2016年重点提案督办、专题调研等重点工作。县政协主席刘忠华就做好2016年的政协工作和政协换届工作讲话。

【县政协八届十七次常委会会议】 8月22日，县政协八届十七次常委会会议在县政协常委会会议室召开，会议由县政协副主席义忠文主持，会议协商中国共产党江永县第十二次党代会工作报告（讨论稿）、江永县全域旅游示范县创建工作方案；协商通过县政协《关于开展“助力推进精准扶贫，全面建成小康社会”活动方案》《“创建省级文明县城，从我做起”倡议书》《江永县乡镇政协工作委员会职责》。县政协主席刘忠华对政协委员和政协常委的履职考核工作、政协换届工作和重点提案办理督查提出工作要求。

【县政协八届十八次常委会会议】 11月22日，县政协八届十八次常委会会议在县政协常委会会议室召开，会议由县政协主席刘忠华主持，会议听取县政协九届一次全会筹备工作情况汇报，协商确定县政协九届一次全会日程、议程；协商讨论县政协常委会工作报告和提案工作报告；协商讨论《县政府工作报告（讨论稿）》。县委组织部副部长和江平对县九届政协委员产生的原则和程序作说明，会议表决通过县九届政协委员名单；会议还协商通过县政协九届一次全会主席团成员、主席团会议主持人、大会秘书长建议名单。

【提案工作】 2016年，县政协提案委将八届四次会议后建立有目录的提案共51件分别于3月底全部转交县政府督查室，其间，遴选10件关系经济社会发展重大问题或人民群众普遍关注的难点热点问题的提案列为重点提案，由县政协领导牵头督办，协调解决办理过程中的困难和问题。在提案办理过程中，提案委全程跟踪督办。在督办县水务局承办的《关于农村饮用水安全问题的调研报告》提案时，实行办前与委员沟通、办中邀请委员参与，办结面对面协商，新闻媒体全程监督。51件提案由县人民政府下达给19个主办单位、17个会办单位办理。6月7日，经第44次主席会协商，将县政府确定的未与政协重叠的4件提案纳入政协的重点提案。县政协10件重点提案交由9个单位主办，12个单位会办。51件提案办结率100%，委员满意率98.5%。

【调研视察】 2016年，县政协以委、室牵头，组织以委、室所联系的界别小组为单位开展调研活动，形成5个主题调研报告：《延伸旅游产业链条 促进第三产业发展》《精准施策 真心扶贫扶真贫》《以开放的观念破解我县引进专业技术人才的管理使用难题》《实施“互联网+品牌”战略　促进我县农业转型升级》《坚持规划引领　实现县城扩容提质》。5个调研报告在11月全部被转作县政协九届一次全会的大会发言。

政协江永县委员会工作部门

办公室

主　　任：付一平（4月前）
　　　　　陈茂齐（4月后）
副 主 任：欧忠林

提案法制群团委员会

主　　任：周命寿（4月前）
　　　　　付一平（4月后）
副 主 任：卢素芳（女）

经济科技人口资源环境委员会

主　　任：王　麟

学习文史宣教卫体民族宗教三胞联谊委员会

主　　任：蒋建辉（4月前）
　　　　　杨远华（4月后）

中共江永县纪律检查委员会

书　　记：吴军臣
副 书 记：宋飞云（女）
　　　　　周景川　黄韵杰
纪委常委：朱英敏　卢加文
　　　　　欧阳玉斌
　　　　　梁贵德　刘小梅

县监察局

局　　长：宋飞云（女，兼）
副 局 长：朱英敏　刘小梅
　　　　　蒋　森（女）

【概况】 江永县纪委（县监察局）机关内设办公室、组织部、宣传部、党风政风监督室（县政府纠正行业不正之风办公室）、信访室、第一纪检监察室、第二纪检监察室、第三纪检监察室、第四纪检监察室、案件审理室10个室，核定人员编制31名，其中行政编制27名，工勤编制4名。下辖县反腐倡廉信息中心，为全额拨款事业单位，核定事业编制6名。委局有在岗人员36人，退休人员9人。2016年，县纪委（县监察局）坚持预防腐败这一主线，构筑意识、制度、监督、惩处四道防线，强化反腐倡廉组织建设这一保障，为县域经济社会又好又快发展提供有力的保障，在全县的同类单位绩效考核中荣获一等奖，成绩排名第一。荣获永州市2016届文明标兵单位称号。

【落实党风廉政建设责任制】 2016年，县委高度重视党风廉政建设和反腐败工作，定期听取汇报、研究部署工作。主要领导切实履行“第一责任人”职责，以上率下，带头压实责任；其他班子成员认真履行“一岗双责”，自觉担当起分管领域的党风廉政建设主体责任。各级党委（党组）积极作为，形成了一级带一级、一级抓一级的工作格局。2016年立案查处履行“两个责任”不力案件8起，其中落实主体责任不力6起，给予党政纪处分6人；落实监督责任不力2起，给予党政纪处分1人，诫勉谈话1人。

【领导干部作风建设】 2016年，县纪委（县监察局）紧盯重点领域、重点项目和重要节点，针对违规公款吃喝、违规发放津补贴或奖金福利、违规操办婚丧喜庆事宜、违规收送礼品礼金、涉赌涉毒等方面突出问题开展专项整治，共发现问题线索615条，经调查核实，给予党政纪处分18人，组织处理97人。2016年全县开展作风督查142次，印发督查通报16期（典型案件通报2期、纠“四风”专项督查通报4期，作风督查通报10期），下发作风交办函23份，通报单位36个、56人次，问责处理56人。

【廉洁从政建设】 2016年，县纪委（县监察局）针对苗头性、倾向性问题，及时开展约谈提醒，同下级党政主要负责人谈话135人次，领导任前廉政谈话155人次，诫勉谈话88人次，函询6人次。建立信访问题直查快办长效机制，接受并处理省委巡视第八组交办件138件，完成中纪委信访交办件9件，省纪委交办件21件，市纪委交办件26件，市委书记交办件1件，市纪委书记交办件7件，全部按时按质完成并进行回复。县纪委“落实‘三三制’新举措，提高信访工作效率”被评为2016年度全市纪检监察特色工作。

【行政监察】 2016年，县纪委（县监察局）按照省委巡视第八组的要求，重点领域重点整治，开展领导干部插手工程建设和土地开发问题专项整治等“8+1”专项整治工作。开展“雁过拔毛”式腐败问题和“纠‘四风’治陋习”专项整治，发现问题线索1163个，整改到位1149个，其中立案并结案55件，给予党政纪处分61人，免职4人，移送司法机关5人，组织处理或诫勉谈话等317人、退缴金额1233.725万元，其中返还群众金额74.72万元。

【党风廉政教育】 2016年，县纪委（县监察局）积极开展廉政宣传工作，全县共向市级以上媒体报送党风廉政方面宣传稿件300余件，其中湖南卫视、湖南经视、湖南都市频道采用江永党风廉政建设相关稿件5件，通报典型案例19次23件，欧养仔、义秀章等一批“微腐败”典型案例被中央纪委监察部网站采用。2016年度，党风廉政建设外网上稿排名全市第二，纪检监察内网上稿排名全市第三。

【查办案件】 2016年，县纪委（县监察局）坚持有腐必反、有贪必肃，做到力度不减、尺度不松、节奏不变。全县共立案103件103人次，其中涉及党员干部94人；已结案100件，处分人员100人，其中开除党籍4人，移送司法机关6人。

【纪检监察干部队伍自身建设】 2016年，县纪委（县监察局）以换届为契机，加大系统内外交流，配优配强县乡纪检监察领导班子。县纪委领导班子成员交流达到1/2，乡镇纪委书记全部新任，乡镇纪委至少配备专职纪检干部3人以上。对纪检监察干部违纪违法行为不护短，从重从严查处，2016年因违纪被立案处理的纪检干部4人，其中3人给予党内警告处分，另1人正在调查核实。

【重要通报、规定、通知】 出台《江永县党风廉政建设签字背书实施办法》《江永县党风廉政建设责任报告实施办法》《江永县廉政谈话实施办法》，印发《2016年落实党风廉政建设和反腐败工作分工意见》、《江永县2016年度落实党风廉政建设责任制检查考核实施方案》、《关于推进行业协会商会与行政机关脱钩的实施方案》等12个规范性文件，进一步完善制度体系。

【廉政文化建设】 2016年，县纪委（县监察局）强化廉政文化教育，继续发挥省级廉政文化教育基地——千年古村上甘棠景区的廉政文化作用，做到游教结合，以游促廉。组织召开江永县上江圩镇纠“四风”暨治理群众身边的腐败问题现场会，将被侵占的38本社保卡共计34200元全部发放给社保卡本人。开展党内法规学习活动，结合“两学一做”教育活动及县乡换届，组织党员干部职工、县乡党代表观看《不可触碰的底线——衡阳破坏选举案警示录》等警示教育片，全县参加学习和接受警示教育者1万余人次。各单位党政“一把手”上廉政党课100余次，党内法规学习和警示教育实现全覆盖、无死角。加强对社会舆情信息的收集和上报，及时总结身边的经验和做法加以推广。全年县纪委向上级媒体报送并被采用的稿件200余件：其中人民网1篇、新华网1篇，三湘风纪网和《新湖南》等省级媒体50余篇，永州廉政网、永州新闻网等市级媒体150余篇。开展廉政宣传的电视拍摄工作并报送电视稿件，5月查处的上江圩镇上江圩村文书欧某违纪案，先后被湖南电视台《湖南新闻联播》“防‘微’治‘腐’进行时”栏目、湖南电视都市频道和永州市广播电视台永州风纪栏目作为“雁过拔毛”式腐败典型案例进行播报。拍摄的廉政微电影《父亲的党费》，在市纪委今年组织的廉政微电影评选中斩获全市一等奖，并在湖南电视台、永州电视台、县电视台和江永纪检监察网进行展播，向社会传递勤廉正能量。

【“8+1”专项整治】 2016年，配合省委巡视第八组在江永县巡视工作，强化对巡视反馈意见的整改落实，巩固巡视成果。在巡视期间，开展“雁过拔毛”式专项整治：开展“雁过拔毛”式腐败问题专项整治。对367个单位（含县直单位、乡镇、村）进行全面排查，排查出“雁过拔毛”式腐败问题线索1151条，其中涉及村干部298条，涉及金额3149.99万元，已全部整改到位。立案调查违纪案件65件（其中省委巡视组入驻以来立案48件，现结案39件），给予党政纪处分55人，移送司法5人，退缴金额1231.88万元。清理村级招待费17170人次69.36万元。开展行政执法部门少数执法人员滥用职权、以权谋私问题专项整治。应排查的38个执法部门（其中，重点执法部门22个）1076名行政执法人员，均填报个人承诺书和自查自纠报表。经过甄别处理，排查出问题人数181人，清出问题221个，其中处级干部3人8个，科级干部76人110个，给予党政纪处分2人，立案调查4人，组织处理157人，免于处理16人，退缴违纪金额39.959万元。开展国家公职人员违规参与土地和房地产开发问题专项整治。应清查单位120个，清查人数9389人，经过甄别核查，排查出问题人数851人，其中处级17人，科级178人，其他656人；完成整改815人，整改率达95.76%，另36人在整改中。移送纪委立案3人，结案给予党政纪处分2人，移交国土资源局立案查处27人，给予组织处理58人。收缴土地出让金、建安营业税、行业劳保、城市配套费等各种税费362.19万元。开展整治领导干部亲属子女利用其职权和职务影响谋取利益问题专项整治。全县排查出副科级以上干部问题人数107人，其中处级干部35人，科级72人，全部整改到位。开展领导干部插手工程建设和土地开发问题专项整治。全县排查出副科级以上干部问题人数39人，其中处级3人，科级36人，涉及金额1052.96万元。除市纪委调查处理2名处级干部、移交县纪委处理2人外，其余35人全部整改到位，补缴土地出让金、税费罚款等65万元。开展国家公职人员违规在重点项目指挥部任（兼）职取酬、乱发滥补问题专项整治。全县清理重点项目指挥部及临时机构68个，其中重点项目指挥部62个，部门单位设立的临时机构6个。清查的62个重点指挥部全部排查到位，排查率100%，兼职取酬金额463.0144万元，清退233.1285万元。单位临时设立机构6个，兼职取酬金额36.812万元，清退5.289万元。开展县直机关、乡镇乱发津补贴问题专项整治。全县清理125个预算单位，清理出乱发津贴补贴奖金福利2310.91万元，经省委巡视组认定应予清退金额1540.30万元，全部清退到位，给予党政纪处分2人。开展“乱收费、乱罚款”问题专项整治。开展排查单位144个，排查发现乱收费乱罚款单位81个，金额2150.349834万元。财政收缴1954.817534万元，清退40.8983万元，合计1995.715834万元，清退率92.8%。给予党政纪处分1人。开展扶贫资金专项检查整治。对全县210个村的653个面上项目进行专项检查，检查金额9240.999万元，发现面上项目违规金额778.3037万元，涉及项目67个；对点上项目按30%左右的比例进行抽查，发现违规金额4.8568万元，涉及问题6个。移交案件线索17个、违规金额271.7854万元，整改问题63个，整改中问题10个，整改率为86.3%。其中，立案调查违纪案件14件，给予党政纪处分12人，移送司法2人，追回违规金额33.01万元。

【转变工作作风提高机关效能】2016年，县纪委（县监察局）从乡镇场及县直单位中选取一批政治素质好、原则性强的干部职工，建立作风建设专项督查“督查员库”；全年共从“督查员库”中抽调一批次共40余人，组建12个作风建设督查小组，组长一律由县纪委常委、纪检组长（纪检员）担任，以办事、交流工作、咨询情况等明察暗访的方式，对全县各级各单位上下班纪律、工作执行力等情况进行地毯式、全方位的常态化督查。全年开展作风督查142次，印发督查通报13期，其中典型案件通报1期，纠四风专项督查通报4期，作风督查通报8期。下发作风交办函23份。通报单位36个、56人次，问责处理56人。其中，全县公开检讨1人、通报批评2人、诫勉谈话24人、书面检查6人、批评教育13人，取消评先评优资格24人，基本称职1人。制订《江永县集中开展“纠四风、治陋习”专项整治工作实施方案》，对党员干部队伍中存在的违规公款吃喝、违规发放津补贴或奖金福利、违规操办婚丧喜庆事宜、违规收送礼品礼金、涉赌涉毒等方面突出问题开展专项整治。共发现问题线索615条，经调查核实，给予党政纪处分18人，组织处理97人。查处潇浦镇三元宫村支部书记周某违规操办女儿婚宴等问题，给予周某党内严重警告处分。在元旦春节、国庆中秋等重要时间节点，采取与财政、审计、工商、地税、公安、交警等部门联合督查的方式，对公车使用管理、公款吃喝、公款旅游、公款购买赠送节礼等顶风违纪行为进行查处。全年全县共开展公车使用管理随机巡查7次，对节假日使用但未按规定报备的12台次公车予以全县通报批评，查处公车私用问题1起。

社会团体

工会工作

县总工会

主　　席：陈　雄
党组书记 副主席：陈修旗
副主席：陈燕军

【概况】 江永县总工会定编制6人，内设办公室和困难职工帮扶中心，其中困难职工帮扶中心2人。2016年年底，县总工会机关有在编在岗人员8人。全县基层工会组织445个，工会会员34350人。

【组织建设】 2016年，全县共新组建基层工会35家，新增会员3400多人，其中农民工1800多人。

【维护职工合法权益】 2016年，县总工会配合人社部门，并代表职工群众的利益参与劳动争议仲裁，维护职工群众的合法权益。3月，与妇联联合开展“女职工维权月活动”，发放法律法规宣传资料1000余份，增强女职工运用法律武器保护自身合法权益的自觉性。

【就业帮扶工作】 2016年，成立由县委副书记任组长，县委办、政府办、人社局、扶贫办、总工会等29个相关职能部门负责人为成员的领导小组，明确各成员单位的职责分工，形成“工会牵头、部门协作、社会参与”的工作格局。“两办”联合出台《关于推进江永县“一户一产业工人”培养工程实施意见》，开展以就业服务、创业指导、技能服务为主要内容的困难家庭“一户培养一名产业工人”工程，帮助和扶持一批困难职工和农民工提高就业技能和创业本领。围绕困难职工、农民工转岗就业的需求，开展技能技术、农村实用技术培训，为4千多困难职工和农民工提供免费培训。

【帮扶慰问活动】 2016年元旦、春节期间，争取县委县政府的支持，筹集资金37万元，走访慰问特困职工251人次。3月，与县人社局联合举行“就业援助月活动”，发放就业政策宣传资料8000余份；组织有针对性的各类就业困难人员招聘会，提供1810个就业岗位；为用人单位提供免费的用工推荐和岗位适配服务，帮扶250人成功就业。开展“金秋助学”活动，8月帮扶特困职工子女13人，其中农民工子女10名，发放助学金4万余元。推进在职职工参加医疗互助工作，全县共有126个单位6180名职工参加在职职工医疗互助活动；2349名女职工参加特殊疾病保障活动。至年底，全县有221人次领取医疗互助金，2名女职工领取特殊疾病保障金。开展结对帮扶，与消湘化工有限公司，潇浦镇阳家村、上欧村、紫荆村，千家峒瑶族乡大古源村、松柏瑶族乡盐下井村、兰溪瑶族乡黄家村结对，帮助排忧解难，化解矛盾纠纷，促进和谐稳定。全年共支持联系村建设资金2万元，结对帮扶10户，发放困难帮扶金1万元。

【职工文体活动】 4月，县

总工会与县民宗和文体广新局联合选拔37名选手组队参加永州市工间操比赛。“五一”国际劳动节期间，县总工会组织举办庆“五一”职工气排球赛，全县有41个单位、800多名职工参加比赛。5月，县总工会组队参加创建国家交通管理模范城市全市职工智跑比赛，获二等奖。6月，县总工会与团县委联合举办“勾蓝瑶寨爱做主，勾“郎”婚俗相亲会”，吸引200多名单身职工参加活动，成功配对9对。

共青团工作

团县委

书　　记：蒋　理（提名人选）
副 书 记：黄文强（提名人选）
　　　　　奉法庭（提名人选）（至11月止）

【概况】 2016年年底，全县有基层团组织230个，其中乡镇场团委9个，县直机关支部80个，学校团支部14个，村社、企业等单位有团支部127个。全县共有学生团员3468人。少先大队15个，中队323个，少先大队辅导员15人，志愿辅导员（法制副校长）11人；少先队员13117人。有青少年法制教育基地1个，建团、队率及团总支、支部书记和辅导员配备达100%。

2016年，团县委围绕青年就业创业行动、青少年维权、预防青少年违法犯罪、青年志愿者行动等开展工作，获得“永州市共青团工作红旗单位”“江永县优化经济环境工作优秀单位”“江永县综治绩效评估优秀单位”“江永县电商工作优秀单位”“江永县禁毒工作先进单位”和“江永县先进基层党组织”等称号。

【青少年思想道德建设】 2016年，团县委组织机关工作人员观看革命主题教育影片，学习党章、党规和习近平总书记系列重要讲话精神；组织青年团员、少先队员参加县第三个“烈士纪念日”公祭活动；发动基层团组织、团干开展手抄党章团章活动；联合宣传、教育、民政、关心下一代及诗词协会等部门和民间团体共同举办纪念红军长征胜利80周年征文等活动；以“重走长征路·重温革命史”为实践活动主题，带领300多名中小学生到红军树和牛头坳红军古战场听老同志讲长征故事，在革命烈士像前宣誓、吃南瓜饭，用行动感受长征精神。

【重要活动】 6月，在兰溪瑶族乡黄家村举办“天堂瑶寨爱做主，勾蓝婚俗相亲会”活动，吸引120余名青年单身男女报名参加。9月，在永华壹号营销中心、女书生态博物馆景区、上甘棠景区、勾蓝瑶寨景区、桃川生态农业观光区、千家峒景区等地协办2016“永华壹号杯”歌手大奖赛。

【引导青年创业就业】 承担起农村淘宝项目的引进，采取“虚拟+现实”的双重覆盖模式建立团组织，形成“团县委—阿里巴巴—淘宝村团支部”层级化团组织格局。组织电商招募工作2次，发动200余名青年参与农村淘宝合伙人面试。联合电商办开展培训活动20多场，邀请讲师对农村淘宝合伙人进行培训。带动青年电商参与江永县京东电商赶集会，推动线下商品体验、品牌互动体验、京东帮家电展示、服务中心拉新/下单交流。到郴州等地参加青年电商创业品牌交流大会，扩大江永青年电商品牌的知名度。组织53名电商创业青年网上报名参加“邮储银行杯”永州首届青年电商创业大赛，其中江永县万亩笑脸农产品电子商务有限公司的“勾蓝瑶手工艺品”获得企业类特等奖，何燕泉的“三千民宿”服务平台引领江永特色民宿旅游发展项目获得个人类银奖。帮助江永县高峰农业开发有限公司、季丰农业有限公司申请青年创业基金无偿资助项目4万元，推动银行等金融机构开展与电商创业品牌、农村淘宝合伙人业务合作，发放创业贷款，推动落实人大代表、政协委员联系帮扶青年电商创业品牌发展项目等。

【少先队工作】 3月，以“学习雷锋好榜样”为主题，组织全县少先队员集中开展学雷锋纪念日和公民道德宣传主题队日活动。全县有13117名少先队员参与学雷锋纪念日和公民道德宣传日主题队日活动。清明前后，以“悼念先烈英灵，缅怀革命先烈”为主题，组织各基层团、队组织开展清明节扫墓活动，培养青少年健康向上的精神风貌，增强团队的凝聚力，激励广大青少年“永远跟党走”。“六一”前后，以“感恩祖国，红领巾相约中国梦”为主题，开展庆六一·文化艺术节。团县委在江永一中体育馆举行“最美孝心少年”“文明少年”“美德少年”表彰大会，表彰16名“最美孝心少年”、10名“文明少年”、9名“美德少年”。6月30日，在凤凰广场主办首届“绿丝带”大型助残公益活动，由幼儿园的小朋友和家长用爱心制作的小作品义卖款36330元，现场捐赠给15名贫困残疾儿童家庭。10月25日，团县委和县禁毒办启动“禁毒宣传进校园”活动，增强学生自觉远离、抵制毒品的意识。

【希望工程】 2016年，开展“希望工程一元捐”活动，募集助学资金130余万元。3月，组织爱心企业、义工在千家峒瑶族乡学校开展助学捐赠暨结对活动，为40多名留守儿童发放爱心书包、手机、课外读物等物品及爱心款。8月，县义工协会将义卖宋飞云文集《嘴唇花》所得2.86万元，帮助3名寒门学子圆大学梦。建立健全贫困学生家庭档案，定期走访慰问。11月，联系湖南中闵旅游文化开发有限公司、江永特色农副产品开发有限公司、江永县义华花生制品有限责任公司等爱心企业，募集助学资金8万元，在江永县2016年精准扶贫青年助学活动发放仪式现场发放到贫困生手中。全年募集并整合助学资金94.8万元，资助474名贫困学生。

【青年志愿者工作】 2016年，牵头组建青年志愿者服务队，带领青年志愿者开展志愿服务活动：6月7—8日组织青年志愿者开展爱心送水、助力高考活动；6月24日，联合县禁毒大队以及本县青年志愿者在县城进行禁毒宣传服务；7—8月组织20多名青年志愿者在江永县城新车站、五一桥、知青广场路口红绿灯等交通繁忙路段，进行文明劝导；五一劳动节、十一黄金周期间组织青年志愿者、义工在女书园、千家峒、上甘棠、勾蓝瑶寨等景区开展文明旅游劝导活动。

妇女工作

县妇女联合会

主　　席：蒋向阳

副 主 席：蒋朝霞　何　兰

【概况】 江永县妇女联合会为正科级全额拨款群团组织。机关核定行政编制3名，其中：主席1名，副主席2名；机关后勤服务定事业编制1名。2016年，县妇联有在职干部职工3人，退休人员3人。

【培养选拔妇女干部】 2016年，全县各乡镇场、各机关企事业单位注重在日常工作中对妇女干部的发现和培养，通过培训等方式帮助妇女干部提高工作能力和工作水平。10月24日至28日，与县委组织部联合在县委党校举办妇女干部培训班，40名妇女干部参加培训。年底，全县有在职县级女领导5人、乡镇党政“一把手”2人，县直科级单位“一把手”3人。

【维护妇女儿童合法权益】 2016年，组织协调公安、劳动、计生、司法、工会等部门利用“三八”维权周、“六一”“6·26”国际禁毒日等时间节点，开展“两纲”“两规”及有关法律法规知识宣传，免费为妇女儿童提供咨询、服务。“6·26”期间，联合县禁毒委举办首届江永县禁毒妈妈气排球比赛暨万人拒毒签名活动。加强社会化维权网络建设、法律援助工作站的建设和法制宣传、反家庭暴力工作，向全社会宣传、呼吁关注女性权益问题和预防、制止家庭暴力。各级妇联接待来信来访24件32人次，受理家庭暴力案件5件8人次。

【关爱妇女儿童】 “六一”期间，发动社会各界走访慰问幼儿园、小学学生和贫困流动留守儿童，送去慰问金、学习用品、玩具、衣物。组织各单位对0~14周岁的患先天性心脏病的儿童进行走访、摸底。对120名留守儿童、残疾、特困儿童每人发放100元慰问金。开展“与爱同行”送奶粉活动，县妇联在粗石江镇白土村、夏层铺镇汝泳村、汉江源村现场发放奶粉50余盒、价值1万元。启动“关爱农村留守儿童”教育与管理工作，协调组织教育、关工委等部门在全县开展“关爱农村留守儿童”教育与管理，建立留守儿童数据库，创建流动留守儿童示范性家长学校。引入“恒大集团助学”活动，为25名高一贫困女生争取助学资金9万余元，分三年进行资助，每年每人资助1200元学费。关心关注留守儿童的心理健康，争取县教育局的支持，筹资4万元在江永三小建成江永县第一个“知心屋”。摸底排查贫困及患病妇女，上报省妇联“两癌”系统相关数据信息；农村妇女“两癌”免费检查2399人，超额完成年度任务；开展“两癌”救助，全年有5人每人得到省妇联救助金1.2万元，4人得到县妇联救助。在全县范围内开展“下基层 访妇情·送温暖”活动，筹资6000元对全县患妇科癌症及特别贫困的30名妇女进行走访看望。

【“巾帼建功”活动】 3月，联合县人社局、县扶贫办、县总工会等部门主办2016年江永县“春风行动·就业帮扶”大型企业招聘会，江永特色农产品公司、江永老石头食品公司、科刃刀具有限公司等5家县内企业及8家广东企业现场招工，为乡镇农民工、下岗失业人员、返乡青年提供就业岗位500多个；免费为求职者提供创业扶持、维权服务、妇女贴息小额担保贷款、法律援助等公共咨询和服务30余人次，发放各项宣传资料2000余份。7月，举办一期新型职业女农民电商培训班，40余农村妇女接受以网络淘宝交易为具体目标的岗位技能培训。全年有152名创业妇女和15名大学生享受贴息贷款1479万元。

【妇女参与社会发展】 3月8日，江永县召开纪念“三八”国际劳动妇女节106周年大会，县“四大家”班子的领导出席大会并为“三八”红旗手、“巾帼建功先进集体”、“最美创业”、“优秀妇女工作者”等先进集体和先进个人颁奖。万珊荣获2016年湖南省“三八红旗手”称号，胡欣获2016年湖南省“最美湘女”称号和“湖南省巾帼建功标兵”称号，张四玲获2016年永州市“最美创业”称号，周海燕获2016年永州市“最美湘女”称号。江永绿野瑶乡电商公司负责人廖倩利用“钱宝网”，半个月不到拿下订单近10000单，销售香柚7.5万公斤；电商街“三兄妹”之何女秋，网销香柚超过2.5万公斤。2016年，妇女创办的电商企业40家，占全县总电商企业的45%；网店860个，占总网店数量的57.3%。

归侨侨眷工作

县归侨侨眷联合会

副　主　席：周彩娟（主持工作）

【概况】 江永县归侨侨眷联合会，为正科级群团组织；定机关行政编制1名，有在职人员1人。

2016年，贯彻落实党的对侨方针政策，依法保护归侨侨眷的各项合法权益，营造依法护侨的社会氛围。对涉侨来信来访，发挥侨联工作协调联系会议制度，协调相关部门共同研究解决，排查和调处涉侨矛盾纠纷，确保涉侨领域和谐稳定。挖掘海内外涉侨资源，密切与海内外侨胞联系，做好牵线搭桥工作，鼓励和支持港澳同胞和海外侨胞为江永经济建设引进资金、项目、技术和人才。通过“海外侨胞故乡行——走进湖南”联谊活动，宣传展示江永的文化、生态、旅游、特色农业等资源。澳门弱智人士家长协进会与澳门汇才慈善会继续深入江永进行扶贫助学，开展各类爱心助学活动。

【华侨捐赠】 2016年12月27日，澳门弱智人士家长协进会理事长卢绍霞、圣罗撒英文学校教师罗怀玉、展现真我协会会长梁嘉诚分别到上甘棠侨心小学和黄甲岭湘源希望小学，为两所学校80余名学生和教师捐赠学习用品和教学用品。卢绍霞还走访慰问结对帮扶的贫困高中生家长，送上慰问品。

【侨眷维权】 澳门同胞罗愧玉投资江永某企业47万元，连本带利达到50万元，她要求收回投资金额50万元，并起诉到法院要求债务人退回投资款。县侨联协助她的律师催促法院要求债务人分配债权方案。12月28日县侨联负责人陪同罗愧玉到法院了解和督促事件的解决，协调有关部门，使罗愧玉与债务人见面签订还款协议书。

工商联工作

县工商业联合会

主席　会长：张莲秀（兼）
党组书记：何声顺（3月到职）
专职副主席　副会长：刘启发

【概况】 江永县工商业联合会与县总商会合署办公，一个机构两块牌子。2016年，县工商联核定行政编制2名，实有工作人员4名（党组书记的编制在县委统战部），退休人员3名。有执委49名，其中非公人士39名。设主席（会长）1名，党组书记1名，专职副主席（副会长）1名，兼职副主席6名，兼职副会长5名，截至2016年年底，有会员245个，其中企业会员84个，团体会员12个，个人会员149名。2016年获评湖南省“五好”县级工商联。

【组织建设】 开展“两学一助”等非公有制经济人士“四信”教育主题活动，增强非公有制经济人士对中国特色社会主义的信念、对党和政府的信任、对企业发展的信心以及对社会的信誉，教育引导非公有制企业树立“同心同向”的企业家形象，为和谐江永建设积蓄正能量；举办“营改增”税法知识培训，邀请县地税局领导授课，帮助非公经济人士准确把握“营改增”政策内涵，增强纳税意识。培育先进典型，推荐10名非公有制经济人士为县优秀企业主，出席县委经济工作会议，受到县委、县政府的表彰；江永县桃川洞夏橙等橙类合作社理事长周湘玲获得市劳模称号，江永县科刃五金制品有限责任公司总经理周军平获得省劳模称号；工商联兼职副主席义满成、张四玲获“湖南省最美扶贫人物”称号。运用新闻媒体展示会员风采，县电视台报道6次，江永手机报宣传报道8次，市工商联《商会简报》采用稿件10多篇，省工商联《工商大观》采用4篇，省工商联政务网采用12篇。

【作用发挥】 通过依法保护和行政协调，维护会员合法权益，抵制乱收费、乱罚款、乱摊派、乱检查的“四乱”侵权行为；开展民企法律维权服务，为会员和非公有制经济人士调处和化解纠纷10多起，提供法律咨询服务70余人次；发挥工商联的政治优势、网络优势，加强与政府有关部门的沟通联系，把与企业发展相关的政策法规和信息传达给会员，使会员投资发展方向与国家产业政策相吻合，与县委、县政府发展战略相适应；组建“民企联村，互利共赢”活动专家顾问团，帮助涉农民营企业和会员解决在技术和管理等方面存在的难题。组织会员参加全县行政效能、经济环境评估活动，引导会员实事求是、客观公正评价各职能部门，促进全县经济发展环境的优化；“两会”期间引导工商联会员中的人大代表、政协委员围绕全县经济建设和群众普遍关注的热点、难点问题提出意见、建议。服务经济发展，联系银信部门，加强与金融部门的交流与沟通，研究、利用好国家的宏观调控和金融放贷政策，探索银、企、联三方合作机制，为会员企业贷款提供有效的融资服务；发挥工商联优势，加快承接产业转移对接，加大招商引资力度，为招商引资牵线搭桥，通过省工商联政务网发布江永的招商项目38个，组织会员企业赴长沙、贺州、郴州招商，考察投资，邀请广东、珠海、长沙、贺州、郴州客商到永观光旅游、考察投资，组织会员到八步、富川、新田工商联进行交流学习，与八步商会结为友好商会；引导县义华花生、季丰农业、老石头等会员入住电商一条街。工商联会员通过各种途径和方式参与“万企帮万村”精准扶贫活动等光彩事业，会员企业无偿提供技术服务200多次，建立种植基地353公顷，与农户签订种植收购合同面积273公顷，通过免费供种、供肥、石灰、柑橘苗等提供生产资料的方式为农户提供价值112万元的生产资料，带动相关产业的发展；投入500多万元，修建或维修水渠4200多米、机耕道3400多米，改善贫困村的生产生活条件，增强贫困村发展后劲；流转农村闲置土地、水田240公顷，支付流转资金120多万元；安排贫困人口就业300多人次，支出贫困人口劳务费400多万元；组织引导非公有制经济人士捐款捐物，在“温暖微行动·彩虹行”捐助活动中，会员企业捐款3.7万元，关爱300多名农村留守儿童；在“同心光彩——暖阳”助学活动中，会员企业发放捐助款8万元，80名贫困学生受资助。

残疾人工作

县残疾人联合会

理事长
党组书记：陈彦群

副理事长：义燕华　盘永林

【概况】　江永县残疾人联合会是参照公务员管理的群众团体组织。内设办公室、下设残疾人劳动就业服务站、残疾人用品用具服务站2个全额拨款直属事业单位等3个站室。2016年，全会有工作人员10人。据2006年第二次全国残疾人抽样调查统计全县有残疾人1.2万人，涉及到9100个家庭。截至2016年12月31日，全县有4799人办理第二代“中华人民共和国残疾人证”，办证率39%。在已办证残疾人中：视力残疾人425人，听力残疾人161人，言语残疾人248人，肢体残疾人3204人，智力残疾人320，精神残疾人336人，多重残疾人105人；2050人为一、二级重度残疾人；0~14岁残疾儿童254人，就业年龄段成年人2511人。2016年，县残联恪守“人道、廉洁、服务、奉献”的职业道德，着力解决残疾人最关心、最直接、最现实的康复、教育、就业、扶贫、维权等问题，竭力为残疾人办实事做好事。

【残疾人康复】　2016年，继续实施0~7岁贫困残疾儿童抢救性康复，为9名0~7岁贫困残疾儿童免费实施抢救性康复。免费为贫困残疾人进行辅助器具适配，全年发放轮椅98台，拐杖40副，座便椅20个；为1名听障儿童、3名成人听力残疾人验配助听器；发放盲杖、助行架、盲人手机、写字板等辅助器具44件；为6名截肢残疾人安装大小腿假肢7例；为2名残疾人装配矫形器。配合农工民主党中央落实“杏林春雨”行动计划，推荐36名脑瘫儿童参加筛选，有1名儿童被选上，于7月赴北京进行免费手术。参与“万人复明”计划，全年共完成白内障免费手术83例，脱盲率100%。

【残疾人生活保障】 开展残疾人家庭慰问，将3万元慰问金送到全县85户贫困残疾人手中。配合民政部门做好“两项补贴”的审核工作，全年共为3014名残疾人办理“两项补贴”审批手续；为625名肢体残疾人发放燃油补贴16.25万元；为100名精神、智力及重度肢体残疾人发放居家托养补贴6万元；为66名精神残疾人发放3.3万元服药补助；临时救助36人，发放救助金3.2万元；投资14万元为20户贫困残疾人实施居家无障碍改造。

【残疾人教育就业扶贫】 2016年，资助2名残疾儿童到市特殊教育学校就读；资助1名学生到省特殊教育中专学校学习；资助高一残疾学生和贫困残疾家庭学生子女24名，金额2.44万元；资助残疾大学生和贫困残疾家庭大学生子女14人，金额3.4万元；为1名残疾人大学毕业生提供职业适应性测评和职业指导。按比例安排残疾人就业，全县有29个机关团体、企事业单位按比例安排65名残疾人就业，对未达到按比例安排残疾人就业的单位依法征收就业保障金。进行残疾人职业技能和实用技术培训，举办实用技术培训班1期，培训残疾人63名；选送1名盲人参加省残联举办的高级按摩培训班。进行残疾人精准扶贫，为10名正在创业的残疾人提供创业提升培训、专家指导服务，给予每人5000~7000元不等的资金扶持。对40名有一定劳动能力的建档立卡低保残疾人进行生产扶持，为每户提供价值2000元的种苗、肥料和其他农业生产资料。争取省残联在江永投资300万元用于建设江永县资产收益扶贫项目。

【残疾人权益保障】 2016年，接待残疾人来信来访来电1412人/件/次，全部问题得到回复，逾96%的信访事件在初访后得到解决。每月10日，有1名残联副理事长参加县长接待日接待，专门负责解答有关残疾人方面的政策，解决残疾人的问题。

【助残活动】 在“爱眼日”“全国助残日”“全国残疾预防日”等节日，联合市爱耳医院举办义诊、残疾预防咨询会2场，发放宣传资料3000份，制作助残宣传片在县城两处LED大屏幕滚动播放宣传。6月，县财政局被永州市残疾人工作委员会评为助残先进集体，县民政局工作人员金月华当选助残模范，源口自然保护区大田村村民张优德当选为残疾人自强模范。7月1日，联合团县委、县第一幼儿园举办“绿丝带”助残公益活动，为15名贫困残疾儿童募集资金3.6万元。7—9月，对全县112个行政村和社区的4799名已办证残疾人进行基本服务状况与需求信息动态更新，入户调查率98.76%。9月27日，江永县作为残疾人扶贫工作典型参加国务院扶贫办与中国残联共同在北京召开的全国贫困残疾人脱贫攻坚工作会议，县长唐德荣在会上作典型发言。

【残疾人基层组织建设】 2016年，以全县合村撤并乡镇为契机，对村级残协和专职委员进行调整，为所有的112个行政村、社区配备专职委员并全部按每人每年500元的标准发放误工补贴。6月，举办专职委员培训班，提高专职委员的业务水平。

科 普 工 作

县科学技术普及协会

主　　席：蒋文龙
副 主 席：王丽梅　何伟汉

【概况】 江永县科学技术普及协会为县直群众团体组织正科级单位。内设办公室、科学技术普及部、学会部，编制6人。2016年，有在职干部职工7人。

【科普宣传】 2016年，利用全国科普“周”“日”进行科普宣传，促进全民科学素质提高。5月，在允山镇开展“全国科技活动周”活动；9月在松柏瑶族乡开展“全国科普宣传日”活动；12月在桃川镇开展“科普下乡”活动。开展科普知识走进校园活动，与学校联合举办科普宣传活动12次，参与活动的学生近1.5万人次，向学校发放各类科普资料5万余册（份）。

【科普培训】 2016年，县食用菌协会举办食用菌栽培培训班5期，江永香姜产销行业协会举办香姜种植培训班2期，江永香柚科普示范基地举办香柚管理技术培训班4期。组织科普咨询12次，科技讲座10次。全年共培训科技示范党员和科技示范农民近3800人，累计发放科普书籍4千多册。

2016年，壮大江永县食用菌协会，发展农技协会会员300余人。创建潇浦镇永新科普示范社区，培育科技示范户15户。

文学艺术工作

县文学艺术界联合会

主　　席：莫　胜（兼职）

副 主 席：胡秀珍（兼秘书长）

【概况】 江永县文学艺术界联合会属正科级事业单位，有编制3名，其中主席1名、专职副主席1名，秘书长1名。2016年，县文联坚持“二为”服务，贯彻“双百”方针，履行文联“联络、协调、服务、指导”职责，开展的文艺活动，体现特色，亮点纷呈。

【组织建设】 2016年，县文联成立中共江永县文学艺术界联合会社会组织行业委员会，下属的县女书文化艺术协会、县三千文化研究会、县书画协会、县摄影协会、县作家协会、县老年说唱协会均成立党支部，县音乐家协会与县老年说唱协会成立联合支部。指导各协会的工作，定期发展会员，县摄影协会发展会员83名，县作家协会发展会员86名，县音乐舞蹈协会发展会员175名，县书画协会发展会员73名。2016年成立的江永县三千文化研究会和江永县老年说唱协会，共有会员185名。

【事业建设】 2016年，县文联办公设备齐全，预算经费足额到位。兰溪瑶族乡勾蓝瑶古瑶寨摄影创作基地成为湖南省摄影创作基地；以“欢乐潇湘·和美永州 诗画江永”群众文艺活动及兰溪勾蓝瑶洗泥节为契机，开展采风创作活动，挖掘瑶族和具有地域特色的文化底蕴，为江永的旅游文化产业发展助力。

【开展活动】 开展“百名湘桂书画家、书画爱好者画紫荆”活动；牵头组织的“湘桂书画艺术家爱心义捐义卖暨书画摄影展”，所有的义卖款全部用于助学。5月初到6月中旬，承办省市文联、省曲协主办的“笑满三湘——我爱我们的新湖南”两岸六地文艺志愿者走进勾蓝瑶寨文艺扶贫的三项活动：文艺志愿者结对服务活动、永州市文艺志愿服务启动仪式、两岸六地文艺志愿者走进勾蓝瑶寨暨“洗泥节”开幕式文艺惠民演出活动。组织编写江永文化旅游丛书，丛书由一本旅游画册、一本旅游文集和一本江永民瑶志书构成，由县委宣传部牵头，民政局赞助，团县委、电视台、诗词协会参与，由诗词协会组织的“纪念中国工农红军长征胜利80周年暨江永被批准为革命老根据地有奖征文活动”，活动收到全国各地的稿件300多篇。

军　　事

人民武装

中国人民解放军江永县人民武装部

部　　长：王克贤
政　　委：陈银武
副 部 长：陈富裕

【概况】 江永县人武部有12个基层武装部（其中乡镇武装部9个，回龙圩管理区武装部，学校武装部2个），20名专武干部；2016年，江永县人武部党委推进民兵预备役建设科学发展，被军分区评为全面建设先进单位、安全管理先进单位、后勤建设先进单位，被永州市评为党管武装先进单位。

【党委班子建设】 2016年，县人武部抓加强党委班子建设的关键环节，践行“打铁还需自身硬”的标准要求，推动党委班子建设创新发展。在重点工作、干部推荐使用、评功评奖、征兵工作和大项经费开支等问题上，坚持集体讨论、集体决策。让每名班子成员都有话语权，做到重大问题集体定，决策问题按程序，具体落实讲规矩，形成群策群力干工作、凝心聚力抓建设的氛围。在大项经费开支、工程建设和征集新兵等敏感问题上，坚持按职责办、按程序办、按规矩办，没有“个人拍板”现象。

【政治思想建设】 2016年，县人武部把思想政治建设摆在首位，确保思想上绝对忠诚、绝对纯洁、绝对可靠。党委把“两项重大教育”教育当做建强党委、纯洁党员队伍的抓手，确立“以上率下、以点带面、学做结合、严在经常”的活动思路，把学习教育融入民兵预备役建设、战斗力的提升、日常工作落实的各个环节。将理论学习、党课教育、集体党日、专题讨论等活动时间进行细化量化，具体到周、精确到天，学习教育活动高质推进、高效落实。规范党委议教、专题讨论、考勤登记、补课等制度，在《中国共产党章程》《中国共产党廉洁自律准则》、《中国共产党纪律处分条例》及《习近平谈治国理政》《习近平国防和军队建设重要论述选编（三）》《习近平总书记系列重要讲话读本（2016年版）》的学习中加以落实。落实组织生活制度，部长、政委带头参加组织生活，带头讲授专题党课，带头开展批评和自我批评。营造宣传氛围，制作宣传板报12块，更新橱窗内容7次。利用民兵训练的思想政治教育活动日，组织民兵预备役人员参观县一中校园内的“红军树”，学习《江永县朝鲜战争英烈名录》，坚定民兵预备役人员“跟党走”的信念。

【军事工作落实】 2016年，按照“一拓三改”要求，着眼形成大规模作战能力，紧盯问题抓准备，瞄准弱项求突破。军队改革后，组织学习《战备工作条例》和各种有关战备要求以适应新体制。在战备防护期，规范值班秩序，加强门卫执勤和营区巡逻，4次组织常驻民兵应急分队进行反恐防暴演练，确保一有情况，及时处理。梳理非战争军事行动种类，对接军分区战备方案，结合江永实际修订完善非战争军事行动方案计划。贯彻落实“练将练官”思路，坚持抓重点带一般，带动实战实用训练落实。按照《军人体能训练标准》，组织轻武器操作、作战标图和指挥系统操作等基本技能训练。按照“脱稿表述、两面思考、三处可用”的要求，抓军事和社会要素研究作业、政治与后勤研究作业。部长、副部长坚持带头参训，营造“比、学、赶、帮、超”的训练氛围，得到军分区肯定。在民兵训练方面，结合地方合乡并村情况，探索属地编组、优先编组、行业编组的路子，扩大在行业系统、县区和企业编兵比例，打下民兵质量建设的基础。全年共组织两期民兵军政训练，205 人参训，进行处突维稳、应急抢险、救灾等科目的训练。4 月，军分区组织民兵教练员骨干集训，人武部民兵教练员何誉获得第三名。5 月，组织新任职专武干部到军分区进行业务轮训，解决基层武装干部普遍存在的军人素养差、业务不精、理论知识欠缺、专武不精武的问题。6 月，开展冲锋舟水上演练，进行抗洪抢险的人员配备、冲锋舟维修、物资器材补充等准备。2016 年，分两批参加省军区组织的专武干部轮训，2 名新任职专武干部被省军区教导队评为优秀学员。在征兵工作方面，适应征兵政策调整变化新形势，立足于早准备、早介入、早发动，围绕“五率”（报名率、上站率、合格率、择优率、退兵率）精准发力。进行多形式征兵宣传与发动，讲解征兵政策。严格兵役登记，其中 18 岁应征青年登记率达到 98.6%，在全市排名前列。2016 年，征兵期间没有发生上访、举报、换兵、退兵的现象。

【后勤保障落实】 2016 年，县人武部抓制度落实，树勤俭节约思想，探索新形势下后勤装备管理工作的特点和规律，综合保障能力持续加强。部党委把财务工作纳入党委的议事日程，做到集体理财、常抓常议。凡涉及重大经费开支，部党委坚持集体研究决定。对机关营院修缮、民兵训练经费、征兵工作经费等重大开支，党委“一班人”必须深入调查、反复论证，确保决策的正确性和经费投向的科学性、合理性。贯彻落实军区《严格经费管理的规定》和湖南省军区《财务管理规定》，从节约一度电、一滴水做起，开展“创建节约型军营”活动。针对部机关公务接待、车辆维修费和燃油费居高不下的实际，按照后勤保障社会化改革的要求，完善《机关公务接待管理规定》《机关油料管理规定》和《机关车辆维修管理规定》，使公务接待、油料保障和车辆维修合理、有效。开展财务专项整治工作，以“早改早主动、真改真受益、全改全解脱”的态度，按照上级要求抓财务清查整治工作，先后 2 次前往军分区集中支付中心清查原始票据，将所有票据整改落实到位。

【参加地方建设治理】 2016 年，县人武部强化宗旨意识，以“促一方发展，保一方平安”为己任，带领民兵预备役人员在服务地方经济建设和社会发展上施展作为。在扶贫帮困方面，按照县委、县政府精准扶贫要求，除在源口瑶族乡七公岭村开展重点扶贫外，牵头负责桃川镇邑口村美丽乡村建设，协调解决资金 50 余万元，帮助七公岭村修建环村公路 2 千米，水渠 600 余米，改扩建村活动中心。协调环保局、交通局等后盾单位筹措资金 15 万余元，帮助桃川邑口村加装路灯、路面扩宽与绿化建设。在应对急难险重任务方面，2016 年，人武部累计出动民兵预备役人员 200 余人次，完成抗洪抢险、治安巡逻、安保警戒等任务 20 余次，在处理“7·17”燕子山抢救坠车事故、“11·12”五一桥跳河事件中，人武部常驻民兵应急分队发扬“一不怕苦、二不怕死”的大无畏精神，坚持人民利益至上，连续奋战，完成抢险抢救任务。在涉军维稳方面，按照“属地管理、分级负责”的要求，人武部与各乡镇武装部成立涉军维稳领导小组，与县民政局、维稳办协调沟通，构建县、乡、村三级信息共享机制。发挥民兵骨干、常驻民兵应急分队的作用，维护全国“两会”、中共十八届六中全会等重点敏感时期的社会稳定。

武装警察

中国人民解放军江永县武警中队

指　导　员：潘　进

【概况】 武警江永中队，是隶属于中国人民解放军武装警察部队和接受地方党委政府、公安部门领导的正连级单位。2016 年，以军委主席习近平“听党指挥、能打胜仗、作风优良”建军思想为指导，贯彻落实科学发展观和《军队基层建设纲要》，官兵团结一致，同心协力，创优争先。在完成以执勤为中心的各项任务和参加地方两个文明建设中，发挥“忠诚卫士”和建设先锋的作用。

【政治教育】 江永县武警中队把坚定官兵政治信念和培育官兵战斗精神放在首位，开展经常性政治教育，抓好主题教育，打牢官兵思想政治基础。结合专题教育，开展读书、演讲、歌咏、影评、视评、书评知识竞赛等活动，陶冶官兵思想情操，提高政治思想觉悟，保证官兵思想纯洁性和坚定性，解决广大官兵“为谁当兵、为谁扛枪、为谁服务”的问题。2016 年，中队开展“维护核心、听从指挥”主题教育、价值观教育、历史使命观教育、战斗精神观教育、荣誉观教育、密切内部关系教育和时事政策教育等，组织官兵学习时事政策、法纪法规、条令条例，增强官兵的纪律意识、法规意识。

【军事执勤】 2016 年，武警江永中队紧盯以执勤处理突发事件为中心的各项任务的落实，坚持支部主抓，主官亲抓，士官协抓机制，人人参与，齐抓共管。帮助官兵克服“当和平兵、站和平哨，警惕性差”的麻痹思想，树立“上一线，打头阵”意识。落实值班干部到哨位检查鉴定一遍，到目标单位执勤联系走访一遍，执勤情况分析研究一遍的“三个一遍”制度；加强联系联防，开展思想共建、队伍共管、安全共保和队伍联建、勤务联管、矛盾联调、隐患联治、演练联抓、考评联组、情况联处、平安联创等活动。注意执勤形式、执勤效果、执勤能力的搭配，确保勤务安全。加强应急班力量建设，加强技能体能训练和预案方案演练，确保遇有情况能够快速反应、迅疾出动、妥善处置。

【军事训练】 2016 年，以军事训练“八落实”为指导，按照武警永州支队下发的年度训练计划，明确各阶段组训内容、质量指标和措施要求，杜绝训练随意性。开展优秀教员和“训练标兵”等各种评比竞赛活动。落实“怀化试点”练兵备战要求，加强训练场地建设，加大训练投入力度。落实支部议训制度，解决训练中存在的重点难点问题。开展比、学、赶、帮、超练兵活动，激发官兵训练热情，提高官兵军事业务素质。

【拥政爱民】 2016 年，武警江永中队坚持“加强军政军民团结”指针，围绕“同呼吸，同命运，心连心”总要求，把拥政爱民工作作为部队建设的头等大事来抓。成立以政治指导员潘进、代理中队长陆万文为组长，排长周航为副组长，司务长焦飞周及各班长为成员的群众工作领导小组。中队党支部常在军人大会上教育官兵尊重地方政府，热爱人民建设。对不利于警民团结的话不说，不利于地方建设和有损于人民群众利益的事不做。教育官兵牢记全心全意为人民服务的宗旨，积极参与江永社会、经济、政治和文化建设，在急难险重任务面前，勇上一线，敢打头阵，做到驻守一地，保一方平安，为维护江永县社会稳定和经济发展做贡献。

【后勤保障】 落实后勤管理制度，抓好财务、军需、军械、卫生等后勤规范化管理。在财务管理上，落实党支部集体理财和主官联审联签制度。对易超难管的地方费、公杂费和卫生费采取先批后支的管理办法，杜绝乱开支的现象。在伙食管理上，征求官兵意见建议，解决“众口难调”问题。执行双人采购，实物验收制度、落实逐日消耗登记等制度。在卫生管理上，落实卫生管理制度，抓好卫生防病和官兵心理健康教育。2016年，与县人民医院签署警地医疗合作项目，解决官兵日常看病问题。在改善学习工作生活条件方面，对宿舍楼重新粉刷和营房补漏，在岗楼加装遮阳棚和玻璃门；因地制宜，自己动手，种植蔬菜，用剩饭剩菜养生猪，补充伙食费。

消　　防

江永县消防大队

大　队　长：彭万新

教　导　员：范华俊（5月调离）

【概况】 江永县消防大队，属中国人民武装警察部队永州消防支队、江永县地方党委双重领导下的正营级单位。设大队部一个，中队部一个。大队部和中队部共有官兵49人。武警消防中队属正连级单位。

2016年，江永县消防大队以加强和改进消防工作为主线，围绕消防工作现实需要，回应人民群众新期待，满足人民群众新要求，履行执法监督、灭火救灾、抢险救援、构建和谐职责。推动消防安全责任制落实，推进消防工作社会化；坚持公共消防安全建设，提升城镇抵御火灾能力；坚持抓火灾隐患排查整治，改善城乡消防安全环境；坚持从难从严从实战出发，深化执勤训练改革，提高部队战斗力；坚持执法为民，增强官兵服务发展、服务人民群众的意识和能力；坚持依法从严治警，打造保民平安的消防精兵。

【火警处置】 2016年，江永县消防队伍共接警107起，出动108次（含增援），出动消防车134辆次，消防人员877人次，抢救被困人员25人，疏散人员326人，抢救财产价值73万元。完成“两节”“两会”等重要时期任务，在抗洪抢险、燕子山“7·17”车辆事故救援等急难险重的灭火救援过程中，大队官兵冲锋在前。

【消防宣传】 2016年，江永消防大队紧扣“全民消防”主题，打造“全民消防”新格局，开展以“消除火灾隐患、共建平安社区”为主题的119消防宣传月活动，麒麟社区的消防宣传大使被评为全市优秀社区宣传大使。组织开展暑期消防安全宣传、消防宣传进军训、进社区、进学校、进社区、进企业、进农村、进家庭、进网站等系列宣传行动；将社会消防安全管理纳入地方各级党委、政府领导干部培训体系，对全县200余名消防安全管理人、责任人员进行“回炉式”“循环式”培训，全年共开办消防培训班15期，培训人员1200余人；依托电视、报刊、广播载体大队官方微信、微博，推出多档专题节目。

【消防工作责任制】 2016年，江永消防大队把安全工作作为“主官工程”，落实安全“五无一创”和“夏季百日安全专项整治”要求，开展“条令条例学习月”“作风纪律教育整顿”“作战训练安全专项教育”等活动，落实“一岗双责”和总队“五个严禁、五个不准”，层层签订安全工作责任状，将安全工作与精细化管理、士兵量化考评、立功受奖和晋职晋衔等结合，落实“一票否决”制度，定期召开安全形势分析会，瞄准重点人员、重点时段、重点部位监控，及时发现和消除事故隐患，预防事故发生。

【消防安全监督检查】 县政府将消防工作纳入政府督查、目标管理、党政领导干部绩效考评、综治工作考评、“平安建设”“智慧城市”建设等工作内。县委县政府领导听取消防工作汇报，带队开展消防检查。组织开展冬春火灾防控、夏季消防检查和“G20”消防安全保卫。在消防监督执法中，坚持严格执法与热情服务结合，在2016年上半年全县优化经济环境测评中，大队排名第11位。2016年，消防大队共检查各类单位、场所1248家，督促整改火灾隐患或违法行为1627处，下发责令改正通知书1147份，下发行政处罚决定书17份，下发临时查封决定书13份，责令三停单位10家，罚款28.4万元。由政府挂牌督办的重大火灾隐患单位整改完毕并销案。

【岗位练兵】 指导消防中队官兵坚持岗位练兵与“六熟悉”活动相结合，针对责任区火灾特点，加强对高层建筑、地下建筑、人员密集场所及化工场所的熟悉，了解单位结构特点，火灾危险性，及发生火灾后的处置方法。掌握重点单位及重点部位的基本情况，消防设施的情况。通过熟悉演练达到训练技战术的目的，收到好的练兵效果。2016年，大队对辖区39家重点单位的灭火预案进行重新修订和制作，组织实地演练60余次，为成功扑救各类火灾事故，打下坚实的基础。根据大队部的要求，消防中队围绕“练为战”的指导思想，坚持“干什么、练什么、缺什么、补什么”的原则，开展岗位练兵活动。对岗位进行分组教学与训练，明确分工，责任到人。每月制订训练计划，针对不同的岗位、不同的人员施训，形成全员参训氛围。

【队伍建设】 2016年，消防大队组织实施两个专题教育活动，组织官兵参观看守所，邀请县委党校老师为官兵讲授党的理论教育课。为基层党组织和党员干部发放《习近平总书记系列重要讲话读本》《学党章党规、学系列讲话，做合格党员》《改革强军主题教育要点》系列读本，开展专题学习、专题交流讨论会和手抄党章学习接力活动；完成政治教育集中授课94次，“两学一做”主题教育14次，专题教育12次。召开重大节日党风廉政建设会议，大队干部集体向公众公开述职述廉做出廉政承诺。按照组织制度成立2个党小组，干部党员编入党小组过党的组织生活。队党委坚持重大问题集体研究决定，确保决策的民主性、科学性。

【后勤建设】 2016年，争取党委、政府和有关部门的支持，健全经费保障机制，拓宽经费来源渠道，落实《湖南省地方消防经费管理办法》（湘财行〔2013〕68号）文件精神，提高经费保障标准。2016年大队消防业务经费预算220万元，县公安局为大队解决业务经费60万元，为部队建设提供可靠的经费保障。大队新执勤楼建成并入驻，厨房改造建设项目完成、大队新大门道路硬化完工、新灯光球场建设和营院绿化启动。在营院建设中，大队党委和主管主抓，大、中队干部分工负责，施工现场会、营房建设专题会上，与官兵一起研究施工方案、规划营区绿化；加强经费管理，坚持党委理财制度，严控行政消耗性开支，确保经费使用合法合规。

人民防空

县人民防空办公室

党组书记、主任：陈德义（兼，3月免）

党组书记、负责人：屈　英（3月任）

副主任：何毅宁

【概况】 根据江永政办发〔2016〕36号文件，设江永县人民防空办公室，属正科级行政执法主体单位。内设综合股（财务股）、法规工程股、指挥通信股三个职能股室。另设二级机构“人民防空指挥信息保障中心”。县机构编制方案明确县人防办行政编制为4名：一正两副一纪检组长。2016年底，在职在编在岗人数4人。主要业务工作是依法规范和办理人民防空报建审批、实施人民防空指挥通信建设和进行人民防空知识宣传教育。

法　　治

政法委及综治

县委政法委

书　　记：刘建能（8月另任）
　　　　　卢文庆（8月任）
副 书 记：高云兴
　　　　　朱自情（3月离任）
　　　　　王顺生（3月另任）
　　　　　朱维养（3月离任）
　　　　　曾　勇（3月任）
　　　　　周绍武（4月任）

县社会管理综合治理委员会办公室

主　　任：高云兴（兼）
副 主 任：岑建辉　朱建秀
　　　　　曹　鹰

县维护稳定工作领导小组办公室

主　　任：曾　勇

【概况】 县委政法委员会与县社会管理综合治理委员会办公室及县维护稳定工作领导小组办公室合署办公，履行全县政法、社会管理综合治理及维护稳定职能。2016年，县委政法委以化解社会矛盾为主线，以促进社会和谐为目标，以全力维护社会稳定为使命，落实社会管理综合治理各项措施，推进司法体制改革和政法队伍建设，创造良好的社会治安环境，保障全县经济和社会各项事业的快速健康发展。江永社会管理综合治理民意调查成绩居全省第9、全市第1，蝉联湖南省“社会管理综合治理先进县”称号。

【政法综治宣传工作】 加大“手机报”、政府网、新闻网等新闻平台对政法工作的宣传力度。加强《平安江永》电视宣传，反映政法机关为群众雪中送炭、化解矛盾纠纷、整治治安隐患的典型事迹。组织政法系统法制宣传车队下乡进村播放法制宣传光碟、发放普法读本及法制宣传资料。召开政法综治座谈会，对与会代表提出的问题和建议进行现场答复和记录交办。

【治安防控体系建设】 全县政法系统抓防控，促治安，全面打造“平安江永”。强化城区主街面巡逻防控，由公安民警带领专职治安巡逻队员，实行定岗定责定时定点定线路定考核，在县城主要街面实行轮回式24小时不间断巡逻，开展便民服务。县城中心的3个治安岗亭，由公安民警带领协警24小时不间断值守。实行定点守候防控。民警对易发案时段、易发案地域实行蹲点守候。民警在集贸市场、批发市场、车站、大型商场等公共场所开展便衣巡逻和反扒。强化社区巡逻防控，组织县直机关开展社区上半夜夜巡，每个社区每晚由一名县级领导带队，全县机关干部轮流参与，在社区各街道、巷口开展义务巡逻。加强对原社区专职治安巡逻队进行相关培训，社区每晚组织4人负责社区下半夜到凌晨的治安巡逻。强化内部单位治安防控，贯彻“谁主管、谁负责”的原则，全县各单位结合实际，制定加强安全防范工作的具体措施，确保不发生或少发生可防性案件。县综治办根据公安机关的警情通报，对单位发案情况不定期进行汇总通报，并纳入综治年终考核范围。加强城区技防设施建设，新增建设城市治安视频监控点100个，全县“天网”监控点达到339个；在社情复杂的乡镇、村新增安装电子监控点1000个，治安卡口和电子信息围栏卡口5个，督促、指导内部单位、要害部门、临街商铺等行业场所安装电子监控头1万个，基本实现全县重要乡镇、重要路口、重点单位、要害部位全覆盖，有效提高犯罪线索收集能力和打击现行能力。

【社会管理综合治理】 2016年，县社会管理综合治理委员会完善“4+X”社区警务模式，加强治安防范工作，加强城区巡逻体系建设，将巡特警大队、城关派出所、社区民警、机关单位干部巡防、社区治安巡逻队等社会资源进行大整合，在城区实行24小时无缝隙巡防，提高街面见警率，增强群众安全感。在全市率先推行“一村一警”农村警务模式，向全县100个行政村派出驻村民警，履行社会治安信息收集、矛盾纠纷调解、治安防范指导、法律政策宣传等群众工作。村警共收集各类信息1.8万余条，排查化解矛盾纠纷578起，预防“民转刑”案件26起，农村刑事发案保持低位。按照“惩教结合、标本兼治、综合治理”的方针，创新社会治理机制，在全市率先开展以关爱违法犯罪嫌疑人为主题的“送法到家、教育帮扶”活动，提高辖区群众的法律意识，降低二次违法犯罪的概率。推行城乡社区网格化建设，加大社区网格化管理的力度和覆盖面，在社区科学划分网格，通过简政放权、流程再造，打造“一口受理、一网代办、一章审批、一心为民”的服务品牌，解决服务群众“最后一公里”的问题。加强对学校及其周边治安环境治理，净化校园外部环境。预防青少年违法犯罪，在全县中小学校配齐配强28名法制副校长，协助学校抓好学生思想政治工作和法纪教育，对未成年犯罪嫌疑人开展帮教。做好特殊人群管理服务工作，实行超前帮教、定期帮教、结对帮教和重点帮教，预防和减少刑释解教人员重新违法犯罪。加强流动人口和出租房屋管理，将该工作纳入精细化管理考核；成立领导小组，招聘12名流动人口协管员进行流动人口和出租房屋管理工作；开展为期3个月的专项整治，挤压犯罪分子的藏匿空间。开展护路护线工作。在铁路沿线村、学校、单位中，定期召开护路联防会，每月到一个重点村进行宣讲，每个学期到各中小学进行讲解护路知识活动，形成专群结合、互联互动的铁路护路工作格局。全年未发生一起路外伤亡事件及影响火车行驶和机动车大牲畜肇事案件。

【维护社会稳定】 2016年，全县维稳系统进一步完善预防和处置群体事件、突发事件等一系列工作机制，保持严打态势，坚持“命案必破”。年内成功侦破“3·11”上江圩镇龙田村阳升龙夫妇被杀案“3·22”兰溪香花井何海英被杀案，命案实现全破。从广东成功追回潜逃12年的命案逃犯杨某明，侦破积命案1起。开展亮剑行动、利剑行动、飓风行动等专项整治行动，严厉打击“两抢一盗”等侵财性犯罪行为，全县共侦破刑事案件433起，较上年同期，破案数上升15.3%，其中侦破两抢一盗案件138起，同比上升12%，刑事拘留犯罪嫌疑人404人，抓获逃犯109人，呈送起诉297案414人。亮剑行动取得全市排名第一的成绩。坚决扫除“黄、赌、毒”，净化提升社会环境。全县共查处治安案件792起，行政拘留1281人，强制戒毒112人。成功破获公安部“2015-1370”特大贩卖毒品案，抓获犯罪嫌疑人26人，刑拘22人，缴获毒品冰毒片剂15公斤，运毒车辆7台。以开展“断链行动”为载体，有效遏制“黄、赌”蔓延趋势；查获涉赌刑事案件13起，刑事拘留15人；办理行政案件59起，行政拘留326人；办理涉黄行政案件

13起，行政拘留24人。重拳整治“三强三堵”，推进“治爆缉枪”，全年共查处“三强”案件49起，其中刑事案件11起、行政案件42起；查处“三堵”案件32起，其中刑事案件5起、行政案件27起，调处化解“三强三堵”矛盾纠纷148起。加大排查整治、清查收缴、打击查处力度。全县公安机关共检查涉枪涉爆涉危从业单位12家、爆破作业点20个，发现安全隐患30余处，整改30余处，收缴各类枪支514支，子弹1097发，管制刀具164把。开展反恐大排查行动，对流入县境的4名关注人员全部按“五见”要求落实管控措施，维护全县大局的平安稳定。

【政法队伍建设】　结合县委“三严三实”专题教育，开展“发扬传统、坚定信念、执法为民”主题活动，加强政法队伍教育管理。县公安局以优秀团队建设为抓手，实施精细化管理，强化纪检督察力量，开展专项治理，整肃纪律作风，查处违法违纪案件，全年通报队伍违规问题3人次，查处3人次。县检察院坚持从严治检、从优待检，健全内部管理机制，狠抓干部队伍建设。完善检务保障体系，推动检察工作发展。县法院推进司法作风建设，从源头上解决“冷、横、硬、推、拖”的官僚主义作风问题和“庸懒散软、浮躁疲怨、奢侈浪费”等消极腐败现象。县司法局以开展“创建学习型机关”活动为载体，将每月28号的工作例会作为“干警培训课堂”，加强干警政治思想教育，推进机关的观念创新、工作创新和制度创新。加大“大走访”工作力度。县法院设立联络办公室，定期不定期走访、座谈、邀请旁听庭审，加大人民陪审员参与审判工作力度。县检察院发放资料5000份，让群众更加了解检察工作职能。县公安局把大走访“开门评警”作为提高群众满意度的一个突破口来抓，定期开展警务调查回访，将每月的25日定为“警民恳谈日”。县司法局组织全局干部职工开展“三贴近”入户宣传走访活动。抓便民服务工作。县公安局印制《安全防范知识手册》2万份，宣传平安江永创建知识，提升群众的安全感和满意度；建立短信群发平台，开通公众微信，不定期向群众发送公安简讯和警情提示。县检察院加大检务公开力度，通过“民情热线”、聘请社区联络员、设立“检察服务信箱”等方式，增强检民互动，提高执法透明度。县法院推行立案信访办事公开，对办理立案申诉事项、查询转交材料的办理要求与期限进行公开，方便群众按照公开的内容督促立案信访人员按期依规办理。县司法局推进普法工作，开展“法援苍生、与您同行”活动，革新法律援助措施，健全援助网点，降低援助门槛，办案数量有新突破。

法治政府建设

【行政执法人员资格管理】　2016年，江永县在行政执法人员资格电子化考试过程中，对各单位提交的行政执法资格考试报名材料进行审查，对不符合要求、资料提交不齐全的人员不予报名；严格考场考试纪律；要求没有取得执法资格的人员年后一律不准上岗执法。全县共有33个单位的705名考生报考参加全省行政执法人员资格电子化统一考试，其中合格397人，缺考98人，不合格210人，一次通过率为65.5%。

【落实政府法律顾问制度】　2016年，江永县政府印发《江永县人民政府法律顾问工作规则》，将政府聘请顾问制度规范化，建立以政府法制机构人员为主体、吸收律师参加的法律顾问团。与湖南杰联律师事务所签订《聘请常年法律顾问合同》，聘请郁康明律师作为县政府的常年法律顾问。县政府在签订重大经济合同以及召开重要的、决策性的案件讨论会的时候，听取并采纳法律顾问的法律意见。

【行政执法案卷评查】　2016

年，对县公安局、环保局、住建局、交通局等30个单位的行政执法案卷、30多个重点行政执法部门的行政处罚案卷进行评查，并与评查单位交换意见。法制办下发《2016年江永县行政执法案卷评查工作的通报》，将整个评查工作发现的问题及改进措施进行通报，促进相关单位的行政执法工作。

【遵守重大行政决策程序】
2016年，江永县重大行政决策遵守公众参与、专家论证、风险评估、合法性审查和集体讨论等必经途径。县人民政府《印发〈江永县重大行政决策合法性审查暂行办法〉的通知》，规定规范性文件、签署的重大经济合同和引进企业的招商合同等重大行政决策，都坚持合法性审查制度，法制部门未审查通过的，县政府不予研究。全年共审查19件重大合同和28件规范性文件。有的重大行政决策邀请县人民法院法官、律师和县政府法律顾问参加。对应当举行听证会的，必须召开听证会；执行公开产生听证代表、反馈听证意见及意见采纳情况等听证会规则。县教育局召开“农村学生营养餐试点县工作”听证会；县城管局召开“乡镇管道燃气试点建设工作”听证会。

【办理行政应诉案件】 2016年全县行政应诉一审案件共33件，应诉机关为县政府工作部门的17件，县政府的16件。审结33件。其中原告主动撤诉19件，撤销1件，驳回起诉3件，驳回诉讼请求6件，确认违法2件，驳回赔偿请求1件，赔偿1件。

【规范性文件法制监督】
2016年，江永县规范性文件“三统一”，合法性审查政府的规范性文件17件和政府办的规范性文件11件，进行“三统一”登记文件28件，部门登记文件1件，均在网上公布。规范性文件及时向市政府、县人大常委会备案的文件28件。清理规范性文件，对已被新规定涵盖或替代、工作任务已完成、适用期已过或者是有效期已满不需继续沿用等66件规范性文件宣布失效。对有效期未满，继续有效的65件规范性文件予以重新公布；对有效期已满，需继续沿用的3件规范性文件予以重新公布。

【受理办理行政复议案件】
2016年，全县共收到行政复议案件申请12件，受理6件，不符合行政复议受理条件6件。其中申请人自愿撤回复议申请3件，驳回申请人复议请求3件。没有出现复议案卷抽查发现未纠错或者行政复议未纠错而导致行政诉讼败诉的案件。

公　安

县公安局

党委书记
局长：蒋云华

党委副书记
副局长：唐道山

党委副书记
副局长：伍富生

党委副书记
副局长
纪委书记
兼政工主任：周勇跃

党委委员
副局长：潘剑飞

党委委员
副局长：周永胜

党委委员
副局长：廖承军

党委委员
副局长
兼治安
大队长：蒋建华

党委委员
副局长：邓润福

【概况】 2016年，江永县公安局服务县委、政府的中心工作和保发展维稳定工作，贯彻落实全省公安局长会议和全市公安工作会议精神，围绕“三个一流”“两加强两提升”和“五标准五工程”警务战略，坚持打击开路、防范为本；精兵破案、重兵防范，实现社会治安持续向好，公安工作和队伍建设发展进步，群众安全感全面攀升的目标。2016年度，公安民调、禁毒民调、队伍形象公众测评均排名全省第一；

严打盗骗毒、收缴整治枪爆物品、执法质量等指标排名全市第一，荣获全市公安机关绩效考核和党廉考核“双料冠军”、县区公安局绩效考核“标兵单位”和全市县级公安机关党风廉政建设先进单位；打黑除恶、收缴整治枪爆物品、“三实”信息采集等工作在全省公安局长会议上受表彰；江永监所经验在全省公安监管队伍建设现场会上作典型推介；禁毒工作在全省现场会上作典型发言。

【打击各类刑事犯罪活动】 2016年，全县立刑事案件795起，同比下降11.7%；破获刑事案件610起，破案率76.7%。抓获刑事案件作案成员592人，其中刑拘459人、批捕196人、移送起诉497人、追回逃犯119人。全年现行命案发2起，破2起，现行命案破案率100%。打掉恶势力团伙4个，抓获涉恶犯罪嫌疑人32人，一审判决26人，任务完成率达325%。全年保持专项行动强劲势头，在湖南、广西、贵州、云南四省同时收网，成功破获公安部督办的“2015-1370”特大毒品目标案，抓获犯罪嫌疑人26人，缴获毒品15公斤。飓风行动强势不减，破获江永县“2016-1108”省督毒品目标案，抓获犯罪嫌疑人8人；破获副市长督办的“7·26”“12·01”两起迷信诈骗案，抓获广西陆川籍诈骗犯罪团伙5名。在全力推进收缴整治枪爆物品专项行动方面，成功抓获潜逃两年、省厅督办的涉枪网逃人员刘德应。

【治安管理和安全保卫】 治安管理方面，2016年，全县共查处治安案件998起，行政拘留1487人、强制戒毒123人。摧毁赌博窝点32个，办理“三强三堵”刑事案件12起，行政拘留157人，涉案近3亿元的“江永中天非吸案”于10月29日审判。开展交通秩序大整治，严厉整治“五车”、酒驾等突出问题，全县没有发生一起一次死亡3人以上的较大交通事故。强化消防安全网格化、户籍化管理，推动消防安全责任落实，全县没有发生一起较大以上火灾事故。创新社会治安立体防控体系建设，健全以“三级战略防控圈”和“五张网”为基础的治安防控网络。改革城区巡防机制，招录协辅警169名，安装治安警亭，购置8台高档警用摩托车，24小时巡警街面，有警处警，无警巡防。将夜巡查缉工作延伸到乡镇村组，每天由派出所民警组织乡镇村干部、义警开展夜巡查缉和安全防范。加强视频监控、视频联网和卡口联网建设，完成760个社会治安电子监控点、6个省际治安卡口、18个电子围栏和50个公共WI-FI建设任务，实现全县各重要乡镇（村）、重要路口、要害部位和出城路口全覆盖。深化“一村一警”机制，对撤乡并镇后的112个村派驻驻村民警120名，推动警力下沉，警务前移，提升农村社会治安管控能力。

安全保卫方面，强化对重大不稳定问题及群体性事件、个人极端事件等情报信息收集研判，稳妥处置县城滨河路阻工、高泽源职工上访等突发事件。做好各敏感时间节点、重大安保活动，完成全国“两会”、G20峰会、中共十八届六中全会及省党代会、全国产业扶贫现场会等特别防护期安保任务。高质量办理省厅市局交办的19起信访件，办结率排名全市第一，实现“零上访闹事”和“万无一失”工作目标。强化反恐情报预警防范，建立健全巡特警、交警、武警联勤武装动态巡逻制度，管控涉恐涉疆重点人员，使全县没有发生一起有影响的群体性事件。建成县寄递业安检服务中心并投入使用，落实实名登记、开箱验视、过机安检“三个100%”制度，源头上防范寄递物流渠道违法犯罪。推进省际公安检查站建设，粗石江龙虎关省际治安检查站建成并投入使用。

【户政管理】 2016年，开展户口登记管理清理专项整顿工作，落实公安部公布的十六项便民利民措施中涉及人口与出入境的提高户口办理实效、畅通户口办理监督渠道、推行预约、加签业务、设立绿色通道、缩短办证时限、简化表格、重复使用证件照片七项措施。简化出入境证件申请流程，逢节假日、学生高考前等办证高峰期，开辟绿色通道，加派警力，延长工作时间。针对2016年全省警务调查考评办法对人口与出入境部门考评方式的改变，推进户籍制度改革，理顺户口登记管理体制，明确户籍窗口必须按公安部规定配备在编在职民警承办具体户口登记管理工作；规范居住证的申领发放，提高居住证的合法性和严肃性；开展户口清理整顿“回头看”，加强无户口人员落户和应销未销户口注销工作，解决无户口人员1544人，注销应注销未注销户口的299人。

【“三实”信息采集】 2016年，贯彻《湖南省实际居住人口登记和服务规定》，落实“三实”（实有房屋、实有人口、实有单位）信息采集工作，成立以县委常委、政法委书记为组长，县委副书记为顾问，副县长、公安局局长为副组长的领导小组，将“三实”工作纳入全县社会管理综合治理考核体系，制定工作方案，明确工作职责，并按总人口数28万人，每人2元的标准落实56万元经费。在实有人口采集中，加大流动人口的清查，澄清流动人口和出租房屋底数，提高登记率、录入率、更新率。全县共录入“三实”信息614350条。

【流动人口管理】 流动人口管理坚持管理与服务并举。在“三实”信息采集中，突出流动人口的清查，为促进流动人口的管理与服务提供基础。在管理上，变“防范式管理”为“服务式管理”，实行预约上门登记办证服务，把江永变为流动人口安居、宜居的归属地。转发省公安厅《关于做好过渡时期居住证申领发放有关事项的通知》和《关于社区警务系统居住证办理模块对居住证时限进行限定的通知》，提醒已办理居住证的流动人口居住证到期前1个月内换领新居住证，使流动人口与常住人口在当地享受同样的政策，保障居住证持有人在居住地依法享受权利。

【公安队伍建设】 落实市公安局《执法十项重点工作实施方案》《派驻法制员工作规定》《执法办案积分制》等规定，推进公安队伍执法规范化建设。落实主办侦查员、法制员派驻制度，执法勤务机构班子成员执法资格达标率100%。推进“一平台五中心”建设，提升警务实战效能，手机采集率、DNA数据采集率、刑事案件八类手段特征采集率均达到上级要求。落实队伍管理“十项重点任务”和从优待警“十件实事”，提升公安队伍执行力、战斗力。开展“两学一做”和“讲政治、有信念；讲道德、有品行；讲规矩、有纪律”专项学习。举办执法办案、信息技能、警务实战等培训讲座20余期，提升履职能力和执行力。6名民警火线入党、68名民警火线记功嘉奖、15名民警火线提拔重用、12名民警火线调动，树立“以实绩论英雄，凭德才用干部”导向。在作风建设上，开展“雁过拔毛”式腐败问题和“纠‘四风’、治陋习”“两个专项”整治活动，全年共查处民警违纪案件2起3人，通报问责16人。关爱民警，建立民警子女升学奖励、生日祝福、一线慰问等常态化机制，在全市县区率先为全部退休民警颁发从警荣誉勋章，成立江永公安文学艺术联合会，“江永警事”微博、微信粉丝4万余人。

森林公安

江永县森林公安局

局　　长：唐瑞斌
政　　委：欧贵财
副 局 长：王亚军　徐代前
副 政 委：何玉明

【概况】　江永县森林公安局为副科级行政机构，有6个职能股队室，5个派出所，定编50人，有民警48人。

2016年，县森林公安以维护林区安全为重点，积极落实护林措施，强化森林管护，加大林区综合管理力度，狠抓案件查处。共查处12起森林刑事案件，刑事拘留2人，逮捕1人，移送起诉9起9人次；查处林业行政案件215起，处罚280人次，其中行政拘留17人，调解涉林纠纷案件108起。

【整治涉林违法犯罪专项行动】　2016年，森林公安出动车辆115台次，出动警力625人次，其他林政执法人员202人次。查破涉林刑事案件2起（移送起诉）；立案查处39起林业行政案件，林政处罚41人次，行政拘留5人；清理木材、野生动物非法交易场所（处）2个；清理木材、野生动物加工经营场所（处）3个；检查野生动物活动区域（处）1个；清查石场8个、砖厂5个；收缴木材17.7立方米。根据全市公安机关“飓风行动”的统一部署，与行政公安联合办案，查处刑事案件4起，刑事拘留5人。在收缴整治枪爆物品专项行动中，收缴群众上交各类枪支（鸟铳）54支，取得了阶段性战果。

交通警察

县交警大队

大　队　长：刘伟胜
政　　　委：周文辉
副大队长：周　剑
副　政　委：王文辉

【概况】　江永县交通警察大队是县公安局领导下的负责道路交通安全管理的正科级单位。主要职责是贯彻执行国家、省、市有关道路交通安全和交通秩序的法律、法规及政策；研究揣摩辖区道路交通管理对策；保障全县道路交通安全、畅通、有序；查处和处置道路交通违法和突发事件；开展道路交通安全宣传教育活动。2016年，县交通警察大队内设5个股室，下设3个中队，有民警、职工共37人。

【事故预防】　2016年，利用网络、电视、手机短信、“双微”平台、宣传横幅标语、宣传展板、LED显示屏等开展“文明交通”和“创建道路交通平安县区”一系列宣传活动，提升全民的交通安全意识。在机动车和驾驶人呈“井喷式”增长的情况下，交通事故四项指数（事故起数、死亡人数、受伤人数、直接经济损失）基本与上年度持平，未发生一起一次死亡3人以上道路交通事故。

【车辆管理】　2016年，交警大队对重点车辆坚持落实户籍化管理机制，对全县200辆客运车辆、170辆校车实行动态跟踪管理，做到重点车辆管理工作日清月结。重点车辆检验率、审验率，交通违法清零率均排全市前茅。

【春运安保】　2016年元月初作出春运部署。春运期间，召开调度会4次。会同安监、运管、农机等部门开展春运联合执法，大队民警上路在辖区重点路段设置临时执勤点，加强路面管控，预防交通事故发生。春运40天，全县没有发生一起致人死亡道路交通事故。

【违法处理】　2016年，开展“百日大会战”和“三个不发生”创建活动、城区道路交通秩序专项整治行动，查处各类违法行为1.6万余起，其中，酒驾213起，醉驾100起，超速3304起，闯红灯1603起，违法停车3101起，超载、超员61起，涉牌涉证1023起，违法载人327起，其他违法行为6200余起，破获交通肇事逃逸案31起，行政拘留278人，刑事拘留112人。

【城区管控】　2016年，面对城区道路交通提质改造，城区秩序保畅通保安全的压力，与县城投公司、施工单位、县规划设计等部门协调，科学施工、科学管控，重点抓好城区早、中、晚高峰期道路交通安全管控，城区道路交通秩序安全畅通有序。全县全年未发生一起长时间、大面积的交通拥堵。

检察

县人民检察院

检察长：沈阳（8月调离）
欧阳旭勇（8月到任）
副检察长：万江荣　高文斌
李永华

【概况】 2016年，江永县人民检察院内设机构有办公室、政工室、侦查监督科、公诉科、反贪污贿赂局、渎职犯罪侦查局、监所检察科、民事行政检察科、控告申诉检察科、刑事技术检察科、法警大队、林业检察科、案件管理中心13个科室。全院有干部职工69人，其中在职49人，退休20人。有员额检察官16名，检察官助理8名，书记员5名，法警4名，其他行政人员13人，工人3人。

2016年，江永县人民检察院围绕建设“生态、魅力、幸福、文明新江永”的要求，履行检察职责，增强服务意识，致力于服务全县经济社会又好又快发展。以“争先创优”为抓手，加强规范化建设，各项检察工作取得长足发展，获得永州市“五四红旗团支部”和“湖南省检察院文明接待室”等称号。

【批捕和起诉】 2016年，批准逮捕各类刑事犯罪嫌疑人145件178人，提起公诉353件477人。对轻微刑事犯罪案件，落实依法从宽处理的刑事政策；对无逮捕必要的89件123人决定不批准逮捕；对情节轻微的6件7人决定不起诉。运用刑事和解办理轻微刑事案件1件2人。

【查办和预防职务犯罪】 2016年，立案侦查职务犯罪嫌疑人9件14人，其中贪污受贿犯罪4件4人，渎职侵权犯罪5件10人，挽回直接经济损失200多万元。注重结合办案开展职务犯罪预防，完成职务犯罪分析报告1件，完成个案预防、重点预防、预防建议各1件；发出检察建议1份；组织相关部门开展警示教育、预防职务犯罪专题讲座4场次，听课240人次。

【诉讼监督】 依法开展刑事诉讼监督，对不构成犯罪的6人决定不批准逮捕；对法定不究的9件10人、证据不足的3件3人决定不起诉。纠正漏捕2人，纠正漏诉3人。

【民事行政】 依法开展民事审判和行政诉讼监督，督促法院依法履行职责3件，督促行政机关依法履行职责1件，提出督促履职检察建议1件。

【监所检察】 依法开展刑罚执行和监管活动监督，加强派驻监管场所检察室规范化建设，同在押人员谈话90余人次，提出检察建议书6份，口头纠正意见11份，办理羁押必要性审查案件11件，监督清监活动20余次，全年无脱管漏管，无安全事故，无超期羁押现象。

【检察队伍廉政文化建设】 2016年，县人民检察院把廉政文化建设作为新时期先进检察文化建设来抓，围绕中央关于“推进廉政文化建设，筑牢拒腐防变思想道德防线”战略部署，采取制度保廉、教育倡廉、典型塑廉、文化兴廉、帮贫思廉、家庭助廉等形式，开展廉政文化建设。县检察院在办公大楼内建立检察廉政文化墙，制定“厚德明法，公正进取”的江永县人民检察院院训，用廉政文化促干警树正确的思想观念、道德情操和优良品质。

法院

县人民法院

党组书记、院长：唐英

党组副书记
副　院　长：陈天祎
　　　　　　陈祁陵　吴移龙
党组成员：龚　平　周桂生
党组成员
纪检组长：义德常
副　院　长：黄红华
党组成员：周志文
审判委员会
专职委员：龙云峰　蒋劲松

【概况】　2016年，江永县人民法院内设办公室、研究室、政工科、立案庭、刑事审判庭、民事审判庭（一庭、二庭）、行政审判庭、林业审判庭、审判监督庭、司法技术室、执行局、司法警察大队、计划生育庭、审判管理办公室、信访室15个内设机构和潇浦、桃川、黄甲岭、回龙圩4个人民法庭。有在编在岗干警74人（含回龙圩法庭编制干警2名），其中本科以上学历的占87.14%，40岁以下青年干警占1/3，具有审判职称和通过国家司法考试人员57人。通过全省法官遴选考试首批入额法官23名。全年受理案件3000件（含旧存363件），审执结案件2688件，较上年同比分别上升26.29%和26.99%，审限内结案达到率100%，一审服判息诉率为94.52%，司法绩效位列全市基层法院第一。

【刑事审判】　2016年，以刑事审判增强人民群众安全感，推动社会治安持续好转。全年受理刑事案件331件，审结305件。其中“两抢一盗”案件49件、涉性案件4人、故意伤害案件25起。打击“黄赌毒”案件52起，惩治危险驾驶、交通肇事案件122起。推进反腐败斗争，审结职务犯罪案件7件10人，单位行贿1起，保持对腐败“零容忍”的高压态势。坚持宽严相济的刑事政策，对61名犯罪情节较轻的初犯、偶犯、未成年犯和过失犯，依法从轻、减轻处罚。

【行政案件审理】　2016年，执行行政诉讼法及司法解释，受理行政案件诉讼案件16件，审结15件，坚持以个案指导、司法建议等形式督促行政机关规范程序，依法行政，行政机关出庭应诉率达100%。保障重点项目建设顺利推进，通过协调手段促进行政争议的实质性化解。加强非诉行政案件执行工作，依法审查非诉行政执行案件83件，通过审查及向行政机关建议，全部撤回申请。

【民商事企业破产案件审理】　2016年，受理民商事案件1660件，审结1521件。注重发挥民事审判的指引，审结婚姻家庭纠纷236件，维护家庭和谐和社会稳定；审结劳动、劳务纠纷49起，为劳动者追索报酬60余万元。运用多元纠纷解决机制，促成当事人握手言和，平等保护各方合法权益，调解、撤诉结案772件，调撤率高达52.06%。依法办理金融借款合同纠纷，维护金融债权，审结诉讼案件197件，发出支付令173份，标的金额1700多万元。审慎处理民间融资理财纠纷，审结民间借贷、委托理财纠纷396件，涉案金额逾五千万元。办理民事非诉保全案件51件，通过诉前保全，制止当事人转移财产的行为，保护当事人的合法权益。

【执行案件】　2016年，全年受理执行案件859件，结案713件。开展涉民生专项执行活动，执结涉抚养费、医疗费、农民工工资等民生案件121件，执结标的540余万元。开展不良贷款清收活动，通过整合力量、构建联动机制、扩大宣传等手段，增强执行威慑，为县农商行、邮政银行、农业银行等银信机构收回不良贷款本息计300多万元。健全执行查控网络建设，查控被执行人存款800多人次、房地产41处、车辆37台，依法拘留被执行人51人。健全信用体系建设，将500多名拒不履行生效判决的被执行人纳入失信被执行人名单，迫使130余名被执行人主动履行义务。通过开展“执行攻坚”活动，执结大批“骨头案”，执结案件数量创县法院历史记录，执行局获“全国法院先进集体”称号。

【审判监督】 案件质量是执法办案的生命线。在“有审理者裁判、由裁判者负责”的新形势下，县法院构建起审管办调度、分管领导监管、纪检检查错案追究的审判管理体系。江永法院受理的案件数量不是最多的，却是全市法院案件质效最好的法院之一。

【法官队伍建设】 实行以“党建带队建、队伍促审判”的工作思路，在党建引领下，法院队伍建设、业务工作、纪律作风等方面有新进步。2016年，成功创建全国党建工作先进集体；12月，成功创建全国优秀法院。

司法行政

县司法局

党组书记局长：邓仁冠（3月免）
黄红灵（3月任，10月免）
吴荣军（10月任）
党组专职副书记：何光松
副局长：袁宝林　奉玉兰
纪检组长：首作权
党组成员政工室主任：黄　红

【概况】 2016年，江永县司法局编制46名，内设政工室、办公室（加挂政策法规股）、宣教股、基层股、公证律师管理股、社区矫正股等6个内设机构和江永县公证处、江永县法律援助中心2个二级机构，设9个乡镇基层司法所。配置依法治县领导小组办公室暨法制先进县创建领导小组办公室、安置帮教领导小组办公室和社区矫正领导小组办公室。

【人民调解】 2016年，开展“三调联动化矛盾、防控风险”专项调解活动。全年共调处各类纠纷684起，成功调处657起，达成率96%；进行160余次纠纷排查，预防纠纷376起；防止民转刑案件2起，群众性上访5起24人，群体性械斗2起58人。

【普法工作】 2016年4月中旬开始，在全县开展“送法到家　教育帮扶”活动，组织召开座谈会24场次，教育帮扶涉案人员24人次，涉案人员亲属参与80人次，参与群众700余人；发放宣传资料1万份；为困难违法犯罪人员及其家属捐款捐物折人民币2万元。推进社会化普法教育机制建设，突出宣传社会治安防范、防盗窃、消防安全、禁毒、安全生产、环境保护、妇女儿童权益保护、食品卫生、预防侵权渎职和职务犯罪的法律法规、规定、决定和禁令；制定“谁执法谁普法”实施细则，依法治县办公室配合相关部门，制定学习宣传工作方案，规定形式、宣传方法、时间要求。以法律“六进”为载体，加强领导干部、公务员、青少年、企业经营管理人员和农民五个重点对象的法制宣传教育，确保学法用法活动取得实效。

【法律服务】 5月，按照律师年度考核要求，受理律师执业申请初审3件，律师执业机构初审1件，未发生超期审批，无行政复议、行政诉讼。全年共参与政府性合同审查8件，参与县领导月度信访接待10次，参与办理县信访核查终结案件5件。县公证处、县法律援助中心、永明司法鉴定所三个法律服务机构开展的法律服业务实现“零投诉”。

【基层建设】 全年投入5万元购买办公电脑、桌椅，改善司法所办公条件。通过公务员招考、政府购买服务方式新增15名工作人员到司法所；组织全县的业务骨干参加县司法局组织的法制业务、社区矫正业务、人民调解业务培训5场次；通过以会代训的方式组织司法所全体工作人员参加政法系统学习讲座4期。

【安置帮教】 2016年，健全

社区矫正成员单位联席会议制度，加强与公、检、法的协作与配合，每季度研究一次社区矫正工作，促进社区矫正工作良性发展。通过严把入矫、严批外出、严控行为、严格解矫等措施，实行社区矫正对象分类分级管理。各乡镇司法所每月进行一次集中教育培训，邀请检察院、法院到司法局开展法律讲座，组织140名社区矫正对象参观禁毒基地、法制教育基地、旁听撤销缓刑、收监执行人员庭审活动，督促社区矫正人员遵守相关规定。与县移动公司合作，免费为社区矫正服刑人员办理移动手机卡，实行全县手机定位监管。

【作风建设】 2016年，组织党员对“四风”突出问题整改情况进行回头看，开展党组中心组学习1次，党员干部大会1次、专题研讨1次，发放学习材料100余本。对“两学一做”活动成果进行巩固提升，以身边先进典型为学习榜样，开展十佳政法干警评选，推荐何花全、黄江明、李群为县十佳政法干警称号。

经济管理

发展和改革

县发展和改革委员会

党组书记：张晓平
主　　任：何忠明
副 主 任：顾　鸣
纪检组长：蒋英凤

【概况】　2016年，江永县发改委合并县价格管理局，加挂县统计局牌子，有正式职工40人。内设办公室、国民经济运行股、投资股、农经股、招标办、稽查科、价格管理股7个股室，下属价格检查所、价格认证中心、物价管理所和湘西办（副科级）4个事业单位和一个参管二级单位（江永县以工代赈办）。2016年，县发展和改革工作突出“抓项目、强基础、兴产业、优环境、促改革”五大举措，争资金、跑项目，促发展、保民生，抓管理、强素质，完成全年各项目标任务。

【提高参谋服务水平】　结合国家、省、市宏观政策，把握全县经济运行走势，开展经济形势分析和预测，提出全县完成地区生产总值56亿元、规模工业增加值10亿元、固定资产投资73亿元、社会消费品零售总额21亿元的2016年发展目标。加强对固定资产投资、重点项目和专项建设基金落实情况的月度分析，对全县经济发展取得的成绩、存在的问题及原因进行分析，提出建议。在推进新型工业化、承接产业转移、中部崛起战略、农网改造、工业园区建设等方面开展课题研究。做好服务工作，帮助企业解决项目推进中遇到的难题，确保项目顺利推进。按照能快则快、能简则简的原则，减少审批环节、简化办事手续、缩短办事时限，为项目落户营造好外部环境。

【加大投资工作力度】　2016年年初，县政府召开全县投资工作会议，制定《江永县2016年重点项目目标管理责任制》，对重点项目实行“一个项目、一名县级领导、一套班子、一抓到底”的工作机制。全县2016年度重点项目85个，总投资205.69亿元，年度投资42.01亿元。其中续建项目23个、新建项目28个、前期和招商项目34个，有7个续新建项目列入问责范围。推行“一周一进度公开、一月一督查通报、一季一调度公示、半年一小结、年终结总账”的督查考核机制，及时解决问题、上劲加压。创新重点项目调度机制，建立重点项目领导管理微信群、重点项目微信群和重点项目工作QQ群，利用微信群每天报送项目进度，处理项目建设中出现的问题和困难。主动和省、市发改委搞好沟通，跟踪了解上级的相关政策信息，全年共申报各类项目50多个。其中保障性安居工程配套基础设施建设、中医院综合楼建设、省际边界县口子镇建设、“135”工程标准厂房建设、大湘西精品旅游线路建设、石漠化综合治理工程、防护林工程、农村安全饮水工程、老垃圾场封场建设、江永县公共体育场、义务学校薄弱改造等一批项目争取到中央、省预算内资金1.5亿元。成功争取全国90个县（市、区）

结合新型城镇化开展支持农民工等人员返乡创业试点县，国务院正式批复江永县增补纳入南岭山地森林及生物多样性生态功能区。

【加强项目稽查】 2016 年，县发改委围绕政府投资项目，以农村公路、教育、卫生为重点开展一系列稽察活动，加大违规违纪项目的查处力度。全年开展专项稽察 4 次，稽察项目 85 个，形成稽察报告 4 个，对存在问题较多的项目下发整改通知并进行复查。根据省、市的安排部署，与县纪委牵头组织全县党政机关办公楼等楼堂馆所建设项目清理工作，依照政策从审批管理、规划用地、资金来源和使用、招标投标等方面，对县直各单位，省市驻江永单位，以及乡镇党政机关办公楼及楼堂馆所等所有在建项目，组织进行全面自查和复核。

【推进简政放权】 按照省市部署要求，根据有关法律法规对发改委的职权进行规范，简政放权，转变职能。精简行政审批事项后，确定县发改委 16 项职责和权利，其中：行政许可 2 项，行政处罚 5 项，行政检查 5 项，行政强制 2 项，其他行政权力 2 项。

【招投标有序】 实行政务公开，行政许可成“阳光政务”。依法依规按照程序进行建设工程项目招标范围、招标方式和招标组织形式的核准工作。全年共核准招投标项目 73 个，其中公开招标项目 71 个，邀请招标项目 2 个。推行电子招标，完善县级评标专家库，加强招投标信息公开和信用信息数据录入，实现部门信用信息共享。审查备案的 39 家招标代理机构的资质和信用等情况，建立招标代理机构不良行为记录、招标代理业绩记录等制度，对发现有违法违规或其他不良行为的招标代理机构纳入县级“黑名单”。综合协调行业部门招标投标监管，加强执法检查，对部分项目标后合同执行、工程结算等情况进行检查，整顿和规范招投标市场秩序。

价 格 管 理

【价格监测】 2016 年，江永县经济运行主要指标增长平稳，呈“低开稳走缓升”态势。市场粮、油、副食品价格出现波动，居民消费价格总水平持续稳定增长。开展价格监测预警，实行专人负责，密切关注和及时准确掌握生猪、粮、油、肉、禽、蛋等重要生活必需品的市场价格，分析预测和跟踪监督，定期对全县的市场价格进行剖析，提出加强经济工作的建议和对策。

【价格管理】 根据《国家发展和改革委员会关于湖南省水电标杆上网电价有关问题的批复》和湖南省发改委员会《关于我省水电标杆上网电价有关问题的通知》文件精神对江永县九处小水站上网电价进行申报，得到上网电价的调整。加强关于取消收费许可证制度和服务价格登记证制度事中事后监管，公布《江永县涉企行政事业性收费目录清单》（截至 2016 年 8 月 31 日）和《江永县政府定价的涉企行政审批前置服务收费目录清单和涉企经营服务收费目录清单（2016 年版）》并通过政府网站对外公布，控制出台调价项目及标准。

【县级公立医院医疗服务价格改革】 根据省发改委《关于印发〈关于进一步推进县级公立医院医药价格改革的实施意见〉的通知》要求，落实全县县级公立医院改革工作，解决好群众看病就医问题。促成县级公立医院实行药品（中药饮品除外）零差率，收费公示内容、项目以及标准。

【受理价格举报】 加强价格举报平台建设，“12358”价格举报电话与价格举报呼叫平台 24 小时开通，受理群众的投诉和举报。加强重大公共事件期间市场价格监管，全年接到价格投诉 12 件，办理 12 件，回复率100%。

【行业价格检查】 2016年开展以减轻企业负担收费措施落实情况为主的价格和收费检查，重点对医疗收费、涉企价格和收费情况、清费减负政策落实情况进行专项检查。查处县房产局推迟执行收费文件政策，多收消费者价款行为（待结案）。

【价格认证工作】 抓好涉案物价格鉴证工作及交通事故评估工作，为司法部门办案准确及时、客观公正提供价格依据。全年价格认证业务140件，价格认定标的总值126万元，无复核案件。

审计管理

江永县审计局

党组书记
局　　长：卢俊旺

党组副书记
副 局 长：张春涛　唐文毅

党组成员
副 局 长：周小平

党组成员
副 局 长：刘亚琼（女）

党组成员
纪检组长：彭小芳（女）

【概况】 2016年年底，江永县审计局人员编制16人，在编16人，领导职数6名。设有7个职能股室：办公室、财政金融审计股、经济责任审计室、经贸审计股、固定资产投资审计股、行政事业与社会保障审计股、农业资源环保外资审计股。下设审计服务中心，为县财政全额拨款的事业单位，定编制4名，在编2人。2016年，完成财务类审计（调查）项目22个，查出违纪违规金额973万元，管理不规范金额687万元，收缴财政85万元；完成政府投资项目决算审计59个，送审金额8942.07万元，核减工程造价464.99万元，核减率5.2%。提交审计报告（专报）29篇，提出审计建议31条；对外发布审计信息2期5篇。其中省审计厅采用1篇（次）、市局采用2篇（次），江永手机报采用3篇（次），有2篇论文被省审计厅评为优秀论文。获得全县绩效考核先进单位、优化经济环境工作先进单位、党风廉政建设工作先进单位、计划生育工作先进单位、综合维稳工作先进单位、依法治县工作先进单位等6个全县先进性称号。2016年组织实施的2014年县级财政预算执行和其他财政收支审计项目获评市级优秀审计项目，全县医保基金审计项目在全省优秀审计项目评比表彰中获奖。

【财政财务审计】 开展预算执行审计，对政府性债务和财政资金安排、使用环节情况和县水务局、夏层铺镇等5个预算单位部门的预算执行和其他财政收支情况以及扶贫专项资金进行审计。对审计查出的问题，分析原因，从体制、机制和制度层面提出建议。在预算执行审计中查处违规和管理不规范问题金额1360余万元，提出审计建议4条。

【经济责任审计】 推进经济责任审计全覆盖，围绕领导干部履行经济管理权、经济决策权、财政法规执行权和个人廉洁自律四个方面开展审计，从政策执行、资金使用、资源利用、行政效能等方面对领导干部依法行政、发展经济、内部管理等方面的能力水平及其本人廉洁自律情况进行评价。对铜山岭农场、移民局等11个单位的党政主要领导干部进行任期经济责任审计，查出违规问题金额131万元，管理不规范金额84万元，提出审计建议12条。

【专项资金审计】 根据市审计局授权，对全县医保基金和新田县组织实施的保障性住房进行跟踪审计。配合省审计厅完成县内扶贫专项资金使用情况进行跟踪审计。

【政府投资建设项目审计】 开展对中小学周转房、医院周转房、扶贫资金建设项目等政府投资建设项目的审计。2016

年完成政府投资建设项目59个，送审金额8942.07万元，核减工程造价464.99万元，核减率5.2%。

统　计

【提高统计数据质量】　2016年，抓源头、提增量、严监督，提高全县统计数据质量，力促统计数据基本反映江永县经济社会发展状况。

对满足入统条件的新增规模工业、限额以上批发零售业、建筑业等单位进行清理，按照程序登记、上报，做到及时入统。全年共入统规模工业企业5家，商业企业6家，服务业企业4家，资质以上房地产企业2家。加强乡镇统计站建设，为每个乡镇统一印制统计站的管理制度。

【统计服务】　2016年，县统计局每月编印月度《江永县经济指标月卡》，成为各级领导必备的资料。编印的《江永县统计年鉴》内容全面系统展现江永经济发展面貌。全年向市统计局和县委、县政府提交经济形势分析报告12篇。

【统计法制建设】　2016年，县统计局对义华花生、允山中学和千家峒卫生院3家企事业单位开展统计执法检查，对存在的问题提出整改意见。10月，组织开展统计执法宣传月活动，宣传统计法实施条例，举办"统计开放日"活动，组织执法检查组对全县9个乡镇和4个单位进行统计巡查，了解相关单位统计工作开展情况，收集工作中存在的困难和问题并解决。

【统计信息化】　2016年，完成全市乡镇统计站硬件配备工作，为各乡镇统计站配备一台电脑、一台传真机和一部平板手机。开展网络建设，开通一根联网直报专线，开通一个互联网端口，实现统计网络办公。网上信息报送工作取得新突破，政务信息公开发布及时，统计信息及时、准确发布，社会关注度高。

抽样调查

国家统计局江永调查队

队　　长：李胡英
副 队 长：徐　杰
纪检组长：周元科

【概况】　国家统计局江永调查队成立于2006年7月30日，是国家统计局的派出机构，调查方式以抽样调查为主，依法履行独立调查、独立监督、独立报告的职能。现有编制8人。主要业务有：城镇居民收支调查、农村居民收支调查、农业对地调查、劳动力调查、农民工监测、畜禽监测、贫困监测等。

【推进样本点轮换】　2016年，国家统计局江永调查队完成第三次全国农业普查及农产量样本点轮换工作。在全省农业普查动员大会、全省实地培训会召开后，召开普查工作动员培训会，明确专人负责；采取"三统一"方法，按时序要求完成调查样本点轮换工作。

【提升基础数据质量】　定期入户走访，掌握基础数据基本情况与变化情况。建立台账、业务工作日志、账本发放情况表、调查点基本情况表。强化数据审核，坚持"四审"制度。制定评比考核制度，对辅助调查员进行考核评比，奖优惩劣。推行工作问责制与队长约谈制。不定期开展督查，检查调查样本管理情况、调查补贴发放、台账登记情况。

【统计法制宣传】　成立统计执法办公室，组织队员参加省队的法制培训班、法制培训会。抓住统计开放日及联合宣传等时机，通过户外LED屏播放、微博、微信公众号转发等新媒体，加强统计法宣传，扩大统计法制宣传受众面。

固定资产投资

【重点项目建设】　2016年，全县确定重点项目85个，总投资205.69亿元，年度投资42.01亿元。其中续建项目23

个、新建项目28个、前期和招商项目34个，有7个续新建项目列入问责范围。列入市考核项目23个全部开工，完成投资17.13亿元，占年度投资的100.5%。把园区作为产业发展的主平台，完善园区基础设施，“一区三园”聚集农产品加工企业15家。构建“互联网+特香农业”发展体系，发展农产品电商企业110余家，创建乡村电商服务站81个，网店、微店突破2500个，创办进村物流公司3家，开发电商产品30多个。以创建国家全域旅游示范县为目标，突出景区提质升级。在精准扶贫方面，实施“资产收益扶贫、旅游扶贫、电商扶贫”三大产业扶贫工程。

【开展项目前期工作】 抓项目前期工作，提早谋篇布局。大古源水库及古宅水库灌区建设项目，投资估算5亿元，计划建设大坝高58.5米、总库容1902万立方米水库一座，完成项目的设计、勘测等。江永文化旅游景区建设项目，投资估算15亿元，以女书岛为核心的女书文化、以千家峒为核心的瑶文化、以上甘棠和勾蓝瑶为核心的古村文化等文化旅游为支撑点，建设四个文化旅游景区。五香特色产业发展项目，投资估算10亿元，以五香标准化产业园为核心的耕作文化，建设集乡村旅游与农业产业一体化的五香体验园（香柚村、香芋村、香米村、香姜村、香菇村）。县民族特色体育中心，投资估算6亿元，建设民族特色博物馆、民族广场、影视院、文化馆、图书馆、青少年宫、多功能体育馆、运动场、环中心健身步道、健身路径、羽毛球馆、足球场、篮球场、游泳池、网球场、排球训练馆、乒乓球练习馆、游乐场。江永县冷链物流建设项目，投资估算2.5亿元，建设一个冷链物流配送中心。公路建设项目，投资估算6.4亿元，改建G538神湾经虎山尾、瓦屋下25千米一级公路建设；大漠头至黄甲岭5.1千米公路建设，完成各项专题报告。环城大道建设项目，投资估算2.2亿元，东部城区入口至江永大道接口（全长5.5千米），宽60米的征地、房屋拆迁、报批、规划设计、预算、招投标等前期工作。万通物流交易中心项目，投资估算1.2亿元，建设农产品交易中心、商铺、仓储交易棚，配套住房及相关设施。5万千瓦的竹塘岭、夏层铺风电场建设项目，投资估算9亿元。江永县地下综合管廊项目，投资估算6亿元，完成可研、立项、规划、设计等前期工作。高速通道建设项目，投资估算3亿元，建设上江圩至县城、潇浦镇至回龙圩高速通道。光伏发电建设项目，投资估算3亿元，建设江永茂创潮水、花楼、水美3个20兆瓦地面分布式光伏电站。城区学位建设工程，投资估算2亿元，包括三小建设、公办幼儿园建设、三中城中村拆迁工程。

市场和质量监督管理

党组书记
局长：黄友仁

原工商局
党组成员：顾亚萍
纪检组长

原工商局
党组成员：陈亚辉
副局长

原食药局
党组成员：吴进旺
副局长

原食药局
党组成员：何新军
副局长

原食药局
党组成员：胡嫔华
纪检组长

原质监局
党组成员：夏向华
副局长

【概况】 2015年10月，在县委、县政府推进的政府职能转变和机构改革中，把原工商局、质量技术监督局、食品药品监督局合并为市场和质量监督局（加挂食品药品监督局牌子）。2016年，市场和质量监督局设16个内设机构：办公室、政策法规股、人事教育股、财务基建股、政务服务股、食品监督管理股（加挂“县食安办”牌子）、餐饮服务保健食品与化妆品监督管理股(简称“餐保化股”)、药品医疗器械监督管理股(简称“药械股”)、企业和个体私营经济监督管理股、商标广告监督管理股、市场规范管理股(加挂“网络经营监督管理股”牌子)、产品质量监督管理股、标准计量股、特种设备安全监察股、消费者权益保护股(挂12315、12365、12331申诉举报中心牌子)、纪检监察室。行政编制23名,参照公务员管理编制6名。其中:局长1名,副局长3名,纪检组长1名,总工程师1名。机关后勤服务人员编制2名。在各乡镇设立市场和质量监督管理分局9个,挂食品药品监督管理分局牌子,为县市场和质量监督管理局副科级派出机构,负责所辖区域内的市场监督管理工作及县市场和质量监督管理局委托授权的其他工作。核定行政编制56名,后勤编制8名,市场监管局围绕服务与监管,应对机构改革,推进大市场监管,各项工作取得成效。副省长戴道晋在江永调研时,高度肯定江永市场监管工作,省工商局局长多次到江永调研指导工作并作出批示。

【市场监管体制改革】 2016年1月,县市场监管局组建后,新任局党组班子坚持“决、稳、合”三字方针,实施市场监管体制改革,在一周时间内完成“三定方案”的制定,到3月中旬全面完成机构整合、人员调整,实现集中办公,4个基层市管所也组建完成,党工青妇组织完成重组。在工作机制上,整合行政审批、食品安全监管等职责,基本实现一个主体对外、一支队伍执法、一个窗口审批、一个热线维权、一套制度管理、一个流程监管“六个一”工作机制。

【推进商事登记改革】 出台10项工商登记制度改革举措,降低工商登记门槛。截至2016年年底,全县市场主体总量14530户,同比增长11.7%;注册资金总量突破7.88亿元,同比增长15.8%。在全省率先试行个体工商户“证照合一”登记举措,原来要分别办理营业执照、许可证和组织机构代码证,改为一次受理、一次审核,发放一个营业执照,审批时速大大缩短,被市局作为江永经验在全市推广。推动市场主体的提档升级,完成“个转企”363户,是2014年县政府制定任务数300%。

【品牌创建】 2016年,新增省、市著名商标3家,1家企业获永州市名牌产品。推动商标专用权质押,品牌企业获得授信额3500余万元,为企业拓宽融资渠道。加大商标发展宣传、帮扶和指导力度,开展打击侵犯知识产权和制售假冒伪劣商品专项执法行动,结合新商标法要求,起草《江永县地理标志及地理标志证明商标管理办法》和《江永县特香农产品“三统一、三引导”综合执法工作方案》,提请县政府发布《江永县人民政府关于〈加强农产品市场监管维护正常市场秩序的通告〉》,推进“三标一品”认证工作,引导企业申报知名商标10件。截至2016年年底,全县有注册商标233件(其中失效商标21件,申请中商标35件,市知名商标10件,省著名商标10件),全市4件地理证明商标3件在江永。

【工商质量服务】 推进企业帮扶和动产抵押备案工作,办理动产抵押登记4件,帮助企业融资3000万元。开展培育湖南省“守信用、重合同”企业活动,制订《江永县市监局申报争创“湖南省守信用、重合同企业”活动方案》,完成申报湖南省“守信用、重合同”企业1家。开展加油机、天平、砝码等9类计量器具的周期检定工作,检定计量器具1766台(件),受检企业86家,其中涉及贸易结算、安全防护、环境监测等方面的强制检定计量器具受检率100%。

【食品安全监管】 推行“一有四化六统一”的食品监督检

测模式，以食品安全专项整治为工作突破口，整合执法力量，开展学校及周边、食用油、米粉、节假日、“四小”整规等食品安全专项整治行动24次，检查中小学校24所、幼儿园6所、校内食品店21户及周边食品经营户486户次，检查食用油、米粉经营小作坊42家、超市和个体户3872户次，抽样食品47个批次，10个产品不合格，检测食用农产品183个。发放宣传资料4260余份，签订食用油、米粉安全承诺书316份，建立健全食用油、米粉来源档案17份，下达监督意见书65份，责令停止经营散装米粉或标签不规范经营户41家，取缔食用油加工小作坊4家，查处不按规定销售食用油案1起，责令停止销售散装米粉6起，在江永县电视台曝光食用油、米粉专项整治行动和典型案件19次，食品安全案立案13件。

【特种设备安全监管】 实行特种设备安全大监管机制，将特种设备安全纳入县安全生产考核体系。节假日、两会期间、质量月、安全月期间进行安全排查，开展电梯安全、燃气安全、锅炉安全等专项检查。10月中旬到11月开展小区电梯安全集中整治。安全检查以人员密集的宾馆、超市、学校为重点，对各使用单位进行走访核实，杜绝违规违法使用特种设备；加强液化气充装站等重点监控单位的检查，对全县特种设备进行安全风险管控。全年出动监察人员220人次检查使用单位61家，下达监察指令书50份。立案查处5起、下达行政处罚决定书2份、结案2起、罚金4万元。开展宾馆酒店中央空调设备、起重机械、液化气钢瓶安全整治。全年未发生一起特种设备安全事故。

【药品医疗器械监管】 推进新版《药品经营质量管理规范》（GSP）实施。邀请市局的GSP认证专家对全县药品经营企业负责人、质量负责人进行重点讲解，到各药品经营企业进行实地指导，帮助企业按照新版GSP完善各类制度，规范药品陈列。在GSP认证检查中，对发现的问题进行反复核对并记录在案，认证检查结束后，形成书面报告并落实企业整改，力求企业高标准、高质量通过认证。全县药品批发企业1家、连锁企业总部2家、零售企业40家，已经有1家批发企业、40家零售企业通过新版GSP认证。开展安全用药月现场咨询活动、药品安全知识进社区活动、药品安全知识进农村活动、医疗机构用药联合执法行动，营造安全用药氛围。开展药械不良反应的监测上报工作，召开药品不良反应和医疗器械不良事件监测上报工作会议，收集上报药品不良反应5例、医疗器械不良事件1例。开展“四品一械”打假治劣，全年出动1117人次，检查药品、医疗器械330家次，其中药品、医疗器械批发企业2家次，药品零售企业114家次，县级以上医疗机构12家次，民营医院4家次，村卫生室及个体诊所198家次；检查保健品、化妆品经营单位16家次；立案查处违法违规单位18家次，其中没备案经营二类医疗器械2家次、超范围经营药品1家次、医疗机构使用劣药1家次、违反GSP行为3食品家次、食品流通环节本级抽样检验不合格处理8家次，食品生产环节上级抽样检验不合格处理1家次，中秋国庆专项检查查处无证生产食品1家次，上级交办投诉举报案件查处1家次，下达责令改正通知书146份，没收假劣食品药品180件800余公斤，罚没金额214036元。联合县公安局进行非法销售假药专项整治行动，查获销售假药4起，扣押假劣食品药品209盒，移交司法机关4起，刑拘7人。

【消费维权】 整合机构改革前三部门的热线电话，建立统一投诉受理平台；完善投诉处理机制，全年共受理各类投诉25起，增长13%，为消费者挽回经济损失4.26万元。开展消费教育“五进”（进商场、进市场、进企业、进学校、进景区）活动，全年发布消费预警8次，组织消费体验2次，引导企业自主设立消费维权站点65个，处理投诉330起。

【队伍建设】 以机构整合为契机促进人员融合，对原三局人员进行交叉调整，充实机关股室和基层所。丰富党工青妇组织活动，利用微信、QQ等载体加强交流，增进感情。以全员培训为抓手促进能力提升，分批组织员工到省工商、质检、食品药品等培训机构接受业务培训。开展“两学一做”主题实践活动，收集意见、建议78条，明确12项整改内容，解决一批典型的四风问题。开展上门服务、访贫问苦和结对帮扶活动，干部作风在实践中得到了优化。严明上下班打卡签到、就餐纪律、外出请假等日常纪律，对机关及基层单位一月一次作风纪律检查。全年召开党风廉政建设专题工作会议9次，约谈干部职工99人次，办理信访举报3起，对2名违纪干部进行党纪处分。

集贸市场管理

县市场服务中心

党组书记 主　　任：蒲频硕（2016年3月任）
副 主 任：蒋联明　胡小云
纪检组长：何　旻

【概况】 县市场服务中心为自收自支企业化管理的事业单位。下辖9个农贸市场、1个屠宰场，即城北农贸市场、城中农贸市场、允山农贸市场、夏层铺农贸市场、桃川农贸市场、粗石江农贸市场、千家峒农贸市场、松柏（黄甲岭）农贸市场、源口农贸市场。全中心系统有干部、职工74人，其中在职62人，退休12人。2016年，县市场服务中心抓标准化市场建设，改造完善农贸市场基础设施，整治全县乡镇马路市场及拆除违章搭建，提高市场规范化管理水平，在创新争优、重点项目建设和民生工程上取得成效，获县“创建省级卫生县城工作职能部门先进单位三等奖”及“信访工作优秀单位”称号。

【标准化市场建设】 2016年，集中改造城中农贸市场和夏层铺农贸市场，推进市场“标准化”改造，整治市场“脏、乱、差”问题。城中农贸市场填土方、平整地面、硬化场地3000平方米，拆除围墙、改造下水道，建设桥、沟护栏及3处泄洪道；新建服装厂棚40余间；改造市场内路灯，改道并更换7米高的高压电线杆；配套完善垃圾处理设施，改道水渠600多米，改造公厕、消防设施设备；对活禽行、熟食行按标准进行隔离并完善三防设施；增加搭建过道防晒、防雨厂棚300平方米，改造下水管、排水沟500多米。新建停车场，设立停车场保安执勤室；聘请8名保安，4名专职管理人员。向省争取夏层铺农贸市场标准化改造资金，扩建硬化场地，新建厂棚，完善各种标准化配套设施。

【市场服务与管理】 开展市场咨询、评选文明经营户、落实政务公开、实施首问负责制、开展文明劝导活动，设置检疫检测、公平秤，落实文明管市。实行诚信租赁，为经营户提供“零障碍、低成本、高服务”的服务环境。完善店面、摊位承包合同管理，强化“合同、台账、票证、档卡”和“四合一”管理措施。招商招租，盘活闲置资产，各市场店面出租率97%，摊位出租率95%，发挥资产经营效益。坚持推行拍租竞标，对城中农贸市场到期市场店面、摊位实行公开竞标拍租，实现收益最大化；针对边远乡镇农贸市场交通不便、管理难度大、设施功能差、收费难度大的因素，推行经济目标责任包干制。推行责任制管理，各股、室、所场为责任单位，执行超收全奖、欠收全扣、超支自负、节支自留的考核奖惩办法，实现经营效益稳中有升。

【市场综合整治】 健全完善《集贸市场管理制度》《集贸市场卫生标准》《集贸市场安全管理制度》等一系列规章制度，县城重点市场制定专门的卫生、消防管理办法，市场清洁卫生和综合管理工作实现规范化和制度化。添置改善环卫设施，制作安装固定禽、畜笼舍36个，鸡行隔离钢架厂棚2个，250平方米，电风扇60台，配备符合卫生标准的熟食品货柜24个、灭蝇灯60盏，配备加盖的垃圾盛装密封容器140个，改造、完善供排水系统4套，清淤、疏通阴阳水沟500米。清理卫生死角，落实卫生责任制。各市场专职卫生保洁和管理人员岗位职责明确，任务落到实处；坚持每日早、中、晚三次大清扫，及时清运市场内积存的生活垃圾、建筑垃圾和排水沟内的杂物。

安全生产监督管理

县安全生产监督管理局

党组书记：杨运良
党组副书记：唐文胜
党组成员 副局长：任远辉
党组成员 纪检组长：卢加成

【概况】 2016年，江永县安全生产监督管理局（以下简称安监局）有工作人员18人，其中班子成员4人，内设机构7个：办公室、宣传教育培训股（加挂“综合法规股”牌子）、安全生产协调股（加挂“县安全生产委员会办公室”牌子）、非煤矿山安全监督管理股、工贸行业安全监督管理股、烟花爆竹和危险化学品安全监督管理股、职业安全健康监督管理股。归口管理县安全生产执法大队和县安全生产应急中心。

2016年，全县安全生产工作按照“党政同责、一岗双责、失职追责”的工作要求，贯彻落实国务院、省、市安全生产工作决策部署，强化安全责任落实，3家烟花爆竹生产企业率先在全省关闭退出，未出现非法生产烟花爆竹反弹现象，关闭3家非煤矿山企业。通过安全隐患排查治理和“打非治违”行动，落实安全生产各项工作措施，全县范围内无非法加油站、液化石油气站、采石场等高危行业领域非法生产经营企业，全县安全生产形势持续稳定。2016年全县共发生事故16起（均为道路交通非生产经营性事故），死亡17人，杜绝较大以上生产安全事故发生，连续13年未发生较大及以上生产安全事故，全县社会大局和谐稳定。

【落实安全生产责任和考核】 各乡镇、各有关部门通过党委（党组）会、工作例会传达学习《江永县关于进一步落实生产经营单位安全生产主体责任的通知》文件精神，制定印发相应工作实施方案。分析研究本行业领域安全生产工作特点，结合实际制定监督生产经营单位落实安全生产主体责任工作方案，督促企业按企业主体责任考核细则，逐项落实到位。6月，县委办、县政府办联合出台《江永县2016年安全生产工作考核办法》，对安全生产工作进行量化考核，实施“黄牌警告”或“一票否决”。规范辖区内企业生产经营建设行为，开展安全隐患排查，做到整改措施、责任、资金、时限和预案“五到位”。强化生产经营的全员、全过程管理，落实领导责任和员工岗位责任，企业领导班子成员轮流带班等安全规章制度。

【开展安全检查和监管】 根据领导分工的调整，下发《关于印发调整领导干部带队检查安全生产工作分组的通知》，建立健全领导干部带队检查安全生产工作信息档案。成立15个安全生产常年检查组，对各乡镇场和企业的安全生产工作包干负责，进行常态化督查。对上级交办的重大安全隐患和安全生产问题的整改情况进行多次督查督办。按照《江永县关于进一步落实生产经营单位安全生产主体责任的通知》要求，县住建局、县交通运输局、县安监局、县水务局、县公安局、国土资源局、科商粮经信委等单位，分别制定年度生产经营单位安全生产主体责任督查执法计划，启动相关工作。检查企业125家，发现问题204个，及时下达有关整改通知或整改指令，采取措施落实企业主体责任，严防事故发生。

【安全生产宣传教育】 2016年，以创建省级安全生产示范县为契机，加大安全生产宣传教育力度。开展学习习近平总书记安全生产系列重要讲话活动，利用开展监管执法年“一月一警示”活动，在县电视台、政府网站等主流媒体开设安全生产专栏，每日通过主流媒体播放安全生产宣传广告，每月通过政府网站定期公布历史同期重特大事故和典型事故案例，分析事故原因及暴露的问题，强化事故警示。建立非法违法企业“黑名单”制度，适时曝光，并抄报有关主管部门，依法给予行政制约。将安全生产宣传融入全县开展的全域旅游、民调工作、精准扶贫、乡村旅游、电子商务“互联网+”等其他重点工作当中。在城区主要路段、过境路段、乡镇和企业出入口大篇幅设置40余块公益广告宣传牌。

【重点领域安全治理】 公安、交通、农机等部门严厉打击非法营运、非法载客、超速超载、酒后驾驶等严重交通违法违规行为。住建、国土、水务督促各施工单位和项目部加强对现场排水、临时设施、基坑支护、起重机械设备、承重支模架、外脚手架、施工临时用电等进行重点检查和监控。安监、经信、工业园区加强粉尘防爆安全监管，开展防范粉尘爆炸大检查，督促企业严格执行“严防企业粉尘爆炸五条规定”；摸排粉尘涉爆企业底数，做到一企一档、重点监管，落实安全防范措施。公安、消防、文化执法、科技商务粮食和经信委等部门突出“三老”“三合一”“多合一”和易燃易爆等人员密集场所的消防安全监督检查，对存在火灾隐患的单位，停业整顿。水务、卫生、水上交通、旅游、电力等行业监管部门，针对行业突出问题，加强安全监管，确保生产安全。全年出动执法人员6400人次，开展执法行动1533次，下达行政执法文书1904份。制定下发《江永县安全生产风险管控工作实施方案》。8月25日，县政府组织各乡镇场、安委会成员单位和规模以上企业召开风险管控工作动员部署大会，9月28日，县安委办组织各乡镇场、县直相关部门参加风险管控专题培训视频讲座，受训人员基本掌握风险源的识别控制。完善各类风险源数据和档案，建立风险源管理台账。

【社会化安全服务体系建设】 2016年，在安全生产社会化服务方面进行探索，跟中介组织对接，在职工职业卫生健康检查、安全生产“三同时”、企业标准化等级评定、企业主体责任落实、示范创建等方面与中介组织一道主动上门为企业服务。县政府出台系列奖励扶持政策，按照“市场主导、政府推动、社会参与、企业自主”原则，全县采取政府和企业分别拿出50%的资金，推进首批5家企业的社会化服务工作。召开安全生产社会化服务现场会，通过江永特色农副产品开发有限公司进行“现身说法”，总结第三方机构在提升现场管理、开展员工培训、隐患排查整改等方面的作用，提升其他企业参与安全生产社会服务的主动性和积极性。

【安全生产“打非治违”行动】 2016年，全县高位推动打非治违工作，专题召开全县安全生产“监管执法年”暨打非治违工作动员部署会。县安委会制订下发《江永县2016年安全生产领域打非治违专项行动工作方案》，各单位相应制定具体的“打非治违”专项行动实施方案。县政府成立以常务副县长为组长，县政府副处级干部、县安委办主任、县安监局党组书记为副组长，县各安委会成员单位负责人为成员的打非治违领导小组。组织开展非煤矿山、烟花爆竹、危险化学品、道路交通、油气管道、特种设备、建筑施工、人员密集场所消防安全、校园安全、“五小场所”等领域专项整治行动，打非治违专项执法行动1756次，出动执法人员6603人次，检查生产经营企业1924家，发现非法违法行为2376处，整改2357处，行政拘留77人，刑事拘留68人，经济处罚200余万元，责令停产停业14家企业，曝光非法违法行为4起。

【开展平安创建活动】 2016年，开展全国“平安农机”、省市“平安校园”“平安交通”“平安工地”等创建工作；打造高危行业和规模以上企业等重点监管领域标杆企业，江永特色农副产品开发有限公司、石油公司中心加油站、南城寨采石场、潇湘化工有限公司、科刃五金有限公司等单位完成标杆企业创建活动；潇浦镇、粗石江镇成功完成创建省级安全生产示范乡镇，在全市率先达到100%乡镇达到创建市级以上安全生产示范乡镇的目标。

住房公积金管理

永州市住房公积金管理中心江永县管理部

主　　任：陈英明

业务主管：唐燕萍

【概况】 永州市住房公积金管理中心江永县管理部是永州市住房公积金管理中心的派出机构，是不以营利为目的的事业单位，主要负责全县住房公积金的归集、管理和使用。2016年年底，有工作人员8名，其中在编职工4人，劳务派遣人员4名。2016年，围绕发挥住房公积金制度支持中低收入家庭解决住房困难这一主题，扩大住房公积金制度覆盖面，推进住房公积金管理部门“学习型”“服务型”“规范化”“信息化”建设。

【住房公积金缴存】 2016年，全县住房公积金年缴存额89063571.33元，完成年度目标的111%，同比增长11%。全县住房公积金累计归集310519931.59元，比上年末净增加61757136.95元。

【住房公积金贷款发放】 2016年，全县共向199户发放贷款5255万元，同比增长55%。截至12月底，全县个人贷款逾期余额为0，逾期率为0，全县住房公积金运行质态良好、资金安全。

【住房公积金提取】 2016年，全县累计提取27954413.24元，同比增长13%。

【基数调整】 经永州市住房公积金管理委员会批准，2016年度住房公积金基数作出调整，最低缴存额度由原来的176元调整为114元，最高缴存额由原业的2094元调整为2674元。

【“十三五”发展规划编制】 配合市住房公积金管理中心，启动实施住房公积金事业“十三五”发展规划编制工作，坚持高起点谋划、高质量推进，总结“十二五”和住房公积金建制以来的发展成绩、成功经验，分析把握形势，对“十三五”住房公积金事业工作进行合理规划。

【文明创建】 2016年，住房公积金管理中心江永县管理部重视文明创建工作，开展一系列文明创建活动，在目标管理和作风建设综合考评中取得较好成绩，获“2016年度住房公积金目标管理二等奖”“2016年度全县共青团工作红旗单位”。

农业与农村工作

农 村 工 作

江永县农业委员会

党组书记 主任：何景发
党组成员 副主任：刘敏辉 何重林 何新文 何流宣
党组成员 纪检组长：何德远
党组成员 总农艺师：周升卿

【概况】 2016年3月，江永县机构改革将原县农业局、县农村工作办公室、县乡镇企业局撤销合并组建江永县农业委员会，挂县委农村工作办公室的牌子，是主管全县农业与农村经济发展的县人民政府工作部门。内设办公室、综合调研股等15个内设机构。下辖县农技推广中心、农农业综合执法大队、蔬菜办、水果办、种子技术推广服务站5个副科级事业单位和11个乡镇农技站。县农委系统现有干部职工296人，其中在职人员197人，离退休人员99人。在职人员中，高级农艺师2人，农艺师18人，农艺师以下26人。

【粮食生产】 2016年，江永县把粮食生产打造成增加农民收入、稳定农村社会的重要支柱产业，按照稳定面积，依靠科技，主攻单产的思路，实行粮食生产考评工作制度，完善粮食工作考评方法，把粮食播种面积、粮食总产量等作为考评内容，狠抓工作落实。全县完成粮食播种面积25600公顷，较上年增加1346.67公顷，增幅5.56%；总产量15.66万吨，较上年增加0.95万吨，增幅6.46%。其中水稻21333.33公顷，与上年持平，总产量13.89万吨，比上年增加0.15万吨，增幅1.1%。优质稻面积16666.67公顷，占水稻总播面的78%，其中高档优质稻3333.33公顷。早稻栽插面积8800公顷，比上年增加240公顷，单产430公斤，比上年增加5公斤，总产5.68万吨，比上年增加0.15万吨，增幅2.7%；中稻栽插2266.67公顷，与上年持平；晚稻栽插6600公顷，单产435公斤，比上年增加100公顷，总产4.31万吨，比上年增加0.1万吨，增幅2.4%；玉米面积4600公顷，比上年增加266.67公顷，增幅6.15%，单产420公斤，比上年增加10公斤，增幅2.47%，总产2.9万吨，比2015年增加0.2万吨，增幅7.4%；豆类种植面积1866.67公顷，单产112公斤，总产0.31万吨，与上年持平；薯类种植面积1800公顷，总产折粮0.97万吨，比上年增加600公顷，总产增加0.315万吨。

【经济作物】 2016年，江永县主要经济作物种植面积25433.33公顷，总产量36.74万吨，总产值123228万元。其中，以香柚和夏橙为主的水果种植面积13400公顷，产量17.75万吨，产值62345万元；以香芋和香姜为主的蔬菜种植面积8866.67公顷，总产15.9万吨，产值51039万元；烤烟种植面积1533.33公顷，产量0.2万吨，产值5600万元；木薯种植面积800公顷，总产2.2万吨，产值1400万元；中药材种植面积466.67公顷，产量0.2万吨，产值2000万元；西瓜种植面积200公顷，产量0.45万吨，产值450万元；其他经济作物种植面积166.67公顷，产量0.04万吨，产值394万元。

【农业标准化生产】 2016年，江永县在实施国家标准和行业标准的基础上，修改制订农业技术标准18项，其中申报并通过了省农业技术规程2项，市级农业技术规程3项。正在制修订3项，分别是无公害花生栽培技术规程、无公害芥菜栽培技术规程、夏橙套袋技术规程。在这一年里，县农业委员会制定农业标准化建设实施方案，引导创办标准化生产示范点，先后在桃川镇上圩村和千家峒瑶族乡凤岩山村创办香芋标准化示范点，在粗石江镇创办香柚标准化示范点。县蔬菜科技服务中心和桃川镇香芋专业合作社创建桃川香芋绿色食品示范基地766.67公顷；县香柚开发总公司和粗石江香柚专业合作社创建粗石江绿色食品香柚基地666.67公顷。

【生态原产地产品保护示范区】 2016年，江永县围绕生态原产地产品保护示范区建设，重点开展了生态原产地产品培育、推进生态原产地产品标准化生产、积极打造生态原产地产品品牌，重点培育和打造“江永香柚”“江永香芋”“江永香姜”“夏橙”等生态原产地保护产品。通过国家质量技术监督总局联合专家评定组的专家评定，江永县获国家质检总局“生态原产地产品保护示范区”称号，为目前全省唯一获得此称号。

【农产品质量安全监管】 2016年，江永县在农产品质量安全监管方面不断加强产品质量安全检测。全县以基地、农贸市场、加工企业、超市为主，确立了30个监测点。其中基地16个，市场8个，加工企业3个，超市3个，每月开展例行抽样监测。同时加强农产品质量安全监管机构配备管理。全力推进“三品一标”农产品质量认证，全县共通过“三品一标”农产品认证23个。其中无公害农产品14个，绿色食品6个，地理标志农产品3个。江永香柚开发总公司的夏橙和淮山种植合作社的淮山2个绿色食品获得通过，上江圩香姜农民专业合作社的香姜基地和旭日升家庭农场的水果基地2个无公害农产品产地认定获得通过。正在上报、审核的认证产品6个。成功创建了国家级出口食品农产品质量安全示范区。

【农业产业化】 2016年，江永县农产品加工形成了以粮油、果蔬、林木、畜禽等加工为主，其他特色农产品加工为辅的产业体系。在经济环境较为复杂、发展制约因素较多的情况下，全县农产品加工业继续保持稳定增长态势。2016年度，全县有农产品加企业178家，同比增加8家。全县农产品加工业实现营业收入13.2亿元，同比增长8%。实现利润总额8416万元，同比增长18%；发放劳动者报酬4516万元，同比增长19.4%。全县现有省级农业产业化重点龙头企业1家，市级农业产业化龙头企业7家。龙头企业基本覆盖全县主要优势产业。全县农业产业化龙头企业完成营业收人50316万元，上缴税金657万元，同比分别增长12.2%、12.1%；带动原料基地建设2333.33公顷，同比增长6%。新增固定资产投资3100万元，同比增长144.7%。江永义华花生制品有限公司、江永特色农副产品开发有限公司扩能改造有序开展，企业规模进一步壮大。

【休闲观光农业】 江永县利用资源特色，积极促进农业休闲观光和文化结合，使休闲和生活、产业相连结，扶持休闲农业发展，逐渐形成了富有江永特色的新兴产业。2016年，全县发展“农家乐”46家，同比增加1家；发展休闲观光园5家，同比增加1家。全县休闲农业经营主体接待游客

21.7万人次，同比增长6.5%，实现综合收入3336万元，同比增长10%，其中农副产品销售收入1022万元，同比增长9.9%。

【美丽乡村建设】 2016年，江永县启动建设12个美丽乡村示范村、15个美丽乡村创建村、1条美丽乡村旅游精品线路。为使美丽乡村示范村建设有序推进，制定和出台了《江永县美丽乡村建设暨通道环境整治工作方案》及《江永县美丽乡村建设考核办法》。着力打造勾蓝瑶村、上甘棠村等示范亮点。同时按照通道整治的要求对S325线、黄甲岭高速公路连接线、千灌公路等主要通道两侧的村庄，开展乡村风貌建设和整治。浦尾村被评为“中国美丽休闲乡村”，江永县被评为2016年全市美丽乡村建设先进县。

【农村环境治理】 加强农村环境治理，建设清洁农村。2016年，一是在治理农村垃圾方面，对全县7万余农户，累计发放到户简易垃圾桶196650个，户均2.7个。全县完成垃圾池建设164个，村均1.5个，主要通道配置新型美观垃圾桶348套。全县配备保洁员496人，村均4.4个。县乡村三级可利用垃圾回收网络体系基本完善。完成村级可利用垃圾回收点181个，村均1.6个。二是治理农村生活污水。全县完成改厕950个，占应改村庄比例75%。三是治理农业面源污染。实施绿色防控农作物面积10000公顷，建设农业标准化示范基地40个以上，“三品一标”农产品申报认证72个，建设“三品一标”产地面积2466.67公顷，完成外来物种灭毒除害面积6666.67公顷。

【农业技术培训】 2016年，江永县围绕特色支柱产业的发展，根据农事季节、结合推广超级稻等粮食新品种、水稻和玉米免耕、测土配方施肥、编制布隔层育秧、无公害粮食生产、病虫害综合防治等技术，实施阳光工程、基层农技推广体系培训等项目，组织科技人员举办培训班、发放资料、宣传科普知识。举办农业技术培训班212期，培训农民2.26万多人次，印发农业实用技术手册和宣传资料2.46万份册。

【农村电商】 2016年，江永县鼓励家庭农场、合作社、农村生产企业、生产大户等新型农业经营主体等开展网络销售。30个家庭农场、合作社、生产企业、种养大户率先入驻淘宝。通过示范带动，全县先后有67个家庭农场、合作社、生产企业、种养大户入驻淘宝、兼做京东，取得较好的效果。同时注意推进农产品防伪溯源监管平台建设，大力推进“满天星”农产品防伪溯源项目建设，引进杭州甲骨文科技有限公司建设“满天星防伪溯源永州市江永县特色农产品及农产品深加工产品管理项目”。

【农业执法】 2016年，江永县农业执法工作，按照依法治农，维护农业、农民、农村合法利益的原则，对全县11个乡镇的主要农资市场进行全面、重点专项检查。累计出动执法人员563人次，检查农资市场145场次，检查经营户点122户次，检查企业18次，农资产品监督抽查送检17个，其中种子2个、农药10个、化肥5个。查处违规案件12起，其中种子查处1起，查获违规种子140公斤，货值0.29万元；农药10起，查获违规农药产品850公斤，货值5.9万元；化肥1起，查获违规化肥1560公斤，货值0.89万元；挽回经济损失106万元。依法查处涉农违法案件行为，做到有案必查，查案必结，全年立案查处10起，全年结案率达100%。查处的涉农违法案件，没有行政复议和行政诉讼。

【植保植检】 2016年，江永县贯彻落实“预防为主、综合防治”的植保方针和“公共植保、绿色植保”的植保理念，以促进粮食稳定发展和农民持续增收为目标，努力构建农业有害生物监测预警和绿色防控体系，大力发展农作物病虫害专业化服务组织，提高植保综合能力建设，不断创新植物检疫执法机制，大力推进农药科学安全使用，加快施药器械更新换代步伐，突发性新病虫的预警和防控。据统计，2016年全县农业有害生物发生面积481.96万亩次，防治688.67万亩次，共挽回粮食损失15634吨、柑橘损失184585吨、蔬菜损失35458.6吨、玉米损失8200吨、油菜籽损失1628吨，共挽回经济损失2.0亿元，确保主要农作物病虫害总损失率控制在5%以下。

【柑橘黄龙病综合防控】 2016年，江永县柑橘黄龙病综合防控继续围绕“保香柚、保新区、促改制”这一目标，结合中国“三板斧”（清病树、杀木虱、管苗木）防控经验，突出抓宣传培训、抓病树清除、抓木虱统防统治、抓苗木检疫、抓木虱监测、抓督促检查。截至2016年年底，全县投入柑橘黄龙病综合防控资金1350余万元，进行木虱统防统治1333.33公顷、群防群治面积30666.67公顷，木虱发生基数大幅下降；清除病树156.9万株，有效减少了黄龙病菌源；检疫苗木500多万株，销毁不合格苗木4.2万株；建好两个无病毒苗木基地，基本满足全县苗木种植需求。

畜牧水产

江永县畜牧水产局

局长、党组书记：谭宏志
副局长、党组成员：张选龙
纪检组长、党组成员：周文彪

【概况】 2016年，江永县畜牧水产局内设办公室、畜牧股、水产渔政站、动物卫生防疫监督所、饲料行业管理办公室、屠宰管理办公室等6个职能股（室）。其中动物卫生防疫监督所为副科级事业单位。全局系统共有干部职工190人，其中在职92人、退休98人。有专业技术人员15人。2016年度荣获湖南省“全省动物疫病防控先进县”称号。

2016年，全县畜牧业总产值137256万元，与2015年同期相比（以下简称“同比”）增长7.3%。全县发展生猪125.5万头，其中出栏生猪71.2万头、存栏生猪54.3万头，同比分别增长10.5%、10.3%、10.7%；能繁母猪存栏4.96万头，同比增长9.2%。发展肉牛39.1万头，其中出栏肉牛11.7万头、存栏肉牛27.4万头，同比分别增长3.9%、2.2%、5.6%。发展肉羊10.2万只，其中出栏肉羊4.5万只、存栏肉羊5.7万只，同比分别增长6.2%、7.8%、4.6%。发展家禽578万羽，其中出笼家禽316万羽、存笼家禽262万羽，同比分别增长1.5%、1.2%、1.8%。2016年水产业总产值6102万元，同期相比增长12.3%。全县放养水面1926.7公顷，同比增长1.8%。放养各类鱼种3150万尾，其中17厘米以上的大规格鱼种1260万尾。水产品产量8100吨，其中养殖产量7980吨，捕捞产量120吨。

【“公司+农户”的生猪订单养殖模式】 2016年，江永县与温氏集团形成订单养殖模式，发展“公司+农户”合作养殖户270余户，全年出栏生猪达到50万头以上。

【肉牛发展】 2016年，江永县发展肉牛22.84万头，存栏肉牛16.76万头（其中存栏能繁母牛6.8万头），出栏6.08万头。全县存栏肉牛300头以上的大户2户，存栏肉牛100头以上的大户26户，年发展肉牛10～100头的养牛户有1200多户，存栏肉牛4.26万头。2016年，在争取项目资金支持方面，争取南方草地现代牧业推进项目在江永落地实施，投入资金296万元；争取财政每年投入资金500万元以上，用于补助养牛业。在创建养殖小区方面，在黄甲岭乡和铜山岭农场3万多亩连片草山区域，创建江永县绿源牧业公司宅景牛场、鑫远养牛有限公司、龙洋村牛场等规模养牛场以及存栏牛10头左右的农户30多户。引导每个乡镇创建4~5个养牛小区，每个小区存栏母牛600~1000头。同时建好示范场，抓好示范带动，以江永县绿源牧业有限公司和江永县高峰牛场为龙头、收购杂交牛进行短期育肥再出售的产业化模式逐渐形成，取得了较好经济效益。继续落实优惠政策，对存栏10头母牛以上的养牛大户，每产1头小牛补助600~700元；对品种改造示范村、品种改造大户兴建配种架，每个补助500元。在改良肉牛品种方面，全县共建成县级品改中心1个，乡镇品改站11个，村级（大户）品改点30个，拥有肉牛品改员32人，基本实现了肉牛品改全县210个行政村全覆盖。与此同时，推广人工种草和农作物秸秆氨化、青贮处理技术，全县人工种草1.2万亩，改良天然草场1.3万亩，氨化、青贮处理农作物秸秆6万吨，为全县肉牛产业的发展打下了坚实基础。

【生态渔业】 2016年，江永县创建“达尊生态庄园”渔业标准化示范基地，基地面积6.73公顷。基地不使用农药、化肥，生产纯天然、无污染、安全营养的水产品。主要养殖青鱼、草鱼、鲢鱼、鳙鱼“四大家鱼”及鲤鱼、鲫鱼、鳊鱼，年产鱼20400公斤，兼营餐饮、垂钓、烧烤农家乐。建立上江圩龙田村稻田综合种养示范基地”，基地面积4公顷，投入资金40.9万元。采用稻田藕鳅共作种养模式，在低洼水稻田里种植莲藕，低密度套养泥鳅，发挥莲藕和泥鳅共生互利的优势，实现产品优质双丰收，亩产泥鳅202公斤、产藕1050公斤，取得了良好的效益。

【重大动物疫病防控工作】 2016年，对全县178个村（居委会）全面实施免疫。免疫猪瘟95.5万头、蓝耳病95.5万头、猪口蹄疫95.5万头；免疫牛21.4万头，免疫羊13.1万只，免疫家禽219.2万羽，免疫密度均达100%。所免动物的标识率、免疫证发放率、免疫档案全部达100%。同时加强对动物防疫和畜产品的安全监管，由县政府与各乡（镇）、县畜牧水产局与畜牧站签订目标管理责任书；加强业务培训，加强冷链体系建设，加强疫情监测和排查，加强防疫物资管理，加强应急值守，加强工作纪律。形成一级抓一级，层层抓落实，防疫工作覆盖所有畜禽养殖场散养户，覆盖所有养殖畜禽。2016年，江永县未出现重大动物疫病，被省人民政府评为全省动物疫病防控先进县。

烤烟生产

江永县烤烟办

主任
党组书记：何魁武

副主任
党组副书记：邹坚强

副主任
党组成员：何新平　罗光成

【概况】 2016年，县烤烟办认真贯彻落实国家、省、市有关烤烟生产工作的方针、政策。认真研究制订烤烟生产、收购计划以及相关政策、措施，积极推广科技兴烟。协调烟草、科技、农业、银行等有关部门，为烤烟生产提供技术、物资、资金等服务。不断提高烤烟种植水平，推动全县烤烟生产的健康发展。2016年，江永县人民政府被湖南省人民政府评为“湖南省现代烟草农业建设先进单位”；江永县被永州市人民政府评为“烟叶工作先进单位”；江永县烤烟办被永州市人民政府评为“烟叶市场管理先进单位”。

【烟叶生产】 2016年，江永县完成烤烟种植面积1520公顷，占县计划面积的100.2%。完成收购烤烟55838.14担，占市分配任务的111.7%，均价1324元/担。烟农售烟收入7391.8万元，实现烟叶税

1768.42万元。

【烟基工程】 2016年，江永县新建291座烤房，基本烟田整理项目夏层铺水源头项目片通过省级验收，建设面积200.27公顷，完成烟田整理120公顷。完成渠系配套25条11.67千米。完成田间道路建设11条4.38千米，河道治理1条，长2208米。完成总投资760万元。允山项目片已开工建设，规划建设面积260公顷，预算总投资843万元。

蔬菜生产

江永县蔬菜办

负　责　人：何　谧
副　主　任：周翠飞

【概况】 2016年，江永县蔬菜种植面积16700公顷，总产量48.8万吨，总产值12.7亿元。其中香芋3266.67公顷，香姜1333.33公顷，芥菜1000公顷，密本南瓜800公顷，淮山333.33公顷，优质百合200公顷。在第十四届中国国际农产品交易会、第三十届世界批发市场联合交易会和2016中国国际商标品牌节等节会上，江永香芋、香姜产品以优良的品质、独特的风味获得广大客商的喜爱和青睐，为江永特香蔬菜外销打下坚实基础。2016年江永县被列为全省首批40个绿色食品示范基地之一。

【江永香姜入选全国名特优新农产品目录】 香芋、香姜是江永县独具特色、品质优良的蔬菜品种。江永香姜入选《2015年度全国名特优新农产品目录》，为全省37个入选品种之一，是永州市唯一入选的蔬菜品种。

生态能源

江永县生态能源局

党组书记
局　　长：蒋　彪
党组副书记
副　局　长：唐文胜
副　局　长：欧阳志全
　　　　　　欧　晖

【概况】 2016年，江永县生态能源建设从加大宣传、深入发动着手，强化项目监管，抓好资金投入、安全生产、质量监督等各个环节，努力推广农村清洁能源、减低生产生活能耗、改善生态环境。全年完成沼气建设投资486万元（其中中央投资225.4万元），完成新建沼气池972户9720立方米，其中养殖小区和联户沼气770户7700立方米，户用沼气202户2020立方米。推广太阳能热水器0.1万台，总集热面积0.2万平方米。

【沼气集中供气后续工程】 2016年，江永县允山大型沼气集中供气后续工程有序推进，投入省财政专项资金15万元，采购40千瓦沼气发电机组，完成沼气站美化亮化工程，新增供气户47户，集中供气给枇杷井村150户农户。

【争取项目资金】 2016年，江永县向省争取新建锦园养殖合作社大型沼气建设项目，中央投资资金扶持150万元，项目建设按程序进行了评审、设计、招投标、施工等相关工作，主体工程已峻工。争取省级财政示范项目资金20万元，完成矮寨村、刘家庄村、山爻头村等3个村130户太阳能热水器安装。

林　业

江永县林业局

党组书记
负　责　人：李瑞祥
党组副书记
森林公安局
局　　长：唐瑞斌
党组成员
副　局　长：郑少平
党组成员
副　局　长：赵永成
党组成员
纪检组长：杜军平
副　局　长：周剑平
党组成员：欧阳明亮
主任科员：文　达
副主任科员：曾　文

工 会 主 席：蒋治安

【概况】 2016年，江永县林业局有干部职工187人，其中在职干部职工144人，退休人员43人。局机关内设股室4个，直属事业单位12个，下设9个乡镇林业站。全局共有技术人员15人，其中助理工程师5人，工程师10人。

2016年，县林业局以全面巩固创建国家森林城市成果为重点，大力开展工程造林、封山育林、生态公益育林。全县完成造林面积1500公顷，其中重点工程造林700公顷（珠江防护林工程180公顷，退耕还林荒山造林133.33公顷，石漠化综合治理工程246.67公顷，巩固退耕还林成果项目140公顷）；油茶新造133.33公顷；面上造林366.67公顷。完成封山育林1466.67公顷（无林地和疏林地封育1500公顷，有林地和灌木林地封育266.67公顷）。“裸露山地”完成封山育林200公顷，新增1个义务植树基地，种植苗木60万株；强化国家级、省级公益林49155.2公顷管理，新增县级生态公益林1333.33公顷；在道贺高速及连接线、江永县火车站及站前广场、女书大道、省道S325线等主要通道，绿化补植樟树、红叶石楠、红继木、铁树、桉树等绿化大苗3.2万株，除草管护120千米，施肥40吨。同时推进城区绿化、庭院美化、园林单位和秀美村庄、绿色乡镇工作，女书园、上甘棠、千家峒景区、凤凰山公园、市民广场、滨河大道全面绿化提质改造。

2016年，林业总产值13.3245亿元，其中：第一产业6.9209亿元，第二产业3.0288亿元，第三产业3.3749亿元。

【禁伐减伐三年行动】 2016年，江永县人民政府印发《关于江永县森林禁伐减伐三年行动实施方案的通知》，自2016年1月1日起全面实行禁伐减伐行动，每年下调20%的采伐量；通过禁伐减伐三年行动，确保到2018年年底全县森林覆盖率达到68.8%以上，森林蓄积总量达到580万立方米以上。禁伐减伐期限：2016年1月1日至2018年12月31日止。禁伐减伐范围：全县范围内的国家级公益林（20560.6公顷）、省级公益林（18567.2公顷）、洛湛铁路（26.4公顷）、道贺高速公路（682.6公顷）、省道S325线（1750.0公顷）两旁第一层山脊以内陡坡地段或平地200米范围内的森林。2016年上级林业主管部门下达林木采伐指标为87571立方米，实际审批采伐23037立方米，比预计的减少了64534立方米，至年底森林蓄积量达到590万立方米，森林覆盖率达到68.53%，禁伐减伐取得初步效果。

【生态公益林管理】 2016年，江永县强化生态公益林管理，在做好国家级、省级公益林49155.2公顷管理的基础上，在公益林重点地段、重要水源林区域，新增县级生态公益林1333.33公顷。组织完成古树名木普查，普查出古树名木312株，比上一次普查增加60多株。

【永州市林业博览园江永分园建设】 永州市林业博览园江永分园占地面积16666.67公顷，项目总投资200余万元。2016年，完成历史文化特色景观女书景牌石、女书文化墙、刻字景石及麻石休闲平台和登山步道、卵石游园小道等建设。种植四季桂、红桎木、杜鹃、红叶石楠、金森女贞和茶梅等品种，绿化面积3000平方米。铺植玉龙草1200平方米；栽植老人葵、精品造型罗汉松、榆树和红桎木古桩、精品桂花树、三角枫、紫薇、香柚、栾树、黄金香柳、日本樱花、紫荆等31个绿化树种1715株。

【林业有害生物普查】 2016年，江永县进行林业有害生物普查，普查共设置踏查线路24条、设置标准地、踏查点42个。调查贮木场、木材加工厂

11个，种苗繁育单位6个；实际调查面积3500公顷，代表调查面积42133.33公顷，调查面积占应调查面积（包括有林地、疏林地、未成林造林地）47933.33公顷的87.9%。采集标本50多个，拍摄工作照片和有害生物照片58张。发现林业有害生物35种，其中，林业有害昆虫29种、病原微生物5种、有害植物1种；本土有害生物33种、外来林业有害生物2种。全县补充调查发现林业有害生物发生面积234公顷，其中轻度危害54公顷、中度80公顷、重度10公顷。

【森林资源保护】 2016年，江永县森林防火工作平稳过渡，全年全县境内只发生一起较大的森林火灾，无人员伤亡事故，受灾面积41公顷；森林火警28起，其中4起立案并移交检察院，森林公安巡护查处零星火点72处，森林火灾率0.26‰，远低于省、市规定的森林火灾率1‰的标准。严厉打击破坏森林资源违法犯罪行为。依法依规立案查处12起森林刑事案件，刑事拘留2人，提请逮捕1人，移送起诉9起9人次；查处林业行政案件215起，处罚280人次，其中行政拘留17人，没收并放生省重点保护野生动物372只（条），其中鸟类40只，蛙288只、蛇44条。

【林权制度改革】 2016年，江永县完成林权制度改革扫尾工作，共梳理125.8万亩的内业资料，整理完善图表册113万亩，对内网林权管理系统小班完善核准108万亩，林权证发放到户率为99.6%。森林资源评估流转进一步完善。完成林权登记7宗、变更16宗，面积1568.4亩；林权抵押1宗，林权流转15宗，面积5682.8亩。国有林场改革进一步得到深化。积极引导发展林下经济，成功申报汉江源生态农庄为省级林下经济示范基地。

水　　利

江永县水务局

党组书记、局长：罗声军
党组副书记、副局长：周明东
党组成员、副局长：唐崇勇
党组副书记：邹政松
党组成员、纪检组长：翟淑雯
副局长：何满新
中型水库管理局局长：邹建文
主任科员：周海雁

【概况】 2016年，江永县水务局内设办公室、农水股、电力股、计财股、防汛办、水利股、水政大队、纪检监察室等8个股室，下设中型水库管理局（副科级）、供水公司（副科级）2个事业单位、19个乡镇水管站。全局系统有在职干部职工425人，其中工程师15人，助理工程师22人。

【水资源】 全县大小河溪211条，总流径1071.4千米。干流有潇江、桃水。潇江属长江水系，有支流116条，总流径579.02千米，流域面积940.48平方千米，占全县总面积的61.5%。桃水属珠江水系，有支流95条，总流径492.4千米，流域面积640.86平方千米，占全县总面积38.5%。县内有裂隙、孔隙地下河31条，分布在9个乡镇，总流径44.3千米，静储量约1.28亿立方米。江永县年平均降水总量26.36亿立方米，年径流总量16.63亿立方米，占降水总量的63.1%。江永县水电资源理论蕴藏量13.4万千瓦，可供开发6.84万千瓦，已开发3.056万千瓦，占50%。

【农田水利建设】 2016年，江永县投资930万元，完成23座小型病险库的除险加固。其中：松柏瑶族乡的益口坪、水美（土坝）、牛屎岭、桃子湾、担山塘、绕里、陈家塘、回头、牛塘湾、三角塘、四清、新山塘、斜塘背田、大背塘、大塘水库；潇浦镇的周家塘、挂榜山、黑石塘、黄土塘水库；夏层铺镇的三八、四群、塘下、铜古洞水库。投入130万元，及时修复千家峒瑶族乡武村、白花岗、刘家庄、桃川镇四香广场水毁河道，修复潇浦镇石角村、桃川镇邑口村水毁河坝，修复上江圩镇棠下村、潇浦镇水毁渠道等18处水毁工程。结合秋冬水利建设，投入1861万元，维修加固小塘12口；渠道104条、137千米；小型水泵站121处，装机202千瓦；小水池（水窖）44口；新增蓄、引、提综合水量80万立方米，改善灌溉面积2820公顷。

【建设节水灌溉示范片】 2016年，江永县在粗石江镇的下禾洞、仙姑塘、粗石江、槐木、叠楼、宋村、桂阳、新合、人字坝、竹根塘、道塘、白土村，源口瑶族乡的古调、小古漯、清溪、清溪源、黄金山、八十工村，兰溪瑶族乡的黄家村，共3乡镇19村，投资2131.35万元，新建高效节水滴灌示范片511亩；改造灌排渠道9条，9.214千米；改造灌溉道66条，42.555千米；整治山塘62口，修整河坝16座。

【水利项目扶贫】 2016年，江永县扶持圣人山贫困村夏橙基地项目水利设施建设，投入365万元，新建泵房2处，安装水泵10台（套），清水池10个，安装DN90供水管网9.3千米，建小山塘2座，修渠道3.5千米，安装滴灌50公顷，新增灌溉18公顷。编制整个勾蓝瑶寨旅游区的供水规划。投入28万元，修整灌排渠系，疏通狮形水库通往瑶寨的渠道，安装滴灌设备24台套，铺设主管道3.2千米，支管带36千米，采用先进的滴管微灌高效节水灌溉技术，解决景观性用水，改善54公顷农田灌溉，提升整个瑶寨旅游区的山水韵味，形成了山水瑶寨——果园——观赏性农业种植——经济型多层次发展的农业观光景观。

【农村饮水工程】 2016年，江永县投资1262万元，解决潇浦镇、千家峒瑶族乡、夏层铺镇、桃川镇、源口瑶族乡、粗石江镇的22村22008人的饮水安全。其中：源口瑶族乡的七工岭、黄土坳、大田，桃川镇富美、大地坪、小勉塘，松柏瑶族乡的白马、建新村，潇浦镇的圣人山、五爱村，千家峒的山峰、古源，粗石江镇的白土村等13个村为贫困村，占59%。饮水工程经永州市绩效办、永州市重点民生工程考核办、湖南省扶贫考核小组验收合格。

【河道治理】 2016年，江永县投资1213.71万元，完成警水油田段的河道治理10.964千米。其中：砥石桥至接龙桥7.373千米，山下面村附近支流河叉道右岸0.821千米，主河道左岸山沟下游段0.3千米，小寨源周家邦村段2.47千米。查处非法采砂点5处，取缔非法采砂场9处，清除占用河道乱建渔塘17口，拆除围垦占用河堤围墙720米、厂棚3处，房屋1处。对违反《清理平整尾砂堆、恢复河道功能责任书》者，依法查处，扣押采砂船5艘，责令清理平整尾砂堆8.5万立方米，加固受损河堤2.3千米。潇江、桃水等主要河流沿岸的乡镇政府与县政府签订《河道保洁责任书》，明确责任单位、保洁责任范围，及时打捞滞留的漂浮物，严禁开闸泄物。2016年，投入205万元购置河道保洁打捞器材和用于河道保洁工作经费，打捞处理水面漂浮物628吨、水草（水葫芦）541吨，清理河岸垃圾756吨。

【防汛抗旱】 2016年，江永县各单位、各乡镇政府与县政府签订《防汛抗旱责任状》，建立行政首长负责制，部门分工合作，岗位技术，防汛值班责任制。水务局、防汛办制订度汛方案，落实度汛措施。汛期，85座水库山塘落实专人监护。组建由武警消防官兵、公安干警、民兵组成的100人的应急抢险队伍。在县城、桃川设置防洪物资供应站，保障抢险物资供应。在省水电设计院专家的指导下，对133个村级自动监测预警系统，进行全面检修。

农业机械管理

农业机械化局

党组书记 局长：杨幼全
党组成员 副局长：王荣武
党组成员 纪检组长：欧阳巧玲
副局长：周秋生
技师：欧阳美健

【概述】 2016年，江永县农机局内设办公室、农业机械技术服务推广站、农机安全监理站。全局共有干部职工51人，其中在职29人，退休22人，有专业技术人员22人，其中技师1人，高级工14人，中级工6人，初级工1人。

【农机购置补贴】 2016年，江永县全面实施“农民全价购机、县级结算、直补到卡（农民）”的购置补贴方式。共完成农民购买农机具补贴资金236.95万元，机具台数1385台，受益户数1287户，功率达到8551千瓦。其中功力机械144台，国家补贴88万元，受益户数125户，功率2422千瓦。

【农机安全监理】 2016年，江永县加强全县农机安全生产，依法打击农机非法生产经营的行为。检查各类农机130台，排查出安全隐患6处，查纠各种违章行为89起；查获套牌车10辆，无牌车12辆，无证驾驶或准驾不符12人，教育、处罚12人。

【农机科技推广】 2016年，江永县推广2组烘干机，一台遥控飞机植保机械，巩固发展一个省级农机合作社，四台套深松机械正在测试当中。农机大户何世全新建振定农机合作社，实现了江永县农机化事业发展新的突破。

【农机科技培训】 2016年，江永县全面加强农机技术培训工作，根据各乡镇的具体情况，把培训地点设在重点乡村，让农民就近接受培训，重点培训学员掌握农机新机具的基本原理和操作使用注意事项等内容；全年共举办5期培训班，培训新购机农民200人。

【平安农机创建】 2016年，江永县开展“平安农机”创建活动，举办各类驾驶员培训班，学习道路交通安全的有关法律、法规；制作农机安全生产宣传展牌，印制农机安全宣传画，交通沿线悬挂安全标语；在全县“安全教育月”活动中，出动“平安农机”宣传车到各乡镇及S325线沿线巡回宣传。创建粗石江“平安农机”示范镇，宋村、白土、竹根塘三个“平安农机”示范村。

农村经济经营管理

江永县经营管理局

局长：黄世文
副局长：何永姣　吴军萍

【概况】 江永县农村经营服务站，内设办公室和农村业务股。全站共有干部职工14人。其中在职9人，退休5人。

【农民负担监督管理】 2016年，江永县继续加强农民负担监管，将减轻农民负担政策宣传到农村，全县发放“农民负担卡”5万份，调查走访9个乡镇，27个行政村，81个村民小组，243户农户，对农村基本建设筹资筹劳、化肥、农药、种子价格、学生就读交费等情况开展调查监督，全年未发现违规收费现象。连续第十年未出现农民负担案件。

【农村土地承包管理】 2016年，江永县农村土地确权、颁证工作，完成9个乡镇108个村，20106.67公顷，6.5万户的农村土地确权基本任务，建立了农村承包土地经营权信息平台，构建成农业部、省、市、县四级联网的数据库应用平台，为群众“确实权，颁铁证”。处理土地承包纠纷40余件次，实地堪查处理18件次，稳定了土地延包30年的延续性。

【农村土地流转】 2016年，江永县累计流转土地32533.33公顷，开展农村土地经营权抵押贷款试点，发放贷款1000万元，授益3000多万元。办理“农村土地承包经营权流转经营权证”50本，流转土地1240公顷，为将有限的、荒置的土地集中流转变为大中型养殖场、现代庄园、家庭农场，做好服务工作。

【农村财务管理】 2016年，江永县严格管理制度，严把财经纪律，组织人员抽审5个村的村级集体财务，发现问题及时纠正，进一步规范村、组集体财务账目。办理村民反应村级集体经济管理混乱的上访案件5件次，审计金额达380万元，纠正违纪违规资金30万元，挽回集体经济损失18万元。

【农民专业合作组织】 2016年，江永县在工商部门登记的农民专业合作社260家。家庭农场发展迅速，登记备案551家，并录入国家家庭农场管理系统；加大家庭农场认定工作力度，做好省级家庭农场示范县申报工作。农民专业合作社、家庭农场已成为重要的新型农业经营主体和现代农业建设的中坚力量。

农业综合开发

江永县农业综合开发办公室

主　　　任：何红忠
副　主　任：李跃志　何多瑞
　　　　　　王福强
纪 检 组 长：石文义

【概况】 2016年，江永县农业综合开发紧紧围绕县委、县政府深入实施“产业兴县、项目活县”战略大局，树立“全局抓项目、项目促全局”的发展理念，加强农业基础设施和生态建设，提高农业综合生产能力，推进农业产业化经营，提高农业综合效益，促进农民增收。

【高标准农田建设】 2016年，江永县农业综合开发投资644.0万元，建设松柏瑶族乡大路岩水库灌区高标准农田。项目涉及松柏瑶族乡的黄甲岭、盐下井2个村，改造0.43万亩高标准农田。其中：修建拦河坝3座；骨干渠2条1.05千米，硬化田间渠17条12.34千米；修建机耕路12条9.54千米；新农村建设村道水泥路硬化1条0.31千米。

【产业化经营】 2016年，江永县农业综合开发产业化经营补助项目4个，已完成项目计划建设内容的90%。义华花生制品有限公司年产1000吨花生油新建项目，投资502万元（其中中央和省级财政资金168万元，企业自筹334万元）。桃川春不老蔬菜专业合作社200亩香芋高产示范基地项目，投资110万元（其中中央和省级财政资金42万元，企业自筹68万元）。江永县生姜农民合作社100亩香姜种植基地新建项目，投资115万元（其中中央和省级财政资金42万元，企业自筹73万元）。江永县广发蔬菜种植专业合作社500吨蔬菜储藏保鲜新建项目，投资134万元（其中中央和省级财政资金42万元，企业自筹92万元）。

名特优新农产品开发

江永县桃川洞开发区

党工委书记（副处）：潘恩华
管委会主任（副处）：黄怀海
党工委委员 管委会副主任（正科）：宋族武

【概况】 江永县桃川洞名特优新产品开发区为副处级事业单位，内设办公室、招商合作局、产业发展局和科技发展局四个副科级机构，2016年在职人员30人，退休人员8人。

2016年，江永县桃川洞开发区着力抓好全县水果蔬菜为主的名特优新农产品的科研和科技推广。规划、组织、协调农产品精深加工的建设。积极创建农业标准化体系和全县名特优新产品的品牌建设。指导全县农产品流通和市场开拓工作。协调抓好水果、蔬菜等行业协会管理服务，有力推进名特优新农产品的发展。

【销售引导】 2016年1月在香柚、香芋销售后期价格严重下跌的情况下，主动调研，提请县政府出台《关于促进香柚、香芋销售的意见》，采取措施促进特色农产品销售。销售大户和相关单位销售香柚2010吨，销售香芋9635吨，大大减轻了农产品滞销风险，促进了农民增收。

【基地培管】 2016年，继续抓好特色产业基地的培管，印发技术资料4750份余份，组织高级农艺师到粗石江、桃川、源口等乡镇培训讲课11场次，为特色水果基地提供技术支撑。

【申报夏橙“绿色食品”认证】 以江永县香柚开发总公司名义申报夏橙“绿色食品”认证，于2016年6月由中国绿色食品中心正式颁发证书，改变了夏橙有特色却无相关认证的历史。

【优化产业结构】 2016年，引导柑橘黄龙病病毁果园的转产，推广种植猕猴桃、百香果、罗汉果、向日葵等新品种，转产种植面积200公顷以上，且取得较好经济效益。同时大力宣传和积极引导相关合作社及个人在柑橘新区松柏瑶族乡、夏层铺镇等，发展晚熟柑橘新品种沃柑，全县沃柑种植面积约800公顷。

【推进农业标准化生产】 2016年，统一香柚、香芋、香姜的种植标准，进一步推广标准化操作规程，按绿色食品要求进行生产，降低农药残留，以提高食品的品质和安全性。

【强化柑橘黄龙病综合防治】 2016年，为强化柑橘防控病毒的能力，开发区调整柑橘黄龙病综合防治工作领导机构，制订《江永县2016年柑橘黄龙病综合防控工作实施方案》和考核办法，层层签订工作责任状。着力抓好桃川镇三板桥村和粗石江镇宋村两个柑橘黄龙病防控现场示范点。免费发放防治药品，在春季和夏季进行柑橘木虱统一防治，清除失管果园面积2266.67公顷，按30元/亩的标准给予黄龙病病树砍伐补助，共补助资金102万元。

【建设源口香米基地】 2016年，源口香米基地由桃川洞管委会与源口乡政府共同建设和管理，湖南大学设计研究院制定《源口香米基地农业生态旅游区规划》《有机食品源口香稻生产技术规程》《源口香稻保护与开发实施方案》，采取大户承包的方式，按有机食品要求种植，香稻的收购价为10元/斤。香稻产量约为8.5吨，种植成本较2015年下降40%。积极申请江永香米农产品地理标志，向省农业委递交申报材料。

【做好电子商务工作】 2016年，为6家电商企业办理农产品地理标志和地理标志证明商标授权使用证（香柚、香芋、香姜）共20个，免费提供给电商企业50万个香柚保鲜袋。积极引导电商企业及从业者实行香柚、香芋、香姜的产品标准，引导做好分级销售，进一步扩宽全县农产品互联网+的营销模式，实现线上线下全方位营销。

【协助管理和服务行业协会】 组织香柚行业协会、蔬菜产销协会的销售大户参加江苏昆山中国商标节、昆明食品博览会，进一步打响品牌，促进产品销售。

【江永香柚湖南十大农业品牌】 桃川洞开发区管委会以江永县香柚开发总公司名义呈报的江永香柚成功获2016“湖南十大农业品牌”荣誉。

【江永香柚录入全国名特优新农产品目录】 农业部优质农产品开发服务中心于2016年1月18日发布了《2015年度全国名特优新农产品目录》，江永香柚被提为果品类录入。

气　　象

江永县气象局

局　　长：周焰军

副局长、气象台长：何源锦

副局长、纪检员：覃梦文

【概况】 江永县气象工作围绕经济建设、国防建设和社会发展，积极开展气象服务。2016年江永县频发洪涝灾害，县气象局全力以赴，根据已有的设备和水平及时地提供各类气象情报、预报，参与防汛抗洪抢险。下半年天气干旱，县气象局适时开展人工增雨天气作业，受到县委、政府领导及相关部门的好评。

【气象设备】 2016年，江永气象局现有设备为：

采集器 DZZ4-1301.091

温度传感器 WUSH-TW100

温度传感器 WD-3M12.284B

湿度传感器 DHC2 WS12.0557

地面温度传感器 ZQZ-TW WD-18M12.254D

5CM 温度传感器 ZQZ-TW WD-18M12.1232D

10CM 温度传感器 ZQZ-TW WD-18M12.1236D

15CM 温度传感器 ZQZ-TW WD-18M12.1319D

20CM 温度传感器 ZQZ-TW WD-18M12.1239D

40CM 温度传感器 ZQZ-TW WD18M12.1231D

80CM 温度传感器 ZQZ-TW WD-8M12.789D

160CM 温度传感器 ZQZ-TW WD-8M12.0066D

320CM 温度传感器 ZQZ-TW WD-8M12.785D

翻斗雨量传感器 SL3-1 YL12.5344

风向传感器 ZQZ-TF FX-12. 1821

风速传感器 ZQZ-TF FS-12. 1821

气压传感器 DYC1 QY13.0116

能见度传感器 PWD20/NJD-V1406·005

降水天象传感器 DSG1

日照传感器（日照计）FJ-2 8010273

其他传感器（草温）ZQZ-TW WD-20M12.316D

全县各乡镇建有34个区域自动气象站，为全县的防汛抗旱工作，提供实时监测气象数据。

【气象观测】 2016年，江永县气象观测主要有：雨、阵雨、毛毛雨、雪、阵雪、雨夹雪、阵性雨夹雪、霰、米雪、冰粒、冰雹、露、霜、雨凇、雾凇、雾、轻雾、吹雪、雪暴、沙尘暴、扬沙、浮尘、烟幕、霾、雷暴、闪电、极光、大风、飑、龙卷、尘卷风、冰针、积雪、结冰等观测项目。

【气象服务】 2016年，县气象局按照社会需要，及时提供气象预报、气象资料、气候分析、气候评价、气象实用技术、科研成果、技术咨询及其他有关气象信息等服务。着眼于“抗大汛、防大灾”，通过移动MAS平台，全年面向机关、单位、社会大众、种养大户等，发送气象预警信息30多万份。组织管理县内气象探测资料的汇总、传输，位于蒲浦镇红山村接龙山上的气象观测站，每天24小时向中国气象局传输江永县的实时气象资料。

【年度气候】 2016年，平均气温为19.1℃，较历年平均（18.4℃）偏高0.7℃。年极端最高气温为39.4℃，出现在7月31日；年极端最低气温为

-0.8℃，出现在1月25日。年降水量为2135.5毫米，较历年平均（1512.2毫米）偏多623.3毫米。全年共出现9次暴雨过程，分别出现在3月20日、21日，4月4日、10日、17日，5月6日，6月3日、16日和11月9日，其中以6月16日（88.5毫米）最大。汛期（4—9月）降水量为1459.7毫米，较历年同期偏高。年日照时数为1333.2小时，较历年（1449.3小时）偏少116.1小时。

工　业

综　述

2016年江永县完成工业总产值47.3亿元，同比增长13.3%；完成工业增加值12.5亿元，同比增长12.2%（按当时价）。其中规模工业总产值完成37.9亿元，同比增长12.9%；规模工业增加值完成10.1亿元，同比增长10.5%（按当时价）（按可比价工业增加值完成9.7亿元，同比增长6.7%）。工业实缴税金3541万元，同比下降4.3%。完成工业固定资产投资12.3亿元；工业技改投资3.6亿元。工业用电量9492万千瓦时，同比下降16.0%。万元规模工业增加值能耗降低率5.4%。完成规模工业企业入统5家。

【项目建设】 以项目促投入、以投入促发展。2016年，与江永和一佳园农业开发科技有限公司成功签约总投资6800万元的特香农业科技示范园项目；与浙江吉利投资有限公司达成投资28亿元的农业机械生产产业园意向，并洽谈合作细节；与北京中景恒基集团就投资旅游开发、农业休闲观光、农产品开发与加工、城镇基础建设、城市污水等八个方面考察洽谈；与深圳茂硕电源科技有限公司签订了投资12亿元的光伏发电意向协议，并对公司实施的项目和实力进行了考察。

【优化发展环境】 实施“企业服务年”主题活动，执行“企业宁静日”制度，完善了《2016年县级领导联系企业一览表》《关于进一步优化投资环境的实施意见》《江永县“工业企业服务年”活动工作方案》和《关于大力实施招商引资战略发展开放型经济的若干优惠政策》等一系列促进工业经济发展的文件。联合多家银行开展银企交流活动、“中小企业关爱行动”，现场为企业解决融资需求。帮企业向上争取项目资金100万元，及时帮助企业解决各种困难。严厉打击扰乱企业秩序的各种治安刑事、经济犯罪及职务犯罪，杜绝揽工阻工、强买强卖、敲诈勒索等现象。

【墙改、推散工作】 全县共有新墙材企业5家，其中规模以上企业3家，省级认定企业2家。2016年，新墙材占墙材总产量比例81%。“两项基金”2016年征收154万元。关停实心粘土砖企业1家，被关停的实心粘土砖企业无反弹。为做好墙改、推散工作，一方面通过网络、媒体、会议、发放资料、座谈会等形式，广泛宣传；深入企业、建设单位、工地开展了多种形式的解释工作；通过一系列的宣传活动，使不少领导干部、工程项目建设者及广大市民对“禁实推新”“禁现推散”提高了认识，改变了观念。同时，严格市场准入，合理布局，促进新墙材和散装水泥的推广应用。另一方面，采取电价倒逼机制，电力部门对新墙材企业给予电价优惠，实心砖厂不能享受相关优惠政策，促使实心砖企业成本上升，逐步退出建材市场，有力的支持了新墙材企业发展。与此同时，强化部门联动，强化监管，形成齐抓共管局面，建立县新型墙体材料革新和散装水泥管理领导小组例会制度，每季度召开一次，重点解决存在的问题和困难，研究部署相关工作，使“禁实推新”工作具有时间性、连续性和可追溯性。对非法开办的实心粘土砖厂进行强制断电。把两项基（资）金征收管理纳入县政府政务中心统一打捆征收，杜绝“人情征收、减免”现象，及时、快捷办理，实行收支两条线管理，保障了基（资）金足额征收入库。对应缴未缴或未足额缴纳的建设单位进行追缴，对仍拒绝缴纳的提请人民法院强制执行。

电力工业

国网江永县供电公司

公司总经理 党支部书记：伍永辉（2016.4.8离职）

公司党支部书记 副总经理：李全胜（2016.4.8至2016.10.24任职并主持工作）

公司总经理 党支部副书记：李全胜（2016.10.24任职）

公司党支部书记 副总经理：唐松任（2016.10.24任职）

公司副总经理：李向晖

【概况】　国网江永县供电公司成立于1997年9月10日，隶属于国网永州供电公司。公司共有在编员工37人，退休职工7人。公司下设综合管理部、发展建设部、乡镇供电所管理部3个职能部室和运维检修部、客户服务中心2个业务支撑机构，以及潇浦、回龙圩2个供电所。主要负责江永县城区及二镇一乡一场及回龙圩管理区的电力建设、电能供电、电网维护任务，并对广西桂东电网供电。现有220千伏变电站1座、110千伏变电站3座、35千伏变电站3座，主变总容量296.15兆伏安，所辖110千伏线路5条、35千伏线路3条，输电线路167.408千米，配网线路25条438.6千米。共有电力客户4.79万户。2016年售电量1.44亿千瓦时。

【安全生产】　2016年，国网江永县供电公司贯彻省、市公司对安全生产工作的各项决策部署，落实各级安全生产责任制，持续严抓严管，推进反违章工作。开展现场安全稽查，抓作业现场，未发生被省、市公司查处的一般及以上违章行为，获省公司标准示范现场1个，获市公司标准示范现场8个。开展安全教育培训，提升员工安全素质。春季和秋季安全检查、隐患排查治理、防雷防汛、各类重要保电工作有效进行，安全生产月活动、电力设施保护等工作有序开展。截止2016年12月31日，公司实现安全生产周期5545天，在春季和秋季安全大检查中均获国网永州供电公司南片第一名，连续5年获永州供电公司安全生产先进单位。

【项目建设】　2016年，国网江永县供电公司争取农网改造项目资金2393万元，新建或改造10千伏线路16.56千米，新建变压器台区27台/4465千伏安，改造变压器台区56台/18805千伏安，改造0.4千伏线路137.63千米，完成户表改造25185户。完成了2017年江永县10千伏及以下配电网规划项目优选排序报告编制，并通过县、市、省公司三级会审。核准配网项目1862万元，其中优化网架结构10千伏线路5条共276万元，县城新增补点4台共159万元，县城台区低压线路改造7个台区共56万元，完善村农网升级改造22个村共1246万元。完成了公司“十三五”电网规划，规划投资6385万元用于电网改造行政村62个，新建县城台区21个，新增配变容量33.7兆伏安，新建改造10千伏主干线路6条，增容改造35千伏变电站1座，改造35千伏线路1条。

【生产管理】　2016年，国网江永县公司与江永县政府职能部门联合开展的电力设施安全整治工作步入常态，下达安全隐患整改通知书12份，消除输、配网线路树竹障碍37处、

9000余棵；开展鱼塘、“两高”跨越排查工作，并与鱼塘户主进行了安全交底。开展接地电阻检测工作，重点对变电站出口线路2千米和容易遭受雷击的64基杆塔及65台公变进行了接地电阻检测，对锈蚀不合格的接地体进行开挖处理。完成了35千伏江千允线和10千伏钱大线等线路的改造工作；完成了江城Ⅰ线与潇城Ⅰ线的互联互供改造工程和江高线、江二线的负荷转移改造工程；完成了27台重过载公变推磨轮换和14个台区线路隐患整治及低电压整治工作，提升了江永电网线路设备的健康水平和供电可靠性。开展农配网采集系统录入工作，完成了16条10千伏农网线路及250余台公变采集录入PMS2.0系统工作。

【营销服务】 2016年，国网江永县供电公司着力打造高效服务协同网络和供电所垂直管控体系，强化“管业务必须管服务”的理念。利用供电服务例会平台，有针对性的进行重点管治；学习投诉管控“三大纪律、八项注意”详解及案例分析，提升服务意识。制定供电服务推广暨频繁停电投诉管控实施方案，开展投诉管控大走访活动。配网检修中心实施电力110夜间值班、零点夜巡制度，确保城区抢修的供电可靠性。扎实开展配网整治和低电压整治工作，供电质量大幅度提高；通过窗口接待、总经理服务热线、台区经理主动服务等理顺诉求渠道，及时解决客户的诉求，客户投诉率得到有效控制。

【三个建设】 2016年，国网江永县供电公司采取集中学、自学、座谈、专题学习讨论、党支部书记专题讲座等形式扎实开展“两学一做”学习教育。通过“三亮三比三无”活动，创建4个党员示范岗。制定落实党风廉政建设“一岗双责”责任清单，开展廉政风险防控，抓好党风廉政建设工作。强化保密和信访维稳，确保企业和谐稳定。加强公司本部院内环境的整治、标准化物资仓库建设、潇浦供电所标准化建设场地改造，推行“6S”管理，公司品质工区建设初显成效。公司职工食堂被评为“国家电网公司职工健康食堂”，营业班荣获国网湖南省电力公司2016年度营销服务先进班组，朱柯柯荣获国网湖南省电力公司2016年度营销服务先进个人。

园区工业

江永工业集中区

党工委书记：邬双飞（2016.11调离）

党工委副书记、管委会主任：何爱光

党工委副书记：何思盛

党工委副书记、管委会副主任：贺兰波

党工委委员、管委会副主任：尹金松

党工委委员、管委会副主任：田荣华

党工委委员、纪工委书记：高志升

党工委委员：朱益元

【概况】 江永工业集中区管委会机关内设办公室、规划建设股、管理服务股等3个职能股（室），共有在职干部职工11人，无离退休人员。江永工业集中区性质定位为绿色富硒食品加工产业园区和冶金建材及高新技术产业园区，规划目标为创建一个和谐有序、经济高效、环境舒适、可持续发展、具有产业特色和竞争优势的并在湖南南部具有一定影响力的工业园区，是江永县工业化基地、对外开放和招商引资的平台，也是江永县工业经济集中区和城市发展的新区。

2016年，江永工业集中区共有企业37家，其中规模以上工业企业27家、规模以下企业及其他10家，已投产企业30家、在建企业7家。实现技工贸总收入48.9993亿元，2015年同期43.3757亿元，同比增长12.96%；规模工业总产值33.7351亿元，2015年同期27.9825亿元，同比增长20.56%；规模工业增加值9.3883亿元，2015年同期8.0622亿元，同比增长16.45%。新增入统规模企业6个，2015年同期5个，同比增长20%。实缴工业企业税收0.2958亿元，2015年同期0.2515亿元，同比增长17.61%。新增工业企业竣工投产数12个，2015年同期6个，同比增长100%。园区工业项目投资强度200万元/亩，2015年同期150万元/亩，同比增加50万元/亩。园区工业集中度88.93%，较2015年78.14%，提高10.79个百分点；园区主导产业聚集度66.87%，较2015年57.68%提高9.19个百分点。高新技术企业户数占园区规模工业企业户数的比重48.15%，较2015年14.82%，提高18.51个百分点。新建标准厂房面积12.67万平方米，2015年同期11.2万平方米，同比增长13.13%。新增土地储备1436亩，2015年同期600亩，同比增长139.35%。基础设施投入2.6056亿元，2015年同期1.2106亿元，同比增长116.84%。新入驻园区企业10个，2015年同期5个，同比增加100%。固定资产投资过5000万元以上项目新开工7个，2015年同期5个，同比增长40%。新增过亿元企业2个，2015年同期1个，同比增长100%。

【规划建设】 江永工业集中区近期规划2.07平方千米，远期规划4.5平方千米，远景规划10平方千米。省批复核准规划总面积为206.90公顷，分为利田片区和麒麟岩片区。实际建设按“一园三区”模式，近期规划面积4.5平方千米：江永县利田工业区（江永绿色食品工业区）2.07平方千米；江永县龙阳粉体工业区0.6平方千米；江永县火车站物流工业区1.83平方千米。

2016年，江永工业集中区利田工业区滨河西路南、北段路面硬化工程全面竣工；霞凤路西段硬化和绿化工程完成；大漠头路西段沙石路面工程建成投入使用；园区主排洪渠（利田大道至盘王贡酒）工程竣工；完成了健发产业园左边道路、排水工程图纸和预算编制。利田工业区实现了3条专线供电，各入园企业用电连接线基本完成，线路覆盖所有新落户企业。自来水园区供水增压主管道工程、专线工程由县自来水公司编制了预算方案。投入4000多万元的永济亭二级公路园区段综合改扩建工程基本完工。同时分别启动了麒麟高新技术产业园基础设施及配套设施建设和利田绿色食品工业园至麒麟高新技术产业园连园道路和县城至利田绿色食品工业园连城道路的前期工作。

【项目建设与招商引资】 2016年，江永工业集中区积极推进省政府下达的“135”工程项目建设，将该工程作为打造县域经济新动力，夯实经济发展后劲，促进创新创业的一项重要工作来抓。开展了示范性标准厂房建设，由县政府出资建设绿色工业创新创业孵化园标准厂房项目，并引进健发产业园、湖湘商贸产业园等项目，全力推进标准厂房建设。2016年完成投资15210万元，完成标准厂房竣工面积12.67万平方米，引进安登利电子、新明鞋都、老石头等企业（项目）10家。

2016年竣工投产的工业项目有义华花生、特色农副、十里香、祥瑞二期、瑶家人、宏鑫混泥土、科刃二期、同创混泥土等12家。总投资12亿元、占地350亩的祥瑞生物科技食用菌二期项目，目前完成投资近3亿元。打工能人返乡创业投资5000万元、占地50亩的科刃五金制品二期项目生产顺利。投资8000万元、占地30亩的科威产业园项目可以投产运行。投资1100万元、占地11.6亩的十里香农产品加工项目，投产以来生产正常。投资2400万元、占地22亩的盘王贡酒项目已正式生产。投资

1.08亿元、占地80亩的特色农副产品加工项目也已正式投产运行。投资2600万元、占地29亩的义华花生制品项目也于8月底正式投产。投资1.1亿元、投资3.86亿元、占地101亩的绿色能源示范县项目，占地50亩的时代快捷电子等项目进展顺利。其中：绿色能源项目办公楼及教研楼已封顶，2栋厂房已全面竣工，部分设备正在安装，其他设施正在建设当中；时代电子项目1栋5000平方米厂房已建成，准备进行设备安装，五层的综合楼主体也已竣工并完成装修；谷满仓农业科技产业园项目围墙建设和土地整理基本完成，一栋四层楼的标准厂房已完成二层。投资4500万元、占地51.65亩的健发产业园标准厂房建设项目3栋标准厂房已全面竣工，三层的办公楼完成主体工程正在装修中。占地50亩的湖湘商贸产业园标准厂房已完成主体钢架安装，正在砌筑墙体。占地62亩的创新创业园示范性标准厂房建设项目2栋标准厂房已完工，引进的安登利电子公司、新明鞋都2家企业，其中安登利公司已招收员工160多人，并于12月底正式投产。总投资8亿元的磁悬浮风力发电机生产项目测试场正在建设。有意向落户的崧顺电子、五金加工、木浆厂、竹制品厂等项目也在洽谈。

【园区管理】　2016年，江永工业集中区着力强化组织领导，健全工作机构，抓好队伍建设。班子领导主管服务工作，班子成员落实服务责任，明确成员责任，确保专人专责，严格实行封闭式管理，着力强化园区服务，不仅安排专人对每个企业实现全方位、全过程跟踪服务，及时办理各种证照和手续，还安排专人进驻园区施工现场，及时协调处理园区基础设施项目和入园企业建设、生产和经营过程中出现的系列矛盾、问题和困难，加强项目工程质量和安全监管。坚持“四零”原则，做到“让企业办事零距离，建设零干扰，服务零不满，环境零障碍”。为祥瑞科技、科刃五金、科威电子、特色农副、时代电子、义华花生、健发产业园、湖湘商贸产业园、安登利电子、新明鞋都等投产企业和在建项目在企业融资、用工服务、土地使用、规划设计和报建等方面全面提供优质服务。

商业·贸易

商务·招商引资

【概况】 大力实施“企业服务年”主题活动，严格执行“企业宁静日”制度，进一步完善《2016年县级领导联系企业一览表》等一系列促进工业经济发展的文件。联合多家银行开展银企交流活动为企业解决融资需求各种困难。严厉打击扰乱企业秩序的各种治安刑事、经济犯罪及职务犯罪。杜绝揽工阻工、强买强卖、敲诈勒索等现象。2016年，商务工作实现了外贸破零倍增企业2家（潇湘化工和瑶家人），外贸进出口完成980万美元。社会消费品零售总额目标任务21.95亿元，全年完成22.86亿元。

【电子商务】 2016年，在成功争取“全国电子商务进农村示范县”和制定《江永县发展电子商务指导意见》和《扶持发展电子商务若干优惠政策》等基础上，继续扶持电商发展，领跑全国和全省。

【招商引资】 2016年，招商措施突出了信息收集、小分队招商和强化考核等三个方面。围绕绿色工业、特香农产品深加工、“三千文化”旅游、商贸物流“四大领域”招商，不断培育和壮大农产品加工、五金电子、绿色能源等产业。

【园区和物流平台建设】 2016年，进一步完善园区功能分区、产业定位和基础设施配套建设，加快江永智慧城物流中心、气调保鲜冷链物流园建设，为承接产业转移提供现代物流平台保障。搞活特香农产品商贸流通，通过开展电子商务进农村工程和全国出口食品农产品质量安全示范区创建活动，大力发展特香农产品出口和深加工，搞活特香农产品流通和工业品下乡。

供销合作

江永县供销合作社联合社

党组书记
主　　任：蒋正雄（4月辞职）

党组成员
副 主 任：王忠辉　雷兴雄

党组成员
纪检组长：蒋安平（10月主持工作）

【概况】 江永县供销合作社联合社（以下简称“江永县供销社”）是参照公务员管理的事业单位。2016年有在编人员15人，设主任1人、监事会主任1人、副主任2人，下设办公室、财务股、业务股、监审室。

2016年，为落实中央“关于深化供销合作社综合改革”精神，县供销社成立深化供销合作社综合改革领导小组，统一领导和指导全县供销合作社综合改革工作，探索推进江永县供销社综合改革工作。组织起草《江永县深化供销合作社综合改革的实施意见和实施方案》，扎实稳步推进县供销社综合改革。成立江永县振合资产管理有限责任公司，监督和管理供销系统的全部改制剩余资产，同时全面清理全县各项资产，重新进行登记、建账。把社有资产的转让、开发、租赁等全部纳入资产管理公司统一管理，使社有资产管理初步走向正规。同时，新增基层乡镇惠农综合服务中心7个，占全县11个乡镇的63.6%。

【实施“新网工程”】 2016年，按照“五有”标准，新增使用“中国供销合作社”标识的配送中心6个，其中：农资2个，农副产品1个，再生资源1个，烟花爆竹2个。新增“新网工程”连锁网店212个，其中：农资连锁网店67个，农副产品连锁网店39个，再生资源连锁网店16个，烟花爆竹连锁网店90个。新增县供销社控股的专业合作社7个，新增县供销社控股的专业合作社4个，领办专业合作社4个，100%完成全年任务。10月成立的祥云专业合作社联合社由县社分管业务副主任任法人代表，成为全县农副产品专业合作社的龙头。

【服务农业生产】 2016年，县供销社积极开展“放心农资下乡进村”，推进农资诚信店建设，全年农资销售4.1万吨，占全年任务3.7万吨的110.80%，确保不销售假冒伪劣农资商品，确保农资供应不断档脱销。供销社全年完成销售总额29920万元，其中农资销售11682万元，农副产品销售1.7亿元，再生资源527万元，其他711万元。

【农产品电商】 县供销社以“全国电子商务进农村示范县”为契机，与28个“网上供销社”网店实行有效链接，推进电子商务进农村工作，2016年完成4个乡镇和40个行政村示范站的电子商务进农村工作。县供销社成立江永县供销电子商务有限责任公司入驻江永县电子商务一条街，推介江永特色农产品和江永特色文化。通过“互联网+农业”新格局，推动农产品生产流通领域新突破，带动江永农业品牌走出湖南走向世界。

【烟花爆竹监管】 2016年，县供销社烟花爆竹经营部严格按照烟花爆竹安全管理的有关规定，制订新的管理制度，责任层层落实到各个岗位的具体人员，与各经营网点签订安全经营责任书。县供销社积极主动配合公安、安监、工商等相关职能部门，不定期地对全县各乡镇销售网点进行安全经营检查，全年专项检查达12次以上，实现烟花爆竹安全经营零事故。

粮油流通

【概况】 2016年，完成县级储备粮2000吨。全市早稻收购会议结束后，粮食部门迅速组织力量做好收购各项准备工作，收购工作严格执行国家粮食最低保护价格政策、粮食收购质价标准。坚持敞开收购，随到随收，不折腾农民，依质论价，优质优价，不坑害农民。坚持公平定等、标准计量，不克扣农民，现款结算，不打白条，不算计农民；优质服务，排忧解难。不怠慢农民，确保正常的收购秩序。认真执行国家质价政策，收购工作中“人性化服务”，确保有“仓”收粮、有“钱”收粮、有“质”收粮和有“情”收粮。分别与合欢大米厂、裕丰大米厂签订150吨、200吨的应急成品粮合同，确保在紧急情况下辖区内军粮和应急粮供应。

【粮食安全保障】 2016年，在认真落实《江永县粮食应急预案》的基础上，结合实际，不断完善粮食应急预案和落实粮食安全的各项保障措施。加强应急粮源保障，粮油加工和应急体系建设。按照上级要求建立了350吨的成品粮储备，保证了在紧急情况下县城居民10天以上的粮食供应。

【粮食流通统计和平衡调查】 2016年，认真做好面向社会的粮食流通统计、粮食平衡专项调查，粮食仓储设施、粮食加工统计和粮食从业人员统计等五项统计工作，并对经营户进行统计制度执行情况检查和培训，提高统计质量。认真组织社会粮食、食用油和油料供需平衡调查，完成15户农户及城镇居民社会粮油供需平衡统计任务，不断扩大粮食统计覆盖面，及时上报调查统计数据和分析报告。

【清仓查库和安全生产大检查】 2016年，根据粮食清仓查库“人仓必到，有粮必查、有粮必核、查必彻底”的要求，在企业自查的基础上，对国有控股的粮油购销有限公司的粮食进行全面检查。对所有的县级储备粮、商品粮进行检查，企业的粮食库存达到了数量真实，质量可靠、赈灾、赈账、账表相符。同时为确保粮食安全。积极开展粮食安全生产检查工作，开展多次安全生产大检查，对重点部位、重点场所、药剂使用等进行排查、发隐患及时督促整改，并配备必要的消防器材。对企业人员进行一次安全应急演练，全行业没有发生安全事故，确保了国家财产和人民生命财产安全。

商业事务管理

县商业企业改制服务办公室

主　　任：卢恩华

副 主 任：何建德　文亚农

【概况】 县商业企业改制服务办公室是正科级事业单位，定编8人，在职8人，退休12人，离休2人。原下属“五个公司一个厂”已基本改制完成。其中，糖酒副食品公司于2001年实行50年长期租赁改制；五金公司于2003年实行破产改制；2004年饮食服务公司实行破产改制；食品公司2007年实行托管改制；百货公司于2010年实行托管改制；食品厂实行托管改制工作已进入扫尾阶段。三个托管企业分别设立了留守办归属江永县商业企业改制服务办公室管理。

【食品厂改制的扫尾工作】 食品厂于2014年启动托管改制，由于食品厂改制与食品公司、百货公司不同，要求改制与职工搬迁安置挂钩。尽管完成了改制任务，但改制工作仍存在一些遗留问题需要扫尾。到2016年年底，60户搬迁户全部做通工作，签订了搬迁协议，职工2014年—2015年的生活费也全部补发到位。

【关心服务下岗职工】 商业企业全部改制完成后，企业职工要么置换了身份，要么城投公司托管，看似与商业办没有多大的关系，但由于企业的职工其人事档案仍在商业办，企业改制过程中遗留的一些问题仍需要商业办协调处理，因此，做好下岗职工的服务工作是商业办工作的重中之重。经济条件较好的职工在破产改制时购买店面，年轻的文化水平高的外出打工也重新找到了工作；但是年纪较大的“四零五零”人员，特别是零就业家庭必须给与关心和帮助。县商业办公室与县人社局协调，为“四零五零”人员安排了一些政府公益性岗位；对部分生活特别困难的职工，与民政局联系为其解决了低保。

【解决改制遗留问题】 步行街饮食服务公司、五金公司拆迁户的安置房发证工作，有位想赖账不交钱要领证；食品厂拖欠糖酒副食品公司的糖款；食品加工厂在停产前有员工受伤致残要求伤残补助；企业改制时由于各种原因忘了给职工缴纳养老保险；原各公司的土地与附近村组存在的争执；糖酒副食品公司职工要求政府给予征地补偿等问题。商业办通过努力，到2016年年底，步行街这位老赖账户终于做通了工作；食品厂所欠的糖款和职工要求发放伤残补助已核实，并纳入食品厂改制经费，上报给分管的县级领导；企业改制时忘了给职工缴纳养老保险的问题，法院已开庭审理，并着手与当事人协商处理；原饮食服务公司与蒲家巷口的土地争执，法院已开庭，维持原判保证了国有资产不流失；糖酒副食品公司职工要求政府给予征地补偿问题，经过调查，形成了报告上报给分管的县级领导。

【信访综治维稳】 原所辖企业共有700多人的下岗职工，

由于改制时有一些不成熟不周到的地方，随着改革的不断深入，矛盾逐渐凸显出来。先改制的企业采取的是租赁改制和破产改制，后改制的企业采取的是托管改制，职工觉得先改的吃亏，后改的占益，心里不平衡。另外，下岗职工的再就业、生活、住房、就医、养老等一些遗留问题等，都会直接影响到社会大局稳定。2016年，商业办进一步完善接待制度，切实落实首问责任制，严防推诿扯皮。同时深入企业深入下岗职工家庭调查研究，现场解决问题，变上访为下访，掌握解决问题的主动权。并且建立信访维稳台账，明确包案领导和责任人，做到人人有回音，件件有落实。加强对三个留守办人员和原企业法人（已返聘）的管理，充分发挥他们的作用。及时处理信访案件，做到直查快办。热情接待来信来访人员，确保无越级访和赴省进京访。2016年，共接待来信来人来访158人次。其中，亦工亦农要求解决养老问题的3批15人次；反映住房、拆迁的10批40人次；反映原公司所欠债权债务的4批12人次；反映食品厂改制的20批111人次。答复县长转来上访信3件；答复省委巡视组上访件8件。由于热情接待来信来访人员，耐心细致做思想工作，努力维护下岗职工群众的利益，做到了无集体访、无越级访和赴省进京访。

【创建县级文明单位】 针对单位办公条件简陋，制度不完善，管理不规范，卫生不讲究，到处脏乱差的形象，开展创建县级文明单位活动。在经费相当困难的情况下，投入10万元对办公设施进行了提质改造，更新了天花板、铺设了木地板、更换了办公桌椅、搭建了隔热层、增设了职工活动场所，树立了“整洁、有序、文明、优雅”的良好形象。在开展“道德讲堂”提升文明素质活动的同时，认真开展学雷锋志愿者服务，到街道进行文明劝导，单位义务志愿者率为100%，全年参加义务志愿者服务多达126人次。紧张的工作之余，劳逸结合，积极组织开展寓教于乐的文体活动。积极参加县委县政府组织的各项体育健身、文娱活动，组建汽排球队参加县里组织的汽排球比赛。2016年，商业办公室被评为“江永县2016年届文明单位”。

石油供销

中石化江永石油分公司

经　　理：罗清海
副 经 理：何咏晖

【概况】 中石化江永石油分公司2016年在营加油站9座，在岗职工50人（含劳务工）。公司秉承“发展企业、贡献国家、回报股东、服务社会、造福员工”的企业宗旨，以经营为龙头，以安全为保障，充分发挥江永成品油供应市场主导作用，忠实履行大型国有企业的社会责任，全年供应市场油品销售2万余吨，为江永社会经济发展做出了积极贡献。

【油品供应】 2016年，国内经济增速持续放缓，柴油消费异常低迷，资源供大于求加剧，国内油价“十涨五跌”，市场竞争空前激烈。面对严峻挑战和各种困难，江永石油加快转变思想观念，聚焦提质增效，以“四个全力，两个推进”为工作思路，全力拼抢市场，努力扩销增效，持续加强管理，精心谋划发展，圆满完成了各项目标任务，全年销售成品油2万余吨，全年6个节假日共销售油品8000余吨，为全县油品保供、工农业生产发展做出了贡献。

【安全管理】 严格落实安全生产责任制，不断强化安全监管，及时消除各类安全隐患，加大责任追究力度，确保安全稳定生产。牢固树立“发展不能以牺牲人的生命为代价”的理念，做到了四个狠抓，四个“不”：即狠抓“三违”一个不例外，狠抓培训一个不缺课，狠抓隐患整改一个不漏项，狠抓制度执行一点不含糊。严格执行总部各项安全生产禁令，抓实新《中华人民共和国安全生产法》和《中华人民共和国环境保护法》学习，推动安全环保理念入脑入心。牢固树立“培训不到位是重大安全隐患”的理念，加强基层员工重点岗位技能培训，加强防火灾、防抢防盗以及防暴恐等应急预案的学习和演练，组织桌面、现场应急预案演练960余次，全面提高应急实战能力。

【优质服务】 坚持“以客户为中心”，不断强化服务管理，完善服务品质，提升服务水平。大力开展“加油站综合服务提升年”活动，严格油品数质量监控，践行“每一滴油都是承诺”，确保油品质优量足；强化非油品质量管控，保证“易捷万店无假货”；制定规范化服务标准，优化服务流程，靓化服务窗口，营造舒心消费环境。大力开展“文明加油站”创建活动，在每个加油站设置“便民服务台”，免费提供医药、维修、问询等便民服务。

烟草专卖

江永县烟草专卖局(分公司)

党组书记、局长、经理：王兵万
党组成员、副经理：陈练军
党组成员、副局长：李全胜
党组成员、纪检组长：何文辉
党组成员、副经理：江　涛

【概况】 2016年，江永县烟草专卖局（分公司）内设办公室、综合室/纪检组、财务室、基建办、市场服务分部、物流配送中转站、专卖管理监督股、内管派驻组、烟叶生产经营分部、烟叶基础设施办公室和6个烟草站（松柏、回龙圩、潇浦、桃川、兰溪、夏层铺站）。共16个部门。共有职工228人，其中在岗职工132人、离岗休息9人，离退休人员87人。党员78人，在职党员56员，离退休党员22人。专业技术人员31人，其中：农艺师2人，助理农艺师18人，会计师、经济师、统计师共11人。2016年，面对行业“三个大幅下滑”“两个居高不下”以及“四大难题”“五大压力”的挑战日趋凸显的发展局势，县烟草系统干部职工凝心聚力、迎难而上、奋发进取、求真务实、共克时艰，全年实现销售收入4.1亿元，同比增长2.1%；实现税利1.2亿元，同比增长11.5%。企业综合经济指标达到新的历史最好水平。

【烟叶生产】 2016年，通过科学谋划、合理布局，从源头入手，认真抓好各项工作，烟叶生产达到历史最好水平。全年共收购烟叶6.08万担，同比增长43.9%。实现烟农收入0.95亿元、烟农户均收入达到7.56万元，比2015年增加1.2万元。实现烟叶税1768万元创历史新高。江永县人民政府荣获湖南省现代烟草农业建设先进单位；永发烟农合作社获得全市“行业示范社”称号，成为全市仅有的三家之一。

【卷烟销售】 2016年，结合实际，苦练内功、精耕市场、深挖潜力，在建立健全客户服务体系的基础上，着力在稳状态、提结构、保销量上下功夫，全年销售卷烟0.9万箱，完成全年销售任务的102.63%，销售进度位列全市前列。实现了在行业卷烟销售大幅度下滑的大环境下，辖区卷烟销量增长的良好局面。

【专卖监管】 2016年，通过强化市场监管、强化打假协作、强化法制宣传、强化证件管理，做好辖区两烟市场监管工作。综合打假协作机制、“三员互动”机制进一步建立健全，边界市场、农村末端区域的掌控能力进一步增强，市场净化率进一步提高，全年共查获各类案件92起，其中国标网络案件1起；查获各类卷烟107.44万支，其中假冒卷烟3.14万支；查获烟丝31公斤，烟叶 1274.1 公斤；依法取缔无证户 17 户。两烟生产经营秩序得到进一步规范。

【企业管理】 2016 年，江永烟草系统全面实行预算管理和资金监理，坚决落实中央八项规定，严控重点费用支出，全年实现 350 万元降本目标，可控费用同比下降 166 万元，下降幅度为 34%。落实安全生产责任制和隐患排查机制，加强信访维稳工作，全年无安全、维稳重大事故发生。同时以活动为载体，丰富员工精神文化生活，加强人文关怀，多次组织开展各项实践活动，先后被评为“市级模范职工之家”和“湖南省 2016 届文明单位”。

【队伍建设】 2016 年，通过开展“重温初心、再励党性”手抄党章、组织全体党员协助烟农采编烘烤等方式，“学做”结合，推动“两学一做”学习教育入脑入心。严格落实责任，强化宣传教育，深化监督检查，扎实做好党风廉政建设。完善“三会一课”制度，认真做好党总支、党支部进行的换届选举。深入开展“八个更加懂得”主题讨论、“我为您推荐一本好书”、文明引导行动等活动，完成志愿者服务在网注册和成立网络文明传播自愿者队伍，良好风气得到进一步弘扬。通过精准分析、准确施策，认真做好精准扶贫工作，全年共实施扶贫项目 3 个，捐赠扶贫资金 40 余万元，扶贫工作出实招、出实效。

国土·环保·城建城管

国土资源管理

江永县国土资源局

党组书记 局长：杨建文
党组副书记 副局长：欧阳小平
党组成员 副局长：毛小卫　邓新林
党组成员：蒋仕辉

【保障用地】 2016年，省国土资源厅下达江永县年度新增建设用地预指标50公顷，全年度经省批准的新增建设项目8个，用地72.8024公顷。审批农村集体土地3280宗39.5公顷。挂牌出让3宗5.0339公顷。征收千灌公路项目和涔天河灌区项目土地333236.67公顷。江永县土地利用总体规划及潇浦镇土地利用总体规划经省政府批准通过，并在省国土厅备案。完成了上江圩风电场和龙田风电场两项目的选址及总体规划的调整并通过市局验收备案。

【保护耕地】 2016年，为落实耕地保有量21086.49公顷、基本农田保有量16350公顷的硬性指标，成立以县委书记和县长任顾问，分管副县长任组长，农业、国土、宣传、监察、财政、住建、交通、农开、烟基、扶贫、林业等部门领导为成员的高规格耕地保护领导小组。层层签订耕地保护责任状。实行划定基本农田保护区制度。全县共划为12个耕地保护区、12个基本农田保护区，建立基本农田保护牌12块、耕地保护标志牌24块、修筑保护界桩110个。实行耕地占补平衡制度。实施土地综合整治，完成土地开发整理的项目立项、项目建设、项目扫尾等工作，总项目共16个。其中新立开发项目3个240公顷，投资2600万元；老项目建设任务3个，建设规模701.93公顷，总投资1622.71万元；老项目的结账、评审、验收、备案、归档10个。实行耕地动态巡查保护制度。建立乡级耕地保护网站12个，村级保护网络点282个，实行每周两次的耕地保护动态巡查。查处违法占用耕地建房20起，其中立案查处3起。

【矿政管理】 2016年，全年完成矿山企业的年检65家，年检率100%；办理采矿权延续登记12宗。监管探矿项目6家，投入871万元，完成钻探9800米，槽探2000立方米，地质检测2.5平方千米，岩矿测试分析57个。开发利用保护矿产。开采银、铅、锌、铁4万吨，年产值1亿多，完成税收1000多万元。引进两家大型粉体深加工企业，投资8000多万元，年产值9000多万元，完成税收200多万元。强力整合矿山企业，关闭不符合矿产资源规划的非煤矿山5家，将原来的65家，整合为44家，整合率达65%。加大技改投入，提高年产量，提升整体效益。松柏乡的南城寨采石场，本年度投入1000多万元，年生产量由10万吨提升到50万吨；其中方解石由原来1.5万顿上升为3万顿以上。全年供征收矿产资源补偿费21.7万元，采矿权价款62.59万元，采矿权使用费0.9万元，矿山环境治理备用金

305.78万元。同时加强储量动态监管，全县65家矿山企业，分别由省市专家做了储量检测报告，建立储量台账，全面掌握全县矿山企业储量动态变化，切实履行监督管理职能。全县矿产资源总体规划修编通过省厅评审。

【项目建设】 2016年，参与县重点建设项目25个，占全县项目的33%。征地1842亩，完成了汽车东站、永明河沿江风光带、瑶城市场、谢沐路、工业园项目拆迁204户26066.05平方米，均按政策法规依据补偿到位，完成计划的94%。为充分维护群众合法权益，未拆迁到位的6%待进一步完善。完成了江永县智慧社员城物流园建设项目、江永县年产4万吨果蔬罐头生产线建设用地项目、江永县黄甲岭风力发电项目、江永县湘南水果批发市场建设项目、江永县土特产交易市场建设项目、江永县滨河路建设用地项目、江永县三香食品加工厂建设项目、江永县富硒香米加工建设项目、江永县粗石江燕子山风电项目、江永县2015年第一批次城镇建设用地项目、江永县2015年第二批次城镇建设用地项目、江永县时代电子触摸屏生产线建设用地项目、江永县松柏加油站建设用地共13个项目的规划调整、资料组织、预审、上报等工作。

【地籍管理】 2016年，开展土地变更调查，检查土地卫片地块739宗，图斑494个，监测面积2028亩，形成《江永县2014年度土地变更调查主要数据成果公报》。农村集体土地确权登记发证完成了211个行政村1416个村民小组的外业调查土地权属8127宗，权属界线19658条。形成集体土地所有权确权和登记发证纸质档案资料7895宗。调处各种权属纠纷21处，调处到位率100%。完成城镇基准地价项目更新并出台了《江永县人民政府关于实施江永县城区及10个乡镇基准地价的通知》。完成地理国情普查，并获得湖南省优秀地理测绘信息工程奖二等奖。

【执法监察】 2016年，投入人力830人次，开展14次大规模控违拆违活动，拆除违法建筑31宗3962平方米。组织执法巡查100余次，发现和制止土地违法行为37起，涉及面积6000平方米。立案查处土地违法12宗1584平方米，其中耕地面积706平方米。开展2014年度卫星图片执法检查，通过拆除、没收、罚款处理土地卫片执法检查，处理涉法图斑494个、135.2公顷。清理闲置土地18宗59.73公顷，批而未供和闲置土地清理处置通过市合格验收。加大矿山执法力度，严厉打击非法开采。与公安、安监、电力等部门，开展联合执法3次，遣散非法开采人员80多人、取缔非法采矿2处，倒毁工棚、炸毁坑口，遣散挖土机、运矿车辆等工具。

【服务民生】 2016年，投入资金400多万元，完成复垦治理面积2000多亩。争取国家立项投资地质灾害搬迁治理项目2处，资金629万元。强化矿山安全生产管理，制订《关于迅速做好汛期强降雨引发地质灾害防范和矿山安全检查的方案》《安全生产月活动方案》《地质灾害应急预案》；开展矿山安全生产大检查，排查矿山企业65家，地质灾害隐患点24个；下发安全整改通知书16份，地质灾害明白卡7000多份；设立安全警示标牌4块，指导各站所消除安全隐患6处。推行优质窗口服务，为群众办理各种手续发证636宗，其中国有土地发证480宗，集体土地156宗。国有土地使用权登记中涉及划拨使用的登记43宗，面积6783.83平方米；涉及出让使用权登记为339宗，面积496865.0平方米；变更登记74宗，面积44944.49平方米；分摊24宗，面积641.07平方米；集体土地发证156宗，面积17882.57平方米。抵押登记24宗，69253.22平方米。认真处理好来信、来访，通过日常接待处理和承办县级领导信访接待日方式，处理信访事项48件。

环境保护

江永县环保局

党组书记
局长：周多嗣

党组成员
副局长：蒋治洲　李晓芳

党组成员
纪检组长：欧阳志军

【概况】 2016年，江永县环境保护局（以下简称县环保局）团结一致、一心一意、认真履责，全县环境质量状况处于全省先进水平。地表水环境质量稳定向法制化、规范化方向迈进；各项环保工作保持在Ⅱ~Ⅲ类之间；城镇环境空气质量常年保持二级优良；城镇生活饮用水达标率、主要河流监测断面及饮用水源水质达标率100%。另外在项目争取、环境治理、生态建设方面都得到上级的肯定。2016年，江永县被市政府评为“大气污染防治工作优秀单位”。

【推进生态建设】 2016年，坚持生态立县战略，按照“抓生态就是抓发展，保护环境就是推动发展”的思路，全面加强生态建设，助推全县经济社会健康、绿色发展建设。9月，江永县成功纳入国家级重点生态功能区考核，增加转移支付增量资金700多万元，比2015年增加二倍。2016年县出台实施《江永县关于创建省级生态文明建设示范县工作实施方案》，指导兰溪瑶族乡等乡镇先行创建省级生态乡镇，到年底，全县已有4个乡镇被命名为省级生态乡镇，省级生态村2个，市级生态村11个。同时划定生态红线，优化生态安全格局。严格按照省环保厅的要求，启动生态保护红线的划定，通过摸底调查和“三上三下”技术对接，形成科学的红线划定成果：全县生态保护红线总面积1019.97平方千米，占国土面积比例为66.9%；一级管控区面积为395.81平方千米，占国土面积比例为25.96%，一级管控区面积比例在全省各县（市）中位居前列。

【强化污染整治】 2016年，狠抓环境污染监察管理和环境执法，在现有执法力量薄弱的情况下，挖掘潜力，采取定期、不定期检查等方式对全县重点污染源和一般污染源进行常规监察。环境监察执法人员检查排污单位和企业84次，出动人员252人次，先后对银铅锌矿、砷制品厂等涉重金属企业，神湾砖厂、多家生猪养殖场等小型企业的违法排污行为进行查处。全年累计行政处罚案件数量和力度较往年有提升。同时积极推进环境安全隐患排查和违规建设项目清理，狠抓湘江流域污染防治，对不符合国家产业政策的小型造纸、炼油等严重污染水环境的生产项目进行摸底调查。切实推进农村环境综合整治，结合美丽乡村建设，开展通道环境整治，发放垃圾回收设施1000套，完成全县重点村生活垃圾、生活污水处理、饮用水源保护、畜禽养殖污染治理工程实施方案的现场调查与工程勘查及编制方案。积极治水护水，确保饮水安全，积极推进城镇生活污水处理厂和工业园污水处理厂建设。2016年城镇生活污水处理厂污水集中处理率达94.66%；工业园污水处理厂已经制订建设方案，可研报告已出台，采取PPP模式，正在选址立项。同时以湘江流域重金属污染整治为契机，启动银铅锌矿、大泊水铅锌矿、飞龙工贸等重金属历史遗留污染的治理。2016年，还启动对9座1000人以上的集中式饮用水水源地保护区的划定，对全县69座水库中用作饮用水源的30座水库开展29项季度常规监测和年度109项全分析监测，全面摸清县域内水质状况，确保水库水质的安全。严格把关，加大大气主要污染物减排及防治。2016年度，江永城区细颗粒物（PM2.5）年均浓度<51微克/立方米；可吸入颗粒物（PM10）年均浓度<67微克/立方米，7—11月空

气质量优良天数达到145天以上，优良率达到96.7%以上，无重污染天气，环境空气质量进一步改善。淘汰江永县高泽源水泥有限公司的生产线，开展城区砖窑、扬尘综合整治和机动车污染防治，淘汰黄标车及老旧车辆870辆，发放绿标861枚；淘汰4台3蒸吨数的燃煤锅炉和县城区75%以上的高污染燃料锅炉，二氧化硫削减61吨，氮氧化物削减25吨，超额完成大气污染物减排目标任务。

【监测能力建设】 2016年，江永成功与省监测中心平台对接，实现城区空气质量的24小时实时在线监测，为县生态功能区建设提供了科学依据。专门引进2名专业技术人员充实环境监测队伍，其中1名为“985”高校的硕士研究生。同时邀请省监测中心站多名专家多次到县监测站进行一对一实验室分析培训；重点对pH、化学需氧量、总磷、总氮、重金属项目等项目分析加强培训操作；提高县监测人员的监测分析能力。还派出监测站工作人员积极参加各项学习交流，包括到武汉天虹基地进行空气自动监测站运维知识的培训及到其他兄弟县监测站各种技术交流，提高县监测站工作人员的操作能力。2016年度，环境应急中心通过省厅专家评审，属全国环境应急标准化建设（县级）三级达标单位。全年辖区未发生一起突发环境事件。

【强化环保宣传】 2016年，县委中心学习组开展新环保法集中授课1期，召集企业业主学习2次，会同人大环境与资源保护委员会，组织开展生态环境保护调研2次，在省、市、县级主流媒体宣传报道38次。在道贺高速沿线等醒目处设立环保公益广告2块。县委、县政府在年初县环境保护委员会联席会议上，对全县10件涉水整治任务进行集中交办，政府常务会专题研究全县域农村环境综合整治工作，推动江永县生态环境保护工作的落实。结合绿色学校创建工作，在中小学举行环保知识讲座、征文比赛、知识竞赛，让学生学习掌握环保理论，参与环保宣传教育。以一年一度的“6·5”世界环境日为契机，县领导发表电视讲话、邀请职业宣传队宣传环保法。全年发放《绿色生活　生态湖南》等宣传册300多本，创建省级生态示范县传单2000余份，发放环保法律法规宣传单1000多份。

住房和城乡规划建设

县住房和城乡规划建设局

党组书记
局　　长：王　文

党组副书记：熊运正

党组成员
纪检组长：周多昊

党组成员
副局长：张志军

党组成员
副局长：谢铁山

党组成员
总工程师：蒋永平

【概况】 2016年是“十三五”规划开局之年，江永县住房和城乡规划建设局围绕全面建设小康江永的奋斗目标和中心工作要求，贯彻落实中央、省、市、县经济工作会议精神，把扩大项目建设投资作为第一要务，把打造精美小城宜居环境作为第一要事，把提高行政服务能力作为第一要职，大力推进重点项目、基础设施、民生工程建设，继续深入推进县城扩容提质，推动生态城市、智慧城市建设。

【城镇规划编制】 2016年，已完成全县总体规划修编，通过市住建局审核，省住建厅正在对江永县总体规划进行审定。截至2016年12月底，共发放建设用地规划许可证435本，发放建设工程规划许可证284本。审批建设用地面积277566.112平方米、建筑面积308190.08平方米，办理施工许可证45本。收取城市基础设施配套费4725529元，办证率达100%。

【新型城镇化建设】 江永县高度重视新型城镇化建设工作，2016年，新开工项目共计22个，完成城镇基础建设投资2.5亿元，住宅及房地产综合开发投资1.5亿元。针对全县54个重点项目，设置目标建设任务，全年计划投入42.56亿元，涵盖全县经济发展的方方面面，与各责任单位签订责任状，城市建设不断加快，城镇活力大为增强。据统计，本年度，江永县城镇化率达到了41%，污水处理率达到了91.46%，绿化覆盖率达到了44.9%。

【品质活力示范乡镇建设】 以县城市总体规划为依据，加快乡镇总体规划编制的进度。2016年，共完成10个乡镇的总体规划编制，编制完成夏层铺镇夏层铺村村庄规划。在10个乡镇组建了规划建设管理机构，落实了规划建设队伍管理，目前已在10个乡镇配备了14名规划管理员，实现规划管理全覆盖。加大市政基础设施建设，改善居住环境，2016年年底，已完成三个品质活力示范乡镇镇区路网改造，主次干道和人行道的建设、提质和改造。其中粗石江镇建设垃圾池45个，配置垃圾转运车11台，垃圾填埋场6座，焚烧炉1个；桃川镇建设垃圾池127个，配备垃圾转运车22台，修建垃圾填埋场12座；夏层铺镇修建垃圾池20个，配备垃圾转运车19台，修建垃圾填埋场10座。桃川镇还修建了一个生态休闲广场，拟进一步对休闲广场进行扩建，夏层铺镇、粗石江镇的生态休闲广场正在规划设计中，完成了三个乡镇标准化的农贸市场修建、扩建工程。

【美丽乡村建设】 2016年，积极配合县农委做好美丽乡村及通道村的农村垃圾治理工作，加大对美丽乡村工作的宣传，同时进一步加快全县美丽乡村的规划编制工作。2016年年底，已完成村庄规划50个，包括勾蓝瑶村、上甘棠村、福洞村、刘家庄村、向光村、原黄土坳村等10个美丽乡村示范村及原建新村、原黄甲岭村、原玉玲村、原江丰村等15个美丽乡村创建村的村庄规划编制。传统村落申报工作正在有序开展，目前按照市住建局的要求完善了上甘棠村传统村落的相关资料，现在正在对兰溪瑶族乡兰溪村的传统资料进行完善。根据省市住建部门的工作要求，完成了对兰溪村、上甘棠村各300万元的传统村落保护项目的资金使用情况进行清查反馈，并配合第三方检查组对勾栏瑶和上甘棠进行检查。

【农村危房改造】 完成了目标任务1900户。按照省委巡视组第八组工作要求，江永县在2016年4月份对全县农村危房改造资金进行专项整治。发现49户补助对象审核不严，经调查核实确认，已全部取消资格；对夏层铺镇分户拆户15户，已责成政府督促村委会整改纠正，并对村干部进行诫勉谈话；对2013年重复领取1户6000元，已于2016年2月追回入账县财政局；对截留、挤占、挪用补助资金17.16万元，涉及1名乡干部、8名村干部的事件，已由县纪委立案调查处理；对未达到验收标准和超标准建设16户，经现场逐户核查后，已取消享受危改户补助资格。

【贫困户异地搬迁】 2016年，县里成立了领导小组，加强对江永县精准扶贫工作的协调、调度，规划建设局党组进行了研究部署，编制完成了五年规划和年度规划，完成了夏层铺镇汉江源村的易地扶贫搬迁的规划选址工作，制订了《江永县开展统筹易地扶贫搬迁与农村危房改造试点工作实施方案》。

【风景名胜管理】 2016年，进一步加大了对江永县风景名胜区的规划设计，目前千家峒风景名胜区的规划编制正在设计中，加强了全县风景名胜区执法检查，组织人员到千家峒风景名胜区进行自查，并接受省风景名胜区检查组的检查工作。

【规划执法工作】 为明确规划执法的责任主体，制定《江永县控违拆违暂行办法》。2016年，共查处违法建筑42处，下达停止建设通知书26份，下达违法建筑认定书2份，调解建设纠纷40起，拆除违法建筑约3000平方米。2016年的违法建筑罚没总收入为52.71万元。

【建筑业管理】 为进一步加大对全县建筑业的管理，成立了以局党组书记、局长王文为组长，局党组成员、总工程师蒋永平为副组长，建工股、质安站工作人员为成员的领导小组，加大了对全县建筑业的管理。2016年，安排建工股在全县范围内开展了6次安全生产和质量大检查，进行了4次专项安全生产和质量检查。查出质量安全隐患560处，发出整改通知书145份，停工通知书18份，并要求限时整改。积极发挥工程质量的监管作用，加大对施工现场的巡查管理，加强建筑材料的检测鉴定工作，进一步完善竣工验收备案制度，做到简化手续，优化服务。全年共办理质安监督申报工程20项，建筑面积约40.17万平方米，总造价29557.66万元。

房产管理

江永县房产局

党组书记
局　　长：李永桃（3月任）

党组副书记
副 局 长：屈　英（女，3月离任）

党组成员
副 局 长：李　忠　谢铁山

副 局 长：何喜华

党组成员
纪检组长：张建勋

【概况】 江永县房产局是县住建局所属正科级事业单位。内设办公室、政工人事股、财务审计股、产权产籍管理股、开发经营管理股5个职能股室；下辖房产交易管理所、白蚁防治所、桃川房产管理所三个自收自支直属事业单位和国有土地上房屋征收与补偿事务所、住房保障办公室两个财政补助直属事业单位。全局干部职工54名，在职干部职工45人（其中全额财政拨款17人，自收自支28人），退休人员9名；中共党员17人，大专以上在职干部职工27人。单位现有领导5名，其中党组书记、局长1名，副局长3名，纪检组长1名，副科级干部2名。

【保障性住房工作】 县人民政府把住房保障工作列入为民办实事惠民工程，改善人民群众的居住条件，促进辖区内房地产市场的健康发展。2016年，提前开工公共租赁住房项目9个，共计300套；城市棚户区改造五个项目共1680套全部完成。垦区棚户区改造项目262套，基本建成131套，竣工79套。新增发放租赁补贴51户，全年共完成租赁补贴603户，累计补贴资金233163元；公租房配租269套。

【城市棚户区改造】 2016年，城市棚户区改造项目共5个，其中实施货币化安置的棚改项目4个，共计480套，实施综合整治项目1个（永明路棚户区改造项目），计1200套。截至11月底，永明河沿岸棚户区改造项目计划完成货币化安置200套，已全部完成安置（完成拆迁户数200户，完成拆迁面积18580平方米），完成投资5160万元。其中西门街城中村改造项目计划完成货币化安置130套，已全部完成安置（完成拆迁户数130套，完成拆迁面积6682平方米），完成投资3354万元；县食品厂区棚户区改造项目计划完成货币化安置50套，已全部完成安置（完成拆迁户数50户，完成拆迁面积4300平方米），完成投资1290万元；县幸福路棚户区改造项目计划完成货币化安置100套，已全部完成安置（完成拆迁户100

户，完成拆迁面积 7000 平方米），完成投资 2580 万元。永明路棚户区综合整治项目计划实施综合整治 1200 套，已完成综合整治 1200 套，建筑面积为 91440 平方米，完成投资 10400 万元。以上五个棚改项目，实施货币化安置棚改项目完成投资 12384 万元，综合整治项目完成投资 10400 万元，总计完成投资 22784 万元，完成拆迁面积 36562 平方米。

【廉租房、公租房分配】 严格执行各项有关保障性住房建设和分配规定，对申请廉租住房和公租住房的家庭进行登记造册，实行一户一档，对于已经申请的廉租住房和公租住房户进行全面调查，并将调查结果在社区、房产局办公楼、政府政务公开网站上面向社会公开，主动接受人大、政协以及社会各界的监督，实行阳光配租。在 3 月、7 月先后对永回路公租房进行了实物配租活动，两次共完成公租房实物配租 269 套（其中第一批 238 套，第二批 31 套）。2016 年，租赁补贴资金采取按季发放，共完成租赁补贴 603 户、新增发放租赁补贴 51 户，累计发放租赁补贴资金 233163 元。

【房地产市场】 2016 年，商品住宅预售合同备案 487 份，面积 58521.78 平方米，住宅预售合同备案均价 2978.62 元/平方米。商业门面预售合同备案 26 份，面积 1355.72 平方米。发放预售许可证 11 本，批准预售面积 161542.90 平方米。

【物业管理及安全生产】 2016 年，物业管理专项维修资金开户 11 户，交存维修资金 130 万元，全县累计总开户数 54 户、缴存物业管理专项维修资金 580 万。开展安全生产检查 45 次，鉴定危房 15 户，面积 9410.38 平方米；老楼危楼按照市、县要求上报数据 15 户。加强白蚁防治规范化管理，共完成白蚁预防 179 宗，预防面积 128165 平方米，灭治白蚁 18 起，灭治面积 7260 平方米。

城市管理

县城市管理局（县城市管理行政执法局）

党组书记、局长：吴荣军（3 月任，10 月免）
黄红灵（10 月任）
副局长：何廷虔　胡永森　周向阳　何治国
纪检组长：蒋润生

【概况】 县城管局的主要职能是指导和管理城市的道路、燃气热力、园林和城市规划区的绿化、市容和环境卫生、城市市容环境治理和城市监察工作、城市规划区内户外广告设置、公用设施广告设置的审批和管理。2016 年，县城管局内设办公室、法制股、业务股，下辖城市管理综合执法大队（副科级）、园林所、路灯所、环卫局（副科级）。共有工作人员 78 人，其中公务员 8 人，事业编制干部 1 人，工人 39 人。局机关公务员 8 名；园林所 8 人（事业编制干部 1 名、7 名工人）；路灯所工人 3 名；城市管理综合执法大队 28 名工人。环卫局定全额拨款事业编制 30 名，现实有人员 26 人。2016 年，按照县委、县政府的安排，搞好了全省美丽乡村现场会、桂林电商考察团、全市重点项目开工典礼、洗泥节、全省旅游产业扶贫示范现场会、全市重点项目现场会、全国精准扶贫典型观摩活动现场会、盘王祭祀等大型活动的城市管理工作。2016 年获得永州市城市管理行政执法局颁发的安全生产工作先进单位。

【整治市容环境】 2016 年，对全县主次街道占道经营情况进行了多次全面整治。其中，6—8 月，西瓜集中大量上市之际，以取缔严管街占道经营摊点和水果流动摊点为重点，对四方井、瑶城市场、城北市场、老街、五一桥、邮政局、步行街、城中市场、香穗大酒店、新车站等主要街道进行了集中整治，对市民反映强烈的水果摊点，一律要求入店经营。从7月28日起，与交通局、交警大队等相关部门组织开展城区交通环境综合整治行动，对车辆“乱停乱放”等行为进行联合执法，规范好车辆停放。12月1—20日，又对城区进行一次全方位、地毯式的市容整治。永明路、永回路、千家峒路等主街道超出墙体经营的门面全部整改到位，所搭违章建筑全部拆除，凤凰广场上的游乐设施及烧烤摊点全部迁走，损坏的市政设施已全面修复。坚决取缔步行街口新疆民族兄弟的烧烤摊点，并整治规范门面经营，全面禁停小车、摩托车，解决了占道经营、车辆乱停乱象，打通了困扰多年的步行街，赢得了市民的称赞。目前各市场经营秩序井然，人行道车辆摆放整齐，街道畅无阻，面貌焕然一新。

【规范爆竹燃放】 为规范城区婚丧秩序，有效防范安全事故发生，在巩固已有成果，继续营造全社会关注规范整治城区烟花爆竹燃放工作的同时，实行城管执法人员分片包干、责任到人的严格管控措施，全力维护规范城区烟花爆竹燃放秩序。在殡仪馆设置两块醒目的禁放烟花爆竹提示牌，向市民发放禁放烟花爆竹宣传资料2850份。目前绝大部分市民在城管执法人员耐心、细致的宣传教育下，酒店等各种经营场所，开业、店庆等各类活动均能遵守燃放规定。

【提升保洁质量】 2016年，进一步加强对环卫公司的监督管理力度，将城区道路人工清扫、保洁、机械清扫、交通护栏清洁、洒水冲洗，垃圾中转站及公厕的维护和管理，果皮箱清掏、清洗保洁；垃圾外运，立面保洁，公共设施建筑立面保洁，牛皮癣清除等全部纳入公司管理。对环卫保洁严格按合同考评细则标准兑现奖罚，实行日通报，周总结，月例会，并不定期对工作进行督查，督促保洁公司对发现的问题整改到位。为改善创建省级文明县城硬件设施，筹资60万元，采购一台20吨的大功率洒水车，并安装临街店面垃圾桶800个，果皮箱200个，工作效率大为提高，清扫保洁效果更加明显。

【规范牛犬管理】 县城共有7个城中村，农户习惯放养耕牛，为图方便常将耕牛驱赶过县城主街道去耕作，且任由其在外过夜，损坏花草树木，造成环境污染。县里多次研究，几经反复，最后将管理主体确定由潇浦镇转为县城市管理局。为啃下这块硬骨头，特抽调精干力量，成立耕牛管理整治中队，花大力气对耕牛管理进行专门整治：发布通告，禁止耕牛在县城城区漫游及流浪过夜；与各驻村干部一道深入城中村各耕牛养殖户家中，对他们进行宣传教育，争取理解支持；与驻村干部、村支书一起商讨确定符合实际的改道线路，使耕牛耕作、放养方便可行；派出专人在城区各重要路口把守，让少部分图方便的耕牛户逐步养成耕牛不走大街，不污染环境的良好习惯；为控制犁地耕牛过往县城主次街道，替陈家街、三元宫、消江村部分土地犁田，开支38131.5元。经过整治，有效改变了昔日耕牛招摇过市，屎尿满街流的现象。与此同时，还联合公安局、畜牧水产局联合执法，对在禁养区内的公共场所违规饲养的犬只采取予以统一收缴、捕杀的过硬措施，城区犬类管理逐步规范。

【控违拆违】 2016年，加大控违、拆违力度，共发放宣传单6000多份，制作横幅80条，邀请媒体记者跟踪执法28次。对白水路段、工业园区、三元宫环城路段、陈家街、红山村、八宝湾等主要道路沿线、重要节点、敏感区域加强巡查，做到“横向到边，纵向到底”，不留死角，不留盲点。坚决杜绝新增违法建设，截至2016年12月，共下达责令停止建设和接受调查通知书、限期改正违法行为通知书76份，处置52起不配合调查、不停止违法建设的行为，依法对施工设备、建筑材料进行扣押，共组织和参加大型拆除违法建设活动14次，拆除违法建筑面积10482平方米。其中，对解放街、环城东路、瑶城市场乱搭建的厂棚彻底拆除。拆除北山塘违章建设4000多平方米；拆除北山塘与千家峒路交汇处猪崽棚3000多平方米；拆除三元宫沿街相关违章建筑600多平方米；腾出人行道、绿地800多平方米。积极配合协助夏层铺、兰溪、潇浦、上江圩等乡镇整治公路两旁，拆除违法搭建厂棚4起。协助县重点工程瑶城市场改造、滨河路、城东车站拆迁工作。通过以拆带控，全县违法建设行为得到有效控制，有力促进了县重点建设项目的顺利推进。

【搬迁夜宵市场】 随着县市场经济迅猛发展，城区一些主次干道、商业繁华地带，陆续出现较多的以饮食小吃为主的夜宵摊点。创省文工作开展后，为确保城区卫生和秩序规范，在充分调研、外出考察周边县区先进经验并征求市民意见的基础上，决定实施夜宵市场搬迁工作。并将夜市的升级改造项目向县政府申请列入财政预算，解决路面、厕所、给排水等硬件条件，切实提供有效条件、保障和支撑夜市的合理发展以方便市民娱乐休闲。11月10日，对夜宵市场实行先期搬迁，全部夜宵摊点统一搬迁到永明东路乐堡夜市城。在夜市城，严格按照实际情况设置夜宵摊点，控制夜宵摊点的数量，并与夜宵摊主按照“三有四不五统一”（有防治污染环境的措施，有垃圾收集装置，有专人负责卫生，不影响市容，不阻碍交通，不损坏公共设施，不扰民，统一经营地点，统一经营时间，统一经营范围，统一经营设施，统一标示标牌）的规定签订承诺书，逐步规范经营。夜宵市场搬迁后，经营承包秩序良好。清空、清洁后的步行街，已将人行道修复，建好停车场，并改善附属设施。

【广告审批管理】 为配合永明路立面改造，对标语牌及户外的广告牌进行规范，从江永大酒店至石菇井，所有门店广告样式、规格统一，并突出江永地方特色，广告牌统一“上书规范汉字，下标女书注释”。对破损广告、“野广告”及审批到期的广告进行集中清除，安排专人清除街面墙上、电杆上“迷魂药”“枪支”“办假证”等各类“牛皮癣”广告506平方米，收缴各类广告宣传单2448份，占道流动招牌847块。对知青广场商业活动噪声扰民并影响学校上课的问题，加强对商业活动的审批管理，周一到周五一律不批，并派专人管理，一经发现违规活动，立即进行制止并处罚。

【路灯管理】 2016年，为改善县城照明环境，提高绿色照明节能环保效果，继续与富士康科技集团EMC运营中心——湖南英飞特照明科技服务公司进行合作，以EMC合同能源管理的模式，用LED光源更换现有传统光源，对照明路灯进行节能提质改造。继续实施亮化工程，配合汽车东站建设，迁移、安装太阳能路灯50多盏，指导配合永明路立面改造景观灯安装；投入5万多元，对工行安置房、八宝湾小区和白水桥路灯进行安装、改造。对永明大道中华灯进行改造，增加高压钠灯30盏，对白水桥头亮度不够的太阳能路灯进行220伏供电改造，照明效果大为改善。对全县大街小巷、城中村进行排查，不留盲点死角，对全县路灯进行全面维护，更换老化的路灯灯罩和路灯控制箱，做好城区内各路段路灯的日常养护工作，筹集资金1万多元，为徐家、何家、唐家等背街小巷架设线路、安装路灯185盏，确保路灯设施完好率和亮灯率，同时延长亮灯时间，所有路灯全部亮通宵，方便市民出行。

【加强市政维护】 2016年，按照“七补”要求，硬化三元宫路段人行道120平方米、白水桥两边人行道300多平方米；修补老街、二小老路等路段破损及低洼路面10处；新修永明东路与永新路交汇处下水道90多米；清理、疏通二小、职中校门口、工会家属楼及女书大酒店下水道200多米。对农发行、供销车队、知青路、千家峒车站等路段城区内下水道清淤、改造及井盖设施进行补损更换。

【抓好城区绿化】 2016年，为美化县城，对城区绿化进行提质改造，补种桂花树38株，补种绿化小苗7000株；在幸福北路新植桂花树142株，在凤凰广场、太阳电器超市门前、新车站、体育馆、影视中心等路段添置摆放了鲜花。投资25万元对白马村进行美丽村庄绿化；投资50万元对高速公路入口、果品公司通道两边进行绿化；投资19万元对北山塘路进行绿化；投资48万元对人行道树池进行改造；投资18万元对城区现有绿篱、花坛的花卉树木进行日常养护、保洁，对人行道树进行修枝剪叶，除草施肥，杀虫养护。全面抓好主次干道的绿化，并加大日常巡视力度，及时发现制止一些损害花草树木的破坏行为。同时加大对《江永县城市管理局关于进一步加强凤凰公园管理的公告》的宣传力度，设立防火宣传牌，公布防火举报电话，加强对凤凰公园的管理力度。

城市建设投资开发

县融资管理中心(城投公司)

党组书记
主　　任：李满胜
（董事长）

党组副书记
副 主 任：郭　为
（总经理）

党组副书记
副 主 任：首永雄
（副总经理）

副 主 任
（副总经理）：何德升

纪检组长：何罗生

【概况】 江永县县域经济与产业发展融资管理中心，加挂“江永县城市建设投资有限责任公司”和“江永县农业发展有限公司”牌子，改变了传统的由政府包揽，依靠有限的财政搞城市的投资机制，开辟了新的直接面向市场的融资渠道，实行三块牌子一套人马的管理制度，开辟了“政府引导、公司经营、市场运作”的城市建设新途径。

江永县城市建设投资有限责任公司，国有独资企业，注册资本5000万元，唯一出资人为江永县人民政府，全部为货币出资。公司位于永明东路329号，依据现代企业制度成立董事会、监事会，实行董事长领导下的总经理负责制。公司设董事长1人，总经理1人，副总经理2人。内设办公室、财务部、工程部、融资部。截至2016年12月31日，公司有员工23人。其中正式职工12人，合同工11人，其中见习大学生2人，从三千文化管理处分配2人。

【筹资融资】 2016年，公司申报项目16个，申贷额度累计35.84亿元，实际融资到位13.0081亿元。申报无偿资金项目5个，到位无偿资金4963.9万元。

【土地经营与收储】 2016年，公司通过网上招拍挂，成功挂牌出让江永大酒店地块进行挂牌出让，该地块总面积15604.50平方米，起始价2212.59万元。成功挂牌出让江永县标准幼儿园北侧糖厂部分国有土地使用权，地块总面积28953.00平方米，起始价4761.42万元。公司通过开展资产租赁，实现内部租金收入53.66万元。出让土地收入7067.6万元，收储土地402.1亩。协助县国税、地税完成建安营业税、耕地占用税、契税、不动产销售营业税等各项税收4841.65万元。

【城市棚户区改造】 2016年，作为重点民生实事项目任务的城市棚户区改造，建480套。其中，县城永明河沿岸棚户区改造项目，安置总户数200户，拆迁面积18576平方米，年内计划完成投资 5160 万元，建成 200 套安置房。县城西门街改造项目，安置总户数 130 户，拆迁面积 6685 平方米，年内计划完成投资 3354 万元，完成安置房建设 130 套。县食品厂改造项目，安置总户数 50 户，拆迁面积 4300 平方米，年内计划完成投资 1290 万元，完成安置房建设 50 套。县城幸福路改造项目，安置总户数 100 户，拆迁面积 7000 平方米，计划开工建设 100 套，年内计划完成投资 2580 万元，完成安置房建设 100 套。截至 2016 年 11 月底，与 480 户棚改户签订房屋征收协议，完成拆迁 480 户，拆迁面积 36561 平方米，安置房 480 套竣工。累计完成投资 12384 万元。

【重点项目建设】 2016 年，公司继续积极参与各重点项目指挥部工作。做好各重点项目工程款审核与拨付工作。做好永明河综合治理、过境道路、创新创业园、永明路立面改造、汽车东站、瑶城市场、五一桥、粮食局工程建设工作。1—12 月，完成总投资 12619 万元。其中，永明河综合治理完成总投资 1991 万元；过境道路工程支付工程款 2630 万元；创新创业园支付 1842 万元；永明路立面改造支付给县住建局 2000 万元；汽车东站项目支付 617 万元；瑶城市场项目支付 2927 万元；支付粮食局工程建设 612 万元。

交通·通信

交通运输

县交通运输局

党组书记
局　　长：潘旺全
党组副书记
副 局 长：李天志
党组副书记：郭　星
副 局 长：向丽萍

【概况】 江永县交通运输局为正科级建制，是主管全县交通运输工作的县人民政府工作部门。2016年，局机关内设办公室、安全法制股、财务股、政工人事股，政工人事股加挂交通战备办，办公室加挂纪检监察室。下设的事业单位4个，即股级事业单位县公路管理所，副科级事业单位有县道路运输管理所、县地方海事局和县交通建设质量安全监督管理所。2016年末在职干部职工总人数59人。

【交通项目建设】 2016年，县交通运输局落实全市统一部署的交通三年大建设工作，以千灌公路建设为重点，全力推进农村公路、干线公路等重点项目建设。基本完成S239广西灌阳边界至江永潇浦公路项目，完成投资3100万元。完成S239江永桃川至小水公路项目施工招标及工程监理招标。完成G538工程可行性报告编制和评估，取得省交通厅公开和意见函；农村公路完成40千米窄路加宽工程，总投资1230万元；完成农村安保工程建设里程52千米。

【交通安全管理】 2016年，县交通运输局安全法制股、县运管所、县公路所和县地方海事局认真抓好交通安全行业管理工作，不断强化水陆交通安全监管和施工质量安全监管工作，交通各单位全面落实安全生产“一岗双责”和“企业安全生产主体责任”。道路危险货物运输驾驶员持证上岗率达100%，交通建设工程实现零事故、零死亡率；水路运输实现零事故、零死亡率。全县未发生重特大交通安全生产责任事故，确保江永县连续30年无水、陆重大安全责任事故。同时，认真开展安全隐患整治，投入整治资金120余万元；健全完善应急救援预案体系，切实提高应急救援能力。投入25万元对源口水库码头进行改造，争取资金完成渡船标准化改造2艘。渡口码头配备签单员，落实视频监控，管理水平、管理手段得到提高。在各项专项整治活动中，共检查营运车辆900辆次、客渡船180艘次，查处船舶违章行为12次，查处客货营运车辆违章违法行为360次。

【运输行业市场监管】 2016年，县交通运输局开展运输市场治理整顿，严厉打击非法营运车辆。全年出动执法人员366人次，检查客、货运输车辆328辆次，纠正违章70余起。重点查处投诉举报的无证经营车辆、严厉打击非法营运的黑车。城市客运整治组对辖区的黑车做好前期调查取证工作，为开展集中治理整顿打下基础。同时开展客运站及周边运输秩序专项整治工作。加强车站运营秩序管理，严禁各类车辆在车站乱停乱靠。加大对汽车站周边监管力度，严厉打击站外喊客揽客、转圈兜客和不进站经营等违规行为，对站内客车运营情况进行不定期、不定时检查。对汽车站内违反“三不进站、六不出站”和规定不规范经营行为进行整顿。认真开展全县道路运输旅游市场秩序整治，加大对违法违规站外上客的客运车辆的打击力度，查处江永至广西恭城的中巴车辆老车站沿线站外上客，及时消除安全隐患。安排稽查队开展“两客一危“专项整治。大力开展“优选公交、绿色出行”公交出行服务周宣传活动、在出租车、公交车、汽车站张贴公益广告。对全县48台出租汽车进行旧车更新。全年完成农村客运招呼站建设任务5个，为广大群众提供更加便捷的出行环境。

【党建及党风廉政建设】 2016年，县交通运输局继续深入开展“两学一做”教育实践活动、驻村扶贫活动，建立健全相关规章制度，加强基层党建工作。举办2期交通运输系统行政执法培训班，就依法行政、廉洁勤政对全局干部职工进行培训。全面落实全年党风廉政建设各项任务，局党组认真开展党风廉政建设教育，召开一期主题为“筑牢思想防线，杜绝职务犯罪”的廉政风险防控管理工作培训班，全局60名干部职工参加培训。结合交通工作实际，将2016年度党风廉政建设责任分解，坚持完善制度和执行制度并重，监督检查和责任奖惩并重，从制度上保障工作人员勤政廉政。

公路建设管理

县公路局

局　　长：唐少平
党支部书记：欧阳开旗
副 局 长：李共华　张运明
　　　　　魏发林

【概况】 江永县公路局负责公路养护、公路建设、路政管理等工作，为正科级全额拨款事业单位。2016年，局机关内设办公室、政工股、财务股、养护股、路政股、法制股、工程股、督查室8个股室，有朱家湾工班、新铺中心养护站、粗石江工班、长石桥工班、松柏工班5个基层公路管理站，1个治超站朱家湾治超站。共有干部职工113人，其中在职职工68人，退休职工45人。有专业技术人员21名，其中高级职称1人，中级5人，初级15人。公路养护里程总计127.062千米。

【公路养护】 2016年，县公路局公路综合好路率78.81%，其中干线100%、支线53.35%。全年共清疏淤塞涵洞641个，清理淤积石砌水沟20518米，整理土水沟6945米，新开挖“肠、梗、阻”水沟326米，埋设过水涵管84米。完成样板路16.8千米和40千米标准路的建设。用新型的冷灌材料对33040米水泥路接缝进行了清灌缝，重新对S325线在养的6千米公路进行了标线；投入约27万元安保工程；完成了对X080线5.8千米公路路面大修铺筑工程，自检工程合格率100%。完成对S325线白茫溪桥的重建及X075线K9+850处木桥头大涵洞改了一座5米宽的小桥。多次对S325线锦江路段、环城路段、龙虎关路段，X075线南风坳至源口自然保护局路段的山体塌方进行清理，投入水毁抢修资金近80万元。投入约180万元对管养的S325线、X079线的通道绿化进行加强；对S325线神湾至江永县城（K8+837—K27+000）路段实行“美丽公路、绿色公路”建设，实现公路的绿化、亮化、美化。

【工程建设】 2016年，县公路局承建县工业园过境道路扩改项目。该项目合同总金额2276.43万元，主要完成绿化工程、交通工程和人行道工程，以及受园区排洪渠盖板沟施工影响段的管线和人行道施工。完成永新路、龙溪路、溪岭路、环城东路、永阳路、凤亭路6条白改黑改造路段路面主体工程。

【路政和控违拆违】 2016年，路政大队制止违法建筑6起、拆除临时厂棚157处、共清除路障426处、拆除非标470块、取缔洗车加水点3处、制止打场晒粮54起、书写宣传标语48条、制作反光宣传标语2块、清除摆摊设点121处、清除路面砂石遗洒57处。办结在公路上增设或改造平面交叉道口的许可案件2起；查处处罚案件10件，结案10件，收取罚款4.13万元。查处路赔案件7件，收取路赔费3.974万元。路政案件的查处率和结案率均达到100%。

【治理超限超载】 2016年朱家湾治超站共检测车辆25690台次，处罚车辆66台，收取行政处罚金额为136000元，卸载货物917.3吨，超载率0.26%，完成了市公路局超限率不超过0.3%的要求，治超效果明显。

【安全生产】 2016年，查出隐患31处，治理31处（其中完成市级交办隐患整改4处、县级2处，并且将整改的情况向对市局和县安委会作出了书面汇报）。投入180万元开展干线公路养护四大专项整治活动，开展公路通道综合整治活动、国省干线公路桥梁、涵洞内的管线清理整顿和大型立柱广告牌专项整治。发放宣传资料1万余份，制作固定宣传标牌30块，搭设宣传台1个、宣传（橱窗）展板4块、接受群众咨询50多人次。

邮　　政

中国邮政集团公司湖南省局江永县分公司

总经理、党总支部书记：何晓辉

副总经理：郑宏建

副总经理、工会主席：王堂君

【概况】 2016年，江永县邮政分公司共有从业人员92人，较去年同期增加3人。县分公司职能机构设置一部一室，即市场营销部、综合办公室，专业部门4个。全县有12个邮政网点，便民服务站128个。2016年，江永邮政分公司完成永州市公司年预算目标的101.06%，同比增幅3.96%，收入进度排全市第一位，圆满完成全年各项目标任务。

【金融业务、包裹快递业务】 2016年，在“聚焦效能，深化转型”总体工作方针指导下，通过大力推进网点转型，全县代理储蓄余额全年净增1.95亿元，达到12.9亿元，增幅17.87%，代理金融业务收入增幅21.9%，实现了规模效益双提升。新单保费4058.82万元，其中中邮期缴保费232万元，完成年计划的165.7%。理财业务继续保持大幅增长，电子银行持续健康发展，手机银行结存激活率提高6.4个百分点，电子银行交易替代率提高22.5个百分点。通过构建专业队伍、创新营销模式、提升处理能力、强化客户开发，全县快递业务自营部分达7.6万件，其中快递包裹业务突飞猛进，完成7.3万件，全县整体自营收入加上分摊结算收入后完成市公司调整计划的140%，进度排全市第一。县分公司荣获2016年全市先进企业称号，1人荣获全省先进投递员称号，8人次荣获市先进称号。

【基础设施建设】 2016年，江永邮政网点能力建设持续投入大量资金，装修、改造1个支局、所，维修了2个网点、营业、机要、自助设备场地，增配自助存取款设备，布放ATM10台，CRS2台，点均由2015年的1.5台提高到现在2.5台。新增2台快递包裹专投车辆，添置4台普邮投递电动三轮车辆，为“一体两翼”战略提供了有力支撑。

【邮政综合基础管理】 2016年，县邮政分公司始终把普遍服务作为邮政工作的重要目标，作为检验邮政工作成效的重要标志和落实“人民邮政为人民”服务宗旨的重要方式来抓，建立科学的人力资源管理制度，优化干部、职工队伍结构，合理调整班组长以上管理人员10人，管理人员队伍素质进一步提升。以“提高员工业务素质、规范服务标准、提升营销能力”为目的，对金融代理业务、电子商务业务、项目营销、规范服务等进行短期适应性培训，举办培训会47场，涉及到59个项目及内容，参加培训人员800余人次。组织相关人员参加中国邮政网络学院远程培训班，累计12期，参训人数432人。参加省公司远程考试共3期，考试人数累计123人。组织内训师对参培人员例行培训授课内容进行现场考试2期，参考率94.13%，参考者合格率99.59%。同时加强普遍服务规范管理，各专业部门密切配合，全力做好普遍服务工作。2016年，投递党报党刊116690份，机要通信1145件，普通信函4000多件，部队及其他特殊邮件80多件。加强业务培训和检查工作，为城市、乡镇投递员配置8台电动三轮车，提高了投递时限，切实解决了投递“最后一公里”问题。建立现代财务管理体系，“子改分”、ERP上线工作稳步推进，5个支局、所营业执照、税务证、组织机构代码证、银行账号全部更名；ERP系统顺利上线并平稳运行。强化资金预算管理，成本增长率有效降低。加强企业效益分析，成本管控和有效收入持续向好。加强固定资产清理，提升固定资产周转率，清理报废资产，完成夏层铺支局重建的改造送审工作，支撑企业高效发展。全面提升安全管理水平。通过常规检查和突击检查，现场检查和非现场检查、日常检查与突击夜查相结合方式，对全县5个网点进行100余次的综合检查，实现网点检查全覆盖。加强金融资金安全管理，通过工作生产场地安保检查，开展安全培训，更新安防设备设施和日常维护，加大物防、人防、技防工作力度，加强安全生产管理，落实安全防范各项规定，案件、事故发案率为零。

【经营创新】 2016年，江永县分公司加强经营创新，人力资源优化用工结构，转换17名劳务派遣人员为劳务承揽人员，劳务工占比7.95%，同比下降19.02%。开展机关中层管理人员挂点基层一线活动，业务能力得到提升，工作作风得到改善。车险、酒水营销、快包揽收和“邮三湘”“邮乐小店”微营销项目取得突破。通过“邮三湘”“邮乐小店”发动员工开展微营销工作，带动员工创业创收10万多元。设置金融转型大使、督训师助推网点转型工作，打造全县2个标杆网点，带动全县其他网点集体转型，网点服务功能得到全面完善。通过增开、调整部分邮路，邮运里程由原来的205千米增加到现在的355千米，增加150千米，确保邮件时限达标及提速，快递包裹业务成功转型。以客户体验为中心，改善厅堂服务助推金融业务发展，仓储配送等综合服务一体化助推快递包裹业务大发展，日揽量收从151件上升至年终300多件。开展“来邮政办业务送消费券”活动，各专业交叉互动、联动营销，实现活动业务营销收入占专业收入20%。在电商方面，2016年，江永县邮政分公司在全县各乡、镇、村建立综合服务平台128个，平台安装“邮掌柜”电商系统，叠加邮政的部分业务，包括车险、农资销售、电商商品代购代销、水电代收等，部分农村闲置人员得到就业、创业机会。积极响应县委、县政府产业扶贫、精准扶贫战略部署，开展农特产品返城营销项目，利用邮政自身网络优势、资源优势，销售香柚249吨，销售额达170多万元。帮助扶贫挂点村河渊村、夏湾村销售香姜9849.5公斤，实现销售额29.5万元，邮政积极参与当地农特产品销售，减少了商品的流通环节，从而让利于民；与部分偏远行政村的小商超、诊所合作开办助农取款点，实现金融扶贫。

【党风建设】 2016年，扎实

推进“两学一做”专题教育工作。党总支把学习党章党规、学习习近平总书记系列重要讲话、做合格党员专题教育活动贯穿全年，将“两学一做”专题教育开展与日常工作紧密结合，突出问题导向，着力深化“四风”问题整治和立规执纪，进一步强化全体党员干部守纪律讲规矩意识。加强党风廉政建设，强化党总支“主体责任”，建立党总支理论学习制度，重点组织学习《习近平谈治国理政》《习近平关于党风廉政建设和反腐败斗争论述摘编》《优秀领导干部先进事迹选编》《领导干部违纪违法典型案例警示录》及集团公司、省公司和市分公司的相关廉政新规定。深入开展多项廉政教育活动，严防“四风”反弹，在重要节点进行警示和查纠。强化作风建设，邮运旺季成立党员先锋队，党员主动下基层，跟邮路，挂点督导、调研，参与百万客户大走访重点营销活动确保邮件不积压；“双十一”期间，机关党员参与人数达20余人次，搬运邮件4000多件，确保邮件运输畅通无阻。

电　　信

中国电信股份有限公司江永分公司

经　　理
党总支书记：杨海林
副 经 理：朱才盛
副 经 理
工 会 主 席：蒲支红

【概况】 中国电信股份有限公司江永分公司（以下简称江永电信）是在江永境内三大通信运营商之一，集团公司属世界五百强企业。2016年，江永电信共有员工89人，其中在职职工51人，离退休（含退养）职工38人，有管理人员6人。公司内设综合部、网络部、销售服务部。销售服务部下设政企分部、城市营业部、渠道分部、中心厅；网络部下设设备接入中心、客户端装维中心和5个中心支局。

2016年，江永电信公司完成业务收入2504万元，占全年计划的111.79%，较2015年完成数增幅17.9%。全年净增移动用户3375户，期末数达到35073户，较2015年度用户数增幅35.05%。全年净增宽带用户1465户，期末数达到15791户，较2015年年底用户数增幅13.06%。4G终端销售5386户，FTTH期末在网用户数11515户，FTTH迁转渗透率为94.31%。全县新增4G移动基站35个，3G补盲基站8个，达到121个，本地网光缆总长度达2634.9皮长千米合计51394.79纤芯千米，FTTH扩容8792线，新增电路40条，期末FTTH端口容量26569、FTTH宽带用户达16346户。本年度，江永分公司荣获省公司“天翼先锋双提升奖”和江永县委、县政府颁发的“综合绩效评估优秀单位”等荣誉称号。

【提升电信服务品质】 2016年，针对不同阶段制定不同的营销政策，及时组织员工进行全面培训并进行考试强化。销售组织过程中，强化执行创新，努力调优收入结构，大力提升刚性收入占比。公司刚性收入从2015年的188万元提升到226万元，收入增长进入良性循环。移动产品发展结构顺利转型，单产品合约销售从1月的368台提升到12月的662台，宽带融合政策也向简单融合迅速推进，发展步入成熟，整个高价值用户的收入增幅达到9.18%。同时注重完善社会渠道建设，提升单点销售能力，公司新建手机卖场8个，移动市场份额占比从1月份的20.75%提升到23.95%，市场份额提升3.2%。抓住光网乡村及县城光网补盲机遇，加大农村光网规划和建设力度，在城区光网小区中主要以光网电视和融合套餐发展为营销重点，建立每周均有小区现场营销活动机制和进行社区门店帮扶发展。狠抓政企营销，2016年，公安系统警务E通续费共计100多户。与江永二小、江永三中等学校签订宽带合作协议，确保校园核心业务不流失。在宽带方面，公司通过宽带乡村、电视及融合稳定发展，避免恶性竞争；拓展与电视卖场、光网电视的全面合作，关注新媒体客服、打造精品服务团队。2016年，江永分公司将天翼客服、易信客服等新媒体客服工作分片到人、层层落实，加强新媒体服务工作的渗透。

【网络建设】 2016年，为创建政企客户服务支撑和客户端装维两个精品窗口，县电信公司着力做好技术支撑和售后服务快速响应，大客户故障修复及时率达到100%。网路部设置维护服务体系管控人员1名，每天对工单进行有效的管控，每张工单及时跟踪落实到装维人员，定期召开质量分析会，认真分析装维中存在的问题，改进和提升服务水平。客户端装维、支局代维人员通过FTTH装维技能培训、严格落实宽带五项服务承诺、加强班组文化建设、改善工作条件等措施。打造一支专业技能强、响应速度快、服务形象好的优秀维护队伍。建设移动和宽带精品网络，2016年，新建陈家街、一机厂等9个4G基站，小天头岗、四面岗等36个800兆基站，新增步步高超市、香穗大酒店等4个室内分布系统；3G网络优化补盲六碧岭、瓦扎湾、牛角山庄、宅锦、李家塘、雄川、马鹿头、何源蒋家、卢家、五爱、小古源等11个基站。对宽带网络通过优化IP城域网配置、改造iTV承载网、出口电路、带宽扩容开通中心局波分设备，不断提升宽带网络的能力和质量。完成全县120个行政村光网村的建设，新增OLT设备9台、板卡扩容56块，为前端业务拓展提供有力支撑。2016年，江永分公司在市网运部牵头下，开展“宽带接入网网络优化专项行动”，获全市评比第2名；光衰整治工作成效显著，光功率达标率由3月份92.26%提升到96.26%，各项网运指标名列全市前列。

【节能降耗】 2016年，成立节能降耗领导小组，制定节降耗管理办法使能耗管控精确管理，做到科技节能，管理节能，降低公司能耗成本。成立全光网改造工作组，制定网络转型工作计划、目标和方案，建设一片，迁转一片，退网一片，实现现有的TDM、DSLAM和以太网设备上的用户全部迁转到光网网络上，并将原有网络设备退网，拆除传统模块点和铜缆网络。网络转型工作结束后，全县有线有效用户全部由光网网络承载，实现了全光网运营的目标。2016年退网、删除资源设备135套，软交换设备迁移至IMS网络EPON设备141套；中心机房加强值班巡视，在温度预设置以下停开空调；监控中心加强监控，合理开、关C网基站空调。营改店全部安装电表，使公司的电费得到有效的管控。

【民主管理】 2016年，江永分公司深化政务公开促进企业民主管理。分公司绩效管理工作以“客观严谨、促进工作”为基本准则，促进绩效管理工作的日常化、有效化。年初与员工签订绩效合约并逐月在绩效系统中按此执行考核，每月强化月度重点工作（GS），由直线经理直接在月初下达及下月实施考核，完善绩效合约并突出每月工作重心，每月及时通过绩效管理系统做好绩效考核、公示、沟通及发布，使员工每月都能了解到自身工作的不足之处并加以改正，绩效工作的正常开展使员工的工作不偏离公司核心目标完成，深化形成“业绩看数据、薪酬靠实际贡献”理念。切实开展党建及党风廉政工作。2016年，江永分公司年初与市公司党委签订党风廉政建设责任书，对党费进行核实收缴，对总支及支部进行例行改选，深入开展“两学一做”活动，切实加强党风廉政建设。严格财务管理，在成本费用的使用方面，严格按先申请预算再使用的流程操作进行合理分配使用。对新上线MSS系统及省公司SSC报账中心的新要求新规定及时在群内传达，让员工及时了解财务的新规及新要求。对于招待费管理严格控制使用，重要客户与来宾一般都安排在职工食堂接待。

移动通信

中国移动通信集团湖南有限公司永州市江永县分公司

经　　理
党支部书记：邓国林

经理助理：杨宏忠

经理助理
工会主席：王　琳

【概况】　中国移动通信集团湖南有限公司永州市江永县分公司成立于1999年7月。主要负责江永县的移动通信网规划、建设、运营管理，经营移动语音、数据、移动互联网等业务。2016年，在岗员工50人，其中在职合同制员工45人、劳务派遣员工5人。公司设三部、两中心、两营业部，分别为综合部、市场部、网络部，政企客户服务中心、渠道中心、桃川营业部、回龙圩营业部。2016年，公司始终坚持以中共十八大精神和习近平总书记系列讲话精神为指导，围绕加快业务发展这个中心，全力以赴搞建设，一心一意谋发展，客户规模不断壮大，核心能力逐步增强，服务质量持续提高，文明建设硕果累累，各项事业均取得长足进步与发展。公司先后荣获湖南省“文明单位”、湖南移动十周年“先进集体”荣誉称号，五一路营业厅获得全国“巾帼文明岗”荣誉称号和省级“文明窗口单位”“青年文明号”称号。

【移动业务】　2016年，江永移动分公司期末用户数9.1万户，累计净增日均通信客户数较2015年年底净增5500户，其中4G用户净增1.6万户，计费收入突破5900万元。

【网络建设】　2016年，江永移动分公司新建2G基站39个，2G基站总数177个，4G新建55个，4G基站总数293个，城区LTE下载速率40.0Mbps，上传速率7.8Mbps，LTE覆盖率99.95%，GSM小区完好性99.86%，TD小区完好性99.98%，LTE小区完好性99.85%，实现城乡LTE覆盖率99.90%

联合通信

中国联合网络通信有限公司江永县分公司

总经理：周　健

【概况】　中国联通江永县分公司成立于2001年10月，是中国联合网络通信有限公司在江永县的分支机构，承接在江永县的基础通信建设、运营和业务发展及服务工作。经营的业务有：移动通信业务、固话业务、互联网接入及应用、数据通信、国际及港澳台通信等多种综合信息服务。2016年，公司内设本部、自营厅、城区网格、桃川网格，现有员工20余人。全县城区、乡镇设有中国联通代办业务网点，均能办理手机上户、话费缴纳、宽带安装等业务；城区4G网络覆盖均值达90%以上，宽带业务已覆盖全县城区及部分乡镇。

【网络建设】　2016年，江永联通公司在4G及宽带领域大力发展，以用户需求带动网络建设取得初步成果，全年建设4G基站58个，建设光缆长度120千米，完成光纤到户端口3000个。

【通信服务】　2016年，聚焦集团行业信息化的落地与推广，集团行业信息化是联通的存量市场和增量市场，也是提升用户效益的有效手段。2016年江永县联通公司主要以行业信息化“互联网+”业务为突破口，由发展企业单个用户向发展团体业务转型。

【基础设施建设】　2016年，公司聚焦社会渠道的提量、提质，做好市场份额的稳盘。坚持有效渠道的规模化发展，确保市场掌控力。通过省市县推进的社会渠道一把手工程，重点区域自己拿，次要区域进行补强，规划好4G旗舰店与普通渠道的布局，并落地好社区沃店等渗透型渠道的建设，形成较好的渠道建设体系，农村区域尤其注重标杆厅的建设，从外部形象的硬件到经销商经营思路的软件入手，并借助于一拖几的战略布局，实现乡镇渠道终端运营与操盘的能力。在规划好渠道的同时，聚焦宽固市场，实现业务平衡发展。主要通过项目驱动来抢占宽带蓝海市场。城区以自建为主、乡镇及农村以合建为主，以宽带项目的规模化覆盖为目的，将公司的宽带资源的覆盖面尽可能提升，尤其是竞争对手少、用户价值高的行政村市场；另外通过实行宽带资源的网格化管理，做透宽带的精细化营销；同时注意改变合作商思想，实现移固的双轮驱动，以移促固、以固促移，实现移固业务的稳定发展。

汽 车 客 运

永州汽车运输总公司江永分公司

经　　　理：辛吉芳
党支部书记：李拥军
副　经　理：周云政　蒋美良
　　　　　　何景生

【概况】　2016年，永州汽车运输总公司江永分公司有干部职工179人、在职职工94人。江永分公司属于二级非法人企业，人事和财务管理由永州汽车运输总公司负责，主营业务为旅客运输。公司下设一室、二站、三科，即办公室、江永汽车站、桃川汽车站、安全机科、生产经营科、财务科。2016年分公司获得良好的社会效益和经济效益。全年完成招揽收入超计划23%，超利润计划30%。服务质量实现零投诉。全年度未发生任何大小责任事故，各项安全事故为零。

财税·金融

财　　政

县财政局

党委书记
局　　长：周海鹰

党委副书记
副 局 长：宋大军

党委副书记
农业开发办
主　　任：何红忠

党委委员
副 局 长：蒋　师

党委委员
纪委书记：武立江

党委委员
总会计师：何新华

党委委员：练寿才

党委委员
副 局 长：卢相真

副 局 长：唐　兵

党委委员
副 局 长：蒋　继（10月止）

党委委员
副 局 长：何正文（10月止）

【概况】 江永县财政局为县人民政府工作部门，主管全县财政收支、财税政策、国有资产管理等工作。内设办公室、计财股、税政法规股、人事股、预算股、社保股、农财股、经建股、外经股、行财股、教科文股、会管股、金融与债务股、绩效评价股、信息中心、综合股等16个职能股室，下辖乡镇财政管理局（契税、耕地占用税征收管理局）、非税收入管理局、国库集中支付局、监督局、工资发放中心、投资评审中心、会计核算中心、农村综合改革办公室、国有资产管理办公室等9个局属副科级单位和9个乡镇财政所。全系统共有干部职工142人，其中局机关89人，财政所53人。

2016年，县财政局紧紧围绕县委经济工作会议确定的目标，认真谋划生财、聚财、用财、理财之道，努力发挥财政“稳增长、调结构、惠民生、促发展”的职能，在全力组织收入，盘活各类资金；支持经济发展，扶持新型工业；保障民生事业，促进文教卫发展；加强财政管理，加强行政事业单位资产管理；深化财政改革，预算管理；加强机关建设，狠抓作风建设等方面求真务实，开拓进取，为促进我县经济社会持续稳定发展作出了应有的贡献。

2016年，全县财政收入累计完成40737万元，占年初预算44120万元的92.33%，同比增长4.33%；税收占比为66.08%，同比增加0.51个百分点。全县预计完成公共财政支出179110万元，同比增长7.96%。与民生相关支出为139005万元，占总支出的77.61%。

【财政收入】 充分发挥财政部门组织收入牵头作用，切实履行职责，密切跟踪经济运行过程中出现的新情况、新问题，认真分析经济运行情况对财政收入的影响，及时向领导提出强化收入征管的意见和建议。加强与国税、地税及银行的联系，搞好资金调度，确保税款及时、均衡入库。加强和规范非税收入管理，加大房地产税费一体化改革力度，完善非税收入重点单位的考核机制。清理和规范行政事业单位国有资产出租、出借行为，盘活国有资产资源，深挖增收潜力。

2016年全县完成财政收入

4.07亿元，占全县GDP总值的7.0%，为年初预算的92.3%，比2015年增长4.3%，税收占比为66.1%，比2015年增加0.7个百分点。其中：一般预算收入完成2.86亿元，比2015年下降1.7%；上划中央收入9327万元，比2015年增长27.6%；上划省级收入2819万元，比2015年增长8.3%。全年争取上级补助收入14.33亿元，比2015年增长6.3%，其中：一般性转移支付8.39亿元，增长12.2%；专项转移性支付5.58亿元，下降4.1%；返还性收入3655万元，增长30.8%。当年，该县还成功争取到国家重点生态功能区的政策，为今后财政转移支付的稳定增长打下了基础。

【财政支出】 继续执行严控“三公经费”、加大“三农”和民生工程的经费投入，加大扶持新兴产业的力度，保运转，保民生，保可持续发展的江永财政运作的总体思想。2016年，江永县民生民本支出占财政总支出比重77.96%。保障“三农”投入。农林水事务支出21951万元；拨付“一事一议”财政奖补项目77个、资金581.47万元；安排社保和就业支出36885万元、保障性住房建设资金12955万元，安排医疗卫生支出18291万元，新农合、城镇医保补助标准人均提高到420元，拨付老年乡村医生生活补助资金40.79万元。拨付电商办专项经费1500万元，有力推动了县电商产业向纵深发展。安排旅游产业发展资金100万元，继续推动全县旅游产业提档升级。

【财政预算执行情况】 在全力组织收入的同时，既要支持经济发展、保障民生工程和社会事业的发展，又要严格控制支出。通过加强管理，实行了年初的预算执行计划。2016年，全县完成生产总值57.9亿元，按可比价计算，比2015年增长7.1%。从三次产业看，第一产业完成增加值20.7亿元，增长3.8%；第二产业完成增加值15.6亿元，增长5.6%；第三产业完成增加值21.6亿元，增长11.7%。完成全社会固定资产投资69.7亿元，比2015年增长16.6%。实现社会消费品零售总额21.9亿元，比2015年增长11.9%。完成进出口总额980万美元，比2015年增长18.8%。

2016年全县完成财政收入4.07亿元，占全县GDP总值的7.0%，为年初预算的92.3%，比2015年增长4.3%，税收占比为66.1%，比2015年增加0.7个百分点。其中：一般预算收入完成2.86亿元，比2015年下降1.7%；上划中央收入9327万元，比2015年增长27.6%；上划省级收入2819万元，比2015年增长8.3%。全年争取上级补助收入14.33亿元，比2015年增长6.3%，其中：一般性转移支付8.39亿元，增长12.2%；专项转移性支付5.58亿元，下降4.1%；返还性收入3655万元，增长30.8%。当年，县还成功争取到国家重点生态功能区的政策，为今后财政转移支付的稳定增长打下了基础。2016年县本级财政总支出17.83亿元，比2015年增长7.5%，其中民生支出为13.9亿元，占财政总支出的78.0%。综上所述，2016年江永县财政收入和支出均保持了适度增长，重点项目及民生支出得到有力保障，全年收支大体平衡，财政运行比较平稳。

【财政收入管理】 2016年，县财政局推进预决算公开，在县主要媒体公开2015年财政预算执行情况、2016年财政预算草案、105个单位预算、105个单位决算。同时进一步加强债务管理，向省财政厅申报政府债务置换计划4.39亿元，加上2015年批复的1.96亿元，置换存量政府债务达6.35亿元，占全县存量政府债务总量的67.05%，降低了县融资成本，盘活了债务资金。加强行政事业单位资产管理。开展了全县行政事业单位资产清查工作，将全县行政事业单位资产录入了湖南省行政事业单位资产管理系统，实现了全县行政事业单位资产管理信息化、精细化。加强乡镇财政管理，在确保大宗税源均衡入库的同时，对零散的税源做到底子清、台账全、不流失。加强与国税、地税及银行的联系，搞好资金调度，确保税款及时、均衡入库。

【财政预算管理】 按新预算法的规定，2016 年全县财政预算分别编制一般公共预算、政府性基金预算、社保基金预算、国有资本经营预算四本预算，全县财政资金实现全口径预算管理。完善公用经费定额标准体系，深化部门预算改革，建立部门正常运行经费保障机制。按照建设公共财政的要求，努力优化支出结构，从严控制非生产性支出，确保重点工程和社会保障、医疗卫生及教育事业等民生支出的需要。坚定贯彻教育优先战略，继续支持开展合格学校建设，进一步提高全县教育水平。认真落实免费义务教育、高中及中职家庭经济困难学生、中职学生奖助学金、贫困幼儿入园补助等政策，严把审核发放关，确保每个贫困生都能够及时、足额领取到补助资金。继续助推医药卫生改革，把卫生院工作人员“五险一金”202 万元、乡村医生补助 26 万元列入财政预算，保障了基层卫生工作者的基本待遇，进一步激发了乡村医生干事创业的积极性。协同卫生等部门科学推进县级医疗改革，成功组建江永医疗联合体，实现了县人民医院、县中医院强强联合，促进了江永县医疗水平的整体提高。进一步筑牢社会保障底线，新增安排就业补助、高龄补助、居民最低生活保障配套、五保户补助、城乡大病救助等共计 177 万元，确保了国家各项社保政策顺利落实，提高了低收入群众的满意指数。

【财源培植】 2016 年，县财政局服务经济发展，坚持把促发展作为首要任务，发挥财政资金“四两拔千斤”的作用，综合运用税收、财政补贴、信贷奖励等工具，支持电商、旅游、农特产品加工等主导产业发展，加大招商引资力度，加大对烤烟生产的投入，夯实财源基础。按照上级财政部门的要求，及时做好项目的筛选、论证和申报，坚持扶优扶强的原则，会同有关业务主管部门，共同做好县特色农产品加工、绿色能源等重点企业的项目资金争取工作，全年共申报项目 26 个，争取项目资金 698 万元。在扶持新兴工业的同时，继续支持农业发展，认真落实惠农补贴政策，努力做好政策性“三农”保险工作，支持开展水稻、玉米、油菜、能繁母猪、育肥猪、森林、柑橘、能繁母牛、烤烟、家禽等保险，有效弥补了农业自然灾害损失，增强了农业抗风险能力。安排黄龙病防控经费 100 万元，有效保护了全县柑橘产业健康发展。大力扶持新兴产业，根据县委县政府的决策，继续把支持电商进农村作为推进精准扶贫的一项重大战略决策，进一步加大支持力度，累计拨付电商办专项经费 1500 万元，有力推动了全县电商产业向纵深发展。安排旅游产业发展资金 100 万元，继续推动我县旅游产业提档升级。

【非税收入管理】 2016 年，继续加强对行政事业单位资产管理和行政罚没收入、事业性收费的管理。认真核实行政事业单位申报的国有资产处置、出租事项，符合规定的统一移交县公共资源交易中心实行公开招拍挂，实现了国有资产处置效益最大化，避免了国资流失。开展了全县行政事业单位资产清查工作，将全县行政事业单位资产录入了湖南省行政事业单位资产管理系统，摸清了国有资产家底，实现了全县行政事业单位资产管理信息化、精细化。

【财政监督检查】 认真落实厉行节约反对浪费的有关规定，严格控制“三公”经费支出，各单位 2016 年“三公经费”支出预算在 2015 年度的基础上有所降，全年“三公经费”支出比2015年下降5%。以“乡财县管乡用”和“村账乡代理”平台为依托，对乡镇基本支出、补助性资金和项目资金进行事前、事中和事后全过程监管。针对惠农补贴“一卡通”提质扩面不够、补贴系统信息不详实等问题，对全县220个村5.3万余名农户的惠农补贴信息进行全面清理、核实，为今后准确、安全、及时、高效发放补贴资金打下了坚实的基础。

【政府采购监管】 加强评审采购监管。累计完成预结算评审项目1491个，评审总额17.97亿元，审减节约财政资金3.21亿元；完成政府采购预算金额6644万元，节约财政资金526.5万元。

国家税务

县国家税务局

党组书记、局长：彭少波
党组成员、副局长：罗　红
党组成员、副局长：欧文标
党组成员、纪检组长：曾　胜

【概况】 2016年，江永县国家税务局内设办公室、政策法规科、收入核算科、征收管理科、人事教育科、财务管理、纳税服务科、监察室、税源管理科、机关工会、机关党委办公室等11个科室，直属机构稽查局1个，派出税务分局潇浦税务分局、桃川税务分局2个，下设事业单位信息中心1个。全局共有在职干部职工69人。

2016年，县国家税务局全面贯彻中共十八大和十八届三中、四中、五中全会精神和习近平总书记系列重要讲话精神，牢固树立和贯彻落实创新、协调、绿色、开放、共享发展理念，按照《深化国税、地税征管体制改革方案》部署，坚持以落实深化税收改革为主线，严格税收执法，优化纳税服务，加强税收征管，认真贯彻落实各项税收政策，忠实履行税务工作职责，各项工作取得新的成绩。这一年，连续两届保持“湖南省文明单位”荣誉，荣获“湖南省青年文明号”“湖南省芙蓉文明岗”等称号。此外，在全县年度工作表彰会上，继2015年之后又被评为“绩效评估优秀单位”、党建工作先进单位、党风廉政建设工作优秀单位、社会管理综合治理优秀单位。

【税收计划执行情况】 2016年，县国税局始终坚持依法组织收入原则，深入开展经济税源分析，在切实管好现有税源的基础上，进一步加大对重点税源企业的培养与扶持，进一步加强重点税源监控，重点突出“分重点税源、分行业、分税种”管理，全力挖潜堵漏增收。2016年共组织入库各项税收13156万元（不含车购税1356万元，含代征地税211万元和回龙圩246万元），占全年计划11620万元的113.22%。同比增收4609万元，增长53.93%。加强税收政策的宣传辅导，不折不扣落实优惠政策，充分释放税改红利，2016年共落实支持高新技术企业、节能环保、三农、小微企业等各项税收优惠政策金额541万元，快速准确落实1.6L及以下小排量汽车减征车购税政策，减征税款149.8万元。

【税收改革】 认真贯彻落实《深化国税、地税征管体制改革方案》。根据方案细化分解任务分工，确定时间表、路线图、责任人，确保改革稳妥推进。充分利用新旧媒体开展立体式、全方位“营改增”宣传，启动了税法进瑶乡、税法进校园等税法宣传活动，结合纳税人大走访活动，对纳税人开展有针对性的税法宣传。分行业、分批次举办务人员及纳税人“营改增”业务培训，有针对性地开展一对一的有针对性业务辅导。探索实施国税地税联合办税、联合汇缴、联合管户、统一处罚等重要协作事项。4月26日江永县国地税联合办税服务厅挂牌成立，成为永州市首家以地税办税人员进驻国税局办税厅的方式组建而成的联合办税机构。9月13日实现“一人一机一窗双系统”国地税业务一窗通办模式。真正实现“进一家门、办两家事、到一个窗口、办所有事项”。在营改增这场时间紧、任务重、要求高、难度大的攻坚战中，县国税局扎实做好信息比对、案头分析，下户核查、业务培训、税收辅导等工作，先后取得了“开好票”“报好税”“分析好”“改进好”“总结好”等“营改增”关键环节的胜利。

【税收征管】 2016年，县国税局进一步加强税种和行业税收管理，强化分析预测，做好收入掌控。完善税收分析工作机制和领导包抓重点税源企业责任制，切实把预期目标任务落到实处，结合分户税收分析资料以及有关税收征管问题，从经济、政策、征管三方面，准确预测和把握行业税源变动趋势，掌握组织收入工作主动权。着重抓好日常征管，实现堵漏增收。充分发挥征管分析与风险管理系统功能，从疑点核查入手，查找和堵塞管理漏洞，进一步强化税收管理手段和税源管理实效，集中力量挖“死角”，加强了烟草、商贸、电力、木材、建筑材料等行业税收监督管理。全面推行增值税发票管理新系统，完善企业所得税汇算清缴事中事后管理机制，规范后续管理和风险防控，高度重视税收分析预警与纳税评估系统的应用，开展风险预警和税收风险排查，有针对性研究制定堵漏增收措施。同时加强电子底账系统数据运用，开展风险预警和税收风险排查，全年的征管工作质量有明显的提升。

【税务执法】 2016年，在进一步做好税收征收服务工作的同时，开展专项检查和区域专项整治，依法加大税收违法行为的查处力度，同时深化税收黑名单和联合惩戒工作，全年共查结各类案件19起，查补入税收312万元，有效打击税收违法活动。入库各项收入386万元。

【税务稽查】 发挥稽查和纳税评估作用，以重点行业、难点问题和薄弱环节为着力点，有针对性地开展税收专项检查和评估，加强风险管理核查，实现以管促收、以查促收。

【纳税服务】 2016年，县国税局持续优化办税窗口服务，加强办税服务厅标准化和规范化建设，配齐办税设施，改善办税环境，提升办税服务质量。全面落实《全国县级税务机关纳税服务规范》，做好相关表证单书调整和系统软件升级，不断完善领导值班制度、办税公开制度、首问责任制、业务衔接与信息传递制度，工作人员定期培训与绩效考核等各项制度。持续开展“便民办税春风行动”，制定了“春风行动”具体实施措施并层层分解落实责任人，推行全功能“一窗式”服务，积极应对“营改增”带来的办税压力，办好了实体纳税人学校，联合工商、质监、地税等部门共同优化“三证合一、一照一码”相关工作流程，强化户籍基础管理，加强国地税协调配合，积极应对“营改增”带来的办税压力。落实纳税人以及第三方对税收工作质量的定期评价反馈制度，建立纳税人需求分级管理模式，开展纳税人需求大走访活动，做好纳税人需求征集，引导和支持理性表达诉求的基础上，制定整改措施24条，帮助纳税人解决实际问题。

地方税务

县地方税务局

党组书记 局长：周忠华（5月调离）
陶国伟（5月到任）

党组成员 副局长：胡国栋（1—3月）

党组成员 副局长：杨荣贵（1—3月）

党组成员
副局长：朱治文

党组成员
纪检组长：王　勇（1—5月）
欧阳君（6月到任）

党组成员
副局长：王　勇（6—12月）

党组成员
副局长：义清正（6—12月）

【概况】　2016年，江永县地方税务局设机关1个（其中内设9个职能科室），1个稽查局、1个办税服务中心，4个税务分局，负责全县9个乡镇和迴龙圩管理区的税费征管工作。有在职干部职工73人，其中党员49人，大专以上文化程度63人，平均年龄42.3岁。负责征收的税种有营业税（2016年5月1日后改增值税）、个人所得税、房产税、契税、烟叶税等13个税种。征收或代征的费金有社会保险费、残疾人就业保障金、工会经费等8个（2016年2月起文化事业建设费、价格调节基金停征）。

2016年，面临“营改增”全面实施以后主体税源缺乏、以票控税手段缺失、增收后劲不足等一系列不利因素，全局上下坚持以组织收入为中心，迎难而上，加强征管、挖潜增收，牢牢把握收入工作主动权。上半年全面营改增落地之前，全面开展营业税清零、所得税清缴、欠税清理的“三清行动”。下半年精心谋划、大力推进征管转型，以转型促收入。全年着力做好收入分析、预测预警、数据管税、风险推送、税务稽查等系列挖掘潜力堵住漏洞工作，共入库全口径税收收入15899万元。

【依法治税】　2016年，县地方税务局坚持将依法治税作为税收工作的灵魂，积极学习宣传税法，努力规范税收执法，营造良好的法治税务氛围。把风险管理作为推进税收法治和征管转型的突破口，通过抓试点、抓机制、抓培训、抓比对、抓上线，大力推进风险管理。2016年共清理异常数据153条，完成省、市局推送2717户纳税户信息比对，入库附加税税款50.50万元。同时，进一步强化税务稽查。充实稽查人员力量，加大税务稽查力度，1—12月共检查纳税单位14户，结案14户，查补税款967.18万元，入库税款953.87万元。联合县国税局开展2015年度纳税信用等级评定工作。对全县范围内符合本次评定条件的69户纳税人进行了纳税信用等级评定，共评出A级纳税人0户，B级纳税人10户，C级纳税人15户，D级纳税人44户，并将评定结果在官网进行了公示。在依法治税推进工作中，税政科个人所得税申报和学法教育抓得实，稽查局工作卓有成效，各税源管理部门自警自省，严格依法办税，无一例违法事件发生。

【征管改革】　2016年，江永县地方税务局认真落实省市局关于税制改革的决策部署，制定了征管转型方案，积极推进“营改增”工作，把握好时间节点、任务要求，按时按质完成转型工作。及时收集上级有关营改增的政策、文件，组织人员抓好业务培训，在规定时间内将343户（其中查账征收156户，双定征收187户）纳税人的相关信息资料完整、准确地移交国税部门。以此为契机，进一步完善了与国税部门的业务对接机制，在联合办税、联合稽查、联合宣传、联合风险评估和纳税信用等级评定等方面展开精诚合作。同时，结合实际出台了征管转型实施方案，调整了征管机构和工作人员，将三分局改为风险评估分局，从事风险管理应对和纳税评估等工作，充分利用信息化应对征管新形势。

【纳税服务】　2016年，县地方税务局严格落实国家税务总局《合作规范》，全面深化国地税合作。为确保国地税合作持续、深入、高效地推进，联合县国税局成立国地税合作工作领导小组和合作工作办公室，制定《江永县国地税联席会议制度》，共同构建决策机制、协调机制、通报机制、监督机制，为日常工作的开展提供制度规范。为切实方便纳税人，实现“进一个厅、到一个窗、找一个人、办两家事”，组建国地税联合办税厅，并于4月25日正式挂牌成立且对外运行。为进一步促进服务深度融合，9月14日成功上线运行“一人一机双系统”，有效加强信息共享，促进了执法适度整合、信息高度聚合。办税厅工作人员克服重重困难，努力加强业务学习和操作练习，魏琼获得“全市地税系统优秀办税员”和“纳税服务岗位能手”称号。全年推出不断更多实实在在的便民服务措施，最大限度地满足纳税人的服务需求。

【落实税收优惠政策】 2016年，为落实好税收优惠政策，县地税局注意做好政策宣传，在联合办税服务厅设立咨询服务岗，面对面宣传小微企业创办条件，普及纳税人权利和义务、基本办税流程、办税相关资料以及基本税收政策等涉税常识，从源头做好小微企业优惠政策的宣传落实工作。同时搞好辅导培训，通过纳税人学校、税企座谈会、上门培训、国地税联合举办培训等方式，向企业宣传税收优惠政策。帮助企业正确进行纳税申报，提升自主办税能力。进行税企沟通，主动上门走访，密切税企联系，面对面解答企业在理解和运用税收优惠政策过程中遇到的疑难问题。及时了解企业经营状况，对于企业在经营、财务、税收方面的困难，积极帮助协调解决。注重工作实效，认真落实房地产交易环节契税优惠政策，截至12月，共为1116户次纳税人减免契税金额747.24万元，企业所得税减免税额2400余万元。

【票证管理】 完善票证管理办法，召开国地税联席会议，召集收入规划核算科、办税服务厅、票证管理员在会上共同交流，讨论出适合双方的共同的票证管理办法，在不违反票证管理规定的前提下进一步明确票证的领用、上交、奖惩等一系列措施，规范票证管理行为。严格票证领发管理，严格遵守票证管理相关办法，税收票证必须由专人领取，手续齐全，开票人员票证领用结存数每类不得超过200份，对税款结报缴销实行双限制，严禁用票人对票款进行积压。建立一人一册管理档案，记录各用票人的票证领用，上交，库存等情况。开票人员一律凭各自的“票款结报缴销手册”办理票证领取手续，当面清点领发数量、字轨和起止号码。严格遵守票证审核程序，对上交票证做到“五审核”制度，即：开票人自审、互审，办税中心税收会计复审，办税中心主任抽审，县局联审。会计复审时，要仔细核对票款结报单的数据与金税三期系统提交的数据是否一致，避免以票审票。重点清查作废票证，除需注明“作废”字样外，还应填写好作废原因、重填票号等，经办税厅主任审核后签字全份保存。加强票证管理考核，进一步加强税收票证的绩效管理考核，开票人员的税票使用情况与绩效工作直接挂钩，严格控制税票作废率，提升票证领发人员和管理人员的责任意识和安全管理意识。

【党建引领】 2016年，江永县地方税务局认真落实全面从严治党的部署要求，夯实“学”的基础，营造“做”的氛围，注重“改”的实效，扎实开展“两学一做”学习教育。召开了“两学一做”学习教育动员大会，制定了“两学一做”学习教育实施方案，按照方案组织专题党课，邀请县委党校专家解读中共十八大四中、五中全会精神，制定学习教育计划安排表，各支部深入开展“四讲四有”专题学习和讨论，督促党员按时学习并把学习内容与税收工作结合起来，共计撰写心得体会150多篇，加深了对学习教育的理解，确保活动取得了实效。积极开展好岗位练兵比武活动，全面提升干部的综合业务能力。全局上下学先进、比先进、超先进氛围日益浓厚，县局在市局业务大比武中全面开花，肖然、李贻凤、魏琼、欧文、王娟分别在信息技术、征管评估、纳税服务、税务稽查和行政管理类的比武中取得了较好的名次，获得了市局的表彰和奖励。人教科和党建办在干部队伍建设和基层党组织建设方面主动作为，创新形式，丰富学教内涵，成效显著。

【作风建设】 2016年，江永县地方税务局结合自身工作实际，出台了《江永县地方税务局关于进一步改进工作作风 严肃工作纪律的补充意见》，从严从细加强干部作风建设，进一步促进干部改进作风，提高执行力，严防作风建设风险的发生。通过组织全体人员到永州市反腐倡廉教育基地参观学习、观看廉政微视频、举办《中国共产党廉洁自律准则》和《中国共产党纪律处分条例》和“两学一做”知识竞赛、重温党的誓词等方式厚植廉洁从政思想，在思想上构筑拒腐防变的高墙。层层签订党风廉政建设责任状，要求各单位负责人和分管各单位的局领导切实履行职责，对本单位人员和分管的单位要严格管理，严格考核，凡发现或应该发现的问题不报、瞒报的，要进行绩效扣分。2016年，监察室围绕公务接待、公车私用、工作纪律、上班纪律、制度纪律等方面开展督查20余次，对上班迟到、未按规定着装、玩手机游戏、在办公室吸烟等问题按月进行督察通报，对相关人员提醒谈话8人次，纪律处分1人次，在加强干部作风建设的工作中发挥了重要的作用。

【树立形象】 2016年，江永县地方税务局结合组织和个人绩效管理，要求各单位着力强化内部管理，进一步提升工作效率。财务科全面加强了养老保险改革、工资及各项计提指标，公务用车改革所需经费测算，政府采购管理，固定资产实物清查管理和基建维修项目的规范化管理，促进了财务管理“两优两强”。办公室一以贯之地抓好公务接待、公务用车、公务用房的管理、政务文件的上传下达和工作成效的宣传报道，将各环节工作一个节点一个节点地抓实抓细，年度公务接待下降27.51%，封存公务用车1台、清理办公用房163平方米。信息中心全力做好软硬件和网络维护工作，确保了软硬件稳定运行和网络安全畅通。各单位齐抓共管，信息调研、政务公开、税收宣传和信息化等多项工作受到上级部门的肯定和表彰。

县建设银行

行　　长：唐亚辉（4月离任）
　　　　　蒋　捷（4月到任）
副 行 长：蒋　升（5月到任）

【概况】 2016年年末，建设银行江永支行在职员工14人，内设行长室、副行长室、客户经理室和营业部等四个机构，经营网点1个。

建设银行江永支行，系中国建设银行股份有限公司在江永县设立的县级综合性分支机构。经营范围：各类存、贷款业务；国内外资金结算业务；票据承兑和贴现；发行金融债券；代理发行、代理兑付、承销政府债券；买卖政府债券、金融债券；从事同业拆借；买卖、代理买卖外汇；从事银行卡业务；提供信用证服务及担保；代理收付款项及代理保险业务；提供保管箱业务；经中国银行业监督管理机构等监督部门批准的其他业务。

【业务情况】 2016年，建设银行江永支行在江永县委、县政府和市分行党委的正确领导下，认真贯彻市行工作会议精神，围绕支行全年工作目标，践行“与社会同发展，与客户共繁荣”的经营理念，突出以效益为中心，以业务发展为主线，着力加快业务转型，强化内控管理，加强市场营销，提高队伍素质，以高品质、专业化、个性化、差别化服务为手段，全行员工开拓进取，团结拼搏，实现了业务持续健康稳步发展，各项业务均取得了较大的成绩。全年新增存款1.98亿元、贷款新增0.27亿元。

2016年，各类存款余额11.26亿元，贷款余额1.8亿元，利润1683万元。存款、贷款当年新增在江永县各国有商业银行中均排名第一，为江永县的经济发展做出了一定的贡献。

县农商银行

党委书记、董事长：陈雅彬
党委副书记、行长：张社生
纪委书记、监事长：潘百旺
党委委员、副行长：汪海洋
党委委员、副行长：陈剑峰

【概况】 江永农村商业银行股份有限公司（简称“江永农商银行”）于2014年11月13日挂牌营业，是湖南省第36家、永州市第5家由农村信用社改制成功的农村商业银行。按照公司法人治理架构，设有股东大会、董事会、监事会和经营班子。

2016年年末，江永农商银行有在职正式员工144人。有机关部室9个。营业网点15个，其中营业部1个、支行14个。各项资产总额303953万元，较年初增加70381万元，增幅30.13%，较改制前增加152991万元，增幅101.34%。各项存款余额273401万元，较年初增加61825万元，增幅29.22%，占全县金融机构各项存款余额的32.51%，存款总量和增量稳居全县金融机构第1位，较改制前增加130950万元，增幅91.93%。各项贷款余额174458万元，较年初增加24093万元，增幅16.02%，占全县金融机构各项贷款余额的53.19%，贷款总量和增量稳居全县金融机构第1位，较改制前增加9579万元，增幅121.77%。存贷比63.81%。五级分类不良贷款余额2901万元，较年初下降67万元，不良贷款率1.66%，较年初下降0.31个百分点。全年实现经营利润9200万元，同比增加2011万元，增幅30.60%。当年缴纳各项税费2421万元。在省农信联社的经营绩效与等级考评中，经营等级三级，排名全省第7，较改制前提升了1个等级。绩效等级达到最高级A++级，排名全省第6，较改制前提升了7个等级。

【贷款业务】 坚持服务地方经济。以服务实体经济为导向，深度对接以农业产业、旅游、电商为代表的县域经济实体，有效巩固种养殖、加工贸易、消费等信贷传统客户阵地。深入推动家庭农场、农民专业合作社、涉农企业等新型农业经营主体发展。积极参与政府主导的城乡基础设施建设和重点项目工程，实现信贷服务全覆盖。在全市农商银行率先试点贷款抵押物由客户经理自主评估机制，有效降低客户的融资成本。8月末正式施行客户经理等级管理，不同等级的客户经理享有不同的贷款审批权限，提高信贷工作效率。截至2016年年末，累计发放贷款210618万元。各项贷款余额174458万元，其中涉农贷款169847万元，小微企业贷款31744万元。

推进金融精准扶贫。作为江永县金融产业扶贫的承办行，2016年，县农商银行以金融产业扶贫为主线，紧紧围绕“资金跟着扶贫对象走，扶贫对象跟着能人走，能人跟着产业项目走，产业项目跟着市场走”产业扶贫工作思路，以“四有两好一项目”为前提，依托能人、特色产业带动，促进建档立卡贫困农户增收脱贫和地方加快经济社会发展。2016年12月，以《潇湘晨报》为主的“精准扶贫　金融同行”全省巡礼大型系列报道采访组对江永农商银行金融产业扶贫工作进行现场采访，江永农商银行是省农信联社推荐的全市唯一一家重点采访对象。2016年年末，对全县14594户贫困农户进行评级，评级面达100%，12610户贫困农户获得有效授信，有效授信率86.40%，授信金额40364万元，扶贫小额信贷余额10903.3万元，其中当年新增8048.2万元。建成金融产业扶贫服务站35个，其中全县首家金融扶贫服务站于2016年6月2日在兰溪瑶族乡勾蓝瑶村挂牌成立。

【普惠金融】 2016年，推出福祥借记卡年费减免功能和手机银行无卡取款功能并实行金融服务减费让利，小额账户管理费、短信提醒费、手机银行交易手续费、个人网上银行交易手续费、福祥借记卡和存折系统内交易手续费等全免。同时，承担全县低保、粮补、林补等20多类财政性惠农补贴资金代理发放工作，当年代理发放资金2亿余元。不断加强网点建设，结合省级文明县城创建工作，有序对辖内营业网点进行装修提质改造，完善服务功能，创建四星级营业网点1个，三星级营业网点1个。积极开展“3·15”金融消费者权益日、反洗钱、反假货币、支付知识、征信知识、“金融知识万里行”“金融知识进万家”“金融知识普及月”等宣传活动，普及金融知识，提升金融素养，营造和谐金融环境。截至2016年年末，累计布放ATM、CRS机24台，其中自助银行2个；全年完成69个村助农取款布点任务，打通农村金融服务“最后一公里”。

县农业发展银行

行　　长：陈　斌
副 行 长：何娟云

【概况】 中国农业发展银行江永县支行于1997年1月挂牌成立，是江永县唯一的一家农业政策性银行，内设办公室、信贷业务部、会计结算部3个部室，现有在职人员12人。

2016年末，江永县农业发展银行各项贷款余额58750.82万元，比年初增加16402万元，增幅38.73%。存款余额69916.08万元，较年初净增21697.66万元，增幅45%。各项存款日均余额55160.26万元，较上年增加35381.05万元。实现全年安全运营，无责任安全事故发生。

【各项业务】 2016年，认真履行职能，始终坚持粮食传统业务基础地位不动摇，在确保政府下达了储备计划并明确了利息、价差损失及保管费用的弥补来源的前提下，发放了县级储备粮贷款532万元，通过细致的工作，确保了执行政策不出偏差和农发行的资金安全。

大力支持涉农棚户区改造。2016年7月，投放2亿元PSL棚户区改造贷款，这笔贷款的发放，妥善解决了江永县城永明河沿河两岸建筑破损严重，配套基础设施不完善等问题，改善了江永的城市形象，推进了江永城镇化发展。

投放江永县职业中专实训基金建设项目1400万元，积极支持政府关注度强、社会效益大的项目，将基金的带动作用最大限度发挥。

在开展业务活动的同时，江永县农发行支行的全体党员带头遵纪守法、廉洁奉公，确立高标准不动摇，守住纪律一寸不让。全行党员干部按要求认真学习，准确把握党章、准则和条例的精神实质，内涵要求，紧密联系工作实际，在贯彻执行上下功夫，向高标准努力，心存敬畏和警惧。开展反腐倡廉教育，狠抓党支部主体责任的落实，支行负责人与全行员工签订了《党风廉政建设责任书》和《廉洁从业承诺书》。通过在营业办公大厅公布举报电话、悬挂举报箱等形式，强化监督机制。支行还与辖内企业签订《银企廉洁共建协议书》，从制度上建立廉政基础，杜绝出现不廉洁行为。

江永县农业银行

行　　长：蒋智军
副 行 长：何兆湘（6月离任）
副 行 长：杨海燕（8月离任）
　　　　　朱国新（5月到任）
　　　　　骆　军（9月到任）

【概况】 2016年，中国农业

银行江永支行认真贯彻总行经营战略，在注重业务发展的同时，强调风险防范和内控管理，倡导合规文化建设，使江永支行的各项工作上了一个新的台阶，年度目标任务各项指标稳健运行，各项业务完成情况较好。

【经营业绩】 2016 年，各项存款稳步增长，到 12 月底，各项存款余额 11.5 亿元，较年初净增 1.68 亿元。在中国银行、中国农业银行、中国工商银行、中国建设银行等“四大银行”中，农业银行各项存款存量份额 42.13%，排名第一位。增量份额 37.92%，增量排名第二位，其中：个人存款存量份额 51.65%，增量市场份额 53.88%，存量、增量排名均第一；对公存款存量份额 25.76%，列第二位，增量份额 28.16%，列第三位。农业银行各项存款日平余额份额 41.34%，排名第一位，日平增量份额 17.72%，排名第三位。其中：个人存款日平余额份额 51.09%、排名第一位，日平增量份额 30.92%，排名第二位。对公存款日平余额份额 23.88%，列第三位。

贷款有效投放步伐加快。至 12 月底，各项贷款余额 3.43 亿元，较年初净增 1570 万元，各项贷款存量市场份额 59.17%，列第一位，增量市场份额 37.11%，列第二位。

表 4　　各项存款余额净增表

项　　目	任务（万元）	完成（万元）	完成比例
各项存款时点净增	14300	16771	117.28%
各项存款日均净增	10400	4234	40.71%
个人存款时点净增	9300	9042	97.23%
个人存款日均净增	8800	4454	50.61%
对公存款时点净增	5000	7729	154.58%
对公存款日均净增	1600	-220	-13.75%

【信贷工作】 2016 年，下大力气压降不良贷款，一是零受偿认定 115 笔金额（本息）5776 万元，已处置终结 115 笔金额（本息）5776 万元；二是实行自主清收，金额为 516 万元；三是不良贷款自主核销，金额 146 万元。

表 5　　不良资产明细表

项　　目	任务（万元）	完成（万元）	完成比例
清收自营不良贷款	382	516	134.97%
委托资产清零	5776	5776	100%
核销	1176	146	12.38%
已核销不良贷款清收	90	42	46.22%
不良贷款处置	1558	661	42.44%

【经营管理】 2016 年，在市分行考核考评江永支行运营工作中，二、三季度排名全市第

一；在 2016 年“三化三铁”创建工作中，桃川支行表现良好。

【中间业务】 2016 年，江永县农业银行的中间业务可持续增长。至 12 月底，实现中间业务收入 923 万元（含委托），完成年任务 762 万元的 121.1%，列全市农行第 6 名。

【机制创新】 2016 年，江永农业银行在管理机制方面一是实施农户贷款优化工程：不良余额控制在上级行指标内。二是推行民生代理工程：惠农卡发卡新增 2.8 万张；全县行政村智付通覆盖率 190.7%，有效机具 167 台，有效率达 81.1%。

邮储银行江永县支行

行　　长：廖江玲
副 行 长：周金燕子

【概况】 2016 年，中国邮政储蓄银行江永县支行下辖 9 个网点，其中自营网点 4 个；县支行内设综合管理部和综合业务部 2 个部室。有员工 44 人（含市行借调一人），其中大专以上学历 43 人，占比 97.72%；网点人员 21 人、信贷从业人员 11 人、机关后台人员 9 人，占比 20.45%。

2016 年，江永县支行在上级行及江永县县委县政府的关心和正确领导下，牢固树立“小行也有大作为”的发展理念，紧紧围绕省分行“夯实基础、精细管理、转型升级、稳中求进”十六字方针，通过全行员工的共同不懈努力，各项业务稳健发展，取得了较好的经营业绩。2016 年获市分行“先进单位”，并多次荣获县政府颁发的“金融机构支持地方经济建设”奖励，人民银行“金融综合管理考评”“支付结算服务考评”“发行出纳考评”“信贷金融服务考评”一、二等奖。

【内部控制与管理】 江永县支行在日常经营和管理工作中，严格遵守上级行、监管部门和人民银行的各种规章制度，加强内控制度管理和执行力建设，强化高管人员履职检查，践行省分行“合规管理提升年”活动，通过层层抓落实，抓管理，认真落实安全生产经营。2016 年，未出现过重大业务差错或重大管理纰漏。在职能管理上实现了安全事故“零”发生，重大资金安全事故“零”发生，重大违规事故零发生。其他管理类工作如头寸管理、反洗钱、反假币、档案管理、印章管理、设备维护等，江永县支行都取得了较大的进步，也确保了前台业务发展获得后台部门的有效监督和支撑。

【经营业务】 邮储银行江永县支行始终秉承邮储银行“服务三农、服务小微”的经营理念，扎根基层，以涉农个人贷款为主，积极投身地方经济建设。2016 年，邮储银行江永县支行配合江永县烟草部门，积极开发针对烟农的烟草贷款，发放烟草贷款 1000 余万元。配合县委、县政府金融机构开展精准扶贫，开发针对建档立卡贫困户的小额扶贫贷款，年发放总额 60 笔。继续保持再就业贷款的投放力度，从服务态度、授信时效、相关人员维护入手，争取客户获得资源，使江永县域内，再就业贷款发放占比 90%，保持了平台类贷款业务的发展。针对大型“家庭农场”式作业的农户及合作社形式的种养殖户，推出单笔金额最高达 50 万元的信用贷款，有效解决了一部分“家庭农场”的资金难题，2016 年，“家庭农场”小额贷款全市继续保持领先。

【素质培养】 2016 年，一是督促全行员工积极参加各种提升考试和资格考试。本年度里，江永县支行获得银行从业资格证的员工 36 名，占比 83.72%。较上一年提升 3 个百分点。二是加强员工岗位资格考试认证的管理和监督。2016 年底，江永县支行员工持证上岗率达到 95%，仅有两名员工没有取得相应岗位的岗位资格。离一个优秀的上市银行员工 100% 持证上岗的要求迈进了一大步。每个月至少组织全体网点人员进行一次规范化服务培训。每个月除市分行不定期的规范化服务抽查，县支行也会不定期的开展检查，确保网点人员的服务意识和服务水平不断提升。

【网点建设】 2016 年，完成石菇井支行的网点搬迁工作。石菇井支行的新网点引入全新的装修理念和模式，引入自助存折机，自助开户机具，电子银行体验区等配置，给客户带来了更好的体验。突出县支行营业部的规范化服务示范网点作用，本年度，在市银行业协会的评比中，县支行营业部以合格的基础设施，优秀的服务水平，荣获了永州市银行业协会授予的三星级网点荣誉。

【党风廉政】 2016 年，江永县支行党风廉政建设工作在市分行党委及纪检监察部的正确领导下，认真组织“两学一做”专题学习及党章、中央八项规定等党风廉政建设责任制的有关专项学习，以构建一个务实的党支部，一个清廉的党支部为目标，认真贯彻落实省、市分行有关党风廉政建设精神，切实履行“一岗双责”，为全行员工树立了一个优良的领导班子形象。同时，继续保持举办新春团拜会、“三八”妇女节活动以及重阳节退休老职工聚会活动的传统，让江永县支行的广大职工感受到了团结向上的正能量。在职工之家建设、职工意见征集、员工家访活动中认真对待职工群众的正确意见。不走过场，让领导干部踏踏实实的走进员工的生活，提升员工的归属感，倾听员工的心声，了解员工工作和生活中的困难，给予足够的关心和关怀。

县财产保险公司

经　　理：左润喜
副 经 理：邬海丽　欧阳彪

【概况】 中国人民财产保险股份有限公司江永支公司是中国人民财产保险股份有限公司旗下的县级支公司。是目前江永境内非寿险市场业务规模最大、实力最强、历史最悠久的财险公司。内设经理室、综合部、车辆保险部、农险事业部、商业非车险部、出单分中心理赔管理分部以及桃川营销服务部。2016 年，公司共开办机动车辆保险、企业及家庭财产保险、农业保险、人身意外伤害保险等五大类上百个险种，实现保费收入 3551 万元，同比增长 15.5%。支付各种赔款 2000 余万元。纳税总额超过 240 万元，代收车辆使用税 190 余万元。

江永县人寿保险公司

经　　理：蒋周成
副 经 理：邱立芳

【概况】 中国人寿保险股份有限公司江永支公司（以下简称“支公司”）是一家国家控股金融保险企业，其前身是原中国人寿保险公司和中保人民财产保险公司，1999 年更名为中国人寿保险股份有限公司。江永支公司内设综合部、客户部、个险销售部、团体业务部、银行保险部、健康保险部。2016 年，有员工 15 人，保险代理人 370 多人，全县服务网点 4 个，营销服务部 2 个。

【业务发展】 2016 年，中国人寿保险股份有限公司江永支公司实现保费个险新单期交保费 548.62 万元，其中十年期保费 381.73 万元，新单标保 246.26 万元，短险 34.93 万元，架构人力 131 人。银保部，2016 年期交达成 140.54 万元，标保达成 40.09 万元。团险部 2016 年完成数 388 万元。在江永寿险市场主导地位得以巩固，综合考评位于全市前列。

【队伍建设】 2016 年，江永支公司保险代理人 370 多人，每天提供早会学习时间，不定期的培训。市公司进行集中培训学习，提升队员的业务能力，专业知识水平。选聘部分优秀人员筹备成立收展部，打造专业的保险服务队伍。借助互联网平台推出 APP-E 保账，下载 APP 到手机上，注册后，客户可以查询自己的保单信息，变更联系方式，银行转账授权等保单相关业务，减少排队等待，实现随时随地都可办理保险业务。借助微信平台，公司推出 E 商城、E 服务自助平台，客户关注“中国人寿湖南省分公司”公众号，就可以体检平台服务的便捷，在 E 商城中购买公司产品，E 服务中查询保单信息，享受续期缴费等提醒功能。

科技·教育

科　　技

【科技成果转化】　2016年，江永县科商粮经信委与专利产业化试点企业——元杰科技开发公司，以其二项实用新型专利入股江永县科威实业有限公司。江永元杰科技开发公司和江永科威实业有限公司于上年度8月签订合作协议，联合开发专利产品。2016年年底，联合开发的专利产品成为上海五菱通用汽车股份有限公司的合作产品。

【科技与金融结合】　2016年，江永县将专利质押贷款和专利成果转化作为科技工作的头等大事来抓。通过调研和跟踪服务，多次召开专题会议进行研讨，助推企业资源重组，帮助元杰科技开发公司、科威实业有限公司与县农商行进行了专利质押贷款洽谈。2016年，洽谈取得实质性效果，成功帮助企业申请到专利质押贷款50万元，再创全市新亮点。

【科技专利托管业务】　2016年，江永县科商粮经信委委托中山市捷凯专利商标代理事务所托管代理县的专利申请。在"4·26"世界知识产权日，邀请该公司的杨总、孟工程师两位深资的专利代理专家，参加县2016年知识产权工作座谈会，并不定期对县19家规模企业进行专利申报知识的培训。2016年度，江永专利申请量131件，同比2015年（120件）增长11%。其中发明专利申请量39件，同比2015年（34件）增长15%；当年发明专利授权4件，同比2015年（1件）增长400%。

【利用国家人才支持项目发展】　2016年，江永县争取了"三区"（边远贫困地区、少数民族地区和革命老区）人才计划的支持，从湖南农大，湖南省食用菌研究所、湖南省农科所等科研院所引进专家为企业开展科技服务。从省科技厅争取的2名科技特派员，分别服务于江永县特色农副产品加工有限公司和百润福生物科技有限公司。服务于"百润福"的特派员正在为企业培育高产优质紫苏基地；服务于"特色农副"的特派员正在为企业的新产品攻克技术难题。本年度，江永县完成了2015—2016年三区科技人才的对接工作。省科技厅安排江永县2016年三区科技人才20名，全部与受援单位签订服务协议，下拨三区科技人才专项经费39.6万元。同时，开展2016—2017年三区人才的需求摸底工作，并上报到市科技局。

教　　育

县教育局

党委书记
局　　长：黄怀海（3月免）
　　　　　李世忠（3月任）
党委副书记
副 局 长：卢志平
党委委员
副 局 长：刘承高
党委委员
纪委书记：何有全
主任督学：杨祥林
党委委员
副 局 长：江　龙
党委委员
办公室主任：高云国
副主任督学：徐文德

副主任督学
基教股股长：欧阳印全

副主任科员
学生资助：夏继华
中心主任

【概况】 2016年，江永县共有中小学校95所，其中省级示范性高中1所、完全中学2所、职业中专1所、初中7所、九年一贯制学校8所（含民办学校1所）、县直小学3所、乡镇中心小学5所、农村完全小学7所、村小或教学点61个。截至2016年年底，全县中小学校在校学生39407人（小学25056人、初中9385人、普高3576人、中职1390人）；幼儿园129所，在园幼儿总人数10582人；在职教师2195人（高中教师358人、初中教师670人、小学教师1111人、进修学校教师16人、幼儿教师40人，在职教师中未入编特岗教师94人），在职教师高级职称187人、中级职称984人、初级职称875人、未评职称149人，退休教职工808人。

【机构设置】 县教育局内设行政股室六个：办公室、人事股、计财股、基教股（职成股与基教股合署办公）、监察室、教育工会（老年委、关工委与工会合署办公）。事业股室七个：教研中心、招考中心、电教馆、法制室、基建股、学生资助管理中心、督导室。其中：挂靠参照公务员管理正科级事业单位一个（江永县人民政府教育督导室）。副科级事业单位两个：教科中心、招考中心。

【幼儿教育】 2016年，全县共有幼儿园129所，公办幼儿教师40人。全县3~6岁学龄前儿童13539人，3~6岁在园幼儿10582人，学前三年毛入园率88.2%，学前一年入园率100%。2016年9月，江永县第一小学佳乐幼儿园和实验小学响当当幼儿园暂停招收幼儿，两所幼儿园的幼师分别在江永县第一小学和江永县实验小学支教。2015年引入民间资金3000多万元、在江永县城内新建的一所高标准民办幼儿园——江永县第一幼儿园于2016年春季开园招生。本年度，新建了江永县桃川十字街中心幼儿园、江永县潇浦镇井边中心幼儿园和江永县桃川镇上洞中心幼儿园3所农村公办幼儿园；对江永县公、民办幼儿园进行了年度办园水平考核评估，评出6所先进幼儿园并进行表彰；为10所普惠性民办幼儿园发放了扶持普惠性民办幼儿园发展奖补资金54万元，使江永县办园条件和办园水平不断改善和提高。

【中小学教育（基础教育）】 2016年，坚持巩固提高“两基”成果，依法组织学生入学，健全合理划片、阳光招生、义务教育免试就近入学制度，切实抓好控辍保学，努力提高普及程度。认真落实国家惠民政策，进一步规范办学行为，确保每名义务教育阶段学生不因家庭贫困而失学。加强农村义务教育合格学校建设和薄弱学校建设，促进城乡教育均衡发展，促进教育公平。深化课堂教学、质量监控和评价等改革，调整教学思路，总结教育托管经验，抓好素质教育。2016年度，县教育局对全县各学校开展9次教学常规督导检查，及时通报常规工作做得好的学校和教师，对备课、上课、作业批改等做得不好的教师给予通报批评。通过名师送课下乡、对口交流等形式实现教育资源共享，帮助农村学校加快发展。推行全县义务教育阶段学业水平检测，每学期随机抽检1—2个年级，检测有方案，有评价，有结果分析，发挥评价的指导、激励功能，提升教育质量。全县适龄儿童入学率100%，巩固率100%，九年义务教育巩固率99.3%，6~14岁三类残疾人口义务教育入学率91.18%。

2016年，县内设有第一中学、第二中学、第三中学等3所普通高中学校，另有1所高考补习班。高中阶段毛入学率90%，参加高考人数958人，高考二本上线人数237人，上线率26.02%。县第一中学二本以上上线人数212人，上线率30.09%，上线率比去年增加4.08%；其中一本上线人数70人，二本以上上线人数比去年多45人。县第二中学二本上线3人，上线率5.66%；县第三中学二本上线人数为4人，上线率2.7%；江永补习班二本以上上线人数18人，上线率33.96%。县第一中学依托湖南省长郡中学远程教育资源，组织老师在线和实地跟班学习湖南省长郡中学的集体备课经验，积极开展集体备课，提高教学效益，共享优质教育资源，取得效果。2016年度高考，县第一中学的二本以上上线人数首次突破200大关，比去年增加46人，增幅达30%以上，增幅排名永州市前三；高二学业水平考试全科合格率达99.5%，名列永州市前茅。与此同时，大胆尝试教育改革创新，从2016年起，推行教育托管模式，以县第一中学托管夏层铺学校为试点，将优质学校与薄弱学校结成"办学共同体"，共享办学理念、教育资源、管理体制，多渠道为薄弱学校提供人力、物力、智力等方面的支持。

【教育督导】 2016年，江永县人民政府教育督导室机构设有主任督学、副主任督学，聘任6名教育督导责任区督学。每月定期与不定期深入学校督导检查至少1次，每月至少1期通报，全年印发督导通报14期。举办了1次教育督导论文评比，评选出优秀论文16篇进行奖励，荣获市级优秀督导论文2篇。年底，对全县9个乡镇场进行教育工作督导年度考核，评选出尊师重教先进单位4个，尊师重教先进个人1人；对全县29个县直教育有关部门进行教育优先工作考核，评选出8个先进单位。

【教师招聘】 2016年通过特岗计划、定向培养、人才引进、面向社会公开招聘等形式补充教师106名，其中，录用特岗教师29名，定向培养毕业生录用46名，面向社会引进急需紧缺专业技术人才7名（其中江永一中专业教师6名、江永职中专业教师1名）。2016年7月，将2013年录用的31名特岗教师转为正式教师。2016年8月，面向社会公开招聘录用教师24名，优化了师资结构。选送35名定向培养生，其中高中起点本科层次中职专业教师7名、初中起点本科层次初中教师4名、初中起点本科层次小学教师24名。

【师资培训】 截至2016年年底，全县有市级名校长1名，市级名师1名，市级学科带人9名，市级骨干教师14名及县级名校长、名师、学科带人、骨干教师等共165名。县内设有小学、初中、高中3个名师工作室，分别设在江永一小、江永三中、江永一中。充分发挥名师工作室的引领作用，2016年全年开展观摩研讨、送教下乡等活动60余场次，开展课题研究，探索建设高效课堂，促进教师专业成长。实施名师下乡支教制度，2016年共安排6名县市级骨干教师、学科带头人对口支援夏层铺学校、千家峒学校、松柏中学等农村薄弱学校。制定《江永县三名工程奖励办法》《关于对江永县县级名师、名班主任、名校长和骨干教师进行年度考核的通知》，对骨干教师、学科带头人、名师实行任期考核奖励制度，及时兑现奖励津贴。年度考核合格的，市级学科带头人每年奖励8000元、市级骨干教师每年奖励5000元；县级骨干教师每年奖励2000元、县级学科带头人每年奖励3000元、县级名师每年奖励5000元、县级名校长每年奖励10000元，2016年全年发放奖励共50.6万元。建立以省、市、县三级培训为重点，以校本培训为主体，岗位培训、技能培训与学历提升培训相结合，重点突出薄弱学科培训的教师培训模式，全年培训教师2000多人次，进一步提升了教师队伍整体素质。2016年秋季学期全县教师交流59人，校长交流10人，副校长交流15人。

【惠师政策】 2016年，县人民政府出台落实《江永县乡村教师支持计划（2016—2020年）实施细则》，提高乡村教师生活待遇。在落实乡镇工作人员补贴方面，年内安排625万元用于发放乡镇教师补贴。在落实农村基层教育人才津贴方面，年内安排300.9万元用于发放农村教师津贴补助，对纳入农村基层教育人才津贴范围的教师，每月发放300~800元不等的津贴。在落实乡村班主任津贴方面，年内安排328.2万元按全年人平500元/月的标准发放到班主任个人。在落实乡村教师定期免费体检制度方面，年内安排60万元经费为乡村学校教师体检，且每年体检一次。

【教学管理】 2016年，继续深化课程改革，提升教育品质。县教育局教研中心每周深入学校视导三天，每学期对各学校进行两轮教学视导。第一轮为常规教学视导，每到一所学校，每个教研员至少听3节课、检查教师教案5本、检查学生作业40本，检查各学科教研活动开展情况记录，然后集中意见向学校领导提出建议；第二轮课堂教学评价，对各学校随机抽取四堂课，教研员分组听课评价打分，面对面评价指导。教研员全年共听课925节，检查教案1205本，检查作业4880本。同时积极开展小学、初中、高中毕业复习研讨活动，组织做好小学、初中、高中各学期期末教学质量检测与分析工作。2016年5月，县教育局组织中考模拟测试，帮助学校与教师及时了解教学情况，针对学生学习现状，调整教学策略，提高教学质量。深入粗石江中学、上江圩中学、黄甲岭学校、松柏中学、松柏小学、千家峒学校等薄弱学校蹲点调研指导，从教风学风建设与管理、课堂教学与评价、教师专业发展、学校教学监管、校本课程建设等方面对这些学校做了分析，指导学校实施课堂教学改革，推动学校课堂教学管理上台阶。另外还注重内外联谊教研互动，县第三中学与松柏中学结对帮扶，县一小送课下乡到源口学校，兰溪学校与冷水铺学校互动交流。邀请其他县的学校领导及教师来江永县展示和指导，江永县第一中学与永州市第三中学、广西富川中学进行教学交流。广西富川县朝东小学、灌阳县栗木学校与粗石江小学开展了教学交流研讨活动；道县下蒋学校到县第三小学进行同课异构研讨活动；组织带领松柏中学部分教师到道县第三中学学习交流等。这些校际交流活动有效促进了教师教学水平的提高。组织开展教学比武，2016年4月，在县实验小学召开小学语文赛课，县内小学名师、各学校主管教学副校长、语文教研组长和语文骨干教师共60多人到会参与活动。2016年12月，在县第三中学举行全县初中学生现场作文及英语词汇竞赛活动，经全县各学校初赛后共选出每科80位学生参赛。积极开展课题研究，到2016年年底，县第一中学两个省级课题《信息技术条件下，江永“三千”文化与校本课程整合研究》《利用信息技术条件提高边远山区英语课堂教学效率的研究与运用》和两个“十二五”课题已顺利结题，前一个课题被评为优秀。县第一小学省级数学课题《设计个性化作业，培养学生数学能力研究》，湖南省教育科学“十二五”规划“以学为中心”课题的子课题《通过多读、多写、多积累，有效提高小学生语文能力的策略研究》，市级特色课程建设项目研究《课内阅读与课外阅读的有效性结合策略研究》，县实验小学的市级《群文阅读教学》课题，县第二中学伍先明老师承担的永州市初中教育教学重点微型课题《农村初中物理阅读教学的实践研究》等一批课题已结题。2016年，县内教师参加省市教学技能比武，有4人获省级奖，26人获市级奖。高中学生参加生物、化学、数学、物理四个学科奥赛，获得国家级奖9个，省级奖35个，市级奖116个。教师论文荣获市级以上奖励有

350个。

【招生考试】 2016年，江永高考报名人数1179人，其中文科546人、理科619人，共33个考室（文科15个，理科18个）、单招录取216人；实际参考人数959人，文科435人，理科524人。一本上线人数85人，上线率8.86%，二本上线255人，上线率26.6%。学考考试报名人数1143人，共39个考室。自学考试报名人数16人，报考科30科次，考生取得合格科次21次，到县教育局招考中心办理本科毕业证2人（在全省各县区可联网办理专、本科毕业证书）。

【职业教育】 2016年，县职业中专学校开设计算机应用、汽车检测与维修、服装设计与制作、电子技术应用、旅游管理、工艺美术等六个专业。建有1个汽修专业实训基地、6个标准计算机操作实训室、4个电子电工实训室、2个服装实训室。

提升学校管理水平，创新课程，提升办学水平。县职中与新华社联办“创客大学”，电子商务课程成为特色专业，推行“工学结合”“校企合作”“订单培养”等多元化办学方式，主动与名企合作办学，拓宽办学渠道，精准对接地方产业，增设旅游、电子商务等专业。加大本地区校企合作力度，扩大就近安置学生就业比例，学生就业率和就业满意率逐步提升。将原有的服装设计与制作专业转型为瑶族服饰设计与制作，并开办“江永职中民族服饰有限公司”，将计算机应用专业拓展为电子商务专业，与女书传媒有限公司合作开办旅游管理（女书文化）专业。同时注意引入人才，提升教师素质，2016年，江永职业中专学校外聘7名专业教师，其中汽修专业2名、计算机专业4名、电子商务专业人才引进1人；面向社会招聘计算机、电子、旅游、服装等专业教师5名，教师队伍向专业化发展。加强培训，发挥职教中心作用。依托职中建设好县职业教育中心，将农业生产技术培训、创业培训、电商培训、SIB培训等县内职业培训整合归并到职中培训，举办15期培训班，累计培训学员达1500人次。舍得投入，改善办学条件，2016年，投入300多万元，建设48套教师公租房；改扩建300米环形跑道，绿化校园环境。努力申报国家级中职学校实训基地项目，2016年3月，省发改委到职中核查实训基地实施条件，批复职中实训基地项目立项，并拨付建设专项资金1000多万元，职中成功申报湖南省“应用数字化资源开展职业教育项目教学、案例教学、技能竞赛和技能鉴定的模式研究”项目。

2016年，职中教师共参加国家级培训25人次、省级培训26人次、市级培训32人次、县级培训59人次；发表和获得省市级优秀论文23篇，市级说课竞赛获奖8人次，市级指导奖19人次。4月，县职中在湖南省职业院校技能竞赛中获汽车运用与维修二等奖；12月，获永州市中等职业学校技能抽查“先进单位”奖和永州市中等职业学校技能竞赛“先进单位”。毕业生就业率达100%，其中，在本地企业占毕业生人数的23%；外地企业、服兵役4人，输送本地初、高中毕业生到市级技工院校学习75人。

【成人教育】 2016年报考人数21人，其中专升本13人，高职专科8人。

【基础设施建设】 2016年，投入资金1011.9万元，建成桃川镇上洞中心幼儿园、桃川镇十字街中心幼儿园、潇浦镇允山井边中心幼儿园共3所农村公办幼儿园，新建校舍面积4260平方米，新增校园面积8372平方米，新添仪器等设备1640件。投入资金963.4万元，建好江永县松柏瑶族乡的水美塘小学、潮水小学、黄泥铺小学及上江圩镇龙田小学和潇浦镇海相希望小学5所农村合格学校，新建校舍面积4074

平方米、新增校园面积11383平方米，新添并验收仪器等设备1.4万件。投入资金438万元，建设3200平方米90套教师周转宿舍。投入资金1431万元，完成县第一小学、夏层铺学校、冷水铺学校3所薄弱学校改造，新增教学楼面积6921平方米。投入资金841万元，为江永第一小学新建校门及一幢面积2450平方米的五层教学大楼，缓解了学校大班额问题。

【学生资助】 2016年，县学生资助管理中心认真贯彻落实国家资助政策，资助各类家庭经济贫困学生8624人次，资助金额737.42万元。其中：资助家庭经济贫困高中学生2146人次，发放普通高中国家助学金214.6万元；减免180名普通高中建档立卡家庭经济困难学生学杂费17.28万元。资助中等职业学校贫困学生584人次，发放中职国家助学金58.4万元；减免中职学校学生学杂费2302人次，减免学费276.24万元。资助家庭经济贫困学前幼儿3384人次，发放家庭经济困难幼儿入园补助资金169.2万元。资助28名家庭经济困难大学新生入学路费，资助金额1.7万元。

同时，通过多种渠道积极争取社会各界爱心团体、爱心人士对贫困学生的捐助。2016年接受社会资助各类家庭经济贫困学生854人次，资助金额130.139万元。其中：澳门汇才慈善会资助江永贫困高中学生763人次，发放助学金92.489万元；资助家庭经济贫困大学新生51人，资助金额15.65万元。长沙知青欧阳乐先生情系江永第二故乡，资助江永家庭经济贫困大学新生20人，资助金额10万元。“爱心圆梦”资助江永家庭经济贫困大学新生10人，资助金额8万元。“冼心禅基金会”资助江永贫困大学新生10人，资助金额4万元。

办理大学生生源地信用助学贷款693人，发放助学贷款538.53万元。受理2015年普通高校大学毕业生贫困地区基层单位就业学费补偿19人，发放学费补偿资金8.75万元。

重点学校选介

江永县第一中学

校　　长：张朝杰
党支部书记：刘　勇
副 校 长：蒲智全　孙庆文　义鸿志
副校级干部：黄秀春　文甲生　周彩娟

【概况】 坚持“依法治校、科研兴校、质量强校”的办学目标，践行“科学发展，德育为先，以人为本，注重特色，构建和谐”的办学理念，抓内部管理，注重德育建设，提高教育教学质量，并依托校本教研，探索科学管理方法，创新管理手段，促进教师专业队伍成长。

2016年，全校有教学班60个，在校生4561人。学校教职工248人，专任教师216人，专任教师比例为87%。研究生学历9人，占专任教师的4.2%。其中高级教师74人，一级教师68人，二级教师71人。

【办学条件改善】 学校按照“校园建设营造整体美、绿色植物营造环境美、名人佳作营造艺术美、人际和谐营造文明美”的思路，加强校园环境建设，构建健康和谐氛围，提高学校办学品位。

学校布局协调、合理、美观。整个校园按功能分为教学区、生活区、运动区三个板块，科学、清晰、完整、有序。现有校园总面积198.5亩，有教学楼四幢，教室52间，科教楼一幢，校园建筑面积为48301平方米，其中教学用房面积35991平方米；有9间现代化实验室，8间仪器室。

学校历来重视校园的亮化、美化和绿化工作。绿化总面积达67216平方米，占校园总面积的50.8%。坚持每天一小扫，一周一大扫，确保校园整洁；抓住市、县“创文”契机，抓好校园美化、亮化工作。

【学校管理】 学校内部管理井然有序。按需要设置机构，责任到人，层层落实，运转高效。坚持校务公开，一年召开一次以上教代会，教职员工参与大项制度的修订、大项建设等决策与管理的过程。每期定期召开家长会，增进家校联动；每期开展学生评教活动，自觉接受家长、学生的监督。

坚持宏观和微观有机统一的年级组管理模式，确保学校管理工作有序进行。采用垂直分层管理模式，以年级组为基本单位，制度管理为基础、人文管理为辅助、目标管理为主线，创新教育教学管理模式。年级组管理模式，即以年级组为基本单位的“一二三”（即一条主线、二维管理、三个成员）管理模式，将教育、教学、教研、科研等工作与年级组其他工作融为一体，统筹安排，使各项工作协调发展。年级组管理模式简约，操作性强，防止管理重复交叉，革除了互相扯皮，效率低下的弊病，真正做到了有序集中、整体高效。

学校注重班团建设。重视班主任团队建设，不断健全完善班主任管理制度，激励班主任创先争优。评先评优、晋职晋级向班主任倾斜，充分调动起班主任的工作积极性。加强对班主任的常规管理，以督促班主任科学有序地管理班级。学生会、团委会组织机构健全，每年一次公开换届选举，优化学生干部队伍，开展社会实践活动，锻炼学生能力。

重视后勤管理，提高服务水平。规范食堂管理，专门划出资金70万元升级硬件，改善就餐条件，引进餐具消毒机制，注重食品安全。加强寝室管理，升级监控设备，有效防火、防盗、防意外事故的发生；安装空气源热水器，改善生活条件；更换宿舍储物柜，保证寝室财物的安全。

实行校产管理责任制，责任到班，责任到人。实行学年立卷制，强化日常检查，保证公共财产的安全。

健全财务管理制度、经费审批制度、报账验收制度、检查监督制度和民主理财制度，坚持一支笔原则，保证专款专用，做到“物资采购要批”“物品发放按需”“办公耗材降低”。

加强教学管理。完善集体备课制度，整合教学资源，提高备课上课质量。加强教师的备课听课、作业批改、辅导等教学常规检查，结果与个人的绩效相挂钩。推行岗位津贴发放制度和绩效工资分配制度，完善高考、学考奖励制度，打破“大锅饭”的局面，集中体现“效率优先，兼顾公平”的原则，提高教职工积极性。完善家校通平台，向家长及时通报月考、期中、期末考试等成绩。开办家长学校，增进家校交流，完善家访制度，构建立体教育格局。

【教师队伍建设】 学校有教职工248人，专任教师216人，专任教师比例为87%。研究生学历9人，占专任教师的4.2%。

注重中青年教师的培养。以“青年教师汇报课”和“优秀教案评选”两个活动为契机，在教师中开展岗位“学技能，树师德”活动。除组织各级各类公开课活动外，加强中青年教师继续教育培训，强化专业知识的升级，把握学科教学的前沿与走势，更好地服务各阶段的教学需要。

注重骨干教师的管理，推进“名师工作室”建设。由分管教学的副校长领导，由市、县级学科带头人组成，发挥名师的示范、辐射和指导作用，实现资源共享、智慧生成、全员提升的目标，培养出一批师德高尚、造诣深厚、业务精湛的教师，提升一中教育教学档次。

从学校发展、教师成长、学生需要的高度着眼，为有条件的教师搭建平台和创造条件，发挥学校省、市级骨干教师为学生服务的潜能，让更多的学生享受到更高质量的教育。

与此同时，由教科室牵头

组织，每年对教师进行岗内培训。培训形式：外出培训、国培省培等网络培训、公开课竞赛、校本培训、专家讲座、校际交流等。参加校本培训的教师达100%，培训学时达到360学时的教师比例达到了95%。2016年，学校有市级名师1人，市级骨干教师5人，市学科带头人3人，县级名师6人，县级骨干教师22人，保证了每门学科基本有1名学科带头人。

【教研教改】 学校与时俱进，纵深推进教研教改，促进教师成长，提高教育教学质量。各学科组按时召开教研活动，学校严格检查考评，结果作为评价学科组和个人的重要依据，直接影响评先评优和晋级。综合利用“一师一优课、一课一名师”、微课大赛等活动，制定相应的奖励措施，鼓励老师参赛。在2016年度“一师一优课，一课一名师”活动中“晒课”141节，教师参与热情空前高涨。组织教师积极参加集体备课大赛，有4个教研组的作品成功进入决赛，进行第二阶段的评比。

重视课题研究，凭借课题研究平台，促进教师专业成长。至2016年年底，学校共完成三个省级课题，《信息技术条件下，边远山区示范性高中学生心理健康教育校本研究》《信息技术条件下，江永“三千”文化与校本课程整合研究》《利用信息技术条件提高边远山区英语课堂教学效率的研究与运用》并获省二等奖和省一等奖。

【德育工作】 学校重视德育工作，重点抓好爱国主义教育、感恩教育、养成教育、文明礼貌教育和安全教育。经多年实践，构建了学校、年级、班级的三级德育管理体系和学校、家庭、社会三结合的德育网络，形成了“用德育制度规范人，用高尚情操塑造人”的德育工作特色。

注重用德育制度规范人。在学习《中学生守则》《中学生日常行为规范》《公民道德建设实施纲要》的基础上，学校结合实际建设完备的德育工作制度，建立学生德育档案，力求“以制度促‘养成’”，通过评选“文明班级”“文明寝室”“十佳学习标兵”等活动，强化“养成”教育和心理健康教育，规范学生日常行为，提高学生的思想道德素质。

贯穿一条主线，帮助学生逐步确立正确的核心价值体系。注重德育的隐性与显性功能相结合。把握校园环境的隐性教育功能，加强校园文化建设，让走道、教室的名人字画“润物无声”，加大环境卫生的落实和检查，让环境会“说话”。利用升旗仪式的显性教育功能，组织好每周的升旗仪式，抓好国旗班训练，组织国旗下的讲话。让德育工作的规定动作和自选动作交替进行。突出爱国主义、团队精神和人文素质的常规教育，注重对学生“三观”的培养。学校从实际出发，抓好“两个主体”“一个结合”，开展丰富多彩的德育活动。以教师为主体，利用课堂教学和教师的为人师表渗透德育内容，做到处处育人；以学生为主体，以政教处、校团委、学生会、团支部和班委会为支点，通过文化长廊、校园广播、班会、报告会、团队活动、《红军树》和黑板报等阵地，结合纪念性节日、红军树、“三千”文化等丰富的德育载体，开展“国旗下的讲话”、成人宣誓仪式、校园文化艺术节、运动会等活动来塑造人。利用班会课的主阵地的教育作用，突出中华美德和革命传统教育，做到内容、时间、人员三方面的结合。注重校园德育课内与课外活动相呼应，注重放大德育教育的功效。发挥课堂教育是德育工作主渠道的作用，挖掘、凸现学科课堂教学中德育因素，培养学生“三种习惯”“九种能力”的培养，促进学生健全人格、健康心理的逐步形成。同时，重视校园课外文体活动，特别是双休日学生社团活动的直接教育作用，定期举行学校秋季田径运动会和校园文化艺术节。

重视青年班主任培训班工作。采用多种形式召开班主任会议，学习德育工作理论与艺术，交流经验，取长补短、共同提高。以“请进来、走出去”的方式，以年级组为单位建立家长委员会，定期召开家长会；整合教育资源，与县关工委、县公安局、交警队、消防中队、县禁毒办等联合，请相关领导到学校作班主任工作专题报告，拓展视野，更新观念，增强法律意识，形成遵纪守法的良好风气。再以班主任量化管理为抓手，完善班主任工作考核制度，鼓励先进，营造良好工作氛围，提升德育工作的实效和品位。

创新工作方法，加强德育常规管理。完善班级量化考核制度，增加值勤巡视的次数，细化评分尺度，公示评比结果，提高班级常规管理的有效性。抓好“净校与静校”管理，保证课堂教学的有效性。每月安排专项问题的整治。先后进行学生行为习惯检查、班级包干区卫生检查、两操的检查、学生仪表检查等。

【体卫艺工作】 学校坚持“科学发展，德育为先，注重特色”的理念，将特色创建作为学校工作的重要组成部分，纳入学校发展十年规划纲要之中，并在每年的年度工作计划中加以强调突出，以此为契机积极推进素质教育的实施。

成立以张朝杰校长为组长的体艺教育领导小组，构建校长负责、三处分管、体艺组和年级组具体实施的三级管理网络，让体艺教育步入良性循环的发展轨道。

明确一个目标：德育为先，人格健全，特长明显。坚持三个原则：普及与提高相结合，校本教研与特色教学相结合，课堂教学与课外活动相结合。实行体艺培训教练制，开好美术特色班的专业课，开发素描、设计、瑶族歌舞、女书读唱、民间体育等校本课程；组建学生舞蹈团、合唱团、乐团、岭南文学社。全面开展全民健身运动，坚持晨练和两操，组建学生篮球队和乒乓球队，开展大课间活动，活跃校园文化。举办一年一度的校园文化艺术节和学校运动会，通过这个平台选拔人才，展示教学成果，推广体艺文化。

加大硬件设施升级投入，学校建有专门的室内乒乓球训练馆两个、篮球训练馆一个、美术写生室两个，器乐合奏室两个，音乐练功房两个、舞蹈排练厅两个，教师活动室一个。特别突出乒乓球训练优势，注重乒乓球特长生的培养和打造区域体艺品牌。

【校园安全】 加强并完善学校安全保卫防范体系，组建安全保卫组，安排人员在节假日值班巡查，及时消除安全隐患。运用专题讲座、报告会、学校宣传专栏、火警演习、班级黑板报和校园广播等形式，深入开展法制教育、心理健康教育以及传染病预防、消防、交通、“关爱生命，远离毒品”等系列安全教育。升级电子监控系统，定期排查基础设施安全隐患。

【行风建设】 开展“三严三实”“群众教育实践活动”和“两学一做”活动，使创先争优成为个人自觉。学校及时把握时代的脉搏，与时俱进，将“两学一做”活动融于年级组管理创新之中，融于校园文化建设之中。各年级组中设立党小组，通过“两学一做”活动，充分发挥党员教师的先锋模范作用，带领全体教师攻坚克难，奋勇前进。全体教职工创先争优：做正确舆论的倡导者和宣传者；做学校决定的坚决执行者；做好本职工作的带头者。共同努力，培养优良的校风学风，创先争优成为自觉行为，从根本上促进学校健康、有序地发展。

加强党风廉政建设。严格按照县委的部署，以“三严三实”“两学一做”等活动为契机，认真开展纪检监察和党务、政务公开等工作，促进学校的党风廉政建设。不断健全纪检监察规章制度，严格落实好党风廉政建设的责任。制订

《校党总支领导班子成员党风廉政建设实施方案》《江永一中师德师风建设实施方案》，完善《江永一中教职工请假及违纪违规的处理规定》《江永一中关于落实党风廉政责任制工作实施方案》《江永一中教师“十不准”》等制度，科学规范。加强责任落实，与全体教职工签订《江永一中师德师风建设公开承诺书》《江永一中党员公开承诺书》等责任书，确保责任落实。组织党员干部观看警示教育片，增强廉洁自律的意识。

坚持每天不定期对各处室、年级组进行巡查监督，每周统计公布违纪情况，严重的报校长室，按相关规定处理。监督各类收费情况，坚持公开收费项目，杜绝搭车收费、违规收费和乱订教辅资料现象。严格公车管理和学校项目建设管理，杜绝腐败和权力寻租现象。做好接访回访工作，发挥群众监督力量，做到群众意见件件有回音。

成立家长委员会，进一步完善“家校联通”平台，自觉接受家长和社会的监督。开展上半期和下半期两次学生评教活动，将评价纳入教师管理，作为评先、评优的参考。

江永县职业中专学校

校　　长：周劲松

党支部书记
副 校 长：张明旺

副 校 长：何子祥

副 校 级
纪 检 员：欧阳翀

【概况】 江永县职业中专学校是县内职业教育中心的办学牵头单位。学校占地面积97882.217平方米，其中建筑面积16433.822平方米。学校共有教学班44个，在校学生数1390人，教职工99人，其中专任教师84名，专业教师48人，双师型教师21名。

学校开设六个专业：计算机应用、汽车检测与维修、服装设计与制作、电子技术应用、旅游管理、工艺美术。建有1个汽修专业实训基地、6个标准计算机操作实训室、4个电子电工实训室、2个服装实训室，每个教室均配置多媒体教学设备；学校现有图书2.8万余册，各专业学科的实验实训仪器设备比较完善，总价值1000多万元。

学校坚持“以服务为宗旨，以就业为导向，以素质为核心，以教学质量为基础，以能力为目标，以教科教研为引领”的办学思想，以培育“崇德、尚学、博艺、精技”为校训精神，全面提高教学质量和管理水平，激活办学活力，树立学校品牌，学校得到了快速发展，学校美誉度不断提高，社会影响力持续扩大。

【办学条件改善】 2016年，学校新建一栋2200平方米的公租房，解决了校内师生住宿紧张的困难；投入28万改扩建学校风雨操场；筹资250万元添置各专业实训实习设备，基本满足了教学所需；投资40万元对校园美化、绿化进行提质扩容，整个校园面貌有了改变。

【学校管理】 学校坚持以师德师风建设为抓手，以办好江永人民满意的职业教育为目标，着力打造一支有理想信念、有道德情操、有扎实知识、有仁爱之心的教师队伍。坚持教职工上下班考勤制度，做到每日公示、每月汇总、有奖有罚，通过作风建设推动学风教风建设；坚持教学常规检查制度，防患和杜绝有悖为人师表的现象发生；坚持开展教学评议活动，对评议结果进行科学分析，总结经验、反思教训，多举措筑牢教学质量发展这一基础，在全校上下树立正确的服务意识、责任意识。

【教师队伍建设】 2016年，学校通过公开招聘方式录用5人，人才引进方式录用1人，选调方式录用7人，同时针对部分专业教师紧缺的现状，面向社会聘用7名外聘教师。学校定期通过教职工例会学习《教育法》《中小学教师职业道德》《江永县教师队伍管理办法》《江永县职业中专学校教职工奖惩条例》等法律、规定，筑实教师爱岗敬业、恪尽职守的基石。

【教研教改】 2016年，全校教师共参加国家级培训15人次，省级培训30人次、市级培训50人次、县级培训75人次，发表和参加各级教育行政部门举办的论文评选活动荣获省级优秀论文20篇、市级优秀论文7篇，市级说课竞赛获奖5人次。全校10个教研组共计开展教学示范课51节次，其中数学教研组每人每期上一节示范课；语文教研组组织开展5次全校性征文活动，计算机、电子、旅游教研组均开展1~2个项目的技能竞赛；全校教研教改氛围深厚。

【德育工作】 学校不断丰富教育内涵和形式，以各类活动为载体，持续做好学生德育工作。3月，开展学雷锋志愿者活动，提升学校的社会形象；4月，举行“老师您好 我的好老师”演讲比赛，展现学子们心怀感恩、懂得感恩、感恩老师的情怀。5月，组织开展“第二届职业教育活动周”，活动包括“职业教育成果展示”“开放校园”“开展职业教育精准扶贫”“便民服务”等内容，展示职教发展的形势，提高社会对职业教育的理解和认同。9月，邀请关工委到校举行“纪念红军长征胜利80周年”主题报告会；组织50名学生登录“中国禁毒展览馆”参加全国青少年禁毒知识竞赛活动。10月，开展禁毒宣传进校园活动。11月，举办以“回顾国学经典，彰显华夏文明；弘扬民族气概，展示自我风采”为主题的《弟子规》知识抢答比赛决赛。12月，邀请江永、江华两地京剧协会到校开展“弘扬国粹，京剧进校园”为主题的联谊演出活动。

【体卫艺工作】 学校坚持素质教育为主线，不断探索新时代职业教育内涵。阳光体育活动制度化、常态化，技能班每周二至周五的第七课设置为阳光体育活动课，以班级为单位开展各项文体活动，铸造班级凝聚力，丰富校园文体活动；组建各类艺术社团，聘请县内有名望的专业人士担任教练，培养学生的文艺才干，提升校园文化氛围。

【校园安全】 推进“平安校园”建设，加强内部管理和禁毒防毒教育工作，学生毒品知识知晓率100%。学校与教职工以及保安签订安全管理责任书，将责任落到实处。节假日前都印发《告家长书》或《致家长的一封信》，做好节假日的安全教育。4月15日“全民国家安全教育日”，学校组织技能部300余名师生到“江永县青少年法制教育基地”——江永县看守所参观，接受警示教育活动。

【行风建设】 2016年，学校进一步深化和规范校务公开工作，在校园显目位置设置各类公开项目的宣传栏。学校持续开展三测评活动，主动加强家校联系，听取家长的意见和建议，查找问题和差距，提高教育教学水平。建立健全《行政会议事办法》《江永职中校代会暂行条例》等制度，保障教职工参与学校重大事项的民主决策，提升学校管理水平。

【学校荣誉】 2016年，学校先后被评为“永州市安全文明校园”“2016年全市中职学校技能竞赛先进单位”“2016年全市中职学校技能抽查先进单位”“江永县平安创建示范校园”“江永县共青团工作红旗单位”“江永县教育系统落实党风廉政建设责任制先进单位”。在4月举行的湖南省职业院校学生技能大赛上，冯文祥同学获得二等奖。

江永县第一小学

校　　长：李美丽
党支部书记：何树远
副 校 长：容从驹　顾亚玲　卢燕雯

【概况】 2016年，江永一小校园占地面积19048平方米，建筑面积9057.41平方米。学校有教学班48个，在校小学生3285人，共有在岗教职工126人，其中本科32人，专科82人，中师11人；中学高级教师4人，小学高级教师70人。

2016年，学校坚持以“为学生的终身幸福发展导航”为办学理念，以“让每一个学生都成为身体好、性格好、兴趣好、方法好、习惯好、成绩好的学生”，“培养阳光学生，打造魅力教师”为办学目标，秉承“崇德求知，勤奋文明”的校训，逐步形成了“诚信和谐，健康向上”的校风，“求真好学，快乐高效”的教风，“自信自律，自学自理”的学风。大力推行素质教育，全力办好人民满意的学校。

2016年，努力创建品牌示范学校，注重教学研究，是省“十一五”“十二五”课题研究学校。学校的特色课程群文阅读教学已在全县推广。学校还致力于创建“书香”“墨香”“花香”三香校园，提高教师、学生的人文素养，提升办学品位，打造精品特色学校。学校的教育教学工作成果丰硕，在全县小学毕业检测及县抽考中，成绩均名列全县前茅。学校先后获得全国红旗中队、全国语文特色学校、中国校园媒体建设百佳示范学校、群文阅读十大示范基地、湖南省红领巾示范学校、湖南省红领巾先进集体、省群众体育先进单位、省文明卫生单位、省先进基层工会、省关心少先队工作奖、省少先队先进集体、永州市模范职工之家、永州市农村留守儿童示范家长学校、永州市语言文字规范化示范校、市艺术节二等奖、市全民健身周先进单位、县目标管理优秀单位、县先进基层党组织、县文明单位、县芙蓉标兵岗、县计划生育综合治理先进单位、县关心下一代先进单位、县团队工作先进单位以及县十一届、十二届、县十四届中小学生体运会小学团体总分第一名、县中小学生艺术节团体节目一等奖、全县雏鹰技能比武小学团体冠、亚军等荣誉称号。2016年，学校师生参加各级各类竞赛获国家级奖达6人次，省级奖22人次，市级奖31人次，县级奖19人次。

【办学条件改善】 学校校园规划建设布局科学、合理，有建设部门出具的校园建设规划图，校园分区明确，整体协调，各类建筑安全适用美观，环境优美舒适。学校占地面积23108平方米，生均面积由原来的5.1平方米提高到7.00平方米。校舍总面积目前为9057.41平方米，生均2.75平方米；2016年8月投资434万元新建一栋4200平方米的五层框架结构教学楼（在建，预期2017年2月完工），投入使用后，校舍总面积将达到12215平方米，生均面积提高到3.7平方米，可增加800个学位。2016年投资30万元改建校门及门卫室。校舍安全，无D级危房。教学设施：体育教学设施有：1个200米塑胶跑道，1个塑胶足球场，1个排球场，3个篮球场，配有单杆、双杆、爬杆、云梯等体育设施。多媒体教学设施50套：48个多媒体教室、一个80台机电脑室、一个录播室。

学校校舍能满足正常的教学和生活需要，有两幢教学楼、一幢科教楼、三幢教师家属房，有学校行政办公室及各处室办公室，有教师办公室及党支部、工会、少先队大队部办公室等。

【学校管理】 学校坚持以人为本，科学管理的原则，走“依法治校，民主办校”的办学之路，以“让老师幸福地工作、发展！让学生快乐地学习、成长！”为管理理念，追求卓越，提升管理水平。

根据学校实际，健全学校的管理机构。学校组建了一个团结、务实、高效的领导班子，设有办公室、教务处、教科室、德育处、总务处、工会、少先队大队部、教研组。各个机构、各个岗位分工合作，责任明确，能使各项管理工作层层落实，相互衔接。

结合学校的工作实际，先后制定一系列的规章制度，使学校管理真正做到有“章”可循，有“法”可依。管理机构的健全和管理制度的完善，使学校的各项管理工作得到落实和加强，教育教学也取得显著成绩。学校始终坚持以人为本的管理原则，对学校师生实行动态管理，让全校教职工快乐工作和幸福生活。每学期开展教职工文体活动，丰富教职工业余生活。不定期组织教职工外出学习，为教职工排忧解难，增强全体教职工参与学校管理的主人翁意识，调动全体教职工的工作积极性。在安全管理上，学校安全责任“零事故”，学校多次被评为“综治安全先进单位”。

学校坚持科学管理理念，走依法治校、民主管理的路子，实现决策过程的透明化、科学化、民主化。坚持校务公开，坚持校长办公会、行政例会制度，研究决定学校重大事项。建立健全教职工代表大会制度，每学期认真组织召开好一次教代会，加强民主管理和民主监督。坚持财务工作的日清月结制度，规范理财，民主监督。征求师生们对学校工作的意见和建议，增强全校教职工的主人翁意识、参与意识、民主意识。

【教师队伍建设】 2016 年，教师学历达标率为 100%，有县级学科带头人 4 人、市级骨干教师 2 人，县级骨干教师 10 人。教师队伍结构合理，均参加过省、市、县组织的各级各类培训。同时，采用“请进来，走出去”的师资培训方式，保证时间，保障经费，千方百计地提高师资水平。当年，共派出教师学习培训 30 多人次。通过业务培训，提升教师的专业水平。

【教研教改】 2016 年 3 月，江永一小语文教研组，在 2010—2015 年湖南省小学语文首批团体会员学科组建设评比中，获得优秀奖。4 月，学校开展系列活动庆祝“世界读书日”，评出“书香少年、书香班级、书香教师”进行表彰奖励。10 月，四位老师为县教师进修学校举办的小学教师信息技术能力提升工程培训班的 100 名学员分别展示了两节语文、两节数学观摩课，得到学员们的一致好评；和三小的教师共同开展作文教学研讨活动，就如何破解作文教学这个难题进行有效的交流，重点探讨“后作文教学”的意义和具体措施，展示这一教学法的成果，让老师们开拓视野，学到实用的作文教学法。11 月，举办的“快乐　高效”群文阅读教学竞赛，11 位教师，11 批学生，在“群文阅读”教学竞赛课上大展风采，展示“群文阅读”课题研究成果，促进教师的专业成长和群文阅读教学的推广。12 月，县教育局组织小学名师开展送课下乡活动，在 8 节优质课中，一小教师承担了 7 节，县教研中心教研员以及五所学校的一百多名教师参与听课评课活动。

当年，学校积极推进教育信息技术应用，组织教师参加各级各类培训，并且顺利完成第一次信息技术应用能力测评。

【德育工作】 按照德育处给出一个学期的主题活动安排，每周一的升旗仪式，由中队轮值主持全校的大队会，各中队培训主持人、国旗下的讲话者、升旗手，提高各中队的积极性和主动性。

利用升旗仪式宣传阵地，德育主任在大会上对学生的表现进行总结，表扬做得好的班级和个人，不点名通报做得不好的方面和同学。利用国旗下的讲话，强调安全、卫生、文明礼仪。

每日公布各班评比情况，班级评比中，有周评和月评，并将评比结果进行全校公布。开展流动红旗评选活动，每学期德育处进行 15 次流动红旗争夺评比活动。

每月结合特殊纪念日和节日开展教育活动。少先队活动常抓不懈，大队部与教科室共同举办“纪念红军长征胜利 80 周年”的征文活动。组织开展新队员入队仪式，全年吸纳 330 多名新队员。与此同时，学生心理辅导工作在原有基础上又有新起色。学校专门设立了心理咨询室，添置了钢琴和乐器等，配备了两名兼职心理咨询教师。此外，学校还开展多次卫生、心理知识讲座和高年级女生心理卫生知识讲座。

【体卫艺工作】 2016年，严格按大纲要求上好每节体育、音乐、美术课，严格要求学生做好课间操和眼保健操。成立“创卫”工作领导小组，安排教师轮流值班，抓好校园环境建设，负责到粮食局路段的卫生监督工作。落实卫生管理制度，各班坚持每天2小扫，课间有人巡视。德育处加大卫生检查力度，对发现的问题及时与各班联系，并督促整改。开展“小手拉大手”活动，通过学生将创卫思想意识传到千家万户，为江永县创建省级文明卫生城市出谋划策。通过卫生知识讲座，有效地控制传染病的蔓延，师生的健康得到了保障。每天坚持清扫卫生死角，彻底根除蚊蝇孳生场所。特别是在除“四害”工作方面，学校领导思想上高度重视，做到经费落实、人员落实、措施落实，成效显著。学校体代队参加县中小学体育运动会，获全县小学组团体总分第一名。

【校园安全】 2016年，学校利用红领巾广播、班会课、学科渗透等途径，通过讲解、演示和训练，对学生开展防交通事故、防食物中毒、防传染病、防火、防电、防盗、防震、防溺水等安全知识和技能教育。还利用学校广播、黑板报、学校宣传栏、张贴标语等等形式开展丰富多彩的安全教育活动。

2016年度，全校无交通事故、无被盗、无食物中毒、无人信仰邪教、无吸毒贩毒、无越级上访、无其他重大事故，师生中无违法犯罪现象，学校教学秩序良好。

【行风建设】 2016年，学校不断强化师德师风建设，广泛开展师德师风教育活动。利用例会、集会、讲座等形式开展专题学习。组织教师认真学习《中华人民共和国义务教育法》《中华人民共和国教师法》等教育法律法规，不断提高教师的师德修养。严格执行教职工上、下班签到、签退制，规范学校的办学行为和教师的从教行为。学校每年对教职工进行师德考核，考核结果作为评先评优重要依据之一。教师遵纪守法、爱岗敬业、关爱学生、教书育人，精神面貌良好。

【学校荣誉】 2016年度，江永一小获得荣誉：湖南省小学语文首批团体会员学科组建设优秀奖；永州市“一师一优课，一课一名师”活动优秀组织奖；县巾帼建功先进集体；县第九届校园文化艺术节器乐类一等奖；县少先队工作先进集体；县第十六届中小学体育运动会小学女子4×100米接力赛第一名；县第十六届中小学体育运动会小学男子4×100米接力赛第一名；县第十六届中小学生运动会团体总分第一名；县创建省级卫生县城工作独立院落二等奖；县教育新闻宣传先进单位；县教育系统师德师风建设先进单位；县教育系统党风廉政建设先进单位；县教育系统家庭教育先进单位；县教育系统综治安全先进单位。

粗石江镇中心小学

党支部书记、校长：陈建球
副 校 长：田丰达 毛世勇

【概况】 2016年，江永县粗石江镇中心小学下辖四所完小，两个教学点，服务周边22个行政村，2个居委会的学生。有教学班54个，在校学生2496人，教职员工104人。

【办学条件改善】 学校抓住合格学校建设的良好机遇，投入资金1600多万元，办学条件得到改善，校容校貌焕然一新。新增校舍面积达5000多平方米，近3000平方米的科教综合楼功能全，规模大；新建四幢教学楼、三幢教师宿舍楼和整修五幢老教学楼；新建规范、标准的运动场。现有建筑面积8525平方米，阶梯式多媒体教室，实验室、图书馆、阅览室、音乐室、舞蹈室等各种功能室一应俱全。新装备了远程教育接待室、课件制作室、班班通、校园网等现代教育设施设备，为学生素质的培养创造了条件。图书馆藏书2.6万余册，教学实验、电教仪器5930余台，价值67万元。各项办学条件达到《湖南省义务教育学校办学标准》。校园布局合理，教学区、生活区、功能区“三区”分明，实现了硬化、绿化、净化、亮化、美化的建设目标。

【学校管理】 学校全面贯彻国家的教育方针，管理目标明确，严格按教育规律实施教育教学活动，面向全体，因材施教，全面实施素质教育。坚持以“为人生打基础，与学生共发展”为办学理念，以“知书达理，求实创新”为校训，以教师发展为本，以校本培训为载体，立足规范，突出特色，引领教师做文化人，形成“规范+特色”“合格+特长”的办学模式，加强“三风”建设。实行校长负责制和校长办公会议制度，研究决定学校重要事项；有健全的组织管理机构，实行岗位责任制；实行教职工全员聘任制，制定科学、全面的考核办法，实施现代化、规范化、精细化管理。学校校务公开，教代会职能得到充分发挥。

【教师队伍建设】 在办学的过程中，学校重视教师队伍建设，注重对教师的培训与培养。青年教师大胆将语文课融入学生的生活，把呀呀学语的一年级学生带入快乐的学习“王国”，使所教学科的优秀率提升很快；在小学英语教学方面，将英语教学编成儿歌、童谣，做成游戏、舞蹈，让学生深深地爱上了难读、难懂的英语，使小学毕业水平检测学生的成绩名列全县前茅。一小老师的当堂过关高效课堂教学法、融会贯通教学法、启发式教学法等等，彰显出教学技艺百花齐放，百家争鸣的课改氛围。2016年，学校有县级名师2人，县级学科带头人2人。获得省级优课1人；获省级微课三等奖1人。

【教研教改】 2016年，坚持“以校为本”的教研形式，以课程实施过程中教师所面对的各种具体问题为对象，充分发挥学校、教师和教研专业人员的作用，把日常教学工作与教学研究融为一体。在重视教师个人学习和反思的同时，强调教师集体教研的作用。教师之间专业切磋、协调与合作，互相学习，彼此支持，共同分享经验。学校大力推广多媒体教学，做课件、用课件，用好课件的思路在教学中广泛使用，效果显著。学校为教师之间进行信息交流，经验分离和专题讨论提供平台，倡导科学精神和实事求是的态度，营造求真、务实、严谨的教研氛围。

【德育工作】 学校提出“用心工作、用心育人、真心服务、细心做事”的口号，重点抓好学生的养成教育，培养学生文明的行为习惯和健康的生活方式。2016年，学校坚持德育工作月月有主题，月月有新意：德育实践活动丰富多彩，开展做“文明好少年”“我为校园争光添彩”“创建节约型校园”“知荣辱、做真人”“爱心助学”等系列德育活动。关注学生身心健康，促进弱势群体健康成长。教师关爱每一位学生，尤其是贫困家庭和残疾儿童家庭子女以及留守儿童，给以更多的心灵交流与行为引导，并建立贫困学生助学基金。建立良好师生关系，正确评价学生，老师有错要自我批评，老师也要向学生学习。培养学生自理能力。学生自己的事情自己做，自己的事务自己管；在班级管理中，推行“班级的人，人人有事做，班级的事，事事有人做”的管理模式。

【体卫艺工作】 建立健全学校卫生机构和卫生制度，开展教学卫生监督工作，重视常见病、传染病的预防工作，积极帮助学生掌握科学的用眼知识和方法，定期进行学生健康检查和体质测试，建立健全学生健康档案。学校积极开展心理研究，加强对留守学生的心理健康教育，要求各班班主任每月不少于一次对留守学生进行心理咨询，帮助学生解除烦恼和困惑，严防因心理不健康而发生的意外事故。

学校投入资金 86 万元，完善校园文化设施，校园文化活动丰富多彩，让墙壁会说话，让校园一草一木都成为影响学生的参与者。2016 年秋季学期，学校重新设计制作校园文化墙，以中华传统孝文化为主题，突出江永文化特色名片，紧扣社会道德主旋律，以生动的图片和简洁的文字呈现中华二十四孝的故事。校园操场设置 8 块主题宣传栏，全面、直观展示校园文化和学校工作，在走廊张贴中外名人画像，让学生感受伟人风采，从小树立伟大志向。利用阳光大课间，组织学生开展做体操、跳绳等体育锻炼，开展湘桂两省三校文艺会演等系列活动。

【校园安全】 学校注重安全法制教育。学校与公安、交警等部门密切配合，开展学生的安全法制教育，增强学生的自我保护、自我防范意识。每学期定期聘请法制副校长为全校学生上法制教育课。成立安全工作专门机构，建立完善各项安全管理制度和安全应急机制，及时消除隐患，预防事故发生；实行安全岗位责任制，定期组织安全检查，有安全突发事件应急预案；定期开展安全演练，培养师生自救自护能力；建校以来无重大责任事故发生。

【行风建设】 牢固树立“人本管理”思想，倡导“自律、实干、高效”的管理方法，不断提升办学品位，建立一支“务实高效、开拓创新”的教师队伍。学校班子坚持民主治校、依法治校、模范引领，体现“制度育人、情感育人、服务育人”的管理风貌。校长、副校长及校委会成员率先垂范，带头进入教学一线，教职工的积极性、主动性不断提高。在教育教学管理上，学校加大内部制度改革，实行岗位责任制，教职工聘任制。

【学校荣誉】 2015 年、2016 年连续两年学生考试成绩合格率、优秀率居全县乡镇学校组第一名。2016 年 2 月，被评为“江永县绿色美丽校园”“江永县教育系统信访工作先进单位”“2016 年度江永县教育系统家庭教育工作先进集体”；2016 年 4 月，获得“江永县教育系统园丁杯气排球比赛优秀组织奖”。2016 年 7 月，被评为“江永县民办暨幼儿教育管理先进单位”；2016 年 9 月，获得“江永县学校工作目标管理考核第一名”。2016 年 11 月，获得“江永县第十六届中小学生体育运动会团体总分第四名”。

文化·卫生·体育

文化体育

县民族宗教与文体广电新闻出版局

党组书记 局长：钱建洪（7月任）
原文广新局党组副书记：李　湘
原文广新局党组成员 副局长：刘自标
原民宗局党组成员 副局长：蒋民桂　赵昌华
原文广新局副局长：刘运香
原文广新局党组成员 纪检组长：邹建云
原体育局党组副书记 副局长：杨碧海
原体育局党组成员 副局长：蒋宇平

文化执法大队

大队长：李勇军
副大队长：刘危威　胡　军

【概况】 县民族宗教与文体广电新闻出版局（简称民宗文体广新局）成立于2016年4月，由原县文广新局、体育局、民宗局合并而成，是管理全县民族宗教、文化、体育、广电、新闻出版、文物等工作的行政机构，下辖文化执法大队、全民健身服务中心、文化馆、图书馆、上甘棠博物馆、电影公司6个二级事业单位，全系统共有在职干部职工56人。2016年，县内有文化单位13个（含乡镇文化站），其中文化行政单位2个，事业单位11个。在编职工29人，其中县直文化系统在编人员12人，专业技术人员2人。有公共图书馆1家，县级群众艺术馆1座，乡镇文化站9个，村级公共服务中心112个；文物保护单位45个。其中，国家级文物保护单位3处，省级文物保护单位8个，市级文物保护单位11个，县级文物保护单位23个。有文化经营单位47家，其中，艺术类表演团体1家，歌舞娱乐场所5家，网吧28家，报刊图书音像经营企业9家，印刷企业4家。

2016年，民宗文体广新局紧紧抓住县委、县政府实施文化强县战略的机遇，围绕全县总体战略目标，认真贯彻落实民族宗教政策法律法规。着力促进全县少数民族和民族乡村经济社会事业发展，深入开展文化惠民工程，努力提高全县人民的身体素质和竞技体育水平。不断完善县、乡、村三级文化设施网络，加强上甘棠文化遗产项目规划建设，抓好江永女书非物质文化遗产和传统村落的保护，推进广播“村村响”和“户户通”的安装维护工作。

【群众文化活动】 大型活动亮点纷呈。2016年，民宗文体广新局组织18名知名书法家和书法爱好者于春节期间在知青广场举办“迎新春·送春联”“民俗大拜年”等群众文化活动，深受群众欢迎；组织筹备“欢乐潇湘·和美永州·诗画江永”大型群众文艺会演活动，选送的原生态节目《洗泥巴》参加“欢乐潇湘”湖南省大型群众文艺会演获金奖，并代表永州市参加湖南省“欢乐潇湘”优秀节目展演活动；7月，支持县旅游局做好全国旅游培训会；8月，支持商务局举办“农村淘宝”民俗舞大赛；9月，支持扶贫办举办全国精准扶贫观摩篝火晚会，组织文艺创作编导老师偏排表演《拦门酒》、《敲梆》、《洗泥巴》等优秀文艺作品，赢得领导和嘉宾赞扬；10—12月，协助县委宣传部举办“永华壹号”杯歌手大奖赛，来自全县的三百名歌唱爱好者，参加比赛。指导乡村文艺演出。培养文艺骨干20余人，辅导编排10余个民俗特色文艺节目，在全县11个乡镇场巡回演出共计35场，观赏人数逾万人。文化服务深得人心，图书馆常年免费开放。2016年，县图书馆新购进纸质图书3000多册，分编上架图书9710余册，期刊43册；到馆读者22320人次，借阅图书41260册次，借阅者22000人次；建立流动图书5023余册。文化馆利用单位场地举办各类书法展览和免费培训活动。1月、5月分别举办大型书法、摄影展1次，共展示70余幅优秀作品，吸引大量市民观赏。积极利用文化馆的训练厅开展公益培训活动，举办广场舞培训1期，免费对潇铺镇向光村100名村民和对自全县15只广场舞队伍的50名文艺骨进行广场舞培训。7—8月在文化馆三楼书法室、舞蹈排练厅举办2期免费暑期少儿舞蹈培训班和书法培训班，共培训学员100余人。县文化馆还向全县10多个文艺团体1000余人次提供免费排练场地，为市民提供优质的公共文化服务。县电影公司2016年为全县225个村和4个社区放映公益电影2715场，观影人数累计10万余人。

【文物保护】 2016年，县民宗文体广新局主动与省、市文物部门和地方财政部门协调联系，多渠道解决文物项目资金792万元。做好立项、方案编制等前期工作，成功争取上甘棠防雷工程前期经费预算83万元，委托专业机构编制方案。争取允山玉井古窑址保护规划经费107万元，委托专业机构编制保护规划。争取上甘棠环境整治工程项目资金484万元，通过财政评审、招投标等程序组织实施。争取上甘棠消防工程项目经费68万元，争取勾蓝瑶盘王庙修缮经费50万元，实施维修工程。

编制保护规划和维修方案，实施科学保护。2016年，县民宗文体广新局委托有资质的专业机构编制完成《上甘棠村古建筑群保护修缮、展示利用和环境整治工程方案（传统村落）》，编制《上甘棠村古建筑群防雷工程方案》报国家文物局批准立项，编制《上甘棠月陂亭摩崖石刻抢救保护工程立项报告》，编制完成《允山玉井古窑址保护规划》。做好文物维修工作，严格按照《中华人民共和国文物保护法》相关要求，实施上甘棠消防工程，上甘棠三期维修工程经评审、招投标等程序，由南岳朱雀古建有限公司中标施工。上甘棠博物馆作为全省唯一村级博物馆，全年免费开放，共接待游客3万余人次，成为展示上甘棠村文化底蕴、民风民俗，宣传文化遗产保护和进行爱国主义教育、廉政教育的重要阵地。投入资金150余万元维修兰溪盘王庙；投入资金30余万元维修兰溪瑶寨桥头祠堂、风雨桥、门楼；树立20处新公布县级文物保护单位标志碑和说明碑，加强文物保护力度。2016年，县民宗文体广新局对新发现的20处有较大保护价值的文物点，提请县政府评审公布为县级文物保护单位，并提请县政府安排专项资金，新建20处新公布的县级文物保护单位标志碑和说明碑，加强文物保护力度。完成全国第一次可移动文物普查工作任务，县民宗文体广新局根据省市一普工作进度安排，规范填写《第一次全国可移动文物普查验收表》，科学编制《江永县文物局第一次全国可移动文物普查验收报告》，保质保量按时完成本年度一普工作任务。

【非物质文化遗产保护】 2016年2月，县民宗文体广新局承接永州市“非遗”保护中心在江永开展《女书习俗》国家级传承人抢救性记录拍摄工作；8月，举办女书爱好者公益培训班，来自全国各地的35名女书爱好者参加培训班学习，并全部获得培训班结业证书；10月，协助大型音乐电视《女书吟》MV拍摄组完成在江永的拍摄工作；协助永州市非遗保护中心圆满完成对国家级非物质文化遗产保护项目《女书习俗》传承人何静华抢救性记录片的补拍工作。

加强与民间非遗保护人士的沟通与交流。5月，文化馆协助《瑶族盘王武术》传承人，在文化馆多媒体室举行“东莞市、江永县盘王武术交流”研讨会，相互切磋武学、传授技艺。认真组织全国第十一个文化遗产日的宣传活动。在县知青广场举办“让文化遗产融入现代生活”为主题的“非遗”宣传活动，通过省内“非遗”项目优秀摄影作品展、江永4级“非遗”项目展板介绍、传承人现场技艺展演、发放宣传单等方式，让广大群众了解江永“非遗”资源，吸引全社会关注和参与“非遗”保护工作。

【文化市场管理】 2016年，文化市场综合执法大队加大执法力度，全年开展日常检查2811人次，检查经营单位569家次，立案调查、办结案件21件，罚款20家次。配合县教育局在6月和9月开展两次大型的校园周边环境整治活动。7月联合公安、消防、工商等执法部门开展对全县的网吧专项整治行动，对其中16家不符合经营规范的网吧下达整改通知书。10月在全县开展扫黄打非专项整治活动和平安文化市场暨歌舞娱乐场所专项整治活动，共处罚KTV1家，处罚书店2家，收缴非法出版物161本，黄色淫秽光碟37张。开展卫星电视接收设施专项整治行动，对全县22家卫星接收器经营户进行突击检查，对其中20家经营户下达整改通知书，对2家经营户的10套非法卫星接受设备进行没收。在全市2016年度卫星电视管理工作考核评分和2016年度平安文化市场工作考核中评分均获得满分。

【文化惠民工程】 2016年，组织实施户户通的安装工作，全县共发放户户通卫星接收器5500套，户户通录入率100%。组织开展系列读书活动。先后开展“书香湖南”2016年全省少年儿童、“光荣与梦想——纪念建党95周年暨红军长征胜利80周年”等系列读书活动，引导在校学生阅读红色经典书籍，弘扬爱国主义的主旋律。组织“洗泥节”民俗活动，组织艺术创作人员编排“洗泥节”民俗舞蹈，以“节、会、展、演”等形式大力营销江永旅游产品。开展“送戏下乡”活动，全年“送戏下乡”35场，让文艺走进基层，让文化发展成果惠及全民。

【发展体育事业】 2016年8—11月，在全县范围内组织开展“全民健身百日系列体育活动”，有18个队近500名中老年爱好者参加拳、剑、操活动展示，除主会场外，另设三个分会场，有数千名体育爱好者，分别在不同的场地同时参加男女混合气排球赛、老年门球赛和象棋比赛，观众万余名。在“百日系列体育活动”的影响下，各单位、协会积极开展各单项活动。县总工会举办“五一”全县干部职工运动会，教育局举办全县“中学生运动会”，禁毒委、县妇联举办全县“禁毒妈妈”气排球赛，烟草局、电力局、公安局等举办气排球赛，篮球协会举办“篮球联赛”，全民健身活动深入民心。体育人才培养成效显著，2016年，江永体校参加3次大型举重比赛，成绩突出。在5月13日全市举重锦标赛中，获得团体总分第二名；在8月23日全省举重锦标赛中，蒋义成获得总成绩第一名、总分第一名；在9月4日全国举重基地赛中，蒋思义、蒋义成获得两个总成绩第三名；在10月13日全国举重冠军赛女子53kg级的比赛中，运动员廖秋云获得抓举第一名、挺举第一名、总成绩第一名；11月廖秋云在墨西哥举行的世界大学生运动会上取得女子53kg级三枚金牌。老年体育健身活动有声有色，这一年，县民宗文体广新局举办系列老年人体育竞赛，吸引全县的老年人积极投身到全民健身的热潮中。4月组织参加市门球协会锦标赛；5月参加湖南省老年运动会健步走比赛；9月参加市机关企业事业单位门球赛；10月参加市老年体协举办的三人制门球赛。在县内举办老年人年度会员单位月赛，共计38个会员单位参加；全县老年人门球赛，有41个队参赛；举办“8·8”全民健身日广场舞、拳剑操、门球、象棋比赛，有700人参加；举办全县老年人太极拳展示活动，有150人参加。体育彩票发行量稳步上升，全县彩票网点由年初的11家上升到17家，体育彩票全年销量在450万元左右，比2015年增加50万元。

【争取项目资金】 2016年度，县民宗文体广新局积极向上级体育主管部门跑项争资，争取到雪碳工程项目资金300万，用于体育中心场馆改造；争取到全民健身工程项目资金480万，用于体育中心公共体育场朔胶跑道及足球场铺人造草皮；成功争取到社区功能馆、笼式足球场、拼装式游泳池等全民健身项目等。

图书发行

湖南省新华书店有限责任公司江永县分公司

【概况】 2016年，湖南省新华书店有限责任公司江永县分公司共有员工23人，其中在职12人，退休11人。经营领导班子一如既往贯切“为人民服务，为社会主义服务”的图书发行工作根本方针，发挥图书流通主渠道作用，为社会主义现代化建设服务，全年完成销售码洋445万元。

【图书发行】 图书发行工作的根本方针是满足读者对文化的新需求。2016年，新华书店有限责任公司江永县分公司齐心协力，做好教材、教辅发行工作，对出现缺、错的情况及时更换，对于客户追加、退减的订数，及时调剂、上报，确保教材、教辅按时、按质、按量送书到校，得到了客户的一致好评。积极开展一般图书销售工作，巩固重点品种优势，活动用书保证两季不掉队。时政类图书方面与县委宣传、组织部门实行联动，发行《习近平总书记系列重要讲话读本（2016年版）》《两学一做学习教育读本》以及《读有所得》《全面小康热点面对面》。建立业务管理决策分析系统、图书音像销售管理系统和图书进、销、管理系统，提高图书经营业务的科学性、准确性和预见性，使图书业务由过去模糊粗放的码洋管理上升到具体细致的品种管理，使订货工作在结构和数量上更趋合理，避免重复订货，方便退换货，减少图书积压，盘活图书流转，减少图书压库和折旧等隐性亏损。业务、仓库和门市部工作实现制度化、规范化管理，提高了工作效率。提供多方面、多层次查询服务，拓宽并加深服务的广度深度，提高市场占有率。实现全面的电脑联网连锁管理，向互联网、网上书店发展，为读者提供更优质的服务。

【日常管理】 2016年，江永县分公司加强日常管理，在教材教辅方面，严格执行《教材教辅标准化管理考核办法》的流程规定，确保报订差错清零、退货比例趋低、报废金额严控、库存结构优化。同时，强化终端服务工作，坚持24小时收货制，确保进仓安全及时，坚持开学后到货即分即发，确保及时送书到校，坚持余书调剂，切实减轻学校负担满足教学需求。在卖场方面，公司持续整合部门现有资源，持续扩大品牌影响力。对店内提升书香氛围，对店员提高服务水平，严格督查相关制度落实与服务标准执行情况。加强校园书店管理，在贴近学校、贴近老师、贴近学生、贴近家长，构建与终端客户良好关系的基础上，逐步升级为教育综合服务平台；财务管理方面，加强预算管理，提升预算编制的科学化和精细化水平，增强预算执行的严肃性和有效性；严格执行《费用报销管理办法》及《差旅费报销管理办法》等相关制度，严禁超额超标报销一切费用。抓外欠清收，重点加强与学校、财政局的沟通联系，确保货款及时足额回笼，杜绝出现末季攻关、事倍功半现象；通过设置电子台账、与网银及银行对账等途径，确保数据及时更新。

广播电视

县广播电视台

党组书记
台长
兼任县委宣传部副部长：陈健林

副台长：李应祥

总工程师
兼任工会主席：欧阳鑫

【概况】 县广播电视台属正科级差额拔款事业单位，岗位编制65人。机关内设办公室、新闻采编室、专题部、广告部、制作播控室和财会室6个股室，下辖湖南有线江永网络有限公司。全台共有干部职工63人，离退休22人。2016年，县广播电视台牢牢树立科学发展观，围绕县委、县政府发展战略和各项中心工作，坚持广播电视“宣传立台、人才兴台”的工作思路，牢牢把握正确舆论导向，坚持贴近群众、贴近生活、贴近实际，在广播电视宣传、事业产业发展、服务体系建设均取得了较好成绩。连续三年荣获“永州市广播电视新闻通联工作先进单位”。连续多年获得江永县综合绩效评估、纪检监察、信访、宣传思想、计划生育等先进单位。

【新闻宣传】 2016年，县电视台注重宣传质量和电视事业发展，先后建设虚拟演播室让《江永新闻》从画质上有飞跃的提升，购置摇臂、导播台、航拍器、轨道车、高清摄像机、非编等新闻摄像器材实现了现场直播。强化精品意识，积极推进节目精品化发展战略，创新创优取得优异的成绩。先后推出《平安江永》《法院在线》《文明聚焦》《教育园地》《城市之窗》《国策之声》《精准扶贫》系列自创栏目，扫描县域发展，提升媒体影响力和公信力，赢得广大群众的一致好评。

2016年，《江永新闻》紧紧围绕县委、政府的中心工作，弘扬主旋律、发挥正能量。以营造全县经济社会发展良好舆论氛围为己任，通过创新宣传管理，以“请进来、走出去”的方式对记者的业务进行强化培训，记者的个人素质和新闻质量均有大幅度提升。全年播出新闻稿件1489篇，制作电视专题片34部，时长435分钟。2016年，在中央电视台各频道播出新闻稿件3篇，在湖南人民广播电台、湖南卫视等省级广播电视媒体播出新闻稿件46篇，在永州新闻综合频道、永州人民广播电台播出新闻稿件278篇。上稿、创优等工作在同级媒体中均位居前列。2016年新闻节目《“e”融购》获永州广播电视二等奖，《七旬老人拾牛打广告》获永州广播电视三等奖。

【有线电视】 2016年，湖南有线江永网络有限公司通过规范长效的层级管理体制，狠抓发展和服务，积极应对三网融合。以加强网络扩容提质为重点，启动城区网络双向改造，推进全县有线电视数字化工作，城区设立服务网点7个，加快农村网络建设。加强文明服务，不断提高服务标准，提升群众满意度。同时启动全员营销模式，退出系列优惠策略，努力推进覆盖速度，拓展用户模式，加快数字电视新业务营销和宽带业务发展。2016年，全县建设网络线路486千米，开通光接点657个。

【新闻中心建设】 2016年，

县广播电视台全面加强领导班子建设和人才队伍建设，从宣传部外宣办调入一名分管新闻的副台长，通过全县事业单位人才招聘考试招聘2名播音员和1名编辑人员。进一步健全考核、监督和激励机制，营造协调的工作氛围和人才成长环境，为建设一流媒体提供人才保障。继续深化广播电视体制改革，统一修订管理制度，全面强化人、财、物的管理，推进江永新闻中心建设和基础设施改善，台党组织以党建推动事业产业发展，组织党员干部深入开展丰富多彩的创先争优活动。全台上下政令畅通、各项工作协调开展。

卫　　生

县卫生和计划生育委员会

党组书记
主　　任：周九斤

党组副书记
副 主 任：黄学贵　田清玉

党组副书记：周绍礼

党组成员
副 主 任：周光志　何剑冰
欧阳卫　邓友志

党组成员
纪检组长：李跃文

副 主 任：何　霞

党 组 成 员：文勇军　欧应湘

【概况】　2016年3月上旬，原江永县卫生局、县人口计生委撤销后成立县卫生和计划生育委员会，是主管全县卫生和计生工作的县政府工作部门。内设办公室、组织人事股、政策法规与综合监督股、财务资产股、医政医管股、中医股、公共卫生办公室、药物政策与基本药物制度股、计划生育服务基层指导股、计划生育家庭发展股、流动人口计划生育管理股、规划与信息股、宣传股、妇幼科技股、纪检监察室15个业务股室。下辖全额拨款事业单位4个：县妇幼保健计划生育服务中心、县疾病预防与控制中心、县卫生计生综合监督执法局、县计划生育技术药具站。

2016年，县卫生和计划生育委员会按照“转中求新、新中求稳、稳中求进”的工作要求，坚持求真务实，致力夯实基础，积极开拓创新，较好地完成省、市下达的目标任务，分别荣获全国计生协会先进县、全省计划生育工作优秀单位、全省计生协模范县荣誉称号。桃川镇中心卫生院获国家卫生计生委授予的“2015—2016年度群众满意的乡镇卫生院”称号。

2016年年末，全县医疗机构284个，其中县级医院5所（含公立医院3所、民营医院2所）；基层医疗卫生机构261个（含卫生院12所、村卫生室236个、诊所7个、医务室6个）；专业公共卫生机构18个（含控中心1个、妇保院1个，卫生计生监督局1个、计划生育服务机构14个、新农合1个）；全县卫生编制人数648人，实有编制人数648人，在岗职工926人，离退休人员326人，年内退休人员9人。全县卫生技术人员718人，其中执业（含助理）医师261人，注册护士220人。全县医疗卫生机构编制床位1157张，实有床位1223张；全县医疗卫生机构现有固定资产0.7821亿元；房屋建筑面积73140.5万平方米，其中业务用房面积52086.5万平方米。

2016年县级医院建筑项目1个。其中新开工项目1个，新开工面积6500平方米；基建投资到位资金1.0533亿元。乡镇卫生院在建项目4个，其中新开工项目4个，新开工面积5202.73平方米；竣工面积2910平方米；基建投资到位资金453万元。

全县拥有万元以上的医疗设备449台（件），总价值6752.477万元。其中100万元以上1台（件）。

全年全县医疗卫生机构总收入1.9709亿元，比上年增加0.1418亿元，增长7.8%；总支出1.8865亿元，比上年增加0.2138亿元，增长12.78%。

【公立医院改革】　2016年，县人民医院和县中医院组建江永县医疗联合体。医联体正式运行后，人民医院院区2016

年完成门诊量200643人次，较上年同期增加9116人次，增长率为4.75%；住院人次16315人次，较上年同期减少671人次；病床的使用率为84.8%，比上年同期减少4.1%；手术台次5837例，较上年同期增长0.97%；业务总收入9537.3万余元，比上年同期增长535.9万余元，增长率为5.95%，药品收入占总业务收入的比例27.7%。中医院院区2016年完成门诊量15765人次，较上年同期增加8629人次，增长率为120.92%；住院人次2902人次，较上年同期增加1415人次，增长率为95.16%；病床使用率为55.1%，比上年同期增加11.68%；业务总收入1067.69万余元，比上年同期增长456.19万余元，增长率为74.6%，药品收入占总业务收入的比例33.6%。

县妇幼保健院与县计划生育技术服务站合并，更名为江永县妇幼保健计划生育服务中心。全年组织开展培训45次，其中医师室息复苏、临床技术培训8次，护理技术、礼仪培训、法律法规培训12次，保健科儿检培训、艾梅乙培训、“两癌筛查”、乡镇例会等培训25次。全年进修人员6人，送省级进修医师3人，涉及妇产科、儿科、B超；送市级进修护士3人，进行“一陪一”导乐分娩。参加省、市级培训会60余次。医疗收入16788695.99元，比上年增长1.5%，药占比从原来的53%下降到31%，基药采购从7%上升到65%，其他药品采购从93%下降到35%。当年药品支出下降150万元，门诊病人药费减少80万元，医疗收入结构进一步得到优化。2016年门诊人均单次就诊药费由原来的75元下降到38元。

2016年孕产妇死亡率为0。全年五岁以下儿童死亡17人，死亡率5.43‰，其中婴儿死亡12人，婴儿死亡率3.83‰，新生儿死亡5人，新生儿死亡率1.59‰，早期新生儿死亡4人，全面完成省、市、县下达的工作任务。

对全县35~64岁妇女进行两癌筛查2399人，发现“非典”型鳞状细胞以上99人，其中低度鳞状上皮细胞内病变11人，高度鳞状上皮细胞内病变3人，目前确诊2人，CINI级1人，CINIII级1人，已转上级医院接受治疗。乳腺可疑阳性22人，目前进行定期随访。

孕妇艾梅乙防治全面铺开。全年共3224例产妇，对3220例孕产妇进行艾滋病筛查，其中孕期检测人数2712人，孕期检测率为84.22%，产妇HIV感染0例，产妇梅毒感染3例，产妇乙肝表面抗原阳性293人，注射高效免疫球蛋白271人，接种率为99.26%。

出生缺陷防控工作全面完成。全年婚前医学检查1502对，婚检率为88.09%，达省、市工作要求。孕前优生检测1950对，占任务数的102.5%。产前筛查人数2821人，产前筛查率91.29%，为全市最高。全年活产数3129人，新生儿疾病筛查3016人，筛查率96.3%；两家助产机构均开展了新生儿听力筛查，新生儿听力筛查人数3031人，筛查率96.8%。

【规划信息】 2016年，成功争取卫生建设项目3个，资金4104万元。其中，县中医院住院综合楼项目3460万元（中央投资3360万元、省配套100万元），县人民医院精神病科项目500万元（中央投资500万元），桃川中心卫生院公租房项目144万元（省投资144万元）。并成功将县人民医院内科大楼项目、县妇幼保健计划生育服务中心业务楼项目和县疾病预防控制中心检验检测大楼项目挤入“十三五”期间医疗卫生计生领域建设项目储备库。

【公共卫生服务】 2016年，县卫计委制定下发《江永县乡村医生基本公共卫生签约服务考核方案》，进一步明确乡村两级的基本公共卫生服务项目职责任务分工。组织统一培训和分类培训，在项目启动之初，举办乡镇卫生院长和公共卫生服务管理办公室负责人培训班，开展基本公共卫生政策、服务项目业务系统培训；分类培训，即乡镇和村卫生室项目责任人的培训。主要针对县、乡镇公卫项目责任人、公卫专干、防疫专干、妇幼专干等人员，参加培训人员达120人次。加强经费管理，确保合理使用基本公共卫生服务人均年补助45元的筹资标准。2016年，1018.42万元全部拨到基层医疗卫生机构，保障了全县基本公共卫生服务项目的顺利实施。

【建立居民健康档案】 已为245467人建立了居民健康档案，2016年年度进行维护管理、有动态更新记录的健康档案数180907份。

【健康教育】 2016年，共发放印刷资料约94800份，更新宣传栏内容1631次，开展公众健康咨询活动154次，举办健康知识讲座135次。

【预防接种】 2016年，全县共建立儿童接种卡3569人，卡介苗接种3478人，乙肝疫苗接种9271人，脊灰疫苗接种11265人，甲肝疫苗接种2881人，麻腮风疫苗接种2815人，百白破疫苗接种11712人，乙脑疫苗5334人。

【传染病及突发公共卫生事件报告和处置服务】 及时发现、登记并报告辖区内发现的传染病病例和疑似病例，参与现场疫点处理，截至2016年12月底报告传染病1512例，报告及时率达100%。

【儿童健康管理】 2016年，为全县0~6岁儿童建立儿童保健手册，开展新生儿访视及儿童保健系统管理。截至2016年12月底，全县0~6岁儿童保健覆盖24789人，新生儿访视3096人。

【孕产妇健康管理】 2016年，全县各基层医疗卫生机构共为怀孕12周前的孕妇建册3080人，产前检查5次及以上孕妇数3080人，产后访视3079人。

【老年人健康管理】 2016年，全县各基层医疗卫生机构已为辖区内65岁及以上的24570位老年人建立健康档案，本年度体检19981人，体检率81.3%。

【慢性病患者健康管理】 2016年，全县各基层医疗卫生机构累计在管高血压患者12050人，在管2型糖尿病患者1174人。

【重性精神疾病患者管理】 2016年，所有登记在册重性精神疾病患者1150人，在管1132人。按照省委、省政府为民办实事“重性精神病患者救治救助工程”项目的要求，全县享受救治患者共计69名。

【卫生监督协管服务】 2016年，各乡镇卫生院协管办公室共协助开展饮用水卫生安全、食品卫生安全、职业病危害、学校卫生、非法采供血实地巡查497次。

【中医药健康管理服务】 2016年，全县0~3岁儿童中医健康管理建档7729人，0~3岁儿童中医调养人数7701人；65岁及以上老年人中医健康管理建档13658人，其中开展中医体质辨识人数13626人。

【结核病健康管理】 2016年，全县共登记肺结核患者180例，系统管理患者180例，肺结核患者系统管理率为100%。登记新涂阳患者56例，治愈32例新涂阳患者，新涂阳患者治愈率为94.11%；新涂阳患者治愈率达到国家结核病防治规划85%的要求。复治涂阳患者7例，治愈了2例复治涂阳患者，复治涂阳患者治愈率为50%。

【医疗服务体系建设】 2016年，基层中医药服务体系进一步健全。县中医院中医适宜技术服务能力明显提高，中医康复治疗区进一步完善、科学和规范，病人收治能力明显提高，治疗环境明显改善。11个乡镇（中心）卫生院均设置标准化中医科（中医诊室、中药房，配备常用中医诊疗设备），标准化中医科设置率100%；打造中医药综合服务区，机构建设率达到100%；中医医师占本机构医师20%以上的基层医疗机构比率达到100%。运用10种以上中医药技术方法开展中医药服务的机构达到100%。122个村卫生室配备了中医或能中会西的人员，添制了中医基本中医诊疗设备，机构配备率达52%。2016年11月22日，省卫计委和省中医药管理局对江永县的中医药项目实施单位进行评审验收。通过查阅文件资料、查看现场、技术考核、问卷调查等形式，对中医药项目工程组织实施情况、具体指标、主要任务完成情况和重点项目执行情况进行督查后，给予充分肯定和高度评价，其中六个乡镇卫生院和县中医医院中医药项目分别得到99分和94分的高分。

【巡回医疗相爱基层活动】 2016年，全县卫生系统继续开展“巡回医疗相爱基层”活动，共组织开展义诊活动66次，为群众免费体检3.6万人次，免费发放健康宣传手册20余万份，药品27万余元。

【医疗卫生安全生产】 2016年，全县卫生系统认真贯彻“安全第一，预防为主”的方针。年初及各节假日，进行安全生产大检查，召开各单位负责人会，布置安全产检查工作，要求进行自查自纠。确定检查重点有：各单位消防工作特别是门诊楼、病房楼以及紧急疏散通道；医疗仪器设备管理如压力容器、压力管道、配电室、电梯及水、电、气等；重要部位、重要环节如易燃易爆化学药品、有物有害物品、毒麻药品、放射源、消毒隔离等；防盗、防破坏等安全措施。各医疗单位均在重点部位安装监控探头，保卫科增加人员，实行24小时监控。加强安全生产常识和法律知识教育及安全技术培训，共培训人员110人次，培训内容包括医疗急救知识、突发公共卫生事件处理常识、消防逃生、火灾救护等。

人口和计划生育

【概况】 2016年，中共江永县委、县政府加强人口和计划生育工作的领导，加大投入、强化队伍、注重宣传，推动了计生工作的健康有序发展。2月28日召开县政府常务会议、7月4日召开县委常委会议，先后出台《关于加强卫生和计划生育工作的意见》《江永县村级运转经费保障管理使用暂行办法》。明确县乡两级计生工作人员每月发放120元计生岗位津贴；村级计生专干按照村支书工资报酬的80%落实到位；村级计生协会常务副会长每年1000元、会员小组长每年100元报酬，骨干会员每年落实一定报酬；村计生专干从1984年以来，连续在计生岗位工作10年或在计生岗位工作累计15年的年满60周岁的，每月享受80元退休工资待遇。实行计生工作县、乡、村三级考核，纳入全县综合绩效评估和重点工作单项考核和全县“五大”创新争优目标和三个“一票否决”之一，考核分占全县综合目标管理考核总分比9%。

县财政预算拨付资金100万元，创建10个计生、卫生、计生协“三合一”的示范村和高标准的群众自治示范村。

在年终考核评估中，县计划生育协会获全国计划生育协会县级先进单位、省模范县、市优秀县称号，受到国家、省、市各级表彰和奖励。县人口和计划生育工作被省委、省政府评为“优秀单位”、市委、市政府评为“优秀县”。县内年终考核评估结果：源口瑶族乡、潇浦镇、兰溪瑶族乡为人口计生目标管理优秀单位；县委组织部等9单位为计划生育综合治理优秀单位；县纪委等16个单位为县直机关计划生育优秀单位；潇浦镇玉岭村等16

个村为计划生育优秀村；兰溪瑶族乡计生协等5个为计生协会优秀单位；潇浦镇、县公安局等5个单位为整治“两非”优秀单位；潇浦镇层家村等8个村为计划生育基层群众自治示范村。县卫计委周九金、黄学贵两人记三等功；潇浦镇蒲支球等40人评为计划生育工作优秀个人。

【人口和人口自然增长】 2016年，江永年末人口284407人，人口出生3407人，其中：符合政策生育3143人，男性1795人，女性1612人，出生人口性别比为111.35；出生率12.05‰，死亡率7.02‰；自然增长率5.03‰。

【计划生育服务】 2016年，江永县计划生育服务着重于整合资源，积极探索，创新方式，为广大育龄群众提供便民服务。

提供一站式服务：在县政府的组织下，将县民政局的婚姻登记、计生妇幼保健院的免费婚前检查、免费孕前优生检测及卫生计生委生育登记进行整合，实行结婚登记、免费婚前检查、免费孕前检查、生育登记、免费孕期保健一站式服务，避免服务对象往返奔波，缩短了办事时间、减少了经济开支，做到便民利民。

提供一册式服务：将生育登记与免费婚前检查、免费孕前优生检测、免费孕期保健服务、产前筛查、住院分娩补偿、免费妇女保健、免费计生服务、免费儿童保健等整合为一本免费婚育保健服务（证）手册，凭服务手册，在全县范围内的医疗机构享受到相应的免费、优惠服务。

提供一卡式服务：在生育登记时，采集个人详细信息，录入省全员人口信息系统，同步录入定点妇幼保健服务医疗机构医疗服务管理系统，并办理医疗机构的婚育保健信息卡。医疗管理系统把育龄群众的每一次婚育保健信息实时反馈到乡镇，实行资源共享，使乡镇能实时掌握育龄群众的孕情动态信息，进一步完善省全员人口信息系统信息及省妇女健康保健服务信息。

提供“零”距离式服务：2016年年初，县妇幼健康和计划生育服务中心成立后，把计生免费孕前优生检查与保健院免费婚前医学检查整合为优生保健科，加强了孕产妇与新生儿危重症救治能力，为育龄群众提供一站式服务。全县对60个村民活动中心进行新建和改扩建，将原村民活动中心整体功能布局，调整为村务办公区、卫生计生服务区、村民健身娱乐活动区三大功能区。卫生计生服务区又分为计生服务室、基本公卫服务室、基本医疗服务室、污物处置室四个室。同时对村计生专干、乡村医师、村保健员、村计生协会秘书长进行整合，择优录用，实行一人多岗多责制。通过阵地布置，人员整合，待遇提高，职责强化，对村卫计服务中心实行24小时受理制，实现服务无缝隙，服务“零”距离。

落实免费基本项目计划生育技术服务：为12870名育龄群众提供免费技术服务。

继续推进国家免费孕前优生健康检查项目：为符合政策怀孕夫妇提供免费检测3920人次。7月1日进行病残儿童鉴定22人次。

【计划生育宣传教育】 2016年，县卫计委投入180万元，在高速公路入口旁建设一块巨大的高规格的卫生计生宣传牌，在县卫计委建立了高标准的宣传墙，在县城主要街道停车点的宣传窗内悬挂卫生计生宣传标语；在120个村（居）各新建了6块高标准的卫生计生公开栏；投资10万余元，在县城中心两个大型电子显示屏轮回播放卫生计生政策和生殖健康知识；制定了3万张卫生计生宣传折页，发放到计生家庭；建设千家峒瑶族乡刘家庄村、源口瑶族乡朝阳村等19个卫生、计生、计生协“三合一”示范村和人口计生基层群众自治示范村，建设高标准的计生工作阵地和宣传阵地，在全县起到了示范带动作用。

县人口计生部门在市级以上媒体刊播稿件115篇（其中国家级5篇，省级23篇）。县、乡两级建立和完善舆情监测与应对处置制度、人口计生新闻宣传审稿制度、新闻发言人和新闻发布制度等，加强网络舆情监测和政务信息发布审查，人口计生舆情防控机制更加规范，全年监测计生舆情10条，及时回复率为100%。

全县卫生计生系统各单位积极开展“5·29”活动、“7·11”世界人口日等人口计生纪念日主题宣传活动宣传；把计生宣传教育工作积极参与、主动融入到春节、“三下乡”活动、“3·5”学雷锋等社会宣传活动中。利用这些特殊节日，抓住广大群众知识需求大这一有利时机，把计生宣传工作作为一件大事来抓，成为全县开展宣传教育工作的主力军。

把人口理论教育、中央《决定》、新《条例》纳入党校教学计划，在县科干班或中青班上组织学员学习计生知识，加强党政干部人口理论教育工作；把计生内容列入党委学习中心组的学习内容；县电视台开办《国策之声》电视专题栏目并定时播出，在黄金时段连续播放卫生计生公益广告。

【计生行政执法】 推进依法行政，依法查处计生违法案件，规范社会抚养费征收管理，加大非诉案件执行力度。2016年度办理行政处罚案件25起，处罚金额12万元；强制执行非诉案件31起，执结到位金额46万元。

严厉整治“两非”行为，建立健全孕情消失监管机制，加强孕情跟踪管理，加大区域协作力度，组织本单位及公安等部门办案人员10次赴广东等地查处“两非”典型案件5例，处罚金额2万元，对涉案人员均已按规定处理到位，促进出生性别比趋于正常。

【计划生育信息化建设】 2016年，继续保持全员人口信息数据库数据质量。紧紧抓住妊娠、生养、节育三个上报时效等重点数据指标和全员人口信息重复率、空填率、逻辑错误率等数据问题，实行“日指导、月评比”的日常化管理，半月一测评一清理，要求问题数据清理“不出周、不超月”。2016年全年度全员信息数据的空填率、逻辑错误率均保持为0，全员人口信息库数据保持高质量状态。及时修正全员人口信息库地址编码，同步实现撤乡并镇。根据县机构改革方案，及时全面修改全员人口信息库地址编码，把全员数据按照撤乡并镇方案迁移，使全员人口信息数据与县机构改革同步完成。

【流动人口计划生育服务管理】 强化流动人口服务管理，进一步加强省内外区域协作，组织赴广东等地开展区域协作，深化信息交流与工作互动。2016年，全县流动人口68701人，其中流出人口64906人，建立健全了流动信息平台，各项数据及时率均达到100%；外来暂住人口（流入）人口3795人。免费孕检484人次，孕检到位率100%。

【利益导向】 着力改善民生，落实计划生育各项法定奖励优惠政策，全面落实国家、省对农村部分计划生育家庭奖励扶助和计划生育家庭特别扶助制度。2016年，全县农村部分奖励扶助对象累计享受761人，发放金额730560元，确认奖励新增186人。特别扶助对象64名，其中死亡扶助52人、伤残扶助12人，发放扶助金335760万元，两项扶助对象确认及时率达到100%。落实城镇独生子女父母奖励办法，确认城镇独生子女父母奖励对象2122人。落实农村独生子女优待政策453人，发放资金10.8872万元，支助农村独生子女考取重本奖励8人发放资金1.8万元。开展春节走访计生困难家庭56户，发放慰问金额2.26万元。

【计划生育协会工作】 计生协会组织建设取得新进展。继续推进国家、省、市、县人口计生基层群众自治“四级”联创自治示范村（居）活动。注重发挥创建示范引领作用，以点带面提升基层群众自治整体水平。

深入推进“生育关怀行动”，组织开展春节期间“亲情牵手，关怀关爱”和“5·29”会员活动日宣传、走访慰问活动，帮助困难计生家庭解决实际困难，共走访困难计生家庭62户，送生育关怀慰问金3.92万元。开展“创先争优、服务大局”主题活动。5月28日县委、县政府在千家峒瑶族乡刘家庄村举行“5·29”活动暨中国计生协会计划生育特殊家庭帮扶模式探索项目试点市（永州市）启动仪式，省、市计生协会领导亲临指导，现场募集生育关怀资金近49万元，表彰奖励了一批先进，帮扶奖励了一批计生幸福文明家庭、特殊家庭和留守儿童。

疾病预防控制

县疾病预防控制中心

【概况】 2016年，县疾病预防控制中心设置11个科室，分为职能科室和业务科室。职能科室2个，即办公室、财务后勤科；业务科室9个，即健康教育科、疾病控制科及应急办、计划免疫科、结核病防治科、卫生监测科、质量管理科、检验科、性病艾滋病防治科、预防接种门诊。

2016年，全县共报告法定传染病乙类9种513例，死亡8例（为艾滋病4例、狂犬病4例），无甲类传染病报告。报告总发病率204.95/10万；死亡率3.30/10万。全县甲乙类传染病总发病率较上年（211.72/10万）下降3.20%；死亡8例（上年4例）；乙类传染病中无传染性非典型肺炎、脊髓灰质炎、乙脑、人禽流感、登革热、炭疽、流脑、百日咳、白喉、新生儿破伤风、猩红热、布病、钩体病、血吸虫病、疟疾报告。年报告发病数居前5位的病种为肺结核（197例）、乙肝（114例）、痢疾（79例）、梅毒（43例）、丙肝（27例），共占报告病例总数的92.56%，其中肺结核占39.64%、乙肝占22.94%、痢疾占15.90%、梅毒占8.65%、丙肝占5.43%。报告丙类传染病6种1011例，无死亡病例。报告发病率为416.91/10万，较上年发病率下降9.79%，均无死亡病例。报告发病数最多的病种为手足口病（573例），余依次为流行性腮腺炎（331例）、其他感染性腹泻病（85例）、流行性感冒（18例）、急性出血性结膜炎（3例）、麻风病（1例）。

【传染病管理】 2016年，全县报告法定传染病1234例（包括健康带毒/菌者），其中报告及时（卡）1232张，报告不及时（卡）2张，未及时报告（卡）率0.16%；报告及时性好〔未及时报告（卡）率均低于1.00%〕。年度内累计未及时审核卡0张，年度内无重卡。各医疗机构网络运行率100%。节假日不休息，及时排查可疑传染病疫情，出现异常疫情信息及时分析排查，赶扑现场排查，预警响应及时率100%，每起传染病预警信息从发出预警信号至填报异常信息卡时间均未超过24小时。

【卫生应急工作】 2016年，组建突发公共卫生事件应急机动队2支，并于3月和9月各进行一次业务培训和1次应急演练，装备了相应的药品、器械、应急箱等物质。5月28日参加永州市组织的卫生应急竞赛活动。10月18日在县疾控中心举办一期寨卡病毒病及布鲁氏病防治知识培训。全年无突发公共卫生事件发生。

【手足口病防控】 2016年，大力开展手足口病防控知识宣传，强化防控技术培训，全面落实防控措施，有效控制手足口病流行，降低死亡病例的发生。年报告病例573例，发病率236.29/10万，发病率较上年下降37.56%；重症1例，均无死亡病例。实验室诊断病例52例（其中EV71型2例、COXA16型15例、其他肠道病毒35例）。全年共发生聚集性疫情8起，对1起重症及聚集性8起均进行流行病学调查及处理。

【人感染H7N9禽流感防控】 2016年元月29日，江永县人民政府办公室下发《关于人感染H7N9流感防控工作的通知》《关于调整江永县人感染H7N9禽流感及其他大流感工作领导小组的通知》。4月对城北农贸市场7名活禽从业人员进行血清流行病学监测（包刮调查问卷、血清标本的采集）。2月和6月分别对县人民医院上报的3例疑似禽流感病例开展了流行病学调查，对其中的两例疑似病例进行咽拭子采样并送市CDC检测，相关流感病毒检测均为阴性。3例疑似禽流感病例经调查被排除。11月21日江永县卫生和计划生育委员会下发《关于做好我县人感染H7N9等流感疫情防控工作的紧急通知》。全年无高致病性人感染禽流感病例。

【狂犬病防控】 做好狂犬病暴露者的伤口处理和狂犬疫苗的预防接种工作，是预防狂犬病的关键和主要措施。2016年，疾控中心动物咬伤门诊接待处理狂犬病暴露者895人，均进行过伤口处理和狂犬疫苗的预防注射，对965人进行狂苗注射后抗体检测，阳性率95.7%。采集犬脑样26份，其中1份犬脑组织狂犬病毒核酸阳性。对到疾控中心接种的犬伤患者及家属进行有关狂犬病防治知识的宣传。利用9月28日狂犬病宣传日开展宣传活动。全年报告狂犬病4例，较上年上升33.33%。对4例狂犬病人均进行调查处理并采集了两例病人唾液样进行检测，结果一例为狂犬病毒核酸阳性。

【重点传染病监测】 2016年，制定几种重点传染病监测方案和预防工作规划，对霍乱、伤寒、禽流感、感染性腹泻、狂犬病、钩体病、出血热、登革热、流行性感冒等。重点对霍乱、手足口病和狂犬病、禽流感开展常规监测工作。

全年门诊对腹泻病人都进行登记，共登记腹泻病人301例。并采用霍乱快速诊断试纸条对可疑腹泻病例进行检索，共检索37人，检测结果均为阴性。在霍乱流行季节（5—10月），每月开展甲鱼、蛙、虾等水产品的监测，共监测6次60份样品，结果全部为阴性；对与人群生活关系密切的井水、生活污水、淡水养殖场水体、医院污水、自来水厂、源水等每月进行一次采样监测，共监测6次30份样，结果均为阴性。

2016年1—4月、11—12月，每月按监测方案的要求对活禽市场外环境进行监测及活禽市场管理相关情况调查。共采集54份外环境标本送市疾控中心进行检测，未检测出禽流感病毒H7亚型阳性标本。2月份对手足口病疫情进行风险评估，共采集手足口病样品62份送市疾控中心检测，其中EV71型核酸病毒阳性2例、柯萨奇A组16型核酸病毒阳性16例、其他肠道病毒核酸阳性29例，其他均为阴性。

【结核病防治】 2016年，全县接诊可疑肺结核症状者502例，初诊患者就诊率186/10万，其中免费摄片475例，自带胸片27例。全县共发现活动性肺结核患者180例，完成全年活动性肺结核任务的107.7%，按进度完成活动性肺结核分配任务数。发现新涂阳结核患者63例，完成全年新涂阳肺结核任务的90%。做好结核患者的转诊与追踪，全年全县非防机构网络直报肺结核病人156例，有效网报120例，重报3例。重报率1.9%，收到转诊单67张，转诊率为98.5%，转诊到位97例，转诊到位率82.8%；应追踪人数18例，实际追踪患者数为18例，追踪率100%；总体到位人数为115人，总体到位率为97.5%；总体到位率达到国家规划89%的要求。做好外地转入患者信息反馈及涂阳患者密切接触者、HIV/AIDS接受结核病检查工作，全年外地转入江永的结核病患者4例，转入患者到位信息反馈率100%，达到国家85%的要求；涂阳密切接触者登记人数168例，密切接触者结核病筛查率为100%，达到国家要求87%的要求。进一步做好结核病患者的治疗管理。对全县9个乡镇11所卫生院开展6次结核病防治工作现场督导，督导覆盖率100%，反馈现场督导记录66份，访视病人次数154例次，对107例结核病病人进行电话访视，每季度对结核病防治工作开展情况及工作质量进行统计分析并做出书面报告向县卫计委汇报。2016年，江永县现代结核病控制策略（DOTS策略）覆盖率继续维持在100%。

【性病艾滋病防控】 2016年新增艾滋病28例，感染途径主要以异性接触传播为主，注射吸毒传播逐年下降。

疫情监测资料显示，艾滋病已由高危人群向一般人群扩散。梅毒RPR单阳4人次。对监管场所的羁押人员共检测331人次，其中吸毒人员50人次，发现2例人类免疫缺陷病毒（简称HIV，以下相同）待复检，梅毒RPR单阳5人次。全年暗娼干预425人次，发放宣传资料3840份，发放安全套26700只，接受咨询检测91人次，检测结果均阴性，检测率为97.8%。性病就诊者干预673人，HIV检测656人，检测率为97.5%，2人初筛阳性。外来务工人员干预检测47人。吸毒者干预369人次，HIV检测124人，HIV检测率为75.6%，1人初筛艾滋病阳性。针具交换覆盖人数231人次，发放注射器数6980只，回收注射器数6948只，HIV检测26人，发现HIV阳性者0人，检测率为100%，给该类人群发放宣传单373份，安全套2540个。单位自购艾滋病快检试剂2万份，分发到部分乡镇医院和2所民营医院，开展HIV检测工作，共检测9961人份，金标法阳性8人，经县中心复核初筛阳性5人。全年共检测HIV27021人次，检测率为11.35%。接受抗病毒治疗91人，治疗比例87.5%。

全年订制1万份2种大型艾滋病防治知识宣传彩色字画，分发到各乡镇、各村进行张贴。12月1日第29个“世界艾滋病日”，开展2次宣传活动；对党政干部进行艾滋病的防治知识培训。开展艾滋病反歧视宣传工作，对部分乡镇医务人员开展一次艾滋病反歧视宣传教育讲座。累计给予艾滋病患者办理低保48人；对部分家庭困难的艾滋病感染者，疾控中心与民政部门协调，给予一点的困难补助，并办理特殊门诊，减轻了患者看病的大部分经济困难。

【地方病、寄生虫、慢性病防治】 地方病防治：根据永疾控发〔2016〕号《关于做好2016年碘盐监测工作的通知》，2016年4—5月保质保量地完成了碘盐监测。全县11个乡镇共抽查5个乡镇20个行政村定量检测食盐300份，其中合格碘盐273份，不合格碘盐27份，非碘盐0份，碘盐覆盖率100.00%，碘盐合格率91%，合格碘盐食用率91%，非碘盐率0%。市疾控中心抽取本县区10%的样品数（15份）进行复核，相对误差大于10%的样品数共6份。根据《2016年湖南省碘缺乏病监测实施方案》的要求，开展碘缺乏病监测，于5月9—19日对全县抽取的5个乡镇开展了尿碘监测及儿童甲状腺容积率检测。共采集学生尿样200份，尿碘<100ug/L69人，占34.5%；孕妇尿样100份，尿碘<100ug/L占40人，占40%；完成200名学生甲状腺容积率检测，甲状腺肿大率为0%；100名孕妇甲状腺功能检测，其中（血清促甲状腺激素）TSH结果偏低的孕妇共12名。

寄生虫防治：4月20日对各医疗单位负责人和专干进行一次关于江永县“三热”病人血检工作方案及疟疾防治有关知识的培训。5月8日对检验人员进行现场“三热”病人血检工作方案及疟疾防治有关知识讲解，现场重点培训血片的制作、染色、镜检技术。全年血检91人次，复检10人次，疟疾血检工作结果全部为阴性。全年无疟疾病例报告。4月26日第九个“全国疟疾日”在步行街开展一次“消除疟疾，谨防境外输入”为主题的疟疾防治专题宣传活动。

慢性病防治：根据永卫计函〔2016〕94号文件《关于召开2016年重点民生实事重性精神疾病患者救治救助工程项目会议的通知》及永州市卫计委《关于印发永州市2016年重性精神疾病防治工作实施方案的通知》，实施2016年为民办实事——重性精神疾病患者救治救助工程，全县共落实40名救治救助对象，已全部住院治疗，任务完成率、纳入救治救助对象合格率、救治救助行为规范率及资金规范使用率都达到了100%。

【职业病防治和职业卫生技术服务】 2016年，组织职业病防治法以及相关法律法规的学习、宣传，上街宣传一次，下发资料3000份。

【免疫规划工作】 2016年，制订下发《江永县2016年脊髓灰质炎疫苗查漏补种活动实施方案》，在全县切实开展2月龄至4周岁儿童脊髓灰质炎疫苗的查漏补种工作，常住儿童应种人数1843，实际接种1759人，接种率95.4%；流动儿童应种人数153人，实种人数为149人，接种率为97.4%。

2016年通过国家免疫规划信息管理系统进行接种率监测，1—12月全县乡镇常规免疫报告应种53895人次，实种53893人次，接种率99.9%，其中乙肝疫苗应种8248，实种8248，接种率100%。首针接种3231人，及时接种率100%。

进一步加强免疫规划信息建设，13家预防接种单位126人次参加免疫规划信息建设培训，培训考核合格率为100%。全县13家预防接种单位全部进行疫苗扫码入库，接种信息全部进行电子监管码信息扫码录人，扫码覆盖率达100%，全面实施儿童预防接种信息化管理。2016年特制定了《江永县“互联网+预防接种”暨“小豆苗”项目实施方案》，开展“互联网+预防接种”推广应用。手机APP“小豆苗”具备完备的信息安全技术条件和保障措施，可以实现动态信息化管理，为儿童家长、接种单位提供接种提醒、预约、咨询、信息推送及疫苗科普等智能的个性化信息服务。

继续保持无脊灰状态。3月21日粗石江卫生院上报1例AFP病例，及时进行采样和送检，经检测后排除脊灰。认真开展麻疹疑似病例的监测报告工作，狠抓麻疹疫情的监测、报告以及应急接种等防治措施的严格落实，2016年全县排除6例麻疹疑似病例。4月份江永县人民医院上报一例麻疹疑似病例，县疾控中心及时进行采样和检测，检测结果为麻疹病毒lgM抗体阳性，诊断：麻疹。患者为潇浦镇塘背村一名1岁男孩，无发热出疹病人接触史。潇浦卫生院在塘背村开展了7岁以下儿童麻疹类疫苗强化免疫工作，提高儿童免疫力，防止出现二代病例。

全年通过AEFI监测系统报告疑似预防接种异常反应（简称AEFI）病例27例，均为一般反应，分别为粗石江4例、潇浦、桃川、夏层铺、上江圩、允山各3例，黄甲岭、千家峒、源口、松柏各2例。

狠抓秋季新生入托、入学环节，对漏种儿童实行全面补种，全县预防接种证查验工作从7月1日开始，累计查验幼儿园和学校184所，其中学校61所，幼儿园123所，查验覆盖率为100%，对漏种疫苗的儿童，采取集中接种或通知家长自带儿童前往卫生院进行疫苗补种，补种人数3018人，补种率99.99%，其中脊灰疫苗应补种1435人，实补种1432人，补种率99.79%；百白破疫苗应补种75人，实补种74人，补种率98.67%；麻风疫苗应补种 9 人，实补种 9 人，补种率 100%；麻腮风疫苗应补种64 人，实补种64 人，补种率 100%；A 群流脑疫苗应补种 0 人，实补人数 0 人，补种率 100%；A+C 群流脑疫苗应补种 1720 人，实补人数 1716 人，补种率 99.77%；乙脑减毒活疫苗应补种 214 人，实补人数 213 人，补种率 99.53%；甲肝减毒活疫苗应补种 99 人，实补人数 98 人，补种率 98.99%；白破疫苗应补种 1307 人，实补人数 1301 人，补种率 99.54%。

表 6　　单位：人

乙肝疫苗			乙肝疫苗及时数			卡介苗			脊灰糖丸		
应种数	实种数	接种率	应种数	实种数	接种率	应种数	实种数	接种率	应种数	实种数	接种率
8248	8248	100%	3231	3231	100%	3165	3165	100%	10036	10035	99.9%
百白破			白破			麻风			麻腮风		
应种数	实种数	接种率	应种数	实种数	接种率	应种数	实种数	接种率	应种数	实种数	接种率
100538	100538	100%	1753	1753	100%	2401	2401	100%	2523	2523	100%
流脑 A 群			流脑 AC			乙脑			甲肝		
应种数	实种数	接种率	应种数	实种数	接种率	应种数	实种数	接种率	应种数	实种数	接种率
4072	4072	100%	3879	3878	99.9%	4696	4696	100%	2584	2584	100%

【食品安全风险和饮用水监测】 2016 年组织开展食品中化学污染物和有害因素监测、食品中食源性致病菌监测、食源性疾病监测。全年化学污染物和有害因素监测按要求于 5 月、10 月在不同的乡镇的 40 家农户购采蔬菜样 40 份进行总砷、镉检测，致病菌微生物完成 20 份样品采样、检测及结果的录入，完成市级重点监测工作米粉和食用油采样和检测各 20 份。食源性疾病监测由各哨点医院与疾控中心共同完成，包括食源性疾病病例监测和食源性疾病暴发事件监测，县人民医院和县中医院为食源性疾病病例监测和食源性疾病暴发事件监测哨点医院。全年报告食物中毒事件 5 起，报告暴露人数 19 人，发病人数 15 人，无死亡人数，病因均为食物中毒；报告食源性疾病 276 例。开展农村饮用水安全监测，江永县全年饮用水水样数量 86 份，其中农村饮用水样 56 份，农村学校水 8 份，市政城区供水 12 份，回龙圩管理区 10 份。于枯水期和丰水期各检测 1 次，按照《生活饮用水卫生标准》（GB5749—2006）的水质常规指标和氨氮指标进行监测。对 2082 名从业人员进行健康检查。住宿、美容美发、酒店等公共场所进行了采样监测，共监测 333 份，合格 331 份，合格率 99.3%。其中公共场所空气细菌总数检测 49 家，合格 49 家，合格率 100%。全县医疗卫生机构消毒监测 194 份，合格 171 份，合格率 88%。对餐饮具检测 124 份，其中合格 116 份，合格率 93.5%。对中小学生活饮用直饮水进行抽样检测，共采样 6 份，合格 2 份，合格率 33%。

【实验室质量控制与管理】 2016 年，江永县疾控中心在参加湖南省质监局组织的能力验证活动（食品中蛋白质检测）中，考核结果为满意；参加湖南省疾控中心组织的检测能力验证活动（HIV、梅毒、麻疹检测）中，三项考核结果均为优秀；参加永州市疾控中心组织的能力验证活动（食品中铅、镉、砷的检测）中，三个项目的考核结果为满意。平时在常规检测中加强实验室内部质量控制，HIV 抗体检测与麻疹 IgM 抗体检测建立常规质控图。9 月如期完成计量认证的换证工作，取得湖南省质监局颁发的检验检测机构资质认定证书。

4 月，对全县居民家中食用盐进行抽查，共检测 300 份样品，其中 91%的碘含量达到国家标准。从 5 月份开始采集甲鱼涂抹样、水样及肠内容物标本共 90 份，加大霍乱监测力度。全年共检测生活饮用水 163 份，其中 105 份水样进行全分析检测，污水处理厂污水 42 份样品进行了检测。全年共采集餐具消毒监测 192 份样品，合格率为 93.5%，住宿、美容美发、酒店等公共场所共检测 249 份样品，合格率 99.3%。全县医疗卫生机构消毒监测 201 份，合格率 88%。狂犬抗体检测 1153 人份，阳性率为 95.7%。完成省市疾控布置的食品安全风险监测微生物与理化检测任务，包括食用油检测 20 份，蔬菜检测 40 份，米粉检测 20 份。全年对 888 血样进行了 HIV 与梅毒、丙肝的检测，其中有 10 例 HIV 初筛阳性。共检测麻疹样本 6 例，其中阳性 1 份。一共处理 20 份食物中毒样本。全年完成健康体检转氨酶检查 1583 人份，大便培养 1157 人份。在做好检测检验工作的同时认真做好原始记录和报告单的出具工作，所有样品都进行规范的原始记录，共出具 398 份具有法律效力的报告单。

【健康教育】 2016 年江永县健康教育所围绕“3·24”结核病防治日、“4·25”计划免疫日、“4·26”疟疾宣传日、“5·15”碘缺乏病防治日、《职业病防治法》宣传周、“5·12”防灾减灾日、“5·31”世界无烟日宣传活动、“7·28”世界肝炎日，“9·1”全民健康生活方式行动日，“9·20”世界爱牙日、“9·28”世界狂犬病日、“10·8”全国高血压日，“10·10”世界精神卫生日、“12·1”世界防治艾滋病日等卫生宣传日，采取悬挂宣传横幅、设立展板、发放宣传资料、现场答疑等形式开展一系列活动，共悬挂宣传横幅 20 幅，设立宣传展板 40 余块，发放各类宣传资料 4 万余份。2016 年，江永县全县共计发放健康教育印刷资料 94800 份、播放音像资料 240 小时、宣传栏内容更新 1631 次、开展公众健康咨询服务 154 次、接受咨询人数 5846 人、举办健康知识讲座 135 次、参加听讲人数 4936 人。

妇 幼 保 健

县妇幼保健计划生育服务中心

中心主任：周维善

副 主 任：曾水环　李志莲　周玉英　周泽初

院务会成员：胡宗权　赵　飞　蒋小丽　谭青梅

【概况】 县妇幼保健计划生育服务中心承担着为本辖区内妇女儿童提供围产保健、妇女保健、儿童保健等妇幼保健服务，履行计划生育公共服务职能，承担计划生育宣传教育、技术服务、优生指导、药具发放、信息咨询、随访服务、生殖保健、人员培训八项职能；开展妇幼重大公共卫生服务项目、孕前优生健康检查和出生缺陷综合防治等工作。2015 年 10 月 22 日，根据江永县委关于《江永县人民政府职能转变和机构改革方案实施意见》和《江永县人民政府机构设置、职能职责变化及部分单位机构级别调整》的文件精神，县妇幼保健院与县计划生育技术服务站合并，组建县妇幼保健计划生育服务中心，为县卫生和计划生育委员会管理的副科级事业单位。于 2016 年 4 月 25 日正式挂牌更名为江永县妇幼保健计划生育服务中心。

2016 年，江永县妇幼保健计划生育服务中心实行中心主任负责的院科两级责任制。根据职能任务和 2016 年目标管理方案，设立 15 个职能科室，分别为办公室、基层妇幼保健科、医务科、计划生育科、院感办、财务室、后勤保障科、爱婴医院创建办、住院部和妇科门诊计划生育门诊、儿科、护理部、保健科、药剂科、超声科、检验科。人员配备情况，核定编制88人，其中全额事业编制核定38人，差额拨款事业编制核定50人。现有职工人员102人，其中全额人员33人，差额人员42人，借调人员3人，临聘人员24人；卫生技术人员87人，工勤及其他人员15人，卫生技术人员占总职工数的85.3%。

【婚前医学检查】 2016年，全县登记结婚1705对，婚检1502对，婚检率88.09%，检出疾病129人。全年产妇数3090人，建卡数3083人，系统管理人数3080人，住院分娩3128人，产后访视3082人，孕产妇死亡人数0人；妇女病查治，实检人数15369人，患病人数4692人，阴道炎1312人，宫颈炎2157人，尖锐湿疣2人，宫颈癌0人，乳腺癌3人，乱巢癌0人，淋病0人。

【儿童保健】 2016年，儿童保健系统管理，活产数3129人。5岁以下死亡数17人，5岁以下死亡率5.43‰。婴儿死亡数12人，婴儿死亡率3.83‰。新生儿死亡数5人，新生儿死亡率1.59‰。3岁以下儿童数11319人，3岁以下系统管理人数10060人，3岁以下系统管理人率88.8%。

【妇幼保健重点项目】 出生缺陷干预。叶酸增补：2016年，新增应服用人数3008人，服用人数2987人，服用率99.3%，叶酸服用依从人数2907人，依从率97.3%，增补叶酸知识调查2687人，知晓人数2624人，知晓率97.6%。产前筛查：2016年，产前筛查2821人，产前筛查率91.29%，产前高危人数184人，产前诊断129人，产前确诊2人，诊断引产1人。新生儿疾病筛查和听力筛查：2016年，活产数3129人，筛查数3016人，筛查率96.4%，听力筛查数3031人，筛查率96.9%。

卫生监督

县卫生计生综合监督执法局

局　　长：唐秋胜

主任科员
党支部书记：唐德雄(11月辞去支书)

副 局 长：何爱德

副 局 长
党支部书记：张东江(11月任支书)

副 局 长
党 支 部
副 书 记：周志文(11月任副支书)

副 局 长：周永权

【概况】 江永县卫生计生综合监督执法局为公益一类副科级事业单位，归口江永县卫生和计划生育委员会管理。2016年，县卫生计生综合监督执法局内设6个股室，定编制人数16名。

2016年，出动卫生监督执法1280人次，执法车辆356台次，检查公共场所160个、生活饮用水供水单位9个、放射诊疗机构3个、医疗卫生机构206户，取缔无证行医黑诊所1个，检查学校24所，发放公共场所和生活饮用水卫生等宣传资料1600余份，制作现场检查笔录430份，监督意见书637份，查处案件19件，罚款15万余元。

【卫生监督体系建设】 2016年，江永县卫生监督所和江永县计划生育社会扶养费征收管理局合并成立江永县卫生计生综合监督执法局。新组建的卫计执法人员参加省、市各种培训13人次，培训卫生监督协管人员46人次，卫生监督协管工作检查覆盖率为100%。

【卫生法规宣传】 2016年，全县卫生监督机构结合职业宣传周、“3·15”活动及创建省级文明县城和日常卫生监督工作，广泛宣传《中华人民共和国职业病防治法》《中华人民共和国传染病防治法》《中华人民共和国执业医师法》《医疗机构管理条例》《公共场所卫生管理条例》。在宣传活动中，全县发放各类宣传材料4368份，张贴宣传画260张，现场咨询189人次。

【传染病防治监督】 2016年，全县出动卫生监督执法328人次，出动执法车辆180台（次），监督检查医疗卫生机构和传染病防治有关单位245个（次），下达监督意见书132份。为进一步规范全县医疗废物在收集、运送、贮存、处置等方面的管理工作，检查二级医院2家，妇幼保健院1家，计生服务站1家、民营医院2家、乡镇卫生院11家，社区卫生服务站及村卫生室、诊所228家，主要检查各医疗机构医疗废物是否按照规章制度进行处置。

【医疗市场监督】 2016年采取不定期检查各级各类医疗机构206家，其中二级及以上医疗机构2家；乡镇卫生院10家；民营医院2家；疾病预防控制中心1家，村卫生室、全体诊所共计191家。立案查处各类非法行医案件13件，罚款12万余元，取缔无证行医中医诊所1家，游医摊12处，没收药品及医疗器械12件，收缴罚款1.6万元。通过监督检查和专项行动，规范医疗行业秩序医疗执业行为。

【放射卫生监督】 2016年放射卫生重点检查放射诊疗机构的“放射诊疗许可证”和“放射工作人员证”办理情况、放射诊疗建设项目职业病危害评价情况、设备状态检测情况和放射工作人员职业健康监护情况等。共检查开展放射诊疗机构3家，其中“持放射诊疗许可证”3家，监督检查覆盖率100%。检查的3家医疗机构共有x射线摄影机3台、DR机1台、CT机2台，有放射诊疗工作人员15人，其中取得“执业医师证”的有15人，经过相关知识培训并取得培训证明的15人，持证上岗率100%。放射工作人员均佩戴个人计量计，个人防护用品配备齐全。机房门外有明显的电离辐射标志和工作指示灯，放射工作场所的防护设施大部分能达到防护要求，对达不到防护要求的医疗机构均当场下达卫生监督意见书责令其限期整改。

【公共场所、生活饮用水卫生监督】 公共场所卫生监督：2016年，严格按照《公共场所卫生管理条例》和《公共场所卫生管理条例实施细则》的要求，积极开展公共场所卫生监督检查以及检测工作，以经常性卫生监督和专项整治相结合，积极创造良好的卫生环境，预防传染病，增强服务意识，强化依法行政观念，确保人民群众健康。共出动执法车辆89台（次），执法人员286人次，应检公共场所160户，实际监督检查160户，监督覆盖率100%，完成从业人员健康检查和培训工作，从业人员应检960人次，实际体检960人次，体检率100%。应培训人员960人次，实际培训960人次，培训率100%。下达监督意见书220份，对问题较严重的两家单位罚款5000元。生活饮用水卫生监督：城市集中式供水单位应检1家，实检1家，合格1家。卫生管理制度以及水质消毒情况均已落实。农村供水百吨以上水厂6家，二次供水应检3家，实检3家。水质抽检符合二次供水水质标准。全县共有乡镇中小学24所，监督检查24所，监督覆盖率100%，二次供水有8家，蓄水池周边均无污染，水质抽检均符合二次供水水质标准，对有问题的4家供水单位罚款9000元。

【文明县城创建】 按照《县创省级文明县城实施方案》的要求，对县城的各大宾馆、旅店、美容美发店、游泳室进行了全面监督检查，共出动执法车辆87台（次），执法人员263人次，检查公共场所260户（次），其中宾馆、旅店130家次，美容美发店126家（次），游泳场所4家（次）；对存在问题的单位要求限期整改，下达监督意见书285份。2016年通过省级文明县城达标考核。

爱国卫生

【创建国家卫生县城】 继成

功创建省级卫生县城后，2016年1月17日，江永县第十六届人民代表大会第五次会议政府工作报告明确提出，全面启动创建国家卫生县城工作，确保三年内成功创建。5月24日，县政府第28次常务会议专题研究创国卫工作，明确2016年为创国卫基础年，2017年为推进年，2018年为达标年。6月24日，县委常委会议通过《江永县创建国家卫生县城工作实施方案》、《江永县创建国家卫生县城工作考评奖惩办法》以及《江永县创建省级卫生县城工作先进单位、先进个人名单及奖金安排》。12月26日，县委、县政府召开江永县创建省级卫生县城总结表彰暨创建国家卫生县城工作动员大会，正式开启创建国家卫生县城大幕。县创建国家卫生县城工作领导小组由县委书记周立夫任组长，县委副书记、县长唐德荣任第一副组长，其他县委、政府领导任副组长，县直相关部门负责人为成员，县委常委、常务副县长蒋俊善任常务副组长兼办公室主任，明确县红十字会全帆专抓创国卫工作，办公室抽调得力人员并与原单位工作脱钩。创国卫职能部门分为10个专业组，对创建工作进行责任分工，层层签订责任状，明确奖惩措施。分别建立县级领导联系帮扶社区（村）制度、单位包干路段责任制、周五全县大扫除日制度等。

在创建国家卫生县城中，加大基础设施建设力度，永明路立面改造、滨江路风光带一期等重点工程竣工，实施永阳路、龙溪路、溪岭路白改黑工程。整治交通秩序，规范城区停车位，完善永回路与环城东路路口交通信号工程。加大城区保洁力度，加强渣土管理。加强病媒生物防制，县财政安排56万元开展县城区集中除“四害”活动，有效降低“四害”密度。

爱国卫生工作深入开展。2月，县爱卫会下发《关于认真做好春节期间爱国卫生工作的通知》，全面开展城乡环境卫生集中整治活动，扎实做好全民健康教育工作，集中开展各类专项整治工作。4月，认真组织全县各单位开展以“灭蚊防病，健康你我”为主题的第28个爱国卫生月活动。加强卫生创建，夏层铺镇启动创建市级卫生镇，省爱卫会复查确认江永县12家单位为省级文明卫生单位。

新型农村合作医疗

【概况】 2016年，全县农业人口226792人，参合人数224483人，参合率98.983%。筹集基金2693.80万元，其中农民自缴2578.75万元，民政资助115.05万元。

中央、省、市、县资金配套及时足额到。县级财政应配套596.04万元、市级财政应配套116.23万元、中央财政应配套6734.49万元，均已到位。省级财政应配套1981.65万元，到位2013.21万元。

年度按政策筹集基金总额为12122.08万元，其中住院统筹基金为9170.21万元，门诊统筹基金1717.21万元（普通门诊统筹1030.28万元，特门及其他686.93万元），大病保险561.21万元，家庭账户673.45万元。统筹基金支出10657.96万元，占年度统筹基金97.89%，补偿304613人次，受益面135.70%：其中住院补偿支出8736.14万元，占年度住院统筹基金95.27%，出院45558人次，住院受益面20.30%；各类支出1921.82万元，补助259055人次（其中门诊统筹支出1063.45万元，补偿225738人次；定额住院分娩支出282.51万元，补助2213人次；特殊门诊支出336.37万元，补助5840人次；体检支出101.98万元，补助20365人次；其他支出137.51元，补助4899人次）。次均住院费用3251元，次均住院补偿1918元，统筹地区政策范围内住院补偿率79.81%，住院实际补偿率58.98%。

1—12月四个级别医疗机构住院补偿45558人次，补助金额8736.14万元，次均住院费用3251元，可报比例

85.61%，次均补偿1918元，实际补偿比例58.98%。

重大疾病补助支出630.36万元，补助1107人次。其中：先心病支出0万元，补助0人次；白血病支出23.33万元，补助33人次；乳腺癌支出38.20万元，补助87人次；宫颈癌支出23.94万元，补助35人次；终末期肾病支出525.13万元，补助927人次；耐多药结核病支出0万元，补助0人次；重性精神病支出19.76万元，补助25人次。

【城镇居民医疗保险】 2016年，参加城镇居民医疗保险17039人，共征缴城镇居民医疗保险基金1039万元（其中中央配套511万元，省级配套143万元，市级配套24万元，县级财补37万元，个人缴费324万元）。医疗保险基金支出960万元，其中：住院支出696万元，门诊大病259万元，门诊统筹5万元。结余基金2219万元。

红十字会

会　　长：欧阳湘连(3月离任)
　　　　　全　帆(3月任)

【概况】 2016年，县红十字会共有干部职工5人，其中在职3人，退休2人。干部职工认真履行救灾救助工作职责，顺利完成年初制定的工作目标，全年向全县受灾群众发放救灾物493件次，其中棉衣282件次，蚊帐12顶次，棉被、大米、食用油等其他物资299人次。497人次参加应急救护知识培训。3月2—4日、5月24—26日、11月28日—30日在新汽车站、桃川镇水利电力有限责任公司门前组织开展全县集中献血活动，771人次，献血量273000毫升，实现了临床用血100%来源来无偿献血的工作目标。完成计划的125%。造血干细胞捐献志愿者登记3人，取样3份，其检测数据全部录入中华骨髓库，成为造血干细献志愿者。一例人体器官捐献。

重点医院介绍

江永县人民医院

院　　长：蒲兰英
党总支书记、副院长：周文远
党总支副书记、副院长：朱建忠
副 院 长：熊连辉
工会主席：杨红华

【概况】 江永县人民医院系县人民政府主办的非营利性公立医院，是全县唯一集医疗、预防、教学、保健与康复于一体的综合性二级医院，是全国心肌梗塞临床研究协作医院、永州职业技术学院对口支援医院及临床实习医院，是全县孕产妇抢救中心、血液透析中心和唯一经卫生主管部门备案的院前急救县级医院，系新型农村合作医疗、城镇职工和城镇居民医疗保险的定点县级医院。医院占地面积2.4万平方米，其中业务用房11662平方米，床位编制460张，实际开放床位317张。医院现有在岗职工362人，其中正高级卫生专业技术职称1人，副高级卫生专业技术职称24人，中级卫生专业技术职称116人，离退休职工128人。床位编制460张，设置门诊部和外一科、外二科、内一科、内二科、内三科（急诊科）、妇产科、五官科、中医科、口腔科、皮肤科、血液透析科等临床住院科室，以及放射科、CT室、检验科、超声室、心电图室、胃肠镜室、体检科等功能检查科室36个。2016年6月，县人民医院与县中医医院组建医疗联合体并正式运行。

2016年，门诊量200643人次，较上年增加9116人次，增长率为4.75%。住院人次16315人次，较上年减少671人次。病床的使用率为84.8%，比上年减少4.1%。手术台次5837例，较上年增长0.97%。业务总收入9537.3万余元，比上年增加535.9万余元，增长率为5.95%，药品收入占总业务收入的比例27.7%。

新院建设占地面积65亩，建筑面积65000平方米，总投资25000万元（其中中央、省投资2530万元）。

【核心制度落实】 2016年，县人民医院强化制度建设，加强质量与安全管理，严格落实核心制度。及时修订完善《目标管理考核细则与奖惩办法》，使医疗质量与安全管理制度化，操作性更强，奖罚更分明。健全医疗安全防范机制，狠抓首诊负责制、三级医师查房制、疑难病例讨论制、查对制度等核心制度的落实，严格执行医疗安全不良事件预警和防范措施。完善医疗护理缺陷管理，按照《医疗质量与安全责任状》的要求，严肃追究处理相关责任科室和责任人。加大日常监管力度，通过各职能管理科室加强对病历（处方）书写质量的及时控管，夯实医疗质量基础和把好环节质量关。人民医院病历书写平均合格率达99.96%，医技检查（CT、彩超）阳性符合率及准确率、门诊与出院诊断符合率、入院与出院诊断符合率、临床与病理诊断符合率、入院三日确诊率、危重病人抢救成功率等质量指标明显提升，医疗纠纷较往年显著下降。

【护理管理】 2016年，结合《二级综合医院评审标准实施细则》，逐条逐项抓好各项工作，进一步完善规则制度，改进服务流程，加强护理质量控制，加大护理督查力度，重视护理骨干培养，优化护理队伍，强化“三基、三严”训练，护理质量稳步提高。制定护士长培训及骨干护士培训计划，全年共派出16人次护士长参加省、市举办的护理管理及新技术、新业务培训班，增强了护士长管理水平。严格落实护理核心制度，强化护理人员法制意识，重点对查对制度、执行医嘱制度、交接班制度、抢救制度、不良事件上报制度、分级护理制度等核心制度加强落实力度，并严格执行护士依法执业行为，护士持证上岗率100%，“优质护理服务病房”覆盖率100%，出院病人回访率50%，受到病人表扬的护士700余人次，在全年的护理问卷调查中病人的满意度达到95%。

【院内感控】 2016年，加强对重点部门如手术室、胃镜室、口腔科、供应室、检验科等高危区环境卫生学监测及医务人员卫生监测，通过考评及监测—控制—监测，有效控制医院感染的发生。严格执行院内感染管理规范，做好院内感染监测，加强医院感染管理培训，每月对各科室的院感质量控制进行考核。通过全面质量控制和加强监督与培训力度，减少医疗不良事件，提高治愈率，降低医疗费用，保证患者就诊和治疗效果。全年医院感染率为0.08%，均在卫计委规定的范围内；上报各类传染病999例，其中乙类传染病270例，丙类传染病630例，其他传染病99例，上报率100%。

【技术内涵建设】 2016年，各科室开展的新项目、新技术有：外一科微创手术、腹腔镜下阑尾、胆囊切除、疝修补术、弹道钬激光碎石术、经皮肾镜手术、前列腺电切术等，左肝叶切除术、开颅术等。妇产科腹腔镜下子宫切除术、宫外孕、卵巢囊肿手术、无痛分娩术等。外二科髋关节置换术、脊柱手术等；皮肤科也开展过敏源检测系统、循经疏导疗法、光谱治疗等。新项目、新技术的开展提高了医院技术内涵建设。

【技术队伍建设】 2016年，选派科室负责人及业务技术骨干34人次参加省市三级医院进修学习及各类短期学习班、研讨会，4次邀请省、市三级医院到院授课。通过外出培训、学习，邀请来院授课等方式，提高医护人员的基础理论及技术水平。同时，对新招聘入院的新进人员进行岗前培训，为新进人员融入医院及更快开展好工作打下良好的基础，对新入院的医生护士进行急救知识、技能的强化培训考核，每月分批次对医护人员进行“三基”训练及考核，培训率100%，提高各层次专业技术人员的业务能力和管理水平。

【行风建设】 2016年，加大医院“四风”方面和行风、医德医风、医患关系、医院卫生队伍和事业建设等方面整改力度；组织科室负责人和工作人员认真学习相关规章制度，全年召开4次以“三严三实”“四讲四有”等为主题的专题民主生活会，切实的转变工作作风，引导工作人员树立良好的行风形象；结合作风建设和坚决纠正医疗卫生方面损害群众利益及违法违规行为专项整治活动，扎实推进全院党风廉政建设和反腐败工作，3月集体约谈所有供货企业代表。6月对个别销售企业进行约谈。分批对重点科室、重点部门的科室负责人及部分职工进行廉政谈话，对发生不良行为的苗头起到警醒作用，切实改善服务态度，提高服务效率，成效明显。全年收到病人及亲属的表扬感谢信件148封，锦旗51面，拾金不昧28起。

【医院文化建设】 2016年，开展庆“5·12”国际护士节评选“十佳护士”“优秀护士长”活动大赛及庆国庆迎中秋趣味活动；组队参加永州市七县“健康杯”职工篮球赛取得良好成绩，增进职工团结协作，起到凝聚人心的效果。探视生病住院职工37人次，慰问家庭困难职工11次，慰问退休职工及职工家属20人次。

江永县中医院

负　责　人：黄永进（1—5月）
　　　　　　周文远（6—12月）
副　院　长：蒋武权（1—5月）
　　　　　　邓云芳（1—5月）
　　　　　　熊连辉（6—12月）
　　　　　　朱建忠（6—12月）

【概况】 2016年6月1日，江永县中医医院与县人民医院组建的江永县医疗联合体正式运行。中医医院区有在岗职工98人，其中医疗卫生技术人员85人，高级职称10人，中级职称30人，中医药专业人员占70%以上，80%专业技术人员均由县人民医院派驻，所有的科主任、护士长均由人民医院的技术骨干担任。新开设针灸、推拿和康复科、中医内科、治未病科、皮肤科等住院科室，开设专家门诊、急诊、中医内科、治未病科、针灸推拿科、皮肤科、外科、妇产科等门诊科室，以及放射科、CT室、检验科、超声室、心电图室等医技科室。

社会管理与服务

人力资源和社会保障局

【概况】 2011年6月，江永县直机关机构改革，将原人事局、劳动和社会保障局整合，成立江永县人力资源和社会保障局（以下简称县人社局），为县政府工作部门。内设办公室、规划财务和资金监督股、就业促进和职业能力建设股（加挂“江永县人力资源开发办公室”牌子）、法规监察和劳动关系股（加挂“江永县劳动人事争议仲裁委员会办公室”牌子）、公务员管理股（加挂“江永县考核工作领导小组办公室”牌子、“江永县军队转业干部安置工作领导小组办公室”牌子）、专业技术人员管理股（加挂“江永县职称改革领导小组办公室”牌子）、工资福利和退休人员管理股（加挂“江永县工资改革领导小组办公室”牌子）、社会保险股（加挂“江永县劳动鉴定委员会办公室”牌子）等8个股室。下设县就业服务管理局、县医疗保险基金管理中心、县劳动社会养老保险管理站、县机关事业单位养老保险管理站、县工伤保险管理站、县劳动监察大队等6个参照公务员管理副科级事业单位及县城乡居民养老保险管理中心、县劳动人事争议仲裁院2个副科级事业单位，县人力资源服务管理中心1个股级事业单位。局机关行政编制16名，后勤服务人员事业编制2名。主要职责：负责全县劳动力资源配置，劳动关系协调，收入分配调控，社会保险管理服务工作。共有干部职工109人，在职85人，退休24人，其中局直属经办机构事业单位人员编制81名，实有81名。

【职业技能培训】 2016年，共组织开展各类职业技能培训4320人，其中：农民工和农村劳动预备制培训1657人，完成年度目标任务数的118%。企业职工培训1220人，完成年度目标任务数的102%。失业人员培训408人，完成年度目标任务数的102%。贫困家庭“两后生”技能培训205人，完成年度目标任务数的103%；组织830名有创业愿望的城乡劳动者参加创业培训，完成年度目标任务的104%。参加技能鉴定人数770人，完成年度目标任务的118%，参加职业技能鉴定取证770人，完成年度目标任务数的140%。

【就业再就业工作】 全县城镇新增就业3809人，失业人员再就业1341人，就业困难对象就业209人，分别完成年度目标任务的103%、103%和105%；新增创业主体1460户，带动城乡就业3891人，带动城镇就业1484人，分别完成全年任务的105%、177%、135%。新增公益性岗位安置100人，支付岗位补贴72万元；高校毕业生就业见习100人。

【农村劳动力转移和职业介绍】 2016年，共举办17场现场招聘会，共组织40余家用人单位，为农民工等各类求职人员提供就业岗位3700个，达成就业协议1200人，帮助农村劳动力实现转移就业3107人，完成年度目标任务的155%。

【小额担保贷款】 2016年，全县发放小额担保贷款2202万元，扶持创业255人，带动就业1125余人，完成目标任务的106%。

【劳动合同管理】 2016年，全县签订劳动合同的用人单位89家，共2902人。

【劳动保险监察和劳动仲裁】 2016年，依法维护劳动者的合法权益：劳动监察立案26起，结案25起，涉及劳动者398人，为农民工追讨工资437.5万元，不予受理12起，结案率96%；日常巡查单位数88家，书面审查单位数88家。劳动仲裁受理23起，结案22起，涉及劳动者28人，达成调解协议12起，涉及金额413500元，依法裁决5起，不予受理15起，结案率95.6%。进行农民工工资支付协调：拖欠农民工工资违法案件共移送7起，涉及民工246人，涉及金额114.86万元。实施建筑领域农民工工资保障金制度：收取14家建设项目农民工工资保障金498.76万元。启动江永县人民医院缴纳的农民工工资保障金370万元，支付人民医院搬迁工地拖欠民工工资328.19万元。实行劳动用工电子化备案：系统共备案用人单位83家，劳动者人数2840人。提高工资集体协商率：已建工会组织企业工资集体协商建制率达到92.69%。

【五大社会保险全覆盖】 城乡居民养老保险参保人数14.26万人，应保尽保，征缴基金1028万元，从2016年1月1日起，城乡居民基础养老金最低标准提高至每人每月80元，60周岁以上享受待遇人数33143人，共发放养老金2936万元。企业养老保险全年新增扩面参保人数451人，完成年任务的100%；参加养老保险统筹单位33户，参保11374人（含退休），完成年任务100%；征缴养老保险费4658万元，完成征缴目标任务的122%；企业离退休人员4698人，其中离休2人，军转干10人，退役士兵17人，中华人民共和国成立初期老工人2人，新增退休人员158人，全年共计发放养老金10617万元，按时足额发放率100%。机关事业养老保险征缴基金9273万元，完成目标任务的109%；机关事业单位离退休人员2619人，共发放养老金9110万元，每月按时足额发放率100%。失业保险参保达12615人，失业保险费征缴221万元，分别完成年度目标任务100%、105%，失业保险待遇支出88万元，滚存结余857万元。城镇职工医保基金收入3549万元，支出2296万元；生育保险收入73万元，支出30万元；城镇居民医保基金收入1039万元，支出824万元。工伤保险参保单位241户，参保9850人，收缴工伤保险费536万元，完成目标任务的206.15%。

民　　政

江永县民政局

党组书记、局长：曾志峰
党组副书记：张亚明
党组成员、副局长：苏永江（2016.10免）
党组成员：何应盛
副局长：谭志全
副局长：李　红（2016.10免）
副局长：尹　玲（2016.10任）

【概况】 2016年，江永县民政局内设行政股室9个：办公室（加挂“计划财务股”牌子）、优抚股（加挂“退伍军人安置办公室”牌子）、救灾股、老龄工作委员会办公室、基层政权和社会事务股（加挂“地名区划委员会办公室”牌子）、社会救助股、特困人员供养股、政工人事股、社会组织管理股。县民政局机关行政编制10名。其中：局长1名，副局长3名，纪检组长1名，总会计师1名。下属归口管理事业单位10个：县社会救助局更名为县低收入家庭认定中心，原承担的行政职能划入县民政局，其人员编制及其他事项维持原状。县婚姻登记处、县福利彩票销售管理中心、县军休所、县流浪乞讨人员救助站、县慈善办、县社会福利中心，县光荣院，县公墓管理所（县殡葬执法大队）、县老龄基金筹备管理站。现定编43名，有在职在编人员39人，离退休人员32人。

【救灾救济】 2016年共发生冰雹、洪涝等自然灾害5次，累计造成16.92万人受灾，紧急转移安置1189人，直接经济损失1.9亿元。向上级争取救灾资金510万元，全年共发放自然灾害生活补助资金207.21万元、因灾倒损房屋恢复重建补助资金118.5万元、救灾物质184.29万元，共救济灾民1.5万余人次，保障了受灾特困群众的基本生活。创建桃川镇上洞村国家级综合减灾示范社区和粗石江镇白土村、源口瑶族乡七工岭村两个村级灾害应急避难场所，提升城乡社区综合防灾减灾能力。争取革命老区项目建设资金140万元，为江永县“十三五”扶贫攻坚、享受国家优惠政策打下了基础。

【社会福利】 2016年，出台《江永县困难残疾人生活补贴和重度残疾人护理补贴制度的实施意见》文件，发放残疾人“两项补贴”204.345万元；发放孤儿生活保障金89万元，保障了孤儿基本生活；全县留守儿童3608人、留守妇女1253人、留守老人1991人，已全部录入系统；共救助生活无着落的流浪乞讨人员1300多人次。

【“五保户”供养】 2016年，发放五保供养金291.5万元，其中分散供养月标准270元，比2015年同期提高24元；集中供养月标准546元，比去年同期提高49元。

【城乡居民最低生活保障】 加强城乡低保动态管理和应保尽保工作，新增低保对象有“三书三表两记录”，“个人申请、村评议、乡（镇）审核、县审批”程序到位，做到“入户调查、民主评议、集中公示”三个百分之百。2016年共发放城市低保金1208.5万元，月人均253元，超过了为民办实事月人均250元的要求；发放农村低保金2619.3万元，月人均123.4元，超过了为民办实事月人均113元的要求。

【福利机构建设】 2016年，投入80万元，新建了潇浦镇永新社区和兰溪瑶族乡黄家村两个小型养老服务中心，新增养老床位50张。

【城乡医疗救助】 2016年，在县人民医院、江永现代医院等四家医疗机构开展低保户、五保户住院“一站式”结算，全年共救助6570人次、资金256.2万元；在外地住院申请医疗、临时救助1280人，发放资金287.6万元。

【基层政权建设】 2016年，开展规范化建设，对三个城市社区进行升级改造，实行“一门式”服务，社区的服务功能得到了充分发挥；对农村社区试点建设工作进行统筹谋划，新设立5个农村社区建设试点；开展“三社联动”参与精准扶贫启动仪式，形成以社会组织为主体，专业社工为骨干，社区居民和志愿者广泛参与的社区治理新机制。加强城乡居民依法自治，组织体系更加健全，自治制度进一步创新，组织作用有效发挥，服务水平明显提升。至2016年年底，城镇16个居委会依法自治达标，达标率从上年度的96%增加到100%，农村96个村委会依法自治达标，达标率从上年度的99%增加到100%。

【地名管理】 2016年，继续落实乡镇区划调整，2015年按照省市精神，进行了乡镇区划调整改革，全县由11个乡镇合并为9个乡镇，调减2个乡镇。2016年1月，启动建制村合并工作，全县由3个社区、7个居委会、210个建制村合并为4个城镇社区、8个乡镇社区、4个居委会和96个建制村，减幅为47%，被湖南省民政厅评为“全省乡镇区划调整改革先进县”。继续抓好全国第二次地名普查，6月下旬，在上江圩镇开展全国第二次地名普查外业调查试点；7月初，对全县其他乡镇的地名普查外业调查由北向南全面铺开；到年底，江永所辖的九个乡镇以及回龙圩镇管理区的外业调查工作已基本完成，数据入库已完成90%。同时拓展地名普查特色工作，开展地名女书翻译以及瑶语录音。另外在开展平安边界创建方面，坚持把创建和谐平安边界作为构建和谐社会、建设文明城市的重要内容来抓，为开发山区，实现旅游资源共享，打好瑶区精准扶贫攻坚战奠定了基础。

【优抚工作】 2016年，共发放各类优抚对象补助资金1355.245万元；受理国家工作人员伤残申报评残4人，受理带病回乡人员申请5人，审核办理60周岁农村籍退役士兵78人。解决16名重点优抚对象死亡安葬补助9.5万元，70名重点优抚对象住院医疗补助8.25万元，77名退役军人生活困难7.6万元，重点优抚对象参保参合17.42万元。发放退役士兵义务兵家属优待金141.07万元。落实军休人员的“两项”待遇。按照《关于调整军队离退休干部、退休士官基本津贴补贴和高山海岛津贴标准的通知》和《关于调整军队离退休干部离退休费和艰苦边远地区生活津贴标准的通知》文件精神，及时调整了军休人员的工资标准，足额补发了工资。在“八一”建军节前夕，对驻江永现役军人、烈军属和复退军人、残疾军人等对象共发放慰问金130多万元，慰问毛巾、慰问信6600多份。同时抓好涉军群体的稳定工作，通过信访接待、思想沟通、政策解释、走访慰问等方式，共接待退伍军人来信来访580人次，书面回复36件。

【退伍军人安置】 2016年，共接收退役士兵101人，其中符合政策安置的三级士官6人，安置士兵3人。发放2015年度退役士兵一次性自主就业补助金52.6万元，并对86名退役人员驾驶技能培训进行了资助。继续开展退役军人“双促双带”活动及退役军人之家建设工作。确定市级“双带双促”重点对象1人，县级扶持对象19人，共扶持资金28.5万元。严格按照“四有”要求，在全县继续开展退役军人之家建设工作，创建了9个村级退役军人之家。

【殡葬管理】 落实惠民殡葬政策。对城镇低保户入馆减免21具，对20户城镇低保户、农村五保户实行惠民殡葬补贴政策，全年共落实惠民殡改资金18.182万元。按照省市要求，完成了桃川镇邑口村集中治丧场所。

【婚姻登记管理】 2016年，实行全省联网在线登记和电脑出证，共办理结婚登记1533对、离婚登记465对、补领269对、补离50对，未出现一例违纪违规登记行为，合格率100%，零投诉。依法办理收养登记2例。

【慈善事业】 2016年，组织开展了“慈善一日捐”活动，共募集善款188.96万元、物资31.5万元，救助困难群众2200人次。向中华慈善总会争取资助金额40万元，资助夏层铺学校和允山中学旱厕改水厕；与深圳市维尔斯特净水器联合举办“维尔斯特净水机放心饮水惠民工程走进江永县公益慈善”活动，向各乡镇敬老院捐赠“维尔斯特”净水器50台，价值25万元；桂林市小轩轩儿童服装有限责任公司捐赠价值6.5万元童装，用于救助0~3岁困难儿童；开展“慈善助困、爱心惠民”活动，福建公司向县捐赠“红牡丹”牌橄榄茶籽调和油600瓶，救助低保户、贫困人员和孤寡老人。

【民间组织登记管理】 依法规范民间组织登记工作。全县共有社会组织149家，其中社会团体77家、民办非企业72家。2016年新登记审批7家，其中社会团体4家，民办非企业3家。

【社会组织管理】 对2015年12月31日以前登记的73家社会团体和69家民办非企业单位进行了年检，其中社会团体70家合格，3家不合格；民办非企业68家合格，1家不合格，参检率合格为97%。共有12家社会组织成立了基层党组织。

【老龄事业】 组织开展了新老年法宣传月和敬老月活动，发放贫困老人慰问金9000元；认真落实老年人优待政策，2016年共免费办理老年优待证700余本；对8名百岁老人进行了入户复核；协同省老龄事业发展基金会为300名贫困孤老人发放慰问金15万元。创建省级养老服务示范点4个、示范性基层老年协会2个，新增养老服务床位18张。加强政府购买服务，为550名失能半失能老人发放基本养老服务补贴19.8万元，覆盖率100%；为433名90~99周岁老人发放了每人每月100元的高龄补贴，覆盖率100%；扶持11.25万元，为7500名特困老人购买了老年人意外伤害保险。

精准扶贫

【概况】 2016年，县委、县政府出台《中共江永县委关于加快推进精准扶贫开发工作的决议》和《中共江永县委、江永县人民政府关于贯彻落实中央、省市委精准扶贫战略部署的实施意见》《江永县精准扶贫工作考核办法》等方案和28个部门精准扶贫的实施方案，84个贫困村精准扶贫、精准脱贫的实施方案。明确全县精准扶贫精准脱贫的任务书、作战图和时间表。立足县情、因地制宜、精准规划、精准施策、精准发力，通过产业扶贫、小额信贷、电商扶贫、旅游扶贫等扶贫手段，完成11739人的脱贫任务，扶贫工作取得成效。2016年，湖南省产业扶贫现场会、旅游扶贫现场会、全国产业扶贫现场会先后在江永召开，江永的精准扶贫、精准脱贫工作得到省市有关部门和领导的肯定。

【干部队伍建设】 县委、县政府多次就扶贫办机构队伍建设情况进行专题研究。2016年3月，县机构编制委员会以江永编发〔2016〕1号文精神，增设产业扶贫金融服务中心，属股级全额财政拨款事业单位，编制由原来的5个增加到15个，人员由2016年6月前的7人增加到13人。

【脱贫攻坚】 按照“五个一批”“两不愁、三保障”的要求，加大扶贫投入，2016年，投入财政专项扶贫资金5086万元，整合行业部门扶贫资金约1.5亿元。其中水利资金3799万元，交通部门资金投入1710万元，住建部门资金2754万元，教育扶贫资金3047万元，民政兜底保障投入257.6万元，易地搬迁投入714万元，生态扶贫投入1920万元，科技扶贫投入355万元。

【产业扶贫】 2016年，投入产业发展财政专项资金2435万元，实施产业扶贫项目107个。在产业扶贫过程中，立足实际，转变思路，创新实施产业扶贫、电商扶贫、旅游扶贫等扶贫工程。特别在产业扶贫方面，按照“四跟四走”的扶贫思路，用“开发式的办法，解决救济式的问题”，通过“政府+贫困户（残疾人）+企业+银行”四位一体的模式，实施总投资3000万元，连片开发2500亩的夏橙资产收益扶贫项目。该项目以“股份制合作帮扶”的利益联结机制，使贫困户变“股民”，全县1034名建档立卡贫困残疾人全部参与。项目到盛果期后，每年将创造利润2400万元，可帮扶全县建档立卡的残疾人和周边24个村4979个建档立卡贫困对象脱贫，让贫困户长期受益。同时实施2016年度重点产业扶贫项目江永香米种植项目，委托江永君诚米业有限公司，帮扶源口瑶族乡、潇浦镇9个村543户2000名贫困人口，建设2000亩标准化江永香米种植基地，当年人平可增加收入1410元。在电商扶贫方面，安排31万元扶贫专项资金用于村级服务站建设，在贷款贴息方面给予优惠政策，鼓励和支持贫困户创办网店、发展电商产品、融入电商产业链。全县积极培育电商作为精准扶贫“新引擎”，现有1028户贫困户参与到电商创业之中，间接带动5078名贫困群众参与电商，人均增收500元。同时，在兰溪瑶族乡黄家村、千家峒瑶族乡刘家庄村、松柏瑶族乡建新村等乡村旅游贫困村投入扶贫资金，实施水、电、路、游道等基础设施和乡村旅游扶贫项目，改善旅游村的硬件设施条件，促进贫困户增收。采取“政府引导、公司化运作、贫困户参与、党建引领、抱团发展”的模式，推进“乡村旅游扶贫”，以点带面，辐射全县，在上甘棠村、刘家庄村、下新屋村（浦美）等12个村推广，逐步让贫困户吃上“旅游饭”，戴上“小康帽”。

【易地扶贫】 2016年，启动易地扶贫搬迁工作，建立易地扶贫搬迁工作联席会议制度。7月，省扶贫办对江永录入系统的2575户、8882人搬迁对象进行认定。2016年，江永易地扶贫完成潇浦镇三元宫村、陈家村和何家村30户119人的搬迁任务。制订《江永县2016年易地扶贫搬迁项目潇浦安置点实施方案》，潇浦镇瑶城市场安置点两栋安置房计划投资714万元，占年度计划投资的90%。项目于7月发布招标公告，8月初正式开工建设，搬迁方式以集中安置为主，工程建设进展顺利，12月底完成主体建设，春节前搬迁入住。

【农村危房改造】 为推进农村危房改造工作，制订《江永县2016—2019年农村危房改造工作实施方案》，将1.3万户农村危房任务逐年分解，明确农村危房改造补助标准。全年计划改造建档立卡贫困户445户，截至11月底已开工445户，开工率100%。另外，还启动夏层铺镇汉江源村统筹易地扶贫搬迁和农村危房改造相结合的试点工作。

【教育扶贫】 推进贫困地区义务教育薄弱学校改造工程。2016年，江永“全面改薄”项目学校有：江永一小、夏层铺学校、冷水铺学校、上江圩锦江完小等4所学校，规划投入资金2396万元，已投入1846万元。对江永一小教学楼进入四层施工，对夏层铺学校教学楼进行主体室内外装修，对冷水铺学校教学楼进行三层施工，薄弱学校改造项目动工率为100%。开展特困家庭学生扶贫助学，2016年，江永坚定执行各项助学政策，进一步健全完善贫困家庭学生资助体系，不让一个学生因家庭贫困而失学辍学，全县特困家庭学生扶贫助学覆盖率100%。在落实“两免一补”政策方面：2016年春季学期，对义务教育阶段的33425名学生全部免除教科书费，总金额177.570475万元，免除率100%；对义务教育阶段的2235名贫困寄宿生发放总计135.3万元的生活补助。在落实普通高中贫困生资助政策方面：发放2015年秋季学期和2016年春季学期普通高中国家助学金221.35万元，资助贫困高中学生2214人次。在发放学前教育助学金方面：发放2015年秋季学期和2016年春季学期学前教育助学金总计160.9万元，资助贫困幼儿3208人。在落实中职教育扶贫补助政策方面：2016年发放2015年秋季学期中职助学金32.9万元，资助贫困中职学生329人；落实2015年秋季学期中职免学费补助138.48万元，为1154名中职学生免除学费。落实2016年春季学期中职助学金21.1万元，资助贫困中职学生211人；落实2016年春季学期中职免学费补助112.44万元，为937名中职学生免除学费，职业学历教育扶贫补助应补尽补覆盖率达100%。

【兜底保障扶贫】 2016年，全县农村低保户共11802户17792人，其中建档立卡低保贫困户1328户3943人。5月，制订《江永县关于开展社会兜底保障脱贫对象联合认定工作方案》，经民政、扶贫、财政等相关部门联合调查，认定602户1220人低保兜底脱贫对象，全部纳入扶贫建档立卡，对符合贫困户标准的低保户，按照“五个一批”的扶贫政策，按每人每月220元的兜底脱贫资金发放到户，确保特困对象基本生活得到保障。

【医疗救助扶贫】 2016年，全县新农合参合人数224483人（其中建档立卡贫困户47310人），参合率98.983%，其中，建档立卡贫困户参合率达100%。新农合筹资标准提高到540元/人（参合农民个人缴费120元/人，政府补助420元/人）。推行农村居民大病保险，优化贫困人口的医疗补偿。安排专项财政资金，使建档立卡贫困人口参加新农合“应保尽保”。从2015年开始，“五保户”看门诊在规定范围内免自付部分，持证“五保户”在县、乡定点医疗机构住院的基本医疗费用不设起付线，保内补助比例县级85%、乡级100%；在市级及以上定点医疗机构治疗按规定实施住院补偿后，剩余部分（含起付费用）再给予15%的补助。持证低保户的参合农民在定点医疗机构住院治疗按规定实施住院补偿后，剩余部分（含起付费用）再给予15%的补助。推进“生育关爱”行动，开展困难计生家庭临时救助，对“三结合”项目和计生家庭创业贴息贷款项目重点向贫困村倾斜。2016年度，“三结合”项目和计生家庭创业贴息贷款项目已向省市计生协会申报：上报上江圩镇草子坪500亩沃柑种植“三结合”项目一个；上报计生家庭创业贴息贷款10户；申请贴息金额29.97余万元，其中精准扶贫村6户，占比60%；将江永县义华花生种植加工贷款贴息项目作为贷款贴息重点扶助项目上报申请20万元贴息资金，覆盖贫困计生家庭500余户。与此同时，加强贫困村卫生室项目建设，全县贫困村共62个，已安排建设贫困村卫生室25个；加强贫困村的乡村医生本土人才培养，选送乡村医生本土化培养人员24人，其中贫困村选送人员13人；2016年拟选送乡村医生本土化培养19人，其中贫困村10人。

【扶贫小额信贷】 2016年，筹措600万元风险补偿金存入县农商行开户账户。截至11月底，按照授信等级，分贷统还、自主发展生产的形式，共发放贷款7983万元，有效解决了贫困户发展产业缺资金的问题。

【就业与雨露计划培训】 2016年，引导和鼓励建档立卡贫困户劳动力参加各类培训3018人，建立完善贫困户就业信息台账，让参加培训者能掌握一门致富技能，提高了劳务输出的竞争力和生存力，实现有培训需求的贫困人口职业技能培训、农村实用技术培训和创业培训全覆盖，当年新增贫困劳动力转移就业比例92%。对贫困村有参加职业技能培训意愿的2113人进行培训，完成贫困村创业致富带头人培训156人，完成当年计划培训率100%；增加贫困家庭收入，实现参加职业培训人员增收2000元/年。同时，重点打造“三大区域”劳务输出基地，打造本地劳务输出品牌，实现创建适合本县务工人员就业的劳务输出地。2016年安排605人输出到广西、云南、福建就业，717人输出到广州、深圳、东莞就业，358人到本县工业园和县城从事第三产业。通过政策支持实现建档立卡贫困户子女接受职业教育补助全覆盖，在享受国家规定的职业教育“免”与“补”的基础上，按照应补尽补的原则，给予每生每年扶贫助学补助2000元。

对建档立卡贫困户中特困户子女因贫困面临失学、辍学的家庭中义务教育、普高教育、高等教育阶段学生符合条件的，由村委会推荐，乡镇人民政府初审，由乡镇统一向县级扶贫部门申请。县级扶贫部门审核确定后，给予每名特困学生每年扶贫助学补助2000元。2016年，安排84万资金用于特困学生扶贫助学补助项目，支助特困学生420名。

按省办任务计划按年度（2016年、2017年）实施对贫困村开展有针对性的实用技术培训，使贫困户劳动力至少掌握1~2门实用技术；凡有培训愿望的贫困户劳动力，都有机会接受就业技能培训；凡是参加半年以上职业技能培训获得初、中、高级资格证书的建档立卡贫困户成员每人享受1500元的扶贫助学补助。

【生态扶贫】 全县84个贫困村的贫困人口中担任国家级、省级生态公益林建设工程护林员共46人，其补偿资金（护林工资）每月平均1200元由县财政按月打卡及时发放，发放到位率100%。投入1920万元，发展油茶种植1000亩，速生丰产林3000亩，苗木花卉360亩，林下经济2000亩，生态公益林58万亩，贫困人口天然林保护（国家级、省级生态公益林建设）工程补助资金每亩补助标准14.5元，经年度检查验收合格，按实际到户验收合格面积计算额由县财政实行一卡通直补发放，发放到位率100%。

移民开发

县移民开发局

党组书记 局长：周　平（3月离任）
周国辉（3月到任）

党组成员 副局长：刘孟阳　田文龙

【概况】 2016年，县移民开发局内设办公室、搬迁安置股、后期扶持股、资金财务股一室三股。共有干部职工6人。主要职责是：贯彻落实党和国家移民开发工作方针、政策、措施。会同有关部门研究拟定全县移民开发工作发展纲要，提出全县库区移民开发中长期发展规划和年度计划，并协调有关部门组织实施。做好库区和移民安置区综合编制及搬迁安置规划，做好中型水库移民搬迁安置协调相关工作，组织实施年度安置、开发计划。建立全县移民开发项目库，做好项目筛选、评估、立项、申报，并协调、组织、指导、管理移民项目实施。制订移民开发工作中的科技推广和移民培训计划，指导和组织移民产业开发；做好移民有关信访维权和宣传工作，维护库区、移民安置区社会稳定；做好移民监测与统计工作。

2016年，县移民局围绕库区移民“搬得出、稳得住、逐步能致富”目标，遵循“先生存、后发展”原则，立足当前，着眼长远，积极履职，开拓创新，完善库区和移民安置区基础设施为着力点，做好移民直补打卡发放工作，开展移民实用技术和转移就业技能培训，调动移民的积极性和主动性，引导移民艰苦创业，增加移民收入。全年，投入固定资产投资648.14万元，启动库区和移民安置区建设项目29个，竣工18个，改善了移民生产生产生活条件，促进了库区和移民安置区经济社会发展。2016年，永州市移民系统年终绩效考核，江永县移民局位列全市13个县区场第四名，获得全市移民系统信息宣传工作先进单位称号；党组书记、局长周国辉撰写的《践行“两学一做”，当“五好”移民人》，党组成员、副局长田文龙撰写的《关于江永县源口库区移民精准扶贫工作调研及探讨》均获得永州市移民系统“学条例、用条例”“两学一做”理论研讨论文二等奖，周国辉被评为永州市移民系统宣传工作先进个人。

【移民直补资金发放】 2016年，落实移民直补资金打卡发放制、备案制和公开公示制，实现移民直补人口动态管理常态化。全年打卡发放直补移民3421人，按600元/人年发放标准，分季及时准确将205.26

万元直补资金打卡发放到移民手中，确保移民基本生存。

【库区和移民安置区主要基础设施建设】 2015年11月，源口水库环库公路6.3千米大田村路段硬化建设项目开工，2016年5月3日竣工，配套移民资金50.4万元。2016年1月，古宅新村3座公厕开工建设，2016年10月工程完工，投入移民资金35.1万元。2016年3月源口库区横开河村一组1.6千米道路排水渠项目开工，2016年7月竣工，投入移民资金28万元，2016年7月源口库区马头山、茶垒坪两座人行吊桥进行维修，2016年8月完工，投入维修资金18万元。

【移民培训】 2016年8—10月，在源口库区举办4期食用菌栽培、肉牛养殖等实用技术培训，培训移民200人次；2016年3—10月派送24名移民到省、市移民局认定的培训机构参加汽车驾驶、厨师等转移就业技能培训，受训人员获证率100%，其中23人实现持证就业。

【库区旅游开发】 继续做好库区青山绿水文章，加强生态文明建设，盘活库区旅游资源，动员鼓励有条件移民建农庄、开发旅游休闲产业。2016年，源口库区新增农家乐3家。

旅游事业

【概况】 江永县位于湖南省西南边陲，地处湘桂粤三省交界之地。辖9个乡镇2个国营农林场，总面积1540平方千米，总人口27.15万人，其中以瑶族为主的少数民族人口17.16万人，占总人口的63.2%，少数民族聚居区域占全县总面积的87%。江永县历史悠久、文化灿烂、物产丰富，以“千古之谜”——女书、“千年古村”——上甘棠、“瑶族古都”——千家峒为代表的“三千文化”和以香柚、香芋、香姜、香米、香菇为主“五香特产”在国内外具有较高的知名度，获评“中国最美小城”“全国最具文化品位小城”和“中国香柚之乡”“中国香芋之乡”。目前，全县共有AAA级旅游景区4个，是全市AAA级旅游景区最多的县区。共有星级乡村旅游点8个，其中5星级2个、4星级3个，3星级3个。

江永县“三千文化”保护管理处于2012年8月6日由市编办批复设立，2016年3月从县民宗文体广新局分立出来正式独立运行，为县人民政府管理的正科级全额拨款事业单位，定事业编制12名。主要职责是制定和组织实施“三千文化”建设规划，积极争取项目资金。负责上甘棠景区、女书园景区、千家峒景区、勾兰瑶景区等全县景区的业务指导、管理及考核。负责全县景区旅游开发策划、市场营销及旅游环境治理。2016年，县三千文化管理处共有工作人员6人，由陈小娟任县政府办副主任（兼）、县三千文化管理处副主任（主持工作）。

县“三千文化”保护管理处内设四个股室机构，分别为办公室、行业管理股、产业发展股、宣传营销股。下设四个机构，分别为女书园生态博物馆景区管理所、上甘棠景区管理所、勾蓝瑶景区管理所、千家峒国家森林公园景区管理所。其中女书园生态博物馆景区管理所、上甘棠景区管理所为差额拨款股级事业单位，设所长1名，定编5名；勾蓝瑶景区管理所为差额拨款的事业单位，设所长1名，定编5名；千家峒国家森林公园景区管理所为差额拨款的副科级事业单位，设所长1名，定编5名。

2016年，旅游工作紧紧围绕创建“国家全域旅游示范县”这个总目标、总任务，深入推进“旅游活县”战略，依托“三千文化”和“五香特产”品牌，紧密结合美丽乡村、精准扶贫、项目建设等工作，发展全域旅游，促进旅游产业的健康快速发展。兰溪勾蓝瑶寨旅游开发有限公司被国家旅游局列入全国“公司+农户”旅游扶贫示范项目名单；上江圩镇浦尾村被国家农业部评为“2016年中国美丽休闲乡村之特色民俗村”；女书生态博物馆被评为湖南省涉外参观点。2016年，县域旅游接待游客238.42万人次，同比增长53.1%；实现旅游综合收入11.3亿元，同比增长45%。在全市旅游工作考核中名列第四名。

【旅游规划】 2016年，投入500万元面向全国公开招标，聘请上海天华、北京博雅方略、北京颠峰三家具有旅游规划甲级资质的公司，为江永编制《江永县旅游产业发展总体规划（2016—2026年）》以及女书岛和女书文化风情小镇、上甘棠景区、五香园和五香村修建性详规。制订《大湘西地区文化生态旅游精品线路公共服务设施建设方案》，目前项目已开工建设。新规划文化探源、研学实践、乡村休闲、营地露宿等15个具有地域特色的全域旅游和乡村旅游产品，推出红色旅游“一日游”“二日游”产品，红色旅游开展有声有色，被认定为革命老根据地。启动“旅游+文化”“旅游+农业”“旅游+工业”“旅游+互联网”等模式，旅游得到跨界融合发展。全县累计投入资金1.2亿元，对女书园、千家峒、上甘棠、勾蓝瑶4个重点景区进行升级改造，绿化、亮化、美化、净化同步推进。

【旅游接待】 2016年，共接待游客238.42万人次，同比增长53.1%；实现旅游综合收入11.3亿元，同比增长45%；接待入境旅客5212人次，实现入境旅游收入1296万元，分别同比增长272%和261%。兰溪勾蓝瑶村共接待游客18万人次，村集体增收56万元，全村整村脱贫。

【旅游产业】 2016年，顺应旅游发展新趋势，启动创建国家“全域旅游示范县”工作，同年11月，被列入第二批创建国家全域旅游示范区名单。新创建成功5星级、4星级乡村旅游点各2家。兰溪瑶族乡被评为省级生态乡镇，上江圩镇浦尾村被国家农业部评为“2016年中国美丽休闲乡村”，成为全市唯一入选的乡村。各景区乡镇发展乡村农家乐、农家客栈、旅游商店等50余家。

【旅游商品开发】 江永瑶家油茶荣获首届中国金牌旅游小吃称号，国家旅游局局长李金早亲自为江永瑶山油茶颁奖；千家峒瑶族乡的歌曲《千里瑶山第一漂》和舞蹈《敲梆》在中央电视台展播；勾蓝瑶原生态舞蹈《洗泥巴》荣获2016年“欢乐潇湘”全省群众文艺汇演金奖；女书产品（有福梳、油纸伞）在中国湖南第七届旅游产业博览会上荣获银奖，是全市获奖级别最高的旅游商品。

【旅游宣传营销】 2016年，江永先后参加云南昆明旅游航线推介会、深圳文博会、“美丽中国、快乐湖南”旅游推介会、第七届湖南旅游产业博览会以及第七届“联合国中文日”女书习俗展等，取得了良好成效。开展“旅游景区全年免票服务不打折”活动，全县景区从5月开始实行全域免票旅游，迎来了客流高峰。特别是“五一”“十一”等节假日期间，游客众多、景区火爆，全县大小宾馆入住率达100%。2016年，投入490万元，聘请北京颠峰智业旅游文化创意有限公司为江永县设计全年旅游宣传营销实操项目。该项目依托传统的节庆、活动分六个节点策划形成全年六个非节假日旅游高峰，打造全国知名的文化旅游品牌，聚集旅游人气，提升旅游营销业绩。

【旅游行业管理】 2016年，制订《江永县旅游行业安全应急预案》，建立领导干部带队检查旅游安全工作制度，开展“平安景区”创建活动，按照“五个一、六有、六无”的创建工作标准，扎实做好景区的安全监管、隐患排查整改工作。联合县市监部门对旅游企业违法经营、虚假宣传广告、零负团费、强迫消费、欺行霸市等行为进行联合执法检查，规范旅游市场秩序。畅通游客投诉渠道，每个景区公布旅游投诉电话，全年受理旅游投诉案件1件，圆满办结回复，维护了游客的合法权益。完成华侨、侨眷、侨属的普查工作，完成省市安排的困难侨属侨眷调查摸底工作，为开展侨属侨眷扶贫工作打下基础。针对2016年湖南国际旅游节外籍参访团和ME TO WE机构组织上海国际学校学生团来江永开展的研学实践活动，做到事前、事中、事后全程、全方位监督管理。

【旅游资源】 江永古称永明，秦时立县，汉置谢沐，隋为永阳，唐设永明，1956年改名为江永县。悠久的历史孕育了灿烂的民族特色文化，最具代表的是以“千古之迷”——女书、“千年古村”——上甘棠、“瑶族古都”——千家峒”为主要内容的“三千文化”。女书是世界上独一无二的女性文字，入选“吉尼斯世界纪录”和“中国首批国家级非物质文化遗产名录”。上甘棠村被列为全国历史文化名村、国家重点文物保护单位。千家峒是世界瑶族发祥地和祖居故地，是世界瑶胞寻根访祖的首选地。

江永自然资源得天独厚，土质肥沃，富含硒等轻稀土元素，有利于农作物芳香物的形成。香柚、香芋、香姜、香米、香菇合称“江永五香”，被列为“中国香柚之乡”和“中国香芋之乡”。香柚、香芋、香姜分别获国家农产品地理标识认证；“江永香芋”“江永香柚”两个地理标志证明商标通过国家工商总局认证；江永香柚、香芋被认定为绿色食品A级产品。

江永属山区农业县，工业发展的短板保护了江永良好的生态环境。境内森林资源丰富，有国家级森林公园、国家级自然保护区和省级自然保护区各1个，林地面积占国土面积的74%，森林覆盖率69.8%，森林蓄积量达681万立方米，是全国南方重点产林县和湖南省重点林区县，素有“杉木之乡”“绿色宝库”之称。千家峒瑶族乡小古源瑶山漂流景区空气清新，负氧离子含量高，是理想的康养避暑胜地。

江永是国家第二批全域旅游示范县创建县，优先享受国家在财政支持、基础设施、投资支持、宣传推广、改革试点、A级创建、人才培训、重点联系等八个方面的优先政策。特别是在旅游强省、旅游强市的大背景推动以及全国大力推进全域旅游发展的趋势下，江永旅游产业发展迎来了历史机遇期，政策、资金、项目、资源往旅游行业聚集，增添了旅游发展活力。

江永是革命老根据地。中共早期党员王文作为党委特派员在指导组建道县支部之后，又回江永指导建立永明支部。红军长征强攻千家峒三峰山谱写了一曲可歌可泣的动人故事，红军高级将领刘少奇、罗荣桓、罗炳辉、李涛、陈树湘等过境江永，又为这片红色土地增添了神秘色彩。

“旅游+农业”“旅游+扶贫”“旅游+电商”“旅游+服务业”等产业有机融合，家庭农场、生态农庄、电子商务、旅游扶贫、美丽乡村等竞相发展，被列为全国家庭农场监测县、全国电子商务进农村综合示范县、中国社会扶贫网首批试点县。旅游扶贫形成了“勾蓝瑶”模式，全国产业扶贫现场观摩会、全省旅游扶贫推进会暨乡村旅游培训班相继在江永召开，重点学习和推介勾蓝瑶旅游扶贫模式。

江永与广西的恭城、富川、灌阳三县相接。周边县市高速路网不断织就，永州高铁、郴州高铁、贺州高铁、恭城高铁等站台相继建成通车，江永联通外界的交通日益便捷。目前，江永通往长沙只需3个半小时、通往南宁只需4个半小时、通往郴州只需2个小时、通往桂林只需2个半小时、通往恭城只需1个小时的车程。桂林旅游圈游客可通过恭城进入江永县燕子山景区，车程只需半个小时。

【全省旅游精准扶贫现场会】 4月，《湖南省旅游业“十三五”发展规划纲要》出台，上江圩镇被列为全省100个特色旅游小镇之一。7月16日，全省旅游精准扶贫现场会在下新屋浦美村召开，省旅游局党组书记、局长陈献春，省扶贫办副主任张智勇出席会议，省旅游局党组成员、副局长高扬先主持，省发改委、省财政厅、省农委、省扶贫办、省国开行，全省各市州、区县相关负责人及专家代表参加。江永县、张家界市、雪峰山生态文化旅游有限责任公司、花垣县十八洞村等先后做旅游扶贫经验交流。“精准滴灌”的旅游扶贫作为“最高效精准”的扶贫模式之一得到推广。

重点景区

【江永县女书生态博物馆景区】 景区位于上江圩镇浦尾村，地处女书文化核心流传区——浦尾岛上，是以保护和保存女书习俗这一非物质文化遗产的真实性、完整性和原生态性为宗旨，是湖南省唯一、全国为数不多，以村寨社区为单位，没有围墙的“活体博物馆”，是女书习俗这一文化空间得以活态传承的标本。江永女书是一种由妇女创造，妇女专用的文字，仅在上江圩镇一带流传，是世界上目前唯一发现的性别文字，堪称世界文化之瑰宝、世界文字之奇观。女书字体娟秀，直行排列，自成一体，呈斜菱形，常用字符只有七百多个。女书作品多为五言、七言诗体，内容多为闺中密语，用江永方言土语吟唱，音律优美，韵味无穷。至于江永女书的起源和由来，由于“人死书焚”的习俗，虽然众说纷纭，但至今依然找不到真实的答案，只留下一个耐人寻味的千古之谜。2004年11月被评为湖南百姓喜爱的“潇湘百景”，2006年7月被评为湖南百姓喜爱的“新潇湘八景”，2011年12月被授予国家AAA级旅游景区，2016年12月，女书生态博物馆被评为湖南省涉外参观点。

女书园生态博物馆建成于2002年10月，占地面积2500平方米，建筑面积1600平方米，中共湖南省委副书记文选德为女书园题写园名。女书园采用仿明清式建筑，具有古朴、典雅、美观、实用的特点，体现了江南浓厚的地域文化的色彩。园内有前厅后院，前厅是供游人休闲娱乐的场所，设有休息室、游艺活动室。后院设一堂四厅，一堂，即位于正中的女书学堂；四厅，即左边一楼的综合楼，二楼的女红厅；右边一楼的女书工艺品展销厅，二楼的女书书画作品展厅。女书园通过文字、图片、实物、音像等形式，展示女书原件文献、作品、工艺、书法、学术成果与民俗风情。从女书的来源和传承方式到女书的社会功能，从女书的发现到女书在学术界的影响，从女书流传区的民俗民风到女书与妇女的关系，从女红艺术到女书书画，从对女书的抢救、保护到女书文化的发展前景，较为全面地介绍和艺术再现了女书文化厚重的内涵和独特的人文魅力。

【江永县千家峒国家森林公园景区】 景区位于江永县城北11千米的千家峒瑶族乡，是瑶族祖居故地之一，是国家AAA级旅游景区。千家峒是一个山间盆地，四周被崇山峻岭环抱，面积约16平方千米，进出仅有“穿岩”唯一通道。这里至今保存着“盘王庙”“盘宅妹墓”“平王庙”等瑶族历史文化古迹，流传着神奇动人的民间传说，保留全国仅有的“女书”文字；境内鸟山，白鹅山、白鹅洞、白鹅飞瀑、双塘映月、马山、狗头岩、大白水瀑布、金童放牧、天女散花、三峰霁雪、仙人桥等自然景观迷人，宛若仙境，被喻为瑶族的“桃花源”。几百年来，无数迁居国内外的瑶胞来到这里寻根祭祖。千家峒山清水秀，洞险瀑奇，2003年被列为国家级自然保护区，2007年批准为国家森林公园。据《千家峒源流记》记载，唐宋时期，这里曾是盘、奉、包、沈、唐、黄、李、邓、任、赵、周、廖等十二姓瑶民的乐土。元大德年间，官府发现这个世外桃源，接二连三派官员进峒催粮纳税，瑶民热情接待。税官被瑶民的热情接待而留连忘返，醉而忘归，官府误认为税官在千家峒被害，而上奏朝廷。朝庭于大德九年（1305年）三月发兵进剿千家峒，千家峒的瑶民被迫逃离。临行前，瑶民将一只牛角锯成十二截，每姓瑶民保存一截，商定五百年后再回来。“长鼓铜铃歌不断，子子孙孙要回源”的瑶歌，唱出瑶胞寻根归峒的共同心声。20世纪80年代以来，千家峒在江永被发现后，国内外瑶胞和瑶学专家络绎不绝到千家峒，或寻根问祖，或进行学术研究，使归于平静的千家峒再次成为世人瞩目的热土。2016年，千家峒建有规模宏大的盘王广场，开发了大泊水瀑布和被誉为“千里瑶山第一漂”的小古源瑶山漂流等国家AAA级旅游景点。

【江永县上甘棠古村景区】 景区是国家AAA级旅游景区，位于夏层铺镇上甘棠村。上甘棠村距江永县城25千米，地处省道S325边2千米，南距旅游胜地阳溯80千米，桂林125千米。据永明县志载，汉武帝元鼎6年（公元前111年）在上甘棠设置谢沐县治，属苍梧郡，历经700余年，至隋文帝开皇9年（公元589年），撤谢沐县，与营浦县合并设永阳县，县治撤离上甘棠。该村有着1200多年历史，整个村落依山傍水，坐东朝西，东靠屏峰山脉，村前环绕清澈的谢沐河，形成极好的风水闭合。上甘棠村民居大部分为晚清建筑，高大的风火墙，严整的纵深布局，考究的中轴对称，大面积的青水墙面，冠以起伏变化的白色腰带，缀以门庐、漏窗，上房屋四周突起的马头墙，具有典型的湘南建筑特色，是湖南省目前为止发现的年代最为久远的古村落之一。该村名胜古迹繁多，有建于宋、元、明、清四代、记录本村历史文化的摩崖碑林，也是道德文化的传承之地，村内现存有湘南明清时期建筑风格保存完好的200多栋民居。上甘棠周氏族人在此定居、延续40多代，其村名、村址和居住家族一直不变，在全省乃至全国实属罕见，让人惊叹。它对于研究宋元明清时期的乡村历史、民俗，尤其是研究湘南道德文化传承有重要的参考价值。2004年11月，上甘棠村被评为湖南百姓喜爱的“潇湘百景”；2006年被国务院确定为“全国重点文物保护单位”；2007年被国务院公布为“中国历史文化名村”。2010年6月，该村建成湖南省首家村史博物馆——上甘棠博物馆，全方位展示古村的村史文化、民俗风情和独特的人文魅力。2012年，被授予国家AAA级旅游景区。

【江永县勾蓝瑶寨景区】 该景区位于江永县西南37千米的兰溪瑶族乡境内，与桂林相距170千米，与阳朔相距100千米左右。勾蓝瑶寨是一个保存完好的勾蓝瑶人祖居地，里面居住着从山东青州迁移的、从千家峒逃离的瑶民。清乾隆二十二年（1757年）刻碑曰：予祖昔居万山中，山勾联透，溪水伏流，故名“勾蓝”。瑶寨由此而得名“勾蓝瑶寨”。勾蓝瑶于明洪武二十九年（1396年）受朝廷招安，其与源口瑶族乡扶灵瑶、清溪瑶、古调瑶合称江永“四大民瑶”。历史上勾蓝瑶胞是不与外界通婚的，保留着“男子上门”等独特风俗。瑶民根据姓氏集合聚居，一个姓氏一个门楼，自唐以来，这里共建有13条次干道，5座戏台和68座庙宇，明、清民居300多栋，延绵五个朝代，经久不衰，古风犹存。2011年1月，勾蓝瑶寨被湖南省政府公布为湖南省历史文化名村。2013年，被国务院公布为中国历史文化名村。勾蓝瑶寨有独特的习武传统，尤以瑶家女子拳、男子刀舞、棍舞最为精彩。除正常的节日外，逢赶鸟节、尝新节、洗泥节、中元节、盘王节等，每节必戏，每节必舞，这些习俗一直沿袭至今。2015年，被授予国家AAA级旅游景区。

乡镇（场）

松柏瑶族乡

党委书记：何志德
党委副书记 乡长：熊　方
副书记：肖建军
人大主席：熊志斌
政协工委主任：张　劲
党委委员 纪委书记：周建祥
党委委员 组织委员：卢剑辉
党委委员 武装部长 副乡长：周桂平
党委委员：欧元春（女）
人大副主席：唐能文
副乡长：何舜治

【概况】 松柏瑶族乡位于江永县境东南端，距县城 21 千米，东南与江华瑶族自治县接壤，西南与广西壮族自治区富川瑶族自治县、回龙圩管理区交界，北与潇浦镇、上江圩镇毗邻。松柏瑶族乡人民政府驻松柏社区，辖 2 个社区 12 个行政村，总面积 228.44 平方千米，总人口 2.84 万人，其中瑶族占总人口的 72.8%；耕地面积 2493 公顷，其中水田面积 1698 公顷，旱田面积 795 公顷。境内共有小（一）型水库 2 座，小（二）型水库 35 座，骨干山塘 12 口，另有 836 口山塘；蓄水面积 200 多公顷，蓄水量 1000 余万立方米，灌溉面积 790 公顷。境内呈四周低中间高，平均海拔 457 米，是江永县的“高原”地区。改革开放后，松柏经济发展突飞猛进，被省、市誉为“金叶之乡”。全乡有粮、烟、猪、鱼四大拳头产业，粮食总产 16558.14 吨，花生、辣椒种植颇具规模；全年生猪出栏 38600 头，羊出栏 3140 只，牛出栏 925 头；境内县乡公路与各村相连。2016 年，全乡实现工农业总产值 12990 万元，同比增长 16.2%；全年完成财政税收 126 万元，同比增长 6.2%。农民人均纯收入 4232 元；全乡固定资产投资 7636.4 万元，同比增长 12.4%。

【巩固烤烟产业】 2016 年，实施现代烟水配套工程，加快烟草核心基地建设。全乡种植烟草 153 公顷，收购烟叶 8156.78 担，完成烤烟税收 207 万元。

【绿色乡镇建设】 2016 年，投入绿色乡镇建设工作资金 50 万元，在大同、富素、南峰山片，建新、松柏、棠景、梳山片，西栎尾、枇杷所片，水美塘、潮水、花楼片，石岭、高峰片及水美村完成植树造林 200 公顷。在大同村道两旁种植桉树 2000 余株，在入乡道路 25 千米两边种植桉树树苗 2 万株。请专人对万亩野生紫荆花保护开发重点区域进行管护。2016 年全乡完成植树造林 1000 公顷。

【基础设施建设】 2016 年，对各村的道路、水渠进行修建和恢复，修筑灌溉沟渠 42 千米，修建机耕道 25 千米；完成通村水泥道路硬化 18 条 60 余千米。以松柏瑶族乡成立三十周年为契机，投入 200 余万元实施集镇美化、亮化工程，改善全乡基础设施条件，提高全乡人民生活水平。

【社会事业发展】 2016 年，

人口与计划生育工作实行包村帮户责任制，工作到户责任到人。截至2016年，全乡人口出生政策符合率91.8%，出生婴儿330人，人口出生率为5.83‰。出生婴儿中男175人，女155人，出生性别比为112.9；统计准确率99%；四项手术191例，比上年同期减少5例；全乡综合节育措施落实率91.5%。女性初婚140人，其中晚婚75人，晚婚率53.6%。全乡有学校3所，教师182人，学生2723人。教师学历达标率100%，小学毛入学率100%，初中毛入学率98.5%。松柏瑶族乡中心小学创建省级合格学校，争取资金637万，新建教学楼、运动场、校门围墙、厕所等基础设施；投入80万元新建水美塘村小学。新农保总人数12492人，城乡居民医疗保险总人数25521人。

【维护社会稳定和安全生产】 开展治安突出问题的整治，强化矛盾纠纷的排解，搞好接待及疏导工作，把矛盾消化在萌芽状态。按照“三级联动接访”的原则，立足“源头治理”，做到“早发现，早化解，早稳控”。全年发生民事纠纷82件，调解成功82件，调解成功率为100%。贯彻落实“安全第一、预防为主、综合治理”的方针，开展省级“安全生产示范乡镇”的创建活动，宣传安全生产法律法规，发放宣传资料8000余份，在县级报刊网络新闻媒体刊登10余篇安全生产文章；加大对安全生产工作的监管力度，年内全乡安全事故和死亡人数被控制为零。

【扶贫开发】 松柏瑶族乡有贫困村11个，其中1个省级扶贫村，1个市级扶贫村，4个县级扶贫村；建档立卡贫困户1941户，7036人，2016年前脱贫581户2118人。2016年，全乡贯彻落实中央、省、市、县精准扶贫工作战略部署，紧扣“整村推进、劳务培训、产业扶贫”三项重点，制定发展规划，争取项目，筹措资金，健全扶贫机制，强化扶贫责任，全力实施“基础扶贫、产业扶贫、生态扶贫、科技扶贫、社会扶贫”五项工程。全年投入产业扶贫资金600万元，通过“公司+农户”经营管理模式，发展养殖业。2016年上半年，全乡大牲畜存栏16000余头，种植烤烟、芥菜、柑橘等经济作物2067公顷，贫困户种养殖规模翻一番。2016年脱贫1193人。

上江圩镇

党委书记：罗海旺

党委副书记 镇长：周付攀

党委副书记：廖世文

党委委员 人大主席：杨建胡

党委委员 政协工委主任：潘勤

党委委员 纪委书记：何垂标

党委委员：何立勇

党委委员 武装部长 副镇长：秦超杰

党委委员：何仕胜

人大副主席：陈燕

【概况】 上江圩镇下辖1个社区，8个行政村，总人口24886人，总面积86.2平方千米，其中耕地1161.1公顷。全镇土地肥沃，物产丰富，农业以水稻为主，香姜、香芋为名优特产；以上江圩为中心的国家非物质文化遗产女书习俗，吸引众多中外游客。洛湛铁路江永站设在上江圩，省道S325线贯穿全境，县乡公路纵横，交通便利。

【壮大优势产业】 2016年，上江圩镇发展200多公顷香姜、133公顷香芋以及20多公顷优质葡萄产业带，建成23公顷苗木花卉基地。搭建电商服务平台，促进“农产品进城”，推动“生活品下乡”，外销香姜、香芋、米酒等800余吨，营业额逾1500万元。招商引资取得新成效，签订协议6个，完成到位资金8000余万元。湖湘风情文化小镇、上江圩风电、龙田风发电、江永佳园特香农业生态科技园、涔天河灌区左干渠项目、特色生态示范村建设、温氏养殖等重点项目顺利推进。

【升级旅游产业】 围绕县委、县政府提出的“旅游活县”战略，突出抓重点项目建设，打造“品牌旅游”目标，景区提质改造投资505万元，其中80万元用于小浦美村村道整洁、女书博物馆、牌楼、吊桥翻新、女书园水利改造。330万元用于女书园及省道两旁绿化，95万元用于街道两旁路面硬化及东面排水渠修建、集镇的路灯安装。2016年，上江圩镇入列全省100个特色旅游小镇。

【美丽乡村建设】 2016年，按照“生产发展、生活宽裕、乡风文明、村容整洁、管理民主”的新农村建设要求，县、镇、村“三级联动”，美丽乡村前景初现。在美化镇域环境上，抓住“一条线”（省道325公路沿线）、“两个点”（集镇、小浦美女书园景区），围绕“三个化”（绿化、美化、净化工程），开展农村环境综合整治。投入30万元购买垃圾桶和解决集镇垃圾处理问题，清理集镇乱贴乱画100多处；拆除违章建筑113处1324平方米、S325线沿线空心房5座。清理居民杂物堆放点90余处，清理违章占道经营摊点20余个、规范停车位100多个；对干道沿线各村进行集中整治和日常管护行动，每村聘请2~3名保洁员对村主干道进行打扫。在S325线集镇段种植樟树大苗、红叶石楠小苗100多株，硬化两旁4米内的人行道及东面排水渠，安装路灯30盏；全镇种植天竹葵4100多株、桉树小苗1200株、樟树5000多株、红叶石楠1.5万株，为女书风情小镇绿化建设夯实基础。兴福村成为全县社会主义新农村建设的典范，浦尾村被评为“全国美丽休闲乡村”。

【民生保障】 2016年，全镇全年安排下达财政专项扶贫资金167万元。实用技术培训238人次，劳动力输转培训60人次。通过资金补助帮助贫困学生完成学业，全镇补助31人、6.2万元。对接受中等职业教育、高等职业教育建档立卡贫困户子女补助10人、2万元。对全镇2016年有脱贫任务的205户建档立卡贫困户进行评级授信，评级授信面达到100%。发放贷款312万元，有78户扶贫户享受分贷统还的分红优惠政策。城镇居民医保和新农合参合率98%。组织集中执法38次，检查生产经营单位841次，发放宣传资料1万余份，登记相关信息100多条，排查安全隐患65起。

潇浦镇

党委书记：何福明（11月离任）
　　　　　高厚德（11月任）
副书记、镇长：谭芳龙（11月离任）
　　　　　唐瑞荣（11月任）
副书记：何建锋（4月任）
人大主席：蒲支球（女，4月任）
政协联工委主任：杨江平（4月任）
党委委员、纪委书记：何源昌（4月任）
党委委员、副镇长：何国龙（4月任）
党委委员：杨　芳（女，4月任）
党委委员：黎江红（女，4月任）
副镇长：蒋水旺（4月任）
人大副主席：张　武（4月任）

【概况】 潇浦镇为县城所在地。2016年年末，人口19689户，7.36万人，辖7个社区、12个行政村，369个村民小组，54个党支部1486名党员，其中村社区支部49个，机关支部2个，学校卫生院支部4个，其他支部4个。辖区总面积215平方千米，耕地面积3096公顷，以种植烤烟、夏橙、香芋、蔬菜为主。2016年全镇实现生产总值13.04亿元（其中农业总产值6400万元，工业总产值7.5亿元，第三产业收入4.9亿元），较上年增长12%；城镇居民人均可支配收入18580元，增长8.9%；农民人均纯收入7548元，增长10.2%。

【产业结构调整】 2016年，实施生态建设和林果蔬开发战略，推进传统林业向现代林业转变，改善人居环境，增加农民收入，农村逐步实现村庄、乡镇园林化、沟渠水系林带化、荒山荒地林草化。全镇绿化覆盖率达到镇域面积的60%。全镇烤烟面积种植385公顷，其中新增种植大户6户，收购烟叶14398.8担，完成考核任务113.2%。与温氏集团合作发展生猪产业，新增生猪养殖大户71户。争取投资3000万元的全省资产收益扶贫项目落户凉伞树和北岭两个基地，种植夏橙2500亩。引进温氏企业集团和工业园食品加工厂落户，完成温氏8000头种猪场一期工程建设。

【基础设施建设】 投资1000多万资金用于圣人山水库和油田河的综合治理，投资90多万元解决向光村饮水问题，投资831万元用于神口、周家塘、上界头、下界头、何家湾的烟基整理项目，改善农民生产生活条件。全镇农村有线电视线路、生活用电线路、通信线路改造完成。

【提升城镇化水平】 2016年，县城成功创建为省级卫生城市和市级文明县城，打通幸福路、环城路，完成千灌公路城区段，潇水河河堤改造升级，推进滨河路建设，对城区主干道的路面和房屋进行提质改造和绿化、亮化、美化，市民广场、凤凰广场建成并投入使用，人民群众的幸福指数提升。2016年，全镇共征地132公顷，其中智慧社员城73.3公顷，汽车东站27公顷，特色果树产业园11.5公顷，思源学校4.6公顷，千灌公路3.3公顷，推动智慧社员城、思源学校、滨河路改造、千灌公路、汽车车站等重点项目投资建设。查处违章建筑12户，1700多平方米，强制依法拆除违法建筑4户，基脚8户。关闭、搬迁或整治养殖场7家，总面积6600平方米。

【推进民生社会事业】 落实服务措施，提高人口素质，促进人口资源环境与经济社会协调发展。重点查处非法鉴别婴儿性别和非法做人工流产手术，婴儿性别比在1∶1.06以内，计生率在90%以上。潇浦镇先后被市妇联、市卫计委授予三八红旗集体和计生工作先进单位。加强城镇居民医保和城乡居民养老保险工作，2016年城镇居民医疗保险参保率99%，城乡居民养老保险完成97%。截至2016年年底，发放救灾粮8275公斤，救济特困户、受灾户、残疾人、复员军人及“五保户”1360多（含民间组织爱心）户，发放救济救灾物资465件，发放救济救灾资金52万元。完善城市居民、农村最低生活保障制度，执行最低生活保障动态管理制度，实现应保尽保，落实城镇低保户1435户、2522人，农村低保户2606户、3937人。

【党风廉政建设】 制订《2016年潇浦镇党风廉政建设工作考核方案》，按一岗双责要求对党政班子成员的廉政建设和反腐败工作进行任务分工、分解。与49个行政村、社区签订党风廉政建设责任状，进行定期检查和督促。落实党委主体责任，廉洁谈话党政领导班子和站所的负责人。镇纪委单独办案6件，配合县纪委办案5起，开除党籍1人，留党察看2人，严重警告4人，警告4人。

【创建省级安全生产示范乡镇】 年内共召开潇浦镇党政领导会14次，召开安委会研究部署推进创建工作4次，组织开展机动车驾驶员道路交通安全教育培训，印制发放10000余份。强化一岗双责、党政同责，加大领导干部带队检查力度，开展安全生产大检查12次。2016年，潇浦镇成功创建为省级安全生产示范乡镇。

【稳定信访局势】 全年受理群众来信来访22件次，与上年相比下降11%；其中受理群众来信20件，与2015年持平；受理群众来访36次，与2015年相比下降14%；其中接待群众集体访17批41人次。受理的信访件已全部处理交办结案，办结率达100%，群众息诉停访率上升20%，群众满意率达90%以上。

千家峒瑶族乡

党委书记：高厚德（11月离任）
　　　　　谭芳龙（11月任）
副书记　乡长：蒋丽君（女）
副书记：何宇
党委委员　人大主席：蒋景平
党委委员　政协工委主任：廖润辉
党委委员　纪委书记：周胜章
党委委员　副乡长：李自军
党委委员：何凌芝（女）
人大副主席：蒋建军
副乡长：雷永华

【概况】 2016年，千家峒瑶族乡辖11个村委会1个社区136个组，总人口22618人。是年，全乡种植香芋287公顷，花卉苗木面积新增20公顷，百香果、罗汉果、杨梅园等特色经济发展迅速，成为群众增收致富的重要渠道，推广种植血橙、沃柑、药材及生态公益林560公顷。邀请农技专家在养殖、种植等方面进行专业技术培训和讲座，培训学员300多名。

【打造生态魅力乡村游】 2016年，发展美丽乡村建设，在刘家庄村投入100余万元完善景区服务功能，种植桂花树、红千层、红继木、茶花3100余株，建设小游园1个，铺设2000平方米的电商街文化石，堆砌花池40个，建设面积约500平方米的健身广场，新建400平方米停车场1处；在大畔村投入12万元，种植桂花、杜鹃花2000多株，打造十里桂花、杜鹃长廊。对全乡景区做规划，投入200余万元对景区进行提质改造：大泊水——龙潭瀑布的自然风光游，盘王广场的寻根游，刘家庄特色村寨的乡村游，千家峒森林公园的绿色生态游，千家峒民俗展览馆及民俗表演厅的风俗民情游，小古源漂流。加大宣传力度，发放环境整治《致村民的一封信》500余份，下达限期整改通知书36份，限期拆除通知书6份。组织全乡干部职工开展300余人次的环境整治工作，拆除违规建筑8个，实现刘家庄村家禽圈养。组织全乡干部职工轮班到景区进行环境卫生及秩序的巡查，旅游景区聘请5名保洁员，与县宏达物业签订环境卫生承包合同。

【电商工作稳步推进】 2016年，搭上县“互联网+”发展战略的快车道，以“扶持自主创业，大力发展电子商务”为宗旨，结合刘家庄独特的旅游资源，着力打造集“电商、扶贫、旅游、新农村建设”为一体的“电商村”，加大电商村的基础设施建设，铺设文化石道路，每家商户前砌花池，刘家庄电商村初具雏形。全乡发展电商户25家，从业100余人，带动农副土特产品销售，户均增收3000余元。

【确保民生工作落实】 全乡实施集镇饮水工程，完成引水管和蓄水池建设，古龙坝街道、潘家、枫木坪的入户管网铺设完工并投入使用。举办水稻、香芋、柑橘、烤烟等各类实用技术培训12期，400余人次。投入3万余元，对街道路灯全部进行维修。医疗卫生方面，春季开展禽流感防控，加强对家禽交易市场的管控；开展公共卫生服务，组织乡卫生院工作人员下乡为村民开展健康体检，建立健康档案；发动干部职工参加无偿献血，奉献爱心。开展养老保险、城乡低保和住房保障、合作医疗工作，落实低保、“五保”救助制度，实现应保尽保；做好65岁以上的低保、重度伤残人员享受基本养老服务补贴摸底工作；对已参保但尚未领取社保卡的农户信息资料进行重新核实采集；完成年满60周岁农户社保待遇年检年审工作。开展农村危房改造摸底工作，完成危房改造的摸底、拍照、数据采集。2016年农村居民参加新型农村合作医疗保险率98%。根据县民政部门第二次地名普查工作和社会兜底扶贫工作的要求，完成地名普查和兜底扶贫工作，进行归总、整理、存档。扶贫工作队开展“一进二访”活动，了解贫困原因、找准穷根子、制定帮扶措施。全乡建档立卡贫困户1511户5048人，共清理出“四类对象”56人，初步制定帮扶措施。将精准扶贫工作纳入目标管理对各村进行考核，建立义务监督员制度，强化督促检查，严格奖惩，推进精准扶贫工作。

【社会事业齐头并进】 2016年，人口出生率为12.37‰，自然增长率为5.14‰。开展三次集中节育服务活动，落实199例节育措施，新增24个奖励扶助对象。开展“5·29”协会活动及“7·11”世界人口日活动，发放宣传资料3500份，慰问计生家庭户45户，帮扶资金8000多元；小古源通过创建湖南省人口计生基层群众自治示范村的验收。加大教育基础设施建设，投资100万元的千家峒学校公转房完工，在刘家庄村小学新建公厕1座，建设篮球场1个，硬化空坪300平方米；投入3万元对凤下塘、大远村小校舍进行维修；投入220万元，在大畔、小古源通村公路旁新建护栏13千米，改善学生安全出行条件；启动中心幼儿园建设工作；完善和落实中小学生助学制度，扶持全乡所有贫困学生接受义务教育；实施“留守儿童关爱”工程，和团县委组织实施“精准扶贫”边界行助学活动，资助金额1.1万元。

【农村环境综合整治】 2016年，全乡实行乡党政班子挂点、驻村干部包村、村干部包组的工作责任制，每天上报通道环境整治工作情况和进度。新购垃圾装运车1辆、可卸式铁皮垃圾箱13个，全乡沿线的村庄及集镇共摆放分类垃圾箱300余个，聘请卫生保洁员26人。下达《限期整改通知书》190余份，拆除乱搭乱建61间（处），空心房16间，围墙70余米，雨棚13个，清理乱堆乱放的杂物130余处，清运垃圾66车，清理沿线牛皮癣广告9600平方米。加强通道绿化、亮化工作，全年人工植树造林200余公顷，全乡各村通道两侧均栽植绿化风景树；打击乱砍滥伐行为，全乡森林覆盖率稳定在70%以上；乡村两级安排建设资金约15万元，在村道两旁栽植绿化苗木（杜鹃、香花树、毛桂）1万多株，发动农户在房前屋后新种植绿化树1000余株。盘王广场补种樱花树60株，桂花树70株。

【乡镇区划调整】 2016年3月26日，江永县人民政府下发《关于同意千家峒瑶族乡建制村调整的批复》。乡以纪委名义，对全乡下发《关于严明建制村合并工作纪律的通知》，强调政治纪律、工作纪律、财经纪律。在建制新村设立临时党工委主持村全面工作，在原允山镇政府处设千家峒瑶族乡井边片便民服务中心。组织开展清产核资工作，依法依规进行资产处置和档案移交，完成行政区划调整。

【抓党建与机关管理】 开展“两学一做+”学习教育，完成“四讲四有”专题讨论，全乡党支部开展100余次专题学习和讨论，上90余节专题党课。持续抓基层党建组织管理工作，发放2016年村干部报酬和离任村干部困难生活补助，“七一”走访特困党员10人。组织中心组理论学习8次，参学率95%，撰写心得体会43篇。按照基层党建工作要求，落实党建工作第一责任人责任，开展民主评议党员、发展党员工作，按标准收缴党费，开展“党员活动日”，完善制度建设。落实党风廉政建设责任制、领导干部述廉制和《党员领导干部廉洁从政若干准则》，在全乡开展“雁过拔毛”

式腐败和“纠四风、治陋习”专项整治活动。加大案件查办力度，全年查办、协办案件10起，处理10人。落实政务公开，投入20多万元改进便民服务中心硬件建设，在县政府网站公开各类政府信息65条，未发生因政府信息公开问题而申请行政复议、提起行政诉讼或申诉的事件。开展“学雷锋”和“创先争优”等精神文明创建活动，深化“文明在基层”活动。加强干部作风建设、行为规范建设，群众对机关和干部工作作风满意率95%，对党风廉政建设满意率98%。制定应急预案，办公室做到24小时有人值班，出现突发事件及准确上报，未出现因处置不妥而造成重大影响的事件。

夏层铺镇

党委书记：周　涛
党委副书记、镇长：陈毅辉（4月任）
党委副书记：毛正平
党委委员、人大主席：义盛志
党委委员、政协工委主任：首永翔
党委委员、纪委书记：杨　彬（4月任）
党委委员、武装部长、组织委员：卿大荣
人大副主席：何　俊
副镇长：宋绪维（11月任）

【概况】 2016年，夏层铺镇辖12个行政村和1个社区，总人口25678人，总面积121平方千米，耕地面积1690公顷，其中水田面积为1229.1公顷，旱土面积为460.9公顷，是江永县烤烟、香芋、蜜本南瓜、广东红薯和特色水果的主产区和重要基地。境内有上甘棠古村游、汉江源生态游、福洞农业观光休闲游、洞美知青文化游等多个旅游观光项目。2016年，全镇实现工农业总产值4.7亿元，与2015年同比增长13.5%；农业总产值3.19亿元，与2015年同比增长12.2%；第三产业总产值1.25亿元，与2015年同比增长16.2%。个体私营经济不断壮大，市场繁荣，商品供应充足，农民收入稳步提升，居民消费持续增强。精准扶贫全面推进，产业扶贫项目效果显著，村集体经济收入逐年增长，完成1553贫困人口脱贫任务。

【壮大特色产业】 2016年，全镇经济工作以产业兴镇为中心，以旅游经济为突破口，实施农业产业化和旅游特色化两大战略。烤烟生产向规模化、产业化和基地化发展，实现连年扩面增税目标，烟草种植支柱产业地位进一步巩固。2016年，全镇烟草种植面积573.3公顷，交售烟叶1.6万余担，创税200余万元，烟农人均增收1500余元。全镇香芋种植面积397.6公顷，早稻和其他杂粮种植面积866.7公顷，罗汉果种植面积80公顷。把握国家发展乡村旅游的有利政策，围绕全县创建国家级全域旅游示范区的目标，把旅游产业打造成全镇新的经济增长引擎，推进上甘棠古村游、汉江源生态游、福洞农业观光休闲游、洞美知青文化游等旅游项目建设。

【完善基础设施】 2016年，随着汉江源村接通移动互联网络，全镇实现电网改造、互联网、通信网、电视网全覆盖。实施上甘棠、洞美、九牛冲等村12千米村道改建加宽、8千米机耕道改造；投资300余万元，新建密集型烤房112座，耗资700万元设施烟基工程，改善100公顷烤烟大田种植条件；投资100万元实施九牛冲自来水饮水工程和汉江源水库东西干渠维护工程。全镇各村建成村级活动中心、篮球场、读书室，配备乒乓球桌、电脑、图书等设备，全镇人均拥有公共文体设施面积3.5平方米以上。

【发展社会事业】 2016年，辖区内有九年一贯制学校两所，建有公办的冷水铺中心幼儿园一所。“两免一补”政策全面落实，全镇农村九年义务教育巩固率100%。镇中心卫生院设有医疗床位50张，拥有执业（助理）医生19人，每个行政村都建有标准化的医疗卫生室。农村社会养老保险与农村合作医疗基本普及，农村养老和就医问题得到改善。推行网上信访制度，全年无群体性集访事件发生。推进网格化建设，投资30万元建设洞美村网格化示范点，马蹄村网格化服务中心建设项目立项。

【脱贫攻坚战】 2016年，利用产业扶贫、光伏扶贫、党建扶贫、旅游扶贫等政策，推进上甘棠旅游、福洞特色产业、汉江源罗汉果等优质项目建设，流转土地，扶持发展专业合作社，拓宽农村集体经济收入增长点。全年共实现480户、1553人脱贫。汉江源农村危旧房改造与异地扶贫搬迁统筹试点项目的推进，一批瑶族村民翌年也将脱贫。

【美丽乡村建设】 实施以知青文化为主题的洞美村美丽乡村建设，整治村庄环境，整修知青故址及特色景点，投入15万元实施古樟树保护工程及知青古井修复工程，投资40万元扩宽进村道路；优化香姜、夏橙、油茶等特色产业布局，推进生态休闲观光农业发展。投资300余万元实施夏层铺街道改造工作，完成二期硬化、绿化、亮化工程，规划停车位60余个。投入400余万元开展福洞农村美丽乡村建设，推进空心村整治工作，实施硬化工程。以上甘棠景区为中心点，辐射发展“福洞—洞美—夏层铺村”为弧线的美丽乡村扇形区域，推动全镇农村面貌的改变、提升。

【推进小城镇建设】 投入200余万元，全面完成夏层铺集镇人行道硬化，投入47万元种植370余株红叶古楠大苗，投入50万元对路灯进行改造维护。争取资金300余万元，建设夏层铺1#、2#公租房，有50余套、建筑面积3000余平方米。加强集镇卫生整治，投入50万购入垃圾拖车一台、垃圾清理车30余台，聘请卫生保洁员实行常态化保洁。村镇成立专门的保洁队伍，购买垃圾清扫工具，建设垃圾池和垃圾填满场，对垃圾实行日产日清，全镇垃圾集中收集处理率98%。

【创建全面小康示范镇】 以小康示范村为建设目标，对村庄统一规划，强化古建筑、古树木保护，突出沿路沿线景观效应，形成村落古典与现代并存、景色与特色相融局面。加强农村改厕工作进程，全镇改厕率86%。修建至湖广界道路，对未达到4.5米标准的通村水泥路拓宽加固，镇辖区全部村实现水泥路通达通畅，村组道路硬化及农村行政村客运班线通达率实现100%。2016年，成功通过永州市全面创建小康示范乡镇验收，上甘棠村通过永州市全面创建小康示范村验收。

【上甘棠景区建设】 2016年，在上甘棠投入资金近800万元，对景区提质改造。其中投入170余万元，征地近4公顷，用于景区生产性道路建设和莲花景观园建设；投入29万元，对步瀛桥进行除险加固；投入120万元，硬化、绿化村内停车坪；投入90万元，新建桥梁一座；投入200余万元，新建景区污水处理厂；投入50余万元，装设绿化带围栏2700余米，绿化1160平方米，种植红叶石楠等610株，栽花3700盆，铺设草坪280平方米；铺设地砖2035平方米；投入20万元，按AAAA级景区标准改造公厕1座，铺设公厕管道120米；翻新装饰村牌楼、祠堂，改造村游客中心及淘宝店，拆除严重影响景区景观的住房、杂房、棚子等230间8650平方米，清理脏乱差空坪143处6640平方米；完成第三期古民居修缮工程。

兰溪瑶族乡

党委书记：李永甜
党委副书记、乡长：杨林
党委副书记：蒋团军

党委委员
人大主席：陈名军

党委委员
政协工委主任：卿华亮

党委委员
纪委书记：周先茂

党委委员：宋　裕

党委委员
副乡长：李碧逵

人大副主席：饶家佳

【概况】　兰溪瑶族乡距江永县城37千米，辖6个行政村72个村民小组，全乡总人口9724人，总面积59.2平方千米，其中耕地面积521公顷。2016年，依托秀美旅游资源，按照"办点示范、以点带面、典型引领、辐射全乡"的思路，以勾蓝瑶寨为龙头，坚持"党建+美丽乡村+旅游扶贫+互联网"建设四位一体，创新实施"政府引导、集体经营、市场运作、村民参与"的乡村旅游扶贫新模式，经济社会事业持续健康发展，三个文明建设成果丰硕，群众生活水平蒸蒸日上。

【经济发展稳健】　2016年，兰溪瑶族乡全力打造勾蓝瑶寨品牌旅游，借助兰溪瑶族乡优越的自然生态资源，成功引进加拿大"MTW"国际青少年素质教育组织，加大对外宣传力度，让外地客商更多了解兰溪、投资兰溪。巩固支柱产业促增收，发展优质烤烟280公顷，完成收购任务8650担；夏橙种植面积6460亩，芥菜、白菜等种植面积上千亩。抓项目建设，加强农村道路、农田水利、人畜饮水、土地整理等项目的包装和向上争取力度，以项目促发展，以项目增强发展后劲。投资1800多万元提质改造勾蓝瑶旅游景区；投资35万元修建机耕道12条4900米，水渠6条1850米；投入130万元新建烤房30座，维修烤房60座；通过争取小农水、农村"一事一议"资金60余万元加大对香花井、动洲及狮形的道路及水渠等基础设施建设；投资15万元用于石盘、狮形、香花井偏远村的农村道路建设。2016年，全乡实现工农业生产总值1.3亿元，较上年增长19%；财政总收入732万元，增长17.8%；农民人均纯收入由上年的3960元提高到4980元，增长25%；劳务收入由1.86亿元提高到2.6亿元，增加40%。

【民生保障有力】　2016年，发放粮食直补、综合直补、农机购置补贴、两项制度衔接、贫困寄宿生伙食补助等各项惠农补贴资金80余万元。完成131户危房改造；投资近60万元维修改造乡敬老院；完成投入80万元的乡街道"立面改造"工程；完善街道主体功能，安装景区特色路灯48盏。组织各类劳务培训5次，培训人员500余人次，新增农村劳动力转移就业190人。全乡发放大米1500公斤，发放棉絮40床，发放救济救灾资金10多万元，救济特困户、受灾户、残疾人、复员军人及"五保户"260余户。小学入学率100%，初中入学率实现100%，达到县综合目标考核指标要求；兰溪乡财政共为学校的教育事业投入资金4万元，进行校园绿化及表彰慰问。

【旅游发展强劲】　2016年，坚持"党建+美丽乡村+旅游+扶贫+互联网"五位一体推进乡村旅游精准扶贫。勾蓝瑶村委会成立旅游发展有限公司，村民以资源入股成为股民，其中集体占股80%，村民占股20%。集体股分红用于公司可持续发展和贫困户兜底保障。同时，以"保底+效益提成+劳务合作"的形式，将景区规划范围内分散到户的1200亩土地实现整体流转经营，120户贫困户从土地流转中人均可获收益1810元。古民居以"保底+效益提成+提供岗位"的形式委托给公司统一运营，20户贫困户将20栋古民居托管给公司经营，每户年均获益6200元。勾蓝瑶寨全年接待游客12万人，村民人均增收1500元。勾蓝瑶寨的发展模式得到省、市领导级相关部门的认可，入选为国家级旅游扶贫示范项目，被推荐申报全国文明旅游先进单位，兰溪勾蓝瑶寨旅游开发有限公司被评为全国“公司+农户”旅游扶贫示范项目。全市美丽乡村现场会、省扶贫工作现场会、省乡村旅游暨旅游扶贫工作现场会、全国产业精准扶贫现场观摩会先后在勾蓝瑶寨召开。

【扶贫攻坚见效】 2016年，制定《星级农家乐准入和管理办法》，鼓励有能力的贫困户开办农家乐，对达标的农家乐实行以奖代补。开设旅游培训班，培育讲解员、销售员、手工艺等人才，邀请省、市农科院专家14次到瑶乡为贫困瑶胞传授产品开发、特色种养殖等技术，培训1500余人次，提升贫困户自我发展能力。发展农家乐28家，培养农民讲解员18名；扶持66户发展特色种养植，每户年均增收5400元。主动对接，成为国际青少年社会实践组织“MTW”的活动基地，合作创建“快乐学堂”，组织国内外优秀青少年对贫困户孩子行教育帮扶。自建“勾蓝瑶寨”网站，注册“勾蓝瑶寨”商标，推广“勾蓝瑶寨”微信公众号；运用电商销售旅游产品，扶持村民开办淘宝店11家。2016年，实现旅游产品销售收入195万元，其中，为186户贫困户销售农副产品，实现收入96.6万元，人均增收260元。

【党建举旗引领】 2016年，兰溪瑶族乡将基层党建与脱贫攻坚紧密结合，发挥支部引领和党员示范作用，建立“党员+贫困户”结对帮扶机制，帮助贫困户转观念、出点子、铺路子。在重大决策、重大事项中创新实行村支两委、党员组长、全体村民三级联动模式。对旅游配套设施建设项目实行“四自两会三公开”模式，引导村民自定、自建、自管、自用，调动村民参与旅游发展的积极性。村民自愿投工投劳6200余个，项目节约成本60万元，村民务工人均增收1860元。制定《村规民约》十三条，招募成立义务巡逻队；开展“十星级文明户”评比活动，采取“以奖代补”，对保护景区的村民予以表彰奖励，使村民形成“兰溪瑶乡是我家，旅游发展靠大家”的责任意识。2016年，兰溪瑶族乡党委被评为“全省先进基层党组织”。

桃川镇

党委书记：陈江平
副书记、镇长：何小攀
副书记：刘孟学
人大主席：杨春盛
政协工委主任：高燕顺
党委委员、纪委书记：蒋志全
党委委员、组织委员：蒋飞
党委委员、副镇长：周瑞荣
党委委员：李萍
人大副主席：蒋维茂
副镇长：杨忠德

【概况】 桃川镇距县城西南35千米，北达萌渚岭，南靠都庞岭余脉，四周群山怀抱，西南与广西的灌阳、富川县毗邻。辖14个村、4个居委会212个村民小组，有11560户43436人，总面积117.3平方千米，其中耕地面积5667公顷。桃川有两大特色：一是产业特色，桃川境内地势平坦，气候温和，无霜期长，土地肥沃且富含硒等稀有元素，是香柚、香芋、夏橙、砂糖桔等名特优农产品的主产区，也是县特色农业产业的集中种植区，还是全市最大的香芋和水果生产出口重镇。其中香柚、香芋种植面积连年稳定在3万亩左右，年产值2.5亿元。二是集镇特色，桃川镇集镇面积约6平方千米，街道三纵五横，呈刀弧形分布，总长10千米。集镇常住人口约1.5万人，逢赶集时，集镇活动人口3万余人，各种商业交易频繁，是江永县名副其实的副经济中心，远近闻名的湘南边贸重镇，2015年纳入全国重点镇行列。2016年，全镇完成生产总值5.2亿元，同比增长17.8%；

实现农业生产总值3.5亿元，同比增长12.3%；人均生产总值32280元以上，同比增长14.8%；城镇居民人均可支配收入29200元以上，同比增长15.6%；农村人均可支配收入达9600元，同比增长22.1%。

【调整产业结构】 根据桃川特色城镇发展的规划以及农业生产条件的改变，调整产业结构，改良水果1000余公顷；开展柑橘、香柚、香芋、农机、养殖等农业专业技术培训5期，600人次参训，引导农户发展优质沙糖柑、沃柑等新品种，培育“家庭农场”35户。发展微型企业、作坊200余个，带动劳动力就业2000余人。开展农民工职业技能培训，组织劳务输出的同时，鼓励返乡农民工创业。在新宅、小勉塘两村举办农民工职业技能培训7次，采取政策激励、引导培训、协会组织、能人带动等办法，有计划、有组织地向外输转劳务，全镇输出劳动力4224人，创劳务收入1602万元；在上圩投资300余万元建立返乡农民工创业园。投入50万元发展特色产业项目，进行产业扶贫，帮助贫困户增收。

【产业扶贫示范基地】 基地位于上洞村通邑口村、朱塘铺村两路沿线，流转土地400余亩。受黄龙病的影响，镇内很多果树坏死，大多数农民外出打工，留下孤寡老人及小孩在家，土地荒芜。为改变这一现状，镇党委政府在上洞村建立产业扶贫示范基地，以“公司+合作社+村集体+贫困户”的模式大规模种植茄子、冬瓜、朝天椒、红薯等蔬菜，鼓励外出农民工回乡创业，把土地盘活，从而构建产业扶贫长效脱贫致富机制。基地上半年种植400余亩蔬菜，下半年扩种至1000亩蔬菜，其中新建蔬菜大棚50亩，总投资600万元。

【推进小城镇建设】 截至2016年年底，安装高杆路灯468盏，种植人行道树1817棵，镇区周边山体补充种植杉树和桉树3000亩。完成四香广场下水道、农贸市场扩容建设3780平方米、市场60平方米20个蹲位水冲式公厕等工程建设；建成镇敬老院910平方米，可集中供养40人。购买10000多个垃圾桶，200多台垃圾拖车，发放到各村、组、户，建设规模为500吨/日的垃圾处理厂。完成源桃河8.4千米河道治理完成；完成全镇“三线下地”设施规划设计；建成镇区供水从源口引水工程，农村自来水普及率80%以上。

【基础设施建设】 投入专项扶贫资金59万元对里川村、开井自然村、大源自然村、大地坪村、周棠村、开井自然村村道路面进行硬化；投入22万元修建小勉塘自然村、社头自然村、里川村、豪下自然村机耕道；投入57万元实施小勉塘自然村、大地坪村、邑口村、周宅自然村人畜饮水工程项目。

【生态文明建设】 在小康示范村小勉塘村和下圩村，实施退耕还林、天然林保护、特色经果林、水土保持、生态环境恢复等重点生态工程建设；全镇25度以上坡耕地全面退耕还林，发展生态农业和有机农业，将退耕还林和林果、林药、林沼、林农等生态系统建设结合起来，提高林地效益。将太平村三宝堂、邑口村飞蛾庙、雄山寺、石枧村娘娘庙、所城村鬼王山、古长城、下圩村同安当铺、霸王岭以及开井（茅草地）村万亩香芋园等打造成一站式观光路线。建立垃圾处理与污水治理长效机制，全镇垃圾集中处理率97%以上，污水处理率70%以上，无高耗能、高排放工业企业等，农户卫生厕所改厕率80%以上。

【促进社会稳定】 抓综治信访，社会稳定有新保障。信访调解方面，全镇共计化解矛盾纠纷185起，协调处理土地遗留问题12起，接待一般群众来访200多次，1700多人，接待群体性群众来访30多批次，600多人，走访慰问信访困难户500余户，帮助2名退伍军人家属解决公益性岗位，帮助35名优抚对象解决生活困难问题，没有发生集体赴市、省上访人员和进京挂号事件。组建镇政府、派出所、村三级联防治安巡逻队，开展集镇、村、学校治安巡逻360余次，开展宣传教育20余次，发放宣传资料2600余份。对扰乱社会治安秩序违法行为实行严厉打击，配合县公安局100名干警对所城集体阻工闹事的13名违法人员进行处置。印发《镇安全防范告知书》宣传资料8000余份，分发森林防火宣传资料12300余份；取缔违规烟花爆竹零售点83家，开展校车安全检查、农用车载客劝导30余次。全镇没有发生大的安全责任事故、没有发生恶性刑事案件、没有发生大规模的非正常上访。

【社会保障】 2016年，推进村民医疗、养老、城乡低保、失业救济和住房保障到户，基本养老服务补贴覆盖率100%，基本医疗保险覆盖率100%。加强民生建设，实现全镇40名寡孤独人员集中到镇敬老院供养。落实低保、农村季节性缺粮户口粮救助制度，实现应保尽保，发放低保、救助、抚恤资金460余万元。完成农村危房改造，实现居者有其屋，全镇完成农村危房改造372户。适龄儿童入学率达99.9%，九年义务教育辍学率不到1%。

源口瑶族乡

党委书记：郑明明
副书记 乡长：唐永军
副书记：苏文辉
党委委员 人大主席：吴芳旭
党委委员 政协工委主任：朱亚玲
党委委员 纪委书记：何厂旺
党委委员：蒲剑 张维涛
党委委员 武装部长：田祎
副乡长：吴双庆 徐湘平
人大副主席：田鸿飞

【概况】 源口瑶族乡位于江永县境西南部，乡人民政府驻地距县城48千米。东邻广西壮族自治区富川瑶族自治县，南界广西壮族自治区恭城瑶族自治县，西接粗石江镇，北连桃川镇，乡政府驻地位于源桃公路旁公朝村。全乡辖11个村1个社区，总面积203.2平方千米，其中耕地面积1602公顷，土地结构为“七山一水一分田，一分道路和庄园”，人口2.48万人，其中少数民族人口占79%，是江永县四大民瑶中“三瑶”——扶灵瑶、清溪瑶、古调瑶的聚居地。源口瑶族乡水利条件优越，中型水库源口水库左右干渠环流全乡，土地肥沃，气候温和，经济以水果、香芋、香米等特色农业为主，形成以香米为主的优质稻，以晚芦柑、夏橙为主的水果，以香芋为主的蔬菜“三三制”种植模式。2016年，在依托丰富的旅游资源开展产业扶贫，在全乡发展特色农业与乡村旅游，通过拓展农业观光、休闲、度假和体验等功能，开发“农业—旅游”产品组合，带动农副产品加工、餐饮服务等相关产业发展，促使农业向二、三产业延伸，实现农业与旅游业的协同发展。全年完成生产总值25680万元，比2015年增长11%；农业生产总值完成13480万元，比2015年增长10%；实现乡镇企业总产值2200万元，营业纯利润总额1670万元，分别比2015年增长10%；实现农民人均纯收入1811元，比2015年增长8%。2016年获全市“雁过拔毛”式腐败题专项整治工作先进单位，乡党委被中共永州市委授予先进基层党组织称号。

【经济转型升级】 2016年，源口瑶族乡推进果树黄龙病防控工作，出动油锯800余次，在全乡范围内砍伐黄龙病失管果园1万多亩，砍除病树近百万株，发放防治木虱药水16878瓶，黄龙病防控工作进入安全稳控阶段。推进香米资源抢救保护工作，组织农技人员3次赴省，与省农科院、湖南农大相关技术部门交流，探索香米种植方案；加大基础设施建设投入，修缮渠道700余米；做好香米公园的创建工作，力争将香米生产基地打造成集农耕文化、休闲观光、农业体验、科普教育为一体的示范基地。建设香芋基地，做大特香农业，优化以香芋为主的蔬菜种植产业，全乡种植香芋1200公顷，香芋成为源口乡特色产品的“金字招牌”。抓旅游开发，促进第三产业发展。开展首家大院、禅山大寺、扶灵瑶寨等古建筑和耍春牛、办庙会、唱瑶歌等习俗的保护开发工作，其中瑶歌的传承取得湖南省民族宗教事务委员会的资金扶持；投资60多万元，购置两艘标准渡船投放到源口水库，解决水库旅游观光交通问题，利用水库水利及环境资源，打造水利旅游风景区，为旅游建设服务。电子商务发展迅速，发展农村淘宝店6家，京东商城1家，湘村购2家，微商55名。全乡的电子商务网店和微商为地方增收500万元以上，100余人实现创业。

【项目投资】 2016年，投入600余万元完成小古漯、黄土坳、大田村等贫困村安全饮水问题，使737户2584人用上干净卫生的自来水。投入50万元实施源口敬老院的升级改造工程。投入近400万元的源口大桥建设项目完工并投入使用。投入50余万元完成旱塘水库、富隆源水库、小古漯山塘、古调水库等除险加固工程；投资300余万元更新防汛预警指挥网络，实现“村村通广播，户户连网络”格局。推进美丽乡村建设，突出富源示范村、大田创建村的建设。全乡新建“村村通”水泥路12千米，“村村通”砂石路60多千米。投入34万元对1.2千米源口大桥下河道清淤，砌筑河岸200米并进行绿化。投入13万元，架设路灯58盏，亮化集镇。向12个行政村下拨卫生整洁经费10多万元，改善人居环境。清扫各村环境卫生，新建垃圾坑12处，公厕5个，在乡区街道设置封闭式大垃圾桶150个，更换旧垃圾桶320个，完善手推车配置14辆，运输车9辆，农村环境污染治理显成效。

【推进社会事业】 2016年，源口瑶族乡以“建得好、用得着”为目的，投入20多万元创建朝阳村卫生计生服务中心；乡计生协会按照市级示范点的要求，成功创建小河边村、公朝村、小古漯村3个市级人口计生基层群众自治示范村。投入600余万元建设和改造源口学校、清溪完小、黄金山完小等场地；资助中小学困难家庭学生2000元，资助小古漯村困难大学生任宏铖1万元；表彰优秀教师、先进教育工作者8000元；投入4000元完善校园治安巡查；争取市民宗局民族关怀基金6000元，用于关爱源口乡留守儿童；争取“芙蓉学子”名额2名各5000元，“国酒茅台”名额1名5000元。开展创建市级文明村镇活动，开设“道德讲堂”，讲课4次；成立学雷锋志愿服务队，组织开展活动7次。社会保障方面，开展新农保和新农合的征缴工作，参保率分别为80%和85%；发动群众参加县人社局举办的就业技术培训，参加就业技术培训80余次，输送外出就业劳动力500余人。规范社会救助工作，2016年新增低保、“五保户”49户105人，低保发放274.68万元，“五保”发放42.44万元；全乡审核社会保障兜底脱贫112户251人。推进扶贫攻坚工作，通过产业发展、小额信贷、低保兜底、教育助学等方式实现脱贫265户、876人；古调、锦堂2个村退出贫困村行列。

【加强社会管理】 强化安全生产管理。2016年年初与各村、各部门、各生产经营单位签定安全生产责任状43份，召开各类安全生产会议36次，开展安全培训6次，发放安全生产宣传资料5000余份，开展集中执法28次，联合执法9次，明查暗访6次，出动执法人员264人次，检查生产经营单位102家，发现违法行为76处，跟踪整改68处，整改率达89.4%；交办一批限期整改不到或整改不彻底位的安全隐患。开展平安创建活动，重点从治理源头、化解矛盾两方面抓落实，排调矛盾隐患，化解矛盾纠纷。建立健康有序信访机制，对各村信访对象实行包干责任制。组建由村党员干部为骨干的义务巡逻队，维护农村治安环境。

【干部作风建设】 落实党建工作，推动全乡21个村党支部开展“两学一做”学习教育，开展“四讲四有”专题学习及“两学一做”学习教育专题民主生活会。对全乡23个党支部716名党员开展党员评议和党建工作大排查。对全乡党员档案进行审核，完成党员档案信息整理。抓党风廉政建设，召开涉及党风廉政建设工作内容的会议20多次，坚持党务、政务、村务公开。开展“8+1”专项整治，发现“雁过拔毛”式腐败问题11个，不规范使用扶贫、民族专项资金问题6个，违规发放津补贴问题3个。乡纪委约谈14名乡村干部，给予提醒谈话2人，批评教育处理8人，诫勉谈话处理4人，追缴违纪违规资金2.06万元，清退政乱发津补贴4.6万元，清退出涉及国家工作人员的村级招待费4.5万元。

粗石江镇

党委书记：邬双飞（3月离任）
　　　　　邓海平（3月任）
党委副书记、镇长：郭　为（3月离任）
　　　　　唐志辉（3月任）
党委副书记：曾志文（4月任）
党委委员、人大主席：欧永福（4月任）
党委委员、政协工委主任：潘剑彪（4月任）
党委委员、纪委书记：何建斌（4月任）
党委委员：甘永华（4月任）
党委委员、武装部长、副镇长：周润智（4月任）
党委委员：周唯唯（4月任）
副镇长：龙　军（4月任）

【概况】 粗石江镇位于江永县西南部，与广西壮族自治区恭城县交界，距离县城约46千米，距旅游名城桂林132千米，省道325线贯通全镇。辖8个行政村1个农村社区，总人口2.01万人，镇辖区总面积78平方千米，其中耕地面积800公顷。境内气候温和，植被茂盛，森林覆盖率75%，盛产香柚、夏橙、脐橙、香芋等名特优水果和蔬菜，是江永县香柚的主产区。2016年，全镇实现工农业总产值4.1亿元，比上年增长11.5%；农业总产值3.5亿元，增长10.2%；第三产业总产值0.8亿元，增长8.1%。精准扶贫全面推进，产业扶贫项目效果显著，村集体经济收入逐年增长，顺利完成1553人贫困人口脱贫任务。

【特色产业持续发展】 2016年，粗石江镇有水果面积3533公顷，其中香柚1533公顷，夏橙1533公顷，其他柑橘类（砂糖橘、椪柑、贡柑）467公顷。通过举办科技培训班、农函大、黑板报、宣传栏等形式，推广先进水果管理和加工技术；邀请香柚、橙类水果专家开展镇、村两级专题技术讲座；与县特色农业示范区建立合作关系，长期为果农提供技术支持；开展全镇干部一人学一技活动，为各村和种植大户配备技术指导员；推广成品水果的清洗打蜡及小柚、柚皮的加工技术。农业生产科技含量的提高，水果品质从源头上得以提升。

【重点项目有序推进】 2016年，启动通组道路硬化工程，通村水泥路实现全覆盖。对辖区所有交通要道路口安装视频监控摄像头，完善安全管理网络。完成全县第一个乡镇矫正中心建设，各项矫正设施、制度齐全，矫正人员23人。开展农贸市场标准化改造，改善村两委办公和便民服务设施，推进实施农村综合服务平台建设，年内完成6个村的综合服务平台建设。

【社会保障明显进步】 2016年，以实现动态管理为重点，完善低保申请、入户调查、民主评议、审核审批等工作程序，强化家庭收入核算，做到低保对象有进有出，补差标准有升有降；对因天灾人祸而产生的新困难家庭，经核实符合条件的及时纳入保障范围，实现应保尽保。全镇低保845户1288人，“五保”124户127人，发放棉被50床，防寒衣物130件；优抚金发放300人次28万元。摸排重性精神疾病患者，救治救助3人。

【社会事业稳步发展】 在建敬老院1所，占地11亩，可容纳60张床位。全镇有中心卫生院一所，拥有医生10人，护士15人，医疗床位73张；每个行政村建有标准化医疗卫生室。全镇农村九年义务教育巩固率100%，教育教学环境不断改善。农村社会养老保险与农村合作医疗基本普及。

【边界口子镇建设】 2015年粗石江镇纳入全省边界口子镇建设范围。2016年，启动年均交易额1.2亿元以上的粗石江湘桂水果边贸市场扩容工程建设，完成前期征地工作。从进入粗石江镇的宋村到湘桂交界的仙姑塘村S325线8千米路段装115盏路灯，实现全程亮化；调整街道绿化布局，投资6.8万元，种植榕树198株，在宋村选点作为农村绿化示范，初步构建重点突出、特色鲜明、点线面相结合的街区绿化体系。开展拆违控违，拆除简易厂棚、铁棚、水泥砖厨房、围墙等75处2300平方米；集中整治街道乱摆摊点、乱停乱放、马路市场；开展通道环境专项治理活动，生活垃圾定点、定时清扫，环卫人员定时定点清运；推行垃圾袋装化，街区内街道全天保洁。铺开安全饮水工程，S325线粗石江段公路两边铺设供水管道，宋村、集镇4000多名群众全部用上安全、干净的自来水。

【全面小康示范镇建设】 2016年，开展全面小康示范镇建设。对全镇旅游产业进行初步规划，统筹布局新型边贸城镇区、生态农业体验区、生态保护区、各村独具特色的人居聚集区，完成旅游景区规划设计、布景及配套设施建设。加强农村改厕工作，全镇改厕率91%。镇辖区全部村实现水泥路通达通畅，村组道路硬化及农村行政村客运班线通达率100%。

高泽源国有林场

党委书记：龚　峰
场　　长：欧树荣
党委副书记、纪委书记：黎有红
党委委员、武装部长：王　勇
党委委员、政协工委主任：王刘旺
副 场 长：何林春　彭　昊

【概况】 高泽源国有林场下辖洪洞、大远、盘山、大畔、园艺场、柑橘示范场、茶花山、鸡笼山林科站、高泽源、源口10个分场。国有经营面积29133公顷，有林地28667公顷，其中国家生态公益林9867公顷，拥有森林蓄积320万立方米，其中商品林蓄积170万立方米，生态公益林蓄积150万立方米。全场职工910人，其中退休职工423人。高泽源国有林场党委下辖13个党支部（其中两个为老年支部），共有党员222名。

【主要产业稳步上升】 全年共完成造林204公顷。迹地更新造林140公顷，其中杉苗73公顷，楠木67公顷；改培补植造林64公顷，完成率132%，成活率90%以上。全年完成幼林抚育2653公顷，完成率115%。森林管护方面，林场采取森林资源包片包山头，山上巡逻巡护，山下设卡守点，机动巡查等多项举措，2016年林场公益林管护率100%，没有发生严重非法侵占林地、湿地，破坏森林资源、滥捕乱猎野生动植物等重大案件。森林火灾发生率为零，国有森林资源的安全得到保障。

【森林资源优化提质】 高泽源国有林场主要出产杉木，树种单一，低产低效林比例大，龄组结构不合理，中幼林比重大，可采资源面临枯竭。2016年，高泽源场组织人员赴省林科院及其他林场学习，制订通过调整树种组成和林分密度，改善林木生长环境，加快林木生长的方案。林场在下辖10分场种植珍稀树种——楠木9万株，用地67公顷作为优化林分结构试点。

【内部管理不断加强】 11月底前全面完成11个基层党支部的换届选举工作。场领导班子落实党委中心组学习制度，树立科学发展观和科学执政、民主执政、依法执法理念。加强对干部职工的思想道德教育，开展“两学一做+”学习教育活动，通过集中学习、自学、观看电影、写心得体会、读书笔记等形式，组织干部职工学习干部任用条例、四项监督制度、党风廉政建设若干准则等，提高干部职工素质，促进林场经济发展。强化机关作风建设，解决“庸、懒、散”问题。安排部署林场“纠四风、治陋习”专项整治工作，制定《关于高泽源林场工作人员加强作风建设的规定》《高泽源国有林场公务接待管理制度》《公车管理制度》《江永县高泽源国有林场差旅费等管理办法》等制度。按照作风建设要求，执行上下班签到制度、去向公示制度、请销假制度、用车审批制度、定点封存制度等。

【大局稳定和谐】 开展“平安江永”创建活动，组织单位院内巡查，加强院内的人防、物防力量，消除单位安全防范管理和社会防范工作的隐患，遏制单位院内环境脏、乱、差乱象。2016年，全场共调处纠纷矛盾10起，受理信访事件8起。其中：省委巡视第八组转办交办群众来信1件，信访接待室受理7件，办结8件，办结率100%。在春节、全国两会等特殊时期无一例越级上访事件，实现“六个不发生”。每月对各分场的营林生产、护林防火、林区公路、分场车辆进行安全检查，维修林区公路60千米，确保林区运输安全。

【国有林场改革】 2015年3月，高泽源场按照中共中央、国务院《国有林场改革方案》和《国有林区改革指导意见》的要求，准备相关申报材料，向省、市、县相关部门提交改革方案。2016年6月，在江永县委、县政府及有关部门的支持下，高泽源国有林场完成国有林场体制改革。高泽源国有林场定性为公益一类事业单位，核定事业编制数由935个减少到498个，实现“重组、定性、保障、减员、剥离、转换”六个到位和“林场森林资源安全、林区社会和谐稳定”两个确保。完善职工劳动合同制度，统筹解决职工养老、医疗、生活保障，维护深化改革的大局稳定，巩固提升改革成果。

铜山岭农场

党委书记：杨福印
党委副书记、场长：蒋雪红
党委委员、政协工委主任：邓宏宇
党委委员、副场长：何立勇（3月另任）
党委委员、纪委书记：李新龙
党委委员、副场长：王德芳
副场长：杨运德
　　　　唐能文（3月另任）

【概况】 国有江永县铜山岭农场属国家农垦企业，下辖三个工区一个行政村（行政村3月移交上江圩镇）。2016年年底，场部机关有在职在岗工作人员15人，下岗职工248人，退休职工249人，总人口800余人，总面积2800公顷，其中耕地面积467公顷，山场面积2333公顷。截至12月底，全场完成总产值2818.8万元，同比增长9.2%，其中：农业产值1695.6万元，林业产值369.6万元，畜牧业产值648.6万元，渔业产值54万元，服务业产值54万元。完成固定资产投资230万元，同比增长33.8%。

【围绕职工增产增收】 2016年春，围绕农场农业重点工作，克服“4·17”特大冰雹袭击的影响，全场落实果园品改沃柑33公顷和沙糖柑7公顷，粮食播种面积242公顷，其中水稻播种面积182公顷，玉米播种面积30公顷，黄豆播种面积30公顷，花生30公顷，落实双低油菜板块80公顷。蔬菜种植面积94公顷，其中香姜33公顷，香芋27公顷，辣椒20公顷，南瓜13公顷。以鑫远养牛有限公司为龙头，发展养牛大户3户，存栏280头；发展生猪养殖大户5户，存栏1560头；发展养羊大户3户，存栏265只；发展家禽养殖大户2户，家禽存笼7100羽；水产放养面积40公顷。场部强化服务职能，与干部职工签定责任状，加强技术指导和病虫害防治能力，提高农场职工的责任意识和风险意识，推动农业生产整体工作水平上台阶。

【发展林果经济】 贯彻“绿色”发展理念，植树节当天，全场干部群众在邓家庄工区参加义务植树，种植松树苗8100多株。开展“绿色”通道活动，在农场主道两旁种植桉树2万余株。采取大户承包、联营的方式，完成荒山荒地造林及更新100公顷，其中楠木3公顷、杉树34公顷、国外松63公顷；中幼林抚育67公顷，封山育林513公顷。面对受黄龙病威胁的267公顷柑橘，农场外聘专家举办培训班，向果农宣传黄龙病综合防控的知识，发放技术资料800余份，做到黄龙病防控技术家喻户晓；免费发放价值2万元的吡虫啉、毒死蜱等防治木虱的药剂，对砍除病树后的种植户实行补助。

【基础设施投入】 报请省农委同意对农场262户实施2016年国有垦区危房改造项目，采取异地新建、就地新建、维修加固三种方式进行。就地新建，维修加固的90多户开工建设，完成投资计划50万元。异地新建的则在与县委、县政府衔接，争取在县城划拨土地40亩左右，新房安置。6千米的两江口水库灌溉渠道防渗改造建设工程进入扫尾。

【民生事业发展】 农场坚持“打防结合，预防为主”方针，推进“平安农场”建设，无发生越级上访和群体上访事件。落实计划生育基本国策，宣传落实二孩生育政策，完善计划生育工作机制，提高计生优质服务水平，兑现计生奖励政策，做好流动人口计划生育大清查工作，确保农场计划生育优质服务水平。落实最低生活保障，弱势职工基本生活得到保证。全场非职工参加农村医保和社保，基本实现应保尽保。

【强化队伍建设】 2016年，省委巡视第八组对江永县进行巡视工作，农场开展“8+1”专项整治工作，对“雁过拔毛”式腐败，公职人员兼职取酬，乱发津补贴，乱收费、乱罚款，违规参与土地和房地产开发，领导干部亲属子女利用职权谋利，领导干部插手工程建设和土地开发，少数执法人员滥用职权、以权谋私，扶贫资金专项检查等9个专项进行自查。排查2013年后“雁过拔毛”式腐败问题45条，退缴金额2688元，乱发津补贴退缴金额4.5万元，完成巡视组交办信访案件2起。组织机关干部和各党组织开展“两学一做”活动，利用QQ、微信和党课试题等资源为载体，扩大学习覆盖面，提高参学率。

【开展农垦改革试点】 《中共中央、国务院关于进一步推进农垦改革发展的意见》（以下简称《意见》）出台后，市农场管理站选定农场为农垦改革发展试点和农垦改革专项试点单位。农场通过党政会议、全体机关工作人员会议、工区支书队长会议、职工代表会议等场合，组织学习传达《意见》，开辟宣传栏，农垦改革精神家喻户晓。配合省市农垦管理部门制定全省市农垦改革发展的实施意见，酝酿农场农垦改革实施方案；开展改革前情况摸底，发放改革摸底表400余份，征求职工群众意见建议40余条，向市农场管理站提改革建议4条，被采纳1条。根据江永县乡镇区划调整改革工作精神，农场将代管三十多年的河渊村移交到上江圩镇管辖，完成河渊村的村级财务、计划生育、综治信访工作、民政、合作医疗、精准扶贫等交接手续，做好河渊村村民思想稳定工作，平稳移交给上江圩镇管理。

源口省级自然保护区

源口保护局

党委书记：朱东平

副书记 副局长：杨 帆

副局长：廖健杰

【概况】 江永源口省级自然保护区东南与广西壮族自治区恭城接壤，西南与粗石江镇相邻，北与源口瑶族乡相连，距离江永县城54千米。保护区总面积5493公顷，其中核心保护区面积1783公顷，防护区面积863公顷，经营区面积2396公顷，森林覆盖率保持在85%以上。1984年10月10日经江永县人民政府批准成立江永县源口自然保护区管理局，2005年5月3日经江永县人民政府批准更名为江永源口省级自然保护区管理局，是县人民政府直属的正科级事业单位。2016年，保护区下设大田、横开河和白俸管理站，保护局机关和三个管理站有干部职工13人，骨干护林员14人。主要职责是宣传贯彻执行国家自然资源保护的方针、政策和法律、法规，研究制定区域自然资源保护的规定和党在农村的各项方针政策，保护区内生物多样性和珍稀自然遗迹，维护生态平衡，自然系统保护，自然保护科学研究，自然保护宣传教育及生态旅游管理。

【林政资源管理】 2016年，保护区管理局加强保护区自然生态环境和生物多样性的保护，到区内学校、机关召开会议座谈，宣传相关政策法规，在人口集中的村寨设置永久性宣传专栏和宣传标语，利用乡镇赶集进行广播宣传，提高保护区内干部群众对建立自然保护区的目的和意义的认识和理解，从而自觉制止破坏自然资源的违法行为。制定2016年保护区管理站目标管理考核办法以及护林员日巡山制度和目标管理考核量化规定；局机关各业务科室实行包片区负责人联系制和绩效量化考评制，出台联系负责制的规定，全局职工人人有事干，事事有人管。源口自然保护区是我县的生物基因库，区内生物资源丰富。针对保护区内非法采集、捕猎，严重破坏保护区的自然环境和自然资源，以及存在严重的森林火灾隐患的情况，保护区管理局抽调人员与桃川森林公安派出所组成联合工作组进行专项治理，在重要路口设置关卡，严防死守，严厉打击破坏保护区自然资源的不法行为，非法乱挖乱采、非法捕猎现象得到有效遏制。

【森林防火】 2016年森林防火期间，保护区管理局到学校、机关、村、风景旅游区开展面对面开展防火宣传教育，发放宣传资料600余份，出动宣传车辆15次，制定宣传牌3个，张贴悬挂宣传标语，营造森林防火氛围。严格执行野外用火规定，一律不准炼山、烧荒等野外生产用火，防火紧要期及时发布高森林火险警报，在入山的主要路口进行防火检查，严格入山制度，派出专人对重点部位、重点地段严看死守，加大巡护密度，做到路口有人把，山头有人看，坟头有人守；对行政交界处要加强联防，互通信息。落实森林火灾应急处置预案，确保扑救工作有序进行。对在森林火灾预防和扑救工作中有失职、渎职行为的，依法追究有关责任人的责任。对已发生的森林火灾，做到“事故原因不查清不放过，事故责任者得不到处理不放过，整改措施不落实不放过，教训不吸取不放过”。管理站实行全方位火情监测，做到“早发现、早报告、早处置、早扑灭”。执行24小时值班和领导带班制度，随时保持通讯畅通，杜绝脱岗、漏岗现象。按照火情报告和归口管理制度，及时准确上报森林火灾情况，无迟报、漏报、瞒报现象。

【项目申报】 2016年，源口省级自然保护区管理局两次向省林业厅、环保厅等上级部门汇报保护区管理局的实际情况和面临的困难，争取省厅的支持和关心。配合县政府和县环保局、林业局、高泽源林场等单位向上争取国家级湿地公园项目申报，取得阶段性成果。